A CORTE NO EXÍLIO

JURANDIR MALERBA

A corte no exílio

Civilização e poder no Brasil às vésperas da Independência (1808 a 1821)

2ª edição

Companhia Das Letras

Grafia atualizada segundo o Acordo Ortográfico da Língua Portuguesa de 1990, que entrou em vigor no Brasil em 2009.

Capa
Claudia Espínola de Carvalho

Imagem de capa
Desembarque da princesa dona Leopoldina, de Jean-Baptiste Debret

Preparação
Isabel Jorge Cury

Índice remissivo
Caren Inoue

Revisão
Carmen S. da Costa
Maysa Monção

Atualização ortográfica
Thaís Totino Richter

Dados Internacionais de Catalogação na Publicação (CIP)
(Câmara Brasileira do Livro, SP, Brasil)

Malerba, Jurandir
A corte no exílio : civilização e poder no Brasil às vésperas da Independência (1808-1821) / Jurandir Malerba. — 2ª ed. — São Paulo : Companhia das Letras, 2018.

ISBN 978-85-359-0048-4

1. Brasil — História — D. João VI, 1808-1821 2. Brasil — História — Período da Independência I. Título.

00-3352 CDD-981.033

Índices para catálogo sistemático:
1. Brasil : Período pré-Independência : História 981.033
2. Família Real no Brasil : Brasil : História 981.033
3. D. João VI, 1808-1821 : Brasil : História 981.033

EDITORA SCHWARCZ S.A.
Rua Bandeira Paulista, 702, cj. 32
04532-002 — São Paulo — SP
Telefone: (11) 3707-3500
www.companhiadasletras.com.br
www.blogdacompanhia.com.br
facebook.com/companhiadasletras
instagram.com/companhiadasletras
twitter.com/cialetras

Para Tati, Dora e Giulia.

E para a escola pública, laica, livre
gratuita e de qualidade,
que me formou, do bê-á-bá
a este livro.

Si les matières ne sont pas nouvelles, la disposition en est nouvelle.

Pascal, *Pensées*

Sumário

Abreviaturas

Ajuda	Biblioteca da Ajuda
ANRJ	Arquivo Nacional do Rio de Janeiro
ANTT	Arquivos Nacionais — Torre do Tombo
BNL	Biblioteca Nacional de Lisboa
BNRJ	Biblioteca Nacional do Rio de Janeiro
HGCB	História Geral da Civilização Brasileira
HOC	Habilitações da Ordem de Cristo
IHGB	Instituto Histórico e Geográfico Brasileiro
(JM)	Grifos meus, Jurandir Malerba
MSS.	Manuscrito
RGM	Regimento Geral das Mercês
RIHGB	*Revista do IHGB*
S.MM.AA	Suas Majestades e Altezas

Prefácio

Richard Graham

A formação do Estado brasileiro e a posição de seus dirigentes estão intimamente ligadas à peculiar história de seu momento fundador em 1808, quando um monarca português, egresso de uma Europa do Antigo Regime, aportou em sua colônia tropical. Cruciais a essa história, como persuasivamente nos narra o professor Jurandir Malerba, são o nítido contraste e o eventual cruzamento de dois modos de intercâmbio social: um, derivado das regras de sociabilidade vigentes na vida cortesã de Lisboa; outro, caracterizando a elite dos negociantes do Rio de Janeiro, que bancou as contas da corte. Quando o príncipe regente dom João (depois João VI) trouxe consigo não apenas toda uma maquinaria de governo, mas também um enorme séquito de cortesãos, sem querer ele forneceu o cenário para esse fascinante intercâmbio, que deitou profundas ramificações. Desse encontro entre duas visões de mundo emergiria uma ordem política luso-brasileira diferenciada, que moldou a história da nação por todo o século XIX e ainda no século XX adentro.

Malerba destaca que os modos de agir e o de pensar sobre como se age eram tão diferentes no início do século XIX quanto costumam ser hoje. Como geralmente se diz, "o passado é um país estranho".[1] Não obstante as revoluções Americana e Francesa, a maioria das pessoas comuns pensava não apenas que as monarquias eram a melhor forma de governo, mas que um rei mereceria o máximo respeito e deferência, uma vez que era, usando as palavras de um crítico posterior, "o ungido de Deus".[2] É complexo para nós hoje avaliar a postura altamente reverencial diante de reis, em voga na maior parte do mundo ocidental naquela época, ou compreender que o respeito que a monarquia inspirava dotava de legitimidade o governo.

Limitando-nos aos vizinhos do Brasil, poder-se-ia facilmente dizer que em 1808 a maioria deles na América espanhola pensava dessa maneira. Lá, não foram apenas as guerras de Independência majoritariamente guerras civis, nas quais os realistas enfrentaram contendores poderosos; mesmo aqueles que trabalharam pela emancipação tentaram estabelecer monarquias. Na Argentina, os líderes políticos governaram ostensivamente em favor de Fernando VII desde 1810 e evitaram declarar abertamente independência, em parte para evitar ter de escolher entre uma forma republicana ou uma forma monarquista de governo. Uma vez restaurado o trono de Fernando VII, um congresso reunido em 1816 na cidadela argentina de Tucumán declarou a independência das "Províncias Unidas", mas a maior parte dos delegados ainda desejava uma monarquia. Juan Martín de Pueyrredón, nomeado diretor supremo da nova entidade, passou os três anos seguintes dirigindo um empreendimento diplomático em vão para encontrar alguém na Europa com vínculos reais para tornar-se rei das Províncias Unidas do Rio da Prata. Entrementes, num Peru profundamente conservador, San Martín discutiu com outros líderes a possibilidade de assegurar um príncipe espanhol para encabeçar uma monarquia independente. No Chile, em 1810, até um retrato do rei, carregado na procissão, era recebido com vênias pelo público entusiasmado e inflamado com o amor, pelo qual eles se firmavam como (seus) "mais fiéis e mais leais vassalos"; ainda em 1816, um estrangeiro observava uma demonstração similar do poder continuado de tal imagem.[3] No México, o movimento pela Independência começou em 1810, com o brado de Miguel Hidalgo, "Vida longa ao nosso amado soberano Fernando VII... Morte ao mau governo!",[4] e terminou em 1821, quando Agustín Iturbide e Vicente Guerrero chegaram a um entendimento sobre um programa, clamando pela monarquia sob Fernando VII ele mesmo (se ele anuísse em vir para o México) ou algum de seus irmãos. Somente quando as cortes espanholas se recusaram a reconhecer a Independência do Império Mexicano, Iturbide pôde arquitetar a própria eleição como imperador Augustín I.[5] Portanto, não é de admirar que os brasileiros considerassem natural que o rei tinha de governar; apenas se surpreendiam e ficavam satisfeitos pelo fato de o rei poder fazê-lo de uma cidade brasileira, e não mais da Europa.

Além disso, no Brasil a imagem do rei como pai continuou a dominar o discurso público pelo século afora. Assim como a natureza teria determinado a autoridade dos pais, pensava-se, o mesmo ocorreria com os reis. Em 1807, na Câmara Municipal da Bahia fazia-se referências ao "zelo paternal com que S.A.R. procurava promover a prosperidade de seus fiéis vassalos". Não era raro que os peticionários se referissem posteriormente ao imperador como o "pai comum de todos nós" e que os burocratas insistissem em que "o governo imperial sempre apareça como o *Pai de todos os povos*". Quando, mais tarde, alguns críticos se opuseram à antiga cerimônia de corte do beija-mão, um conservador replicou: "O monarca é o chefe, é o pai da nação; degradam-se os filhos ao beijar as mãos de seus pais?".[6] E o que fazem os pais? Eles regam suas crianças com favores e presentes. Num relato de época, contava-se como o príncipe regente João, como "um verdadeiro pai de seus vassalos", estendeu sua "generosa liberalidade [...] profusamente pelos habitantes do Brasil, [...] concedendo a uns, hábitos e comendas; a outros, postos e ofícios; a estes, dignidades e empregos; àqueles, honras e mercês; a todos, amor e solicitude paternal".[7]

A corte também reforçou a hierarquia social e assim beneficiou a todos aqueles situados no cume da pirâmide social e política. O Brasil já era então, e permaneceu por muito tempo, uma sociedade altamente estratificada. Para cada indivíduo havia um lugar muito claramente demarcado. Ninguém se pensava igual a qualquer outro; todos se encontravam inseridos numa ordem hierárquica, acima ou abaixo dos outros. Conforme expressou Luiz Peixoto de Lacerda Werneck, em suas *Ideias sobre colonização*, cada um poderia ser distinguido "segundo a ordem, escala, ou categoria em que se situavam na sociedade".[8] E aqueles, com propriedade, trabalharam diligentemente para manter a hierarquia social, no sentido de se proteger dos que estavam imediatamente abaixo. Para esse fim, cada atavio, cada signo de *status* era visto como um artifício para manter a relação apropriada entre aqueles de lugar social diverso, e os de *status* mais elevado procuravam assiduamente ratificar a deferência que eles esperavam dos que estavam abaixo. Dentro da corte, essas técnicas foram finamente elaboradas. Os comerciantes do Rio de Janeiro, ao mesmo tempo, beneficiaram-se do revigorado senso de hierarquia inspirado pela presença da corte e sofreram a ignomínia de ser olhados de cima para baixo pelos nobres portugueses que acompanharam o rei.

Não obstante, esses cortesãos dificilmente estariam livres de uma conexão estreita com a classe mercantil. O próprio rei português era o único governante da Europa a sustentar como um de seus títulos "Senhor do Comércio", e desde o reinado de dom João I, no século XIV, a nobreza lusitana esteve intimamente associada à atividade de mercadores, se não efetivamente com os próprios. No século XVIII, uma nova leva de nobres foi criada dentro da *haute bourgeoisie*. Por essa mesma razão, talvez, eles e seus herdeiros foram particularmente cuidadosos em se distanciar socialmente daqueles que eram envolvidos em atividades comerciais, especialmente quando, durante o reinado de dona Maria I, muito poucos mercadores foram nobilitados — se é que algum o foi. Imagine-se, então, o contraste quando chegaram à remota capital colonial do Rio de Janeiro, onde a elite era constituída precisamente de mercadores, quer engajada na exportação de açúcar e outras mercadorias ou na importação de bens manufaturados da Europa e, o mais admirável de tudo, de escravos recém-chegados da África, um negócio suprimido em Portugal havia muitas décadas.

Como esses dois segmentos iriam interagir? Expulsos e desalojados, que feliz casualidade para os cortesãos não lhes foi encontrar ali, em prontidão, mercadores ansiosos por expressar a mais filial generosidade ao rei. As despesas diárias da corte e dos cortesãos, junto com celebrações extraordinárias para casamentos, nascimentos e outros momentos na vida da família real, absorviam uma enorme quantia de dinheiro. Os potentados locais pagaram por quase tudo isso, geralmente por meio de subscrições públicas e doações particulares. Em contrapartida, como observei, eles recebiam honras e comendas, títulos e privilégios. Assim, eles trocavam sua riqueza acumulada capitalisticamente por *status* numa sociedade de ordens. Pois, se o príncipe regente e depois rei dom João VI deitou profusamente honras e privilégios a brasileiros, estes, por sua vez, financiaram as elaboradas representações que constituem o sangue vital do ser em corte.

Neste livro ricamente ilustrado, Jurandir Malerba primeiramente detalha as representações e rituais tais como eram praticados na corte do Rio de Janeiro e depois explora a importância deles na formação de uma nova elite para a antiga colônia do Brasil. Ele observa como o comportamento cortês era regido por um insistente e sofisticado senso de teatro, as pessoas representando papéis predeterminados a todo momento. Os papéis não eram simplesmente "representados", mas constituíam elemento essencial da identidade dos atores. Na verdade, uma das virtudes da narrativa do professor Malerba é essa consciência da importância do simbólico em todas as esferas da vida humana. Os cortesãos portugueses foram talvez particularmente obcecados pela questão das maneiras apropriadas, porque foram eles próprios removidos de seu ambiente originário e lançados numa terra exótica e "incivilizada", com uma população multirracial, um lugar onde muito — casas, estilo de vestimentas e hábitos de alimentação — diferia categoricamente do que eles conheciam. A corte tornou-se, então, uma escola de maneiras para as elites locais, enquanto a cidade fornecia um ímpeto à mudança para todos os recém-chegados de Lisboa — uns 15 mil deles.

Malerba reconhece que havia "redes de interesses e conflitos que conceitos preestabelecidos como de classes ou estamentos não [nos] habilitam [a] perceber". Somente alguém extremamente íntimo com abordagens teoréticas do passado ousaria fazer tal observação num livro publicado no Brasil, e Malerba patenteia — como já havia patenteado em seu *Os brancos da lei* — que ele é senhor não apenas das questões epistemológicas e ontológicas, mas igualmente das hermenêuticas e exegéticas. Sua abordagem apoia-se firmemente no trabalho de Norbert Elias, mas evoca também um amplo leque de pensadores do social. Além do mais, uma das virtudes do presente livro é que Malerba retirou da vista do público leitor a base teórica que usou para construir sua estrutura narrativa, permitindo-lhe apreciar, mais apropriadamente que o processo de sua construção, a beleza do resultado.

Prefácio à segunda edição
Uma história (muito) bem contada

Lilia Moritz Schwarcz

Alguns livros nascem datados; mal saem do prelo, já perdem o seu ar de novidade. Outros animam novas pesquisas, mas são logo superados por dados, investigações e interpretações mais recentes. Porém, há aqueles que, ao combinar uma pesquisa primorosa com o uso seguro da bibliografia teórica e uma escrita despojada (e nem por isso menos cuidadosa ou acurada), ultrapassam sua "data de validade" e mais se parecem com pilhas de longa duração.

Esse é o caso de *A corte no exílio*, livro de autoria do historiador Jurandir Malerba, lançado no ano 2000. O tema não poderia ser considerado, propriamente, original; afinal, mesmo naquele contexto, não eram poucos os livros disponíveis que tratavam do período joanino no país, a começar pelo formidável e clássico *D. João VI no Brasil*, de Oliveira Lima, cuja primeira edição data de 1909.

A criatividade não está, pois, no objeto selecionado por Jurandir Malerba, mas sim na questão e no recorte por ele escolhidos. Dividido em duas partes — "O estado do ser" e "O ser do Estado" —, o livro analisa as profundas alterações ocorridas no universo das elites durante a permanência de d. João e sua corte por aqui. Foram treze anos, entre o desembarque no Rio de Janeiro — local que só em 1763 havia se convertido na capital da colônia — e o retorno a Portugal em 1821.

Em termos temporais, o período é certamente bem delimitado, mas ninguém nega sua importância na história futura do país. Já o pesquisador mexe e remexe nesse contexto, mostrando como foram inúmeras as mudanças então havidas, quando "tomamos uma ducha de civilização", com a fundação, da noite para o dia, de uma série de instituições ligadas ao Estado.

No entanto, Malerba não se restringe a vasculhar os malabarismos institucionais dessa corte subitamente no exílio. Ele se ocupa, e sobretudo, dos rearranjos de forças políticas e sociais que resultaram na conformação de elites dominantes locais, capazes de dirigir uma nação que ia se formando na contramão das repúblicas vizinhas. Isto é, enquanto o Brasil e os brasileiros recebiam uma realeza europeia, com todos os seus aparatos e requintes, e de alguma maneira pavimentavam o caminho para uma saída monárquica no país, no restante da América Latina o ambiente era de revolução e de rompimento com as metrópoles.

Conforme conclui o autor, aí estava o "Estado brasileiro, que foi concebido monárquico e monárquico se manteve por quase todo o século". Com efeito, dávamos nesses inícios do XIX os primeiros passos para a transformação da colônia portuguesa numa "anomalia" nas Américas: uma monarquia cercada de repúblicas por todos os lados.

E a tarefa não era de somenos importância; tendo encontrado uma capital sem viço ou estrutura, d. João e sua corte, entre as tarefas emergenciais que tinham pela frente, precisavam criar uma sociedade de corte, misturando a pequena e tacanha nobreza da terra com uma nova, vinda diretamente da metrópole. E, mais, era necessário converter uma cidade sonolenta em uma espécie de capital transitória. Não foi por coincidência ou obra do destino que se elevou a colônia, em 1815, a Reino Unido de Portugal, Brasil e Algarves, o qual passou a controlar todos os assuntos do vasto Império português. As coisas andavam mesmo viradas: o até então distante Brasil se tornava um local central na política lusitana, pelo menos enquanto a corte de d. João permanecesse estacionada por aqui, e longe da guerra que corria solta na Europa.

O país ia mudando com a introdução das instituições mais básicas — ao redor da segurança, das finanças, da justiça e do legislativo —, assim como se consolidava, em pleno território tropical, um verdadeiro teatro da corte. O calor podia ser intenso, mas as indumentárias pesadas, as perucas cheias de pó e talco, os sapatos de tecido que se sujavam nas ruas de terra e lama eram basicamente os mesmos, e seguiam a etiqueta do Velho Mundo, bem no centro deste Novo Mundo.

Ensina Norbert Elias, citado por Malerba com grande propriedade, que a sensibilidade do homem da época girava em torno dos aspectos visíveis de sua sociedade, incluindo-se aí até os movimentos do corpo. O requinte da corte representava, portanto, um *produto* mas também a *expressão* da posição social, que se organizava a olhos vistos. Era a partir dos rituais, das cerimônias que fascinavam a população local, pouco acostumada a esse tipo de demonstração pública, que o Estado se afirmava enquanto tal.

Etiqueta e teatralidade vieram, assim, na bagagem pesada das naus portuguesas que trouxeram Suas Majestades, seus lacaios, funcionários maiores e menores, e sua corte. A noção de "representação", que Malerba aprende com o historiador Johan Huizinga, transformou-se, então, num dos pontos fundamentais desse jogo que implicava o próprio exercício explícito do poder político. Imagine-se o encanto dos cariocas com as solenidades reais representadas em várias ocasiões: a morte de d. Maria I, a coroação de d. João (que mesmo com o fim da guerra na Europa insistia em permanecer e ser coroado aqui) e o casamento de d. Pedro e d. Maria Leopoldina. Aí estavam três atos capitais para qualquer realeza — as cerimônias de luto, de vida e de continuidade —, e (finalmente) tínhamos uma no Brasil.

Na percepção dos fluminenses, esses eram rituais quase mágicos, uma "teatrocracia", uma dramaturgia da vida, que tinha a capacidade de convencer os crédulos e encantar os céticos com os elementos cênicos e aparatosos desfilando em plena rua, os monumentos erguidos em circunstâncias festivas e o estabelecimento formal do ritual semanal do beija-mão, quando os súditos se postavam bem diante do monarca d. João e da rainha Carlota Joaquina, e se inclinavam em sinal de respeito e lealdade ao Estado.

O jogo era o da contiguidade entre o que acontecia no palco e o que acontecia na rua, mas também o da continuidade (difícil de crer) entre o antes e o depois: o que era a colônia e no que ela subitamente se transformara. Era a própria história, ou melhor, uma certa memória construída pelos cronistas do rei, que virava enredo e argumento para o convencimento geral da população.

O historiador introduz, sempre de maneira acurada, outros autores que estudaram a realeza, como é o caso de Peter Burke e sua análise sobre Luís XVI; o famoso Rei Sol, tal a centralidade que esse soberano logrou obter. Afirma Malerba, porém, que, se na França os rituais monárquicos visavam públicos específicos — as elites, mas sem negligenciar o povo —, no Brasil d. João concentrou-se em ganhar a confiança dos grandes proprietários locais, que estranharam as repentinas mudanças nas correlações de mando e força e a elas reagiram. E o resultado mais se pareceu com uma via de mão dupla: de um lado, o Brasil se "europeizou"; de outro, os recém-

-chegados tiveram que fazer um esforço de adaptação à realidade tacanha que por aqui encontraram.

Entre os vários outros autores que parecem atuar como inspiração e gatilho para Malerba estão, além do já citado Norbert Elias, com sua descrição da sociedade de corte, Erving Goffman, com seu conceito de "dramaturgia da vida", e George Balandier, com a noção de "teocracia". Também o antropólogo Clifford Geertz vira combustível, especialmente a partir da sua bela análise do Estado Teatro que se montou em Bali. Um teatro tão bem-feito, que apenas ele era a realidade.

Mas a beleza do texto de Malerba não se esconde por detrás de tais obras e da teoria. O historiador faz uma clara opção pela narrativa, pela redação saborosa e pela descrição vivaz da época joanina. Conforme escreve ele: "todo historiador deve contar uma história — e contá-la bem". E aí está o dom maior deste livro: dar sabor e substância a um momento determinante de nossa história. Mais ainda, contar uma história das elites (aquelas de dentro e de fora), num contexto em que não era de "bom-tom" dedicar-se a esse segmento social, o qual, como prova o pesquisador, teve papel crucial no processo que culminaria com a independência do Brasil, em 1822.

É essencial, pois, contextualizar a importância, a originalidade e a atualidade de *A corte do exílio*. Quando se publicou o livro pela primeira vez, estávamos longe dos eventos que ocorreram em 2008, data em que foram comemorados no Brasil os duzentos anos da vinda da corte portuguesa. Distante da imagem fácil do monarca glutão, inseguro e apatetado, o que se viu naquele ano foi uma espécie de virada da memória: o tom foi de fato de celebração. Seminários, apresentações teatrais, desfiles e uma enormidade de manifestações trouxeram à tona uma memória inesperada do período. Foram poucas as vozes que se levantaram para falar das dívidas contraídas pelo Estado no intuito de arcar com tanto luxo, ou para mostrar a tensão gerada com outras províncias cujo lucro com a instalação da corte no Rio de Janeiro foi escasso.

História e memória vivem sempre às turras, e muitas vezes jamais chegam a uma conclusão. No caso do contexto joanino no Brasil, a própria dança dos nomes é em si reveladora. Fuga ou partida, exílio ou domínio, covardia ou estratégia, são palavras que evidenciam a potência desse ato solo na história: uma monarquia que deixa a metrópole e se muda para a sua colônia.

Em 2008, as festividades foram quase unânimes e d. João saiu coroado como um "monarca brasileiro". Mas história nunca é conta fácil de somar, e é melhor ficar com a ambiguidade e a complexidade dessa passagem breve porém fundamental na história do país. Distante da festa, e oito anos antes, Malerba já expunha os bastidores da encenação e sua capacidade de trabalhar para o fortalecimento do Estado e disfarçar suas fraquezas. De fato, a monarquia é o único regime que insere rituais em sua própria constituição e os transforma não em consequência, e sim em causa e razão última da salubridade política e institucional do Estado.

Arguto, o autor de *A corte no exílio* nos devolve uma bela pintura dessa realeza improvisada, deslocada, mas nem por isso menos dada a demonstrações reluzentes de seu poder. Durante a vigência da monarquia francesa, e ainda hoje no caso da Inglaterra, a morte de um rei é sempre saudada com a vida e a elevação de seu herdeiro. "Rei morto, rei posto. Morto o rei, viva o rei." No caso brasileiro, como bem mostra Jurandir Malerba, as coisas não seriam exatamente assim.

Aliás, o dito popular afirma que "quem foi para Portugal perdeu o lugar". D. João partiu em 1821, junto com sua rainha e parte da corte. Todavia, depois de muitos debates, de idas e vindas, achou por bem deixar seu filho d. Pedro por aqui. Mal sabia ele (e não tinha elementos para supor) o que o destino estava prestes a lhe aprontar. Fim de uma trajetória e começo de outra; aquela que levou à emancipação política do Brasil em 1822.

O leitor tem em mãos "uma história muito bem contada". A sina de um rei não é igual a um conto da carochinha. Visto de perto, como dizia a rainha dos franceses, ninguém é normal. Tampouco d. João.

Introdução
Um livro em cinco atos

A história que vou contar aqui começa com o fim de uma longa viagem, a que fizeram o príncipe regente de Portugal, sua família e parte de sua corte para a cidade do Rio de Janeiro no fim do ano de 1807 e começo do seguinte. Foi razão de Estado e senso de sobrevivência o ultimato dado por Napoleão Bonaparte, que àquela altura havia derrubado praticamente todas as principais casas dinásticas da Europa e tinha no pequeno Estado português uma ameaça nem um pouco desprezível, por causa de sua posição estratégica de entreposto comercial e aliado histórico que era do império britânico.

Os dois séculos que nos separam daqueles acontecimentos fazem desvanecer os reais significados do que teria sido para um rei e sua pomposa corte, acostumados ao brilho dos salões civilizados, sair todos — família real, ministros e burocratas da máquina de governo, áulicos e serviçais, clero e nobreza — em tropel, sob um sol causticante, pelas ruas lamacentas de chuva da véspera. O populacho sem lugar nos navios juntou-se ao cortejo grotesco como mero espectador. Dom João, príncipe regente e herdeiro, e dom Pedro Carlos, infante de Espanha seu valido, chegaram a Belém sem nenhum acompanhamento ou guarda e, após um frio beija-mão, já próximo ao cais, foram conduzidos nos ombros de dois policiais, por uma prancha atirada sobre a lama, até a galeota que os levaria ao *Príncipe Real*. Dona Carlota embarcou com as infantas, o infante dom Miguel e as damas de honor na fragata *Rainha de Portugal*. Dom Pedro, príncipe do Brasil, junto com seu aio, esperou pela chegada de sua avó, a rainha dona Maria I, que já padecia havia algum tempo de crises de insanidade mental, que só se agravaram até sua morte, em terras brasileiras. Diz-se que a rainha não queria embarcar de modo algum, clamando contra os ardis do destino e protestando sofridos "Ai, Jesus! Ai, Jesus!" por todo o trajeto até o cais.

A esquadra composta de oito naus, três fragatas, dois brigues, uma escuna de guerra, uma charrua de mantimentos e mais de vinte navios mercantes da marinha lusitana foi pequena para alojar as aproximadamente 15 mil almas, contando-se a tripulação, embarcadas portando o que puderam carregar de seus bens materiais, tanto públicos quanto particulares, levados a bordo "sem despacho nem revista", tudo avaliado depois em cerca de 80 milhões de cruzados. Após os atropelos de um embarque organizado em algumas poucas horas, ganhava a esquadra a foz do Tejo, sob a abóbada escarlate daquele 29 de novembro de 1807, que mudaria a história de Portugal e Brasil.

Enquanto isso, na sede do vice-reino, o povo andava esfuziante com as notícias que não cessavam de chegar, de que estava próximo o dia em que o rei em pessoa e todo seu cortejo reluzente passariam a contar no número dos habitantes da exuberante capital tropical. Apoiado pelos grandes da terra, dom Marcos de Noronha e Brito, capitão-geral e vice-rei do Brasil, orquestrava os preparativos para a recepção de tantos e tão distintos visitantes, dando o exemplo e preparando o espírito que animaria os súditos daqui, ao despejar-se ele próprio do palacete em que vivia e tomando outras providências para a melhor acomodação dos ilustres trânsfugas.

Essa viagem de partida tão atabalhoada — conta-se que a esquadra portuguesa, salvaguardada pelos ingleses, chegou a ser avistada pelas tropas invasoras comandadas por Junot — e sem previsão de regresso durou treze anos e alterou definitivamente a relação entre metrópole e colônia, fazendo interromper um tipo de dominação que perdurava desde o século XVI. Depois de todas as privações e contratempos da travessia, e assentada a família real em solo brasileiro, Portugal passaria então, e pela primeira vez, a receber ordens emanadas do Rio de Janeiro.

Nesses intensos treze anos, entre o desembarque de dom João no Rio de Janeiro (depois de ter passado por Salvador), até seu retorno a Portugal, em 1821, inscrevem-se mudanças históricas cuja importância todos têm em conta. É o momento de um rearranjo de forças políticas e sociais cujo resultado será a formação das elites dominantes e dirigentes de uma nação que aí se fundava, e de sua contrapartida institucional: a construção do Estado brasileiro, que foi concebido monárquico e monárquico se manteve por quase todo o século.

A estada de dom João no Rio de Janeiro viria a deflagrar, assim, duas ordens de transformações. Essa primeira, do reordenamento político-jurídico do país, e outra intrinsecamente ligada a ela: a dos resultados do encontro de duas configurações sociais distintas, a sociedade de corte portuguesa migrada com a família real e a sociedade fluminense que a recebeu, que tinha no ápice de sua hierarquia social os comerciantes de "grosso trato", envolvidos no comércio intercontinental de gêneros tropicais e no tráfico negreiro — e que estendiam suas redes por outras atividades, como o abastecimento interno e o sistema de crédito. O primeiro conjunto de transformações foi o foco da atenção dos investigadores desde o século XIX, sempre preocupados com os aspectos mais "oficiais" do "processo de Independência": a história política tradicional, atenta aos pormenores da diplomacia internacional e à instalação da máquina de governo. Tal historiografia não levou muito em conta quão intimamente esse objeto que ela privilegia se entrelaça à segunda ordem de transformações indicada, a que se operou no *habitus* de ambas as configurações sociais, dos residentes no Rio de Janeiro e dos adventícios.

Se a teoria possui um elemento dramático, de representação da realidade — essa questão é tratada na seção seguinte —, posso dizer que essa cena histórica a que pretendi iluminar com minha narrativa constitui-se em cinco atos, que correspondem aos capítulos do livro. Cinco atos cognitivos, cinco estratégias e perspectivas diferentes para conhecer o mesmo multifacetado "fato social total", para usar o conceito consagrado na antropologia. Sua construção obedeceu à seguinte lógica.

Tanto a pesquisa que fundamenta este livro quanto a narrativa que o articula começaram pelo último capítulo, sobre as elites na corte fluminense de dom João. Definitivamente refratário a um conceito abstrato ou simplesmente genérico de "elites", sentia-me cada vez mais impelido a conhecer sua constituição efetiva, o que implicava localizar informações sobre quem eram aquelas pessoas que configuravam a corte migrada e os potentados fluminenses, que relações mantinham entre si e com a coroa e como se comportaram durante a implantação da nova sede da monarquia. No último capítulo procuro ainda, após rápida contextualização das acomodações na chegada da comitiva real, indicar as altas despesas de manutenção da corte. É necessário frisar que os números surgem no texto com o mesmo estatuto das estampas. Nada foi quantificado. Quem se der ao trabalho de encontrar e tabular os mapas do real erário — há peças na Biblioteca Nacional (RJ), no Arquivo Nacional (RJ) e no Instituto Histórico e Geográfico Brasileiro —, poderá contestar ou confirmar o quadro um tanto impressionista que pintei. Eu precisei optar entre esse trabalho de contabilidade e o que desenvolvi — e não tive dúvidas na opção.

Quando se deslindam as fontes de receita que cobririam aquelas despesas, surgem os comerciantes de grosso trato fluminenses como os maiores beneméritos dos cofres públicos, ao desembolsarem somas astronômicas que garantiram algum equilíbrio para as contas do Estado e do rei. Faltava então verificar o que tiveram em retribuição. Por meio da observação dos áulicos que levantaram arcos triunfais e máquinas laudatórias ao soberano nos momentos festivos, particularmente no da coroação de dom João, tentei perceber o mesmo movimento de trocas entre o rei e seu entorno. A corte, os homens do serviço e a nobreza de dom João, simplesmente por terem acompanhado seu rei, foram também fartamente gratificados. Em meio a escolhidos e preteridos na concessão de graças, surgem os descontentamentos e as rusgas entre as configurações em disputa por lugares melhores na corte.

Toda essa discussão sobre a constituição das elites ficaria um pouco deslocada sem uma reflexão anterior sobre os meandros da formação do Estado brasileiro nesse momento germinal. O capítulo quarto inicia com a história da fuga da família real para o Brasil e a avaliação das imagens do rei — figura pivô desses acontecimentos — construídas pela historiografia. Em seguida, procuro destacar aspectos fundamentais da monarquia portuguesa que permitem compreender melhor as atitudes de dom João, após sua instalação na capital do vice-reino.

A fidalguia que compunha a corte migrada guarda suas especificidades em relação a outras nobrezas europeias e à própria nobreza portuguesa de tempos anteriores. Não era a mesma do período áureo da monarquia lusa vivido sob dom João v, quando, aliás, se assiste a uma sensível nuança nos quadros aristocráticos, com a nobilitação de elementos oriundos da burguesia. Nem era a corte de dom João vi absolutamente coesa. Lembrem-se as sensíveis transformações ocorridas sob dom José i, que, fiel às diretrizes políticas pombalinas e reconhecendo a importância da iniciativa e dos cabedais burgueses, acolheu-os generosamente na corte, preparando-os no Colégio dos Nobres e fazendo-os ingressar nos postos da administração. A essa nobreza togada indispunha-se mortalmente a outra, que se pretendia de "linhagem" — e o "massacre dos Távoras" é o episódio mais emblemático dessas querelas. Nobreza de linhagem em grande parte reabilitada na "viradeira" de dona Maria i, quando, no entanto, já era bastante consolidada a presença da nobreza togada nos circuitos dessa corte altamente cindida que dom João trouxe em parte para o Brasil. Para reforçar ainda mais os antagonismos dentro da corte, guarde-se que uma grande parte da nobreza não quis acompanhar o rei — e muitos de seus elementos aderiram ao inimigo. Procurei não perder a referência dessa historicidade da corte portuguesa e tento esboçá-la no quarto capítulo.

À configuração patriarcal da sociedade e do Estado no Portugal do Antigo Regime acompanha a do caráter sagrado da realeza. Um dos princípios dessa forma de governo — a monarquia absoluta (no caso português, monarquia absoluta senil) — se assentava na liberalidade do soberano, em sua capacidade de conceder graças, que constituía seu principal capital simbólico. Foi o abuso no emprego dessa propriedade a marca distintiva da monarquia portuguesa no Rio de Janeiro. Ambas as reflexões norteiam a discussão sobre o feitio da nobreza lusa, que patenteava sua singularidade perante as demais nobrezas europeias na tolerância antiga da presença de elementos oriundos das classes mercantes em seus quadros.

A contrapartida inevitável à análise da elite migrada teria de ser a das camadas superiores fluminenses, que os historiadores por muito tempo tiveram dificuldade em estabelecer com precisão. Se desde o século XIX se entendia que a classe hegemônica da colônia portuguesa era uma "aristocracia rural", representada pelos plantadores escravistas da grande lavoura, toda uma linhagem de historiadores, iniciada com Sérgio Buarque de Holanda, primou por resgatar a ascendência política e econômica dos comerciantes na sociedade brasileira. A essa historiografia revisionista se deve a superação das análises simplistas dualistas que opunham mecanicamente "portugueses" a "brasileiros", ou "comerciantes" a "plantadores", ao resgatar a complexidade dos laços que uniam "portugueses do Brasil e portugueses de Portugal" num todo coeso na defesa de seus interesses. A presença do rei e o encontro daquelas elites são as maiores condicionantes da formação do Estado brasileiro.

A primeira parte da narrativa foi construída no sentido de demonstrar as transformações que se operaram nas duas configurações sociais que se encontraram no Rio de Janeiro, em uma palavra, no *habitus*, tal como definido adiante. Valho-me agora da reflexão do historiador belga Johan Huizinga sobre o elemento lúdico das sociedades para inserir um ponto central de toda minha análise. São as regras que definem um jogo: altera-se uma, altera-se todo o jogo — cria-se outro. Nesse sentido, a análise do cerimonial ganha maior relevo quando aplicada a uma sociedade de corte em desagregação, como a que chegou com dom João ao Brasil. Saqueada, perseguida, exilada, humilhada, ao desembarcar restava à corte não muito mais que a etiqueta, único elemento que lhe conferia identidade como grupo. Por isso se tentou tão escrupulosamente aplicá-la. As adaptações inevitáveis que se impuseram no novo meio são, de alguma forma, um indício de como se deu, com maior ou menor sucesso. Por esse mesmo motivo se explica a resistência das facções tradicionais em se abrir aos novos potentados nativos. A continuidade do jogo, a existência mesma da nobreza de corte, dependia de seu zelo pelas regras prescritas na etiqueta.

A outra face dessa mesma moeda consiste no empenho com que a diligente elite econômica fluminense pugnou por apresentar-se entre os que cercavam o rei, instaurando-se uma verdadeira cruzada por nobilitação. Nos momentos culminantes da realeza, como foi o desembarque de dona Leopoldina e em seu espaço de representação privilegiado que era o teatro, a vida se regulava pelo cerimonial. Ali foram se estabelecendo os contatos mais ou menos amistosos, mais ou menos conflitantes entre as facções, quando uns primavam por vincar distâncias honoríficas insuperáveis e outros por ostentar o poderio econômico que, pensavam, poderia comprar-lhes distinção.

A unidade das partes da obra reside nisso, que a redefinição "prussiana" das elites políticas e econômicas nos momentos decisivos anteriores à emancipação brasileira do regime colonial — em outras palavras: a constituição da cúpula que definiria a construção do Estado nascente —, estudada na segunda parte do trabalho, foi regida por práticas de sociabilidade e estruturas mentais características do que se conceituou uma "sociedade de corte" do Antigo Regime — com a especificidade iniludível de se encontrar aquela sociedade de corte em meio absolutamente inusitado: a capital de uma ex-colônia tropical, onde dois terços dos habitantes eram negros e mestiços. Essa é a matéria da primeira parte.

O terceiro capítulo privilegia as mudanças nas maneiras da heterogênea população fluminense, com base em testemunhos voluntários, inventários e registros policiais. Dou ênfase às diferenças de cenário entre a antiga e a nova sede da coroa (Lisboa e Rio de Janeiro, respectivamente); à presença negra maciça e à forma de percepção pelos estrangeiros desse elemento estranho à vida em corte; às transformações nos hábitos de moradia, nos costumes comuns ao ambiente doméstico, no comportamento à mesa; à introdução de novas demandas de instrução; às práticas de vestimenta e adornos; às formas de receber e pagar visitas e se apresentar publicamente; às "adaptações" da família real no novo ambiente e, finalmente, ao flagrante movimento de influência recíproca dos diversos grupos sociais na transformação dos costumes, no sentido de uma almejada "europeização" dos hábitos nativos decorrente do contato com os estrangeiros e da adaptação das maneiras destes ao novo cenário.

O capítulo segundo é ao mesmo tempo uma metáfora e uma síntese da sociedade joanina e da abordagem que faço dela. Procuro resgatar ali a forma mais depurada do que alguns cientistas sociais chamaram de teatrocracia, ao tomar o teatro — no sentido concreto do termo, a casa de ópera levantada pelos "homens de bem" da sociedade, batizada de Real Teatro de São João — como centro da vida social e política do Rio de Janeiro. E o que outros definiram como dramaturgia da vida, ao destacar a contiguidade entre palco e rua, como se ilustra na reprodução dos elementos cênicos usados nos panos de fundo e no próprio enredo das peças teatrais, assim como nos artefatos erguidos nas ruas em ocasiões festivas. Ou ainda na reverência em ambas as situações que os súditos faziam aos retratos dos soberanos. Ao descrever os monumentos construídos para homenagear o rei em sua aclamação, surgem alguns nomes de negociantes da praça do Rio de Janeiro cujas relações estreitas com o Estado foram revolvidas no último capítulo.

Na impossibilidade de contemplar todos os momentos efusivos da corte joanina em que se manifesta seu aspecto espetacular, privilegiei, no primeiro capítulo, o ato do desembarque de dona Leopoldina por ser o mais rica e diversamente documentado. Registros diferentes permitiram-me observar de vários ângulos esse evento, que procurei comparar com cerimônias análogas acontecidas em momentos anteriores da dinastia. Sublinho ali o caráter espetacular da sociedade, a singularidade das adaptações e violências à etiqueta decorrentes das novas condições — e do fato de não haver então uma prescrição rigorosamente definida, conforme acusou o narrador anônimo daquela cerimônia.

Este é, em linhas gerais, o corpo do livro que se dá ao leitor. Antes de lançar-se a esses oceanos, cumpre-me proporcionar-lhe algumas bússolas teóricas.

Carta de navegação

O mar da história
é agitado.
As ameaças
e as guerras
havemos de atravessá-las,
rompê-las ao meio,
cortando-as
como uma quilha corta
as ondas.

Vladimir Maiakóvski

Aos que se aventuram por oceanos desconhecidos aconselha-se o porte de instrumentos de orientação. Os mares da história não são menos traiçoeiros que aqueles que dispersaram numa tempestade a esquadra de dom João, levando algumas de suas velas para Salvador da Bahia, nelas o próprio príncipe regente, outras para o Rio de Janeiro, onde as mulheres da família real tiveram de esperar a bordo pela chegada do príncipe para poderem desembarcar. Os oceanos da história, com suas correntes de conceitos, seus arrecifes teóricos, seus icebergs factuais, além das estrelas como guia, exigem também suas bússolas e astrolábios. Aqui o leitor vai se munir de alguns desses instrumentos para não se perder em sua travessia histórica.

Costumes, hábitos, maneiras, representações. Civilização e cultura. Interdependências de indivíduos, elites, configurações, antagonismos de classes. Sociedade de corte e formação do Estado. História e historiografia. São muitos os instrumentos conceituais, provenientes de matrizes diversas, que se fizeram necessários para equacionar o problema histórico que resultou neste livro. Cada capítulo e cada seção de capítulo que compõem a história contada a seguir se amparam num conjunto de referências teóricas e soluções metodológicas que podem não se deixar revelar muito facilmente ao leitor não iniciado no ofício de historiador. Não me é dado em absoluto elidi-las. Todavia, evocá-las amiúde ao longo do texto para dar sustentação às minhas opções poderia resultar numa prosa truncada, estrangulada por um aparato de erudição que se, por um lado, cumpriria com a função de satisfazer às demandas dos circuitos acadêmicos, por outro comprometeria a própria qualidade da narrativa como tal. Além do quê, erudição pela erudição é qualidade vã.

Mas o impasse não é de somenos importância, uma vez que a todo leitor se deve permitir conhecer as ferramentas e procedimentos à disposição do escritor de história. Aqui se evidencia a diferença insuperável entre aquele e o escritor de ficção. Pois, se em ambos o componente estético é presente, seu limite para o historiador é a própria história. Não se pode abrir mão do rigor na reconstituição e na explicação históricas, o que não implica necessariamente declinar da busca do prazer. Apenas o resultado é de um gozo diferente.

Assim, meu objetivo principal foi construir uma narrativa histórica em que se articulassem aqueles dois aspectos da história da fundação do Estado brasileiro — as transformações no *habitus* e as relações de poder entre as elites —, ao mesmo tempo que, privilegiando a observação das re-figurações no ser social, contribuísse para documentar uma experiência vivida. Dessa postura decorre, naturalmente, uma série de implicações teóricas, pressupostos sobre o fazer histórico que nortearam minha conduta na pesquisa e na explanação, com consequências no plano da interpretação e da narrativa. Ainda que sucintamente, cumpre-me explicitar as linhas gerais que ordenaram a elaboração do livro, com o cuidado e a esperança de que esse exercício não resulte demasiado árido para os leigos do ofício, nem tanto rápido e superficial para os iniciados.

O argumento central da obra tem um duplo fundamento: primeiro, que o encontro entre a corte migrada com a elite econômica do Rio de Janeiro deflagrou uma transformação sensível das práticas sociais de ambas, no sentido de uma "europeização" das maneiras dos residentes aqui e de uma adaptação dos hábitos dos reinóis, tanto no que diz respeito à regulamentação da vida palaciana — a etiqueta que se deveria seguir na corte — quanto nas formas de sociabilidade cotidianas da população como um todo. Segundo, que esse aspecto "cultural", marcado pela expansão das redes de interdependência, que ligava os indivíduos em situações de afinidades de interesses ou de conflitos inconciliáveis, foi decisivo na redefinição dos quadros das elites dirigentes e, consequentemente, na formação do Estado brasileiro.

Concorde com a ideia de que todo historiador deve contar uma história — e contá-la bem —,[1] construí um enredo bipartido, atento àquelas duas ordens de transformações, que constituem as duas partes do trabalho, denominadas "O estado do Ser" e "O ser do Estado". A opção pela narrativa histórica — na qual, espero, não abri mão da tarefa analítica[2] — explica a exclusão de qualquer remissão "teórica" no corpo do texto, mesmo nas notas dispostas no fim da obra, em que se alocaram igualmente as citações de obras historiográficas. O que não significa a intangível inexistência de um quadro teórico, que eu tinha constantemente presente enquanto manipulava os materiais históricos que recolhi — e que apresento sucintamente a seguir.

A referência primeira, por assim dizer, fundadora de toda a arquitetura teórica deste livro, é a obra de Norbert Elias. Sua presença é marcante não apenas em índices mais visíveis como a própria divisão da obra em duas partes, uma que privilegia a análise das transformações e estados do ser social — numa palavra cara à sociologia: do *habitus* — e outra voltada à recuperação das redes de interdependências que configuravam a sociedade joanina no momento da fundação do Estado brasileiro. O leitor de Elias poderá notar sua incidência forte em cada capítulo. Aqueles sobre a etiqueta de corte no novo cenário do Rio de Janeiro, particularmente o primeiro e o terceiro, têm filiação à análise psicogenética criada por Elias no primeiro volume de seu *O processo civilizador*, enquanto a segunda parte, dedicada ao "ser do Estado", é tributária da investigação sociogenética por meio da qual o sociólogo interpretou o processo de formação dos Estados ocidentais. O entendimento de corte e de sociedade de corte que emprego, com todos os seus desdobramentos conceituais — redes de interdependência, campos, configurações, equilíbrio instável do poder, etiqueta, representações etc. —, tem como referência o estudo de Elias sobre o "tipo ideal" de sociedade de corte que privilegiou, a da França de Luís XIV.[3]

Um aspecto essencial das sociedades de corte exigiu conhecer o tratamento dado a ele por alguns cientistas sociais: aquilo a que Ervin Goffman chamou de "teatralidade" e "dramaturgia da vida" e Georges Balandier de "teatrocracia" é um elemento central, notavelmente na primeira parte. Goffman (1975) criou um modo de compreensão de como os indivíduos agem socialmente como atores, desempenham um papel social a partir das expectativas que têm na construção da imagem social pela qual desejam ser reconhecidos. O segundo autor, mais preocupado com a dimensão do exercício do poder político por meio dos elementos dramáticos que o legitimam onde a força e a razão seriam insuficientes, afirma a capacidade da teatrocracia de regular a vida cotidiana dos homens em coletividade (Balandier, 1982). Se ambos utilizam a metáfora teatral para a investigação das relações sociais em geral, é unânime o entendimento de que ela melhor se aplica às sociedades de corte, dramáticas por excelência. A época moderna no Ocidente pode ser tomada, nesse sentido, como um período *sub specie ludens*, conforme conceituou Huizinga (1990).

O mundo em "cena" e o teatro como *mimesis* ou refiguração da vida — nova via de acesso gnosiológico ao mundo — são imagens recorrentes também na literatura filosófica da época moderna. Shakespeare antecedeu a todos ao afirmar que "o mundo todo é um teatro"; mas o fundador do pensamento moderno (Descartes), em seu *Discurso do método*, afirmava que seus esforços de reflexão eram o resultado de sua opção por ser espectador atento das comédias do mundo, antes que ser ator nelas. As metáforas da luz e da cena proliferaram nos escritos filosófico-políticos da época. Fontenelle, ainda no final do século XVII, procurando explicar a cosmologia cartesiana, comparava a história da natureza com um espetáculo se desenrolando num grande teatro. Voltaire, no *Ensaio sobre os costumes*, fala da "cena do universo"; D'Alembert, em seus *Elementos de filosofia*, considera os homens que figuram na cena do mundo como testemunhas ou como atores; Hume usa expressões como "cenas do universo" e "cenas da natureza" em sua *Investigação acerca do entendimento humano*. Os próprios estudiosos posteriores do pensamento moderno mostram que os exemplos são inumeráveis.[4]

Tomar o mundo como palco de uma grande representação pode ser um recurso analítico, como em Goffman ou em Clifford Geertz (1991) — autor no qual se inspira esta análise da sociedade de corte fluminense. Esta é herdeira, ou antes, pertencia mesmo ao tempo das monarquias absolutas europeias em seus momentos derradeiros.[5] Como dizia, nesse caso particular a perspectiva dramatúrgica não se limita apenas a um procedimento analítico. É próprio das sociedades daquele período, que compreende os regimes políticos absolutistas, conceber o mundo como um palco, em quaisquer das diferentes "roupagens" que revestiram o mesmo gênero de corte. Estilos variados de uma mesma percepção estética do mundo, "barroco ou rococó, maneirismo ou neoclassicismo", em todos se repete a fórmula do *theatrum mundi* ou do *theatrum orbi terrarum*.[6] Como diz Balandier, a apresentação espetacular da vida social não se separa de uma representação do mundo, "de uma cosmologia traduzida em obras e em prática".[7]

A dupla abordagem da concepção do *theatrum mundi*, do mundo como palco, remete inevitavelmente ao tema movediço das representações mentais.[8] Para a inteligência das sociedades de corte, como aquela que se instalou no Rio de Janeiro em 1808, não se trata apenas de usar a metáfora teatral como recurso analítico — notoriamente para os anos posteriores a 1815, quando a monarquia encontrava maior equilíbrio após os tempos conturbados da fuga. Homens e mulheres se comportavam efetivamente como atores num drama: a própria hierarquia social era produzida e reproduzida com base no papel que cada um deveria ocupar e cumprir na sociedade de corte, papéis que eram minuciosamente regulamentados pela etiqueta; a hierarquia mesma reafirmava-se a partir de sinais externos que iam desde os signos materiais que o "ator" social ostentava em forma de indumentária, armas que portava, comendas de ordens militares, distintivos de títulos nobiliárquicos, até uma complexa economia dos gestos. Sinais que asseguravam aos homens de alto coturno os "privilégios, liberdades, isenções, precedências e franquias" que constam nas mercês dos títulos e justificações de nobreza. Como ensina Elias, "a sensibilidade do homem dessa época pelas relações entre a posição social e a organização de todos os aspectos visíveis do seu campo de atividade, incluindo os próprios movimentos do corpo, é simultaneamente o produto e a expressão da sua posição social".[9]

A lógica da corte, que se espraiava pela sociedade como um todo, consistia na forma por excelência de organização da política que marca o surgimento dos Estados modernos. O antropólogo Balandier (1980, p. 18) acredita que essas "sociedades visuais" são uma herança renascentista. Quem melhor caracterizou as culturas *sub specie ludens* e o conceito de representação foi Johan Huizinga. Representação, como um dos dois aspectos fundamentais do jogo, ao lado da competição, significa dar-se a mostrar, exibir-se.[10] Assim é que a criança, por exemplo, representa ser algo diferente do que é, mais bela, nobre ou perigosa, como um pássaro, príncipe, bruxa ou animal feroz; Huizinga a caracteriza como literalmente "transportada" de prazer, talvez no mesmo sentido em que inúmeras vezes os cronistas do período descreviam o estado de espírito dos fluminenses diante das solenidades reais a que assistiram, como a coroação de dom João ou o casamento de dom Pedro e dona Leopoldina. O "grande concurso de povo externou seus mais altos transportes de alegria" é uma linguagem que expressa o caráter essencialmente lúdico da sociedade que a utiliza. Assim como a expressão "o rei dignou-se", "aprouve ao rei" ou "o rei foi servido ordenar", que se repetem em todos os pedidos de graças remetidos pelos súditos à secretaria de Estado dos negócios do reino, a partir dos quais o rei despachava concedendo ou não a mercê solicitada.[11]

O que me parece importante reforçar é a necessidade de recusar uma concepção idealista das representações como "projeção" ou "reflexo" imaterial, imaginário, de uma realidade material fundadora. Ao contrário, na expressão de Pierre Bourdieu, elas são "estruturas estruturadas e estruturantes" que viabilizam a própria vida social (Bourdieu, 1989, p. 139). Particularmente no que respeita aos rituais desenrolados como um "drama", uma ação representada num "palco" — num espaço sagrado —, como a representação mística que envolve a coroação do rei ou o casamento de seu filho — garantia da perenidade da estirpe e da felicidade dos súditos —, a ação reveste a forma do espetáculo. Aqui a representação já não se resume à "exibição", como na entrada triunfal do rei, que apenas reforça a ideia do poderio de seu império ou o consagra por uma vitória militar:[12] é isso e mais, presume a real *identificação*, a repetição mística ou a *reapresentação* do acontecimento. Segundo Huizinga, "o ritual produz um efeito que, mais do que *figurativamente mostrado*, é *realmente reproduzido* na ação" (Huizinga, 1990, p. 18). O exemplo-limite dessa representação ritual é a eucaristia cristã, o "mistério da fé": a "transubstanciação" do pão em carne e do vinho em sangue. Esse significado forte de representação ilumina a compreensão da reverência de inferiores diante de signos materiais de superiores, como ocorreu inúmeras vezes com os súditos fluminenses diante do retrato do rei.

A problemática das representações tem como principal desdobramento a da recepção do que é representado, questão de extrema complexidade que se traduz na "crença", pelo público espectador, da mensagem ritualizada. Peter Burke (1994) tentou equacioná-la em seu trabalho sobre a fabricação da imagem pública de Luís XIV e disse, com acerto, que a produção de imagens do rei tinha um público específico: as elites (Burke, 1994). Mas na França do Rei Sol o povo não era negligenciado como receptor dessas imagens. O paralelo com o que ocorria no Brasil se torna mais delicado, dada a inexistência de um "povo brasileiro" como havia um povo francês. Nesse sentido, parece certo que a dom João VI interessava, sobretudo, apresentar-se às elites que o sustentariam, e não buscar uma "legitimidade" abstrata diante de um povo inexistente. Aqui tendo a concordar com Bourdieu, que atrela a legitimidade e o reconhecimento dos sistemas simbólicos ao conceito de *habitus*. A autoridade do rei, exemplo de que se utiliza, pressupõe uma identidade entre quem expressa e quem recebe a autoridade, a qual emerge no próprio ato da enunciação (Bourdieu, 1989, pp. 9 ss.; p. 116).

Huizinga aproxima-se dos antropólogos nessa questão da crença nos rituais mágicos e sobrenaturais em geral, no sentido de que não se deve considerá-los, os sistemas de crenças e práticas que o suportam, como meras farsas inventadas por um grupo de "incrédulos", com o objetivo racional de dominar os ingênuos "crédulos" (Huizinga, 1990, p. 28). Não é concebível pensar que, embora reinando na "fase final de evolução" das monarquias absolutas,[13] dom João acreditasse que o exercício de sua autoridade assentasse numa farsa, e menos ainda que seus vassalos não reconhecessem, em alguma medida, a origem divina do poder que emana da coroa — embora o emprego repetido dessa ideia nos sermões e discursos da época possa ser entendido, muitas vezes, próximo a um recurso de retórica. Mas, do ponto de vista de sua legitimação, era nessa concepção medieval da origem divina que assentava o poder do rei e seus atributos, como a liberalidade e a arquitetura patriarcal do Estado: imagem de Deus na terra, o rei, como o Pai criador, tem o dom de "dar". Julgo que dom João acreditava nas impressões causadas por sua representação, era um "ator sincero", segundo o conceitual de Goffman, assim como cada súdito que o cercava (Goffman, 1975, p. 21).

A questão da credulidade das representações funda-se, para Pierre Bourdieu, no conceito de *habitus*, elaborado contra o "jurisdicionismo", ou a tendência dos etnólogos, constatada pelo sociólogo francês, em descrever o mundo social na linguagem da regra, da norma. A crença situa-se fora do "cálculo racional" dos indivíduos, dentro, portanto, do *habitus*; ao lado da norma expressa e da ação racional, constitui-se em um dos "princípios geradores de práticas", que, ao possibilitar aos indivíduos uma conduta regular, os provê da capacidade de previsão.[14] Essa previsibilidade das condutas não pode estar ligada a uma regra ou legislação: o *habitus* tem a ver com o fluido, o vago. Tal espontaneidade criadora, que se afirma na confrontação improvisada das situações que não cessam de se renovar, que definem "nossa relação ordinária com o mundo", guarda uma afinidade conceitual íntima com o conceito de *habitus* e de configuração social (sua matriz geradora) em Norbert Elias. O controle das paixões que se impõe na competição entre partidos e facções na vida de corte, cuja contrapartida é a observação meticulosa dos gestos, a regularidade das condutas — e a capacidade de previsão —, para o sociólogo alemão, revela uma racionalidade oposta à da sociedade burguesa-industrial, que se assenta nas pressões de interdependências econômicas: "A sociedade de corte tem origem nas pressões da interdependência social e mundana das elites. Serve, em primeiro lugar, para calcular as relações humanas e as oportunidades de prestígio, consideradas instrumentos de poder" (Elias, 1987, pp. 85 ss.).

Assim como as representações não são "projeções", reflexos de uma realidade material, o conceito de *habitus* em Bourdieu evidencia suas capacidades "criadoras", formadoras, mas não no sentido de uma razão universal ou espírito absoluto. Ao contrário, o *habitus* talvez melhor se defina como os limites de ação, das soluções ao alcance do indivíduo em uma determinada situação social concreta. É, portanto, um produto da história que conduz a práticas individuais e coletivas e que estabelece os limites dentro dos quais os indivíduos são "livres" para optar entre diferentes estratégias de ação. Práticas que, intuitivas como tais, antes orientam mais que determinam as condutas (Bourdieu, 1989, pp. 91 ss.; Harker, 1993; Inglis, 1979, pp. 361 ss.). Limite de ação prática talvez no mesmo sentido empregado por Lucien Goldmann para a "consciência possível" de uma época... (Goldmann, 1979, pp. 20 ss.).

É no *habitus* que se assenta um princípio fundamental da hierarquia social e, consequentemente, das sociedades de corte. Como princípio gerador e unificador que configura as características intrínsecas de uma posição social em um *estilo de vida* homogêneo, é ele que instaura a *distinção social*. No caso particular das sociedades de corte, muitos teóricos tentaram explicar a lógica da economia do "ócio" e do "luxo", de Max Weber a T. Veblen. Este, com sua teoria do "conspicuous consumption" — ou consumo ostentatório —, formulou um conceito apenas em parte apropriado para designar o que, na lógica da sociedade de corte, era uma necessidade vital das classes superiores: estar na corte — portanto: não trabalhar — e apresentar-se de acordo com seu lugar e valimento — o que exigia dispêndio de tempo e despesas para representação, sem os quais era impossível a manutenção de seu lugar e de seu papel social, ainda mais pela constante e ferrenha competição por prestígio em que viviam os cortesãos. A crítica de Bourdieu a Veblen é de que a distinção não implica procura de distinção, já que todo consumo será *conspicuous*, visível, quer guarde ou não uma intencionalidade de se tornar visível.[15]

O conceito de *habitus* em Elias não se apresenta explicitamente definido como em Bourdieu, mas se constrói a partir de sua teoria do processo civilizador. A civilização é um devir no qual um conjunto de interações forma um sistema não planejado e se estrutura progressivamente: as relações entre unidades ou grupos sociais são, em realidade, as *relações de força* que ligam, opõem e, dessa forma, inscrevem os indivíduos em uma estrutura hierarquizada que presume "campos de forças", "tensão", "equilíbrio", "competição". Nesse sentido, a "configuração" de Elias é muito próxima do conceito de *campo* de Bourdieu, o qual traduz a ideia de um espaço estruturado de posições onde se desenvolvem as relações de luta. A proximidade não se resume à nomenclatura dos conceitos — Elias usa o conceito de *campo* em suas "Sugestões para uma teoria de processos civilizadores" quando recomenda que, para um estudo sociológico, convém "[...] esclarecer a estrutura do conjunto de um campo social determinado".

Uma mesma concepção relacional e estrutural do social encontra-se, portanto, em ambos os autores. Mas ao privilegiar a gênese do *habitus* e a razão ou razões de sua evolução, a abordagem eliasiana torna-se mais apropriada à compreensão histórica. Para ele a transformação do *habitus* não resulta, inevitavelmente, de uma modificação na hierarquia das posições dos agentes no campo; pode ter um "motor exógeno". Por estar atento ao *processo* histórico, Elias concebe a possibilidade de transformações do *habitus* decorrentes de mudanças históricas que incidem na hierarquia das posições. Por isso seu conceito de campo é mais flexível que o de Bourdieu: trata-se de uma rede de relações estruturadas em espaço de posições, mas aberta e constantemente trabalhada pelas contingências históricas, que exercem agora a função de variáveis exógenas e, por certo, transformam a hierarquia das posições.[16]

Na perspectiva de Elias contempla-se uma solução teórica para um problema histórico concreto: antes que um "processo civilizador", a experiência histórica brasileira chegou a uma — qualquer que seja — "civilization de mœurs" por meio de um *processo colonizador*. O que implica, no mínimo, duas coisas: primeiro que, no

Brasil, "queimaram-se etapas" daquele processo que compreendeu mil anos da história europeia; segundo, dado o próprio estatuto colonial, a chegada da "civilização" resultou na geração de tipos diferenciados de violência, física e simbólica. Esses assuntos não puderam ser tratados aqui, de modo que me restringi a contemplar o momento inicial de aceleração máxima vivida no processo civilizador da colônia, que coincidiu com o momento de superação de seu estatuto político para país independente.[17]

Os procedimentos metodológicos foram muitos, tantos quantos os problemas enfrentados nos diversos capítulos. Parti da questão inicial da insuficiência das explicações dadas pela historiografia do Brasil joanino sobre a constituição das elites e sobre os aspectos culturais centrais desse objeto eminentemente político, que é a formação do Estado brasileiro. À medida que, nas verdadeiras escavações feitas em arquivos e bibliotecas do Rio de Janeiro e Lisboa, se ampliava o material histórico que ia colhendo e manipulando,[18] ia-se constituindo uma síntese difusa, provisória a cada etapa, que me servia, no entanto, para sofisticar a elaboração crítica das informações e dar renovado sentido ao que analisava.

O desdobramento inevitável foi a (re)construção de uma cena ampla de sentido pelo estabelecimento de conexões entre ângulos diferentes dessa cena, ou, visto de outro modo, o estabelecimento de cenas internas que possibilitassem, em sua singularidade, o dimensionamento da cena de conjunto. A forma mais eficiente de expressão desse sentido — se não a única de que dispunha — é a narrativa. Conforme a proposição de Aldo Gargani, o discurso é um dis-correr, é percorrer aos saltos o abismo de silêncio e sombras entre uma e outra palavra, que ilumina em *flashes* a cena do Ser que se persegue. Ser e não "ente", dado, realidade imanente, mas um "[...] acontecimento de sentido que é um desvelar-se e ao mesmo tempo um esconder-se" (Gargani, 1995, p. 24). A reconstituição histórica que segue não deixa de ser, sob esse ângulo, um exercício hermenêutico.

Uma palavra final sobre a estilística. Minha narrativa pode ser caracterizada como repleta de expressões de época, e essa caracterização pode carregar uma crítica conclusiva quanto à impropriedade do emprego de tais arcaísmos hoje em dia. A lida com um volume imenso de documentação explica em parte — mas não justificaria — esse traço, concordo, às vezes bastante rebuscado. Claro que não sou um panegirista ou um escritor neoclássico e devo esforçar-me para falar a língua — cada dia mais pauperizada — do meu tempo. Mas muitas locuções de época não seriam "traduzíveis" para o português contemporâneo sem a perda irremediável de sua qualidade semântica ou sem cair no anacronismo. Obviamente que o autor em 2018 não "é servido escrever": simplesmente escreve; mas o rei, em 1818, não apenas "ordenava": ele era "servido e lhe aprazia ordenar"... Essa não é uma mera questão de estilo, mas metodológica. Nosso vocabulário de hoje é impróprio para expressar com correção a visão de mundo do Portugal do Antigo Regime. À acusação — não de todo improcedente — de rebuscado, eu replicaria com as palavras da "advertência" com que certo escritor áulico abre seu opúsculo:

> Se me criminarem á cerca do estilo que sustento hum tanto levantado, e por ventura improprio da Poesia Drammatica, responderei que a locução rasteira he vergonhosa na boca de uma divindade, e que objetos grandes devem ser grandemente tratados. (BNRJ — Coutinho, 1813)

Devo ressalvar mais que não me preocupei em fazer nenhuma análise estética das correntes de gosto que caracterizam a época moderna, seja na arquitetura, na poesia ou em qualquer outra forma de manifestação do espírito. Mais importante, aqui, do que analisar a reprodução das formas empoladas e repletas de citações à Antiguidade greco-romana disso que se chamou o "neoclassicismo", meu objetivo foi demonstrar, nas comparações entre os arcos romanos de dom João v e os que se levantaram no Rio de Janeiro, as diferenças materiais entre uns e outros. Se em ambos abundam Netunos, Hércules, Cupidos, Vitórias em meio a emblemas da dinastia e da cristandade, importava-me perceber que uns eram feitos de veludos, telas, brocados, terciopelos, pedrarias e metais nobres — e suas réplicas tropicais de elementos bem mais modestos do que aqueles.

Lembro, por fim, que a narrativa se sustenta numa ampla teia de remissões internas, que fazem os capítulos comunicarem-se entre si. Não a indico porque desvendá-la pode ser, talvez, o único prazer que reste ao meu leitor. A narração não chega no final a uma conclusão, porque não eram conclusões o que eu procurava — e porque a história que ela conta, sob muitos pontos de vista, não está ainda concluída. Mas há umas "Considerações finais", nas quais se resgatam alguns pontos centrais para a inteligibilidade da história que investigo — e creio que não poderia ir muito além disso. No fim de minha viagem histórica, só posso dizer que, depois da aventura oceânica da família real, tudo foi comemorado com muita pompa e circunstância na nova sede da monarquia portuguesa.

Que se o facundo Ulisses escapou
De ser na Ogygia ilha eterno escravo,
E se Antenor os seios penetrou
Illyricos e a fonte de Timavo,
E se o piadoso Eneas navegou
De Scylla e Charibdis o mar bravo,
Os vossos, móres cousas atentando,
Novos mundos ao mundo hirão mostrando.

Camões, *Os lusíadas*, II, 45.

Entrada da baía do Rio de Janeiro, de J.-M. Rugendas.
In Viagem pitoresca através do Brasil.

PRIMEIRA PARTE
O ESTADO DO SER

1. O novo estilo
Olhares sobre o cerimonial no desembarque de dona Leopoldina d'Áustria

Vê, apenas se rompe a voz ditosa
De ser já nos teus Ceos hum Astro Novo
Do Alto Conde d'Habsburgo a Descendente,
Entre repiques de fundido bronze
O povo a formigar por Praças, Ruas
Ruas, e Praças não bastando ao povo.

Bernardo Avelino Ferreira de Sousa, *Elogio...*, 1818

Tudo foi comemorado com muita pompa e circunstância na nova sede da monarquia lusa. Os primeiros anos talvez um pouco menos, quando o assentamento de toda uma corte e Estado em solo exótico, agravado pela resistência aos franceses no reino e aos espanhóis nas fronteiras setentrionais do Brasil, sorvia todos os recursos e energias. À chegada da família real, em março de 1808, houve que se arranjar morada para um número vultoso de pessoas de distintas classes, desde o rei até seu mais humilde súdito,[1] que se aventuraram na travessia atlântica expostos a toda sorte de privações e flagelos; era preciso implantar na capital do vice-reino do Brasil a máquina burocrática, o cérebro de todo o vasto império ultramarino português. Ao mesmo tempo, cuidar para que se reproduzissem aqui as mesmas práticas de sociabilidade cortesã da pátria-mãe — e não poucos esforços se envidaram nesse sentido.

À entrada da segunda época da corte bragantina no Rio de Janeiro, as maiores ameaças à paz e tranquilidade da coroa lusitana já se haviam desvanecido, graças à fuga estratégica de dom João, sob tutela da indefectível diplomacia e armada inglesas. Após 1815, restauradas as sacras casas imperiais em Viena, falecida dona Maria I, elevado o Brasil a Reino Unido a Portugal e Algarves, uma nova era parecia se anunciar à população da pródiga ex-colônia, particularmente ao povo fluminense, que tinha o privilégio e a glória de contar com o rei e toda sua real família no número de seus habitantes. Sentiam-se por todos os lados os sinais da pública satisfação motivada não apenas pela prosperidade econômica, visível nas incontáveis naves mercantes surtas na portentosa Guanabara, no trânsito de um contingente crescente de comerciantes de várias nacionalidades, raros até 1808, bem como na inédita legião de viajantes naturalistas ávidos por desvendar as riquezas do país. Pública satisfação pela percepção de que esse movimento conduzia a um novo estado de coisas, a uma nova experiência política e social. Percepção ainda mais forte quando se anunciou em lustroso bando do Senado da Câmara pelas ruas da urbe, ao mesmo tempo que se dominavam à força os revoltosos do norte, as solenidades do faustíssimo casamento do príncipe herdeiro dom Pedro de Alcântara com a arquiduquesa d'Áustria, dona Carolina Leopoldina Josefa.

Foram os anos de 1817 e 1818 os mais faustosos da permanência da corte no Brasil. Particularmente entre os meses que medeiam a chegada de dona Leopoldina, a 5 de novembro, e o aniversário de dom João, a 13 de maio, puderam os fluminenses experimentar os efeitos de um consórcio real e, mais inusitadas ainda, a coroação e aclamação de um monarca de tradicional casa europeia, até então inéditas abaixo do Equador.

Alcançada ao menos em parte a tão esperada paz, cabia presentear os fiéis vassalos com a notícia do casamento do príncipe herdeiro, por nascimento duque de Bragança e príncipe do Brasil. A continuidade da estirpe deveria ser garantida, assegurando o conúbio a reiteração dos laços da casa de Bragança com aquela que se firmava no epicentro do poder na Europa restaurada, a dos Habsburgo, cujo sangue já corria nas veias bragantinas. Depois de minuciosas negociações travadas na Áustria entre o *premier* austríaco e filho de Francisco I, o príncipe Metternich, e Marialva, ministro plenipotenciário português, foi acertado o casamento com dona Leopoldina, que anuiu prontamente à imperial vontade paterna.[2]

ANTIGOS ESPONSAIS

Os imperantes portugueses têm tradição de bem casar, ao menos no que diz respeito às cerimônias. Quando el-rei de Espanha resolveu "pôr Casas e Estado" ao herdeiro infante dom Gabriel e à sua futura esposa dona Mariana Vitória de Portugal, irmã de dom João, que desposou na mesma cerimônia dona Carlota Joaquina, irmã do infante de Espanha, constitui-as com o mesmo aparato dos mordomos-mores, camareira-mor, gentis-homens, damas e mordomos de Sua Majestade, postos a servir ao príncipe com todas as honras e privilégios de que gozavam os que serviam ao rei. Foram três dias de sucessivos beija-mãos, ações de graças, te-déuns, missas e entradas triunfais, quando se refletiu nas principais casas da Europa o fulgor da festa ofertada pelo embaixador português em Madri à principal nobreza, ministros e corpos militares de ambas as cortes, que somavam quase 2 mil pessoas. Para tanto mandou construir um jardim e vários salões ornadíssimos, como o grande salão de baile de ordem coríntia, com galerias anexas onde se dispunham mesas suficientes para todos os talheres. Serviu-se então um magnífico refresco com doces e caldos e várias bandejas com ramos e flores "esquisitíssimas" feitas em Madri, que se distribuíram exclusivamente às senhoras. Tudo primava pela mais perfeita ordem e limpeza, que todos admiraram na função, "[...] y dando a coñocer en ello su decoro y attencion y buenos modales". Depois do refresco foram distribuídos os livros da serenata intitulada *Le nozze D'Ercole e d'Ebbe*, cuja letra se encomendara de Roma, a música ficando a cargo do mestre da capela, dom Jerônimo Francisco de Lima, que mereceu geral aplauso. Seguiu-se o baile, que se estendeu até as sete da manhã, "... y las 10 y media se retiraron aun algunos de los que jugaban las partidas".

> Toda la noche huvo puestas dos mesas de 40 y 20 cubiertos, con fiambres y sopa, y se estuvieron serviendo por las Piezas, Ponche, Cafe, Chocolate, de todo genero de elados y vizcocheria [...].[3]

Os músicos e criados maiores tiveram igualmente uma mesa permanentemente posta de sessenta cobertos, próxima à cozinha, onde comeram trezentas pessoas. A função estendeu-se até o dia seguinte.[4]

Diz-se que não ocorria na Áustria espetáculo tão esplendoroso desde quando, no ano de 1708, o embaixador de Portugal, conde de Vilar-Maior, conduzira dona Mariana para esposa de dom João V, o que se equiparava às funções dadas pelo marquês de Marialva ao pedir a Francisco I, imperador da Áustria, rei da

Hungria e Boêmia, a mão de sua filha, a arquiduquesa dona Leopoldina, para o príncipe dom Pedro. A comparação entre as cerimônias permite dimensionar a pompa dos casamentos reais lusitanos, que não se abalou durante o século XVIII, além de se destacarem os elementos cênicos presentes em ambas.

São dignas de contos de fadas as memórias da embaixada feita por dom Fernando Teles da Silva, conde de Vilar-Maior, plenipotenciário designado por dom João V para negociar em Viena a mão de dona Mariana. Depois de cinco meses de viagem, chegou a comitiva de 92 pessoas à capital austríaca. Acertados os detalhes contratuais, deu o ministro português uma festa para celebrar o sucesso das negociações; diante da porta principal do palácio mandou erguer um arco triunfal em que sobrestavam as armas lusitanas.

> Deste Arco brotavão duas fontes de uinho hua de branco, outra de tinto, ao continuo som de trombetas, e timbales, e das janellas de ambos os lados se lançarão hungaros de ouro; Tallaros, e meyos Tallaros em grandissima quantidade ao numerosis.mo Pouo, que concorreo p.a lograr tão insolito festejo, o qual começou perto das seis da tarde e durou athe o anoitecer, no qual tempo se puzerão luminarias em todas as janellas de ambas as partes do Palacio com archotes candieiros de madeira, em que estauam pintadas as Armas Reaes de Portugal.[5]

Armaram-se duas grandes mesas com soberba prataria adornada com as insígnias d'el-rei e louçaria da Índia. Serviram-se os mais exóticos quitutes, pirâmides de doces e outros arranjos, regalo para a nobreza convidada a figurar na função de grande gala.

Um século depois, a 17 de fevereiro de 1817, Marialva entrava em Viena com um cortejo formado por 41 carruagens puxadas por seis cavalos, acompanhadas por criados de ambos os lados, vestidos com ricas librés — conforme a etiqueta do costume. O *entourage* do ministro compunha-se de 77 pessoas, entre pajens, criados e oficiais, a pé e montados. Seguiam-se os coches da casa imperial, ladeados por seus lacaios e aparados pelos homens de serviço, logo atrás. Fechavam o cortejo as carruagens dos embaixadores da Inglaterra, França e Espanha. Depois de dias de festas e gala na corte austríaca, acompanhadas miudamente pelos fluminenses por meio da *Gazeta do Rio de Janeiro* e também aqui repetidas, marcou época a função que dera Marialva a 1º de junho na capital austríaca, quando mandou construir portentosos salões nos jardins do Augarten de Viena, onde se realizou um baile para 2 mil pessoas, entre as quais a família imperial austríaca, todo o corpo diplomático e a nobreza. Tendo iniciado a dança às oito horas, às onze serviu-se requintada ceia, na qual, relata-se, o imperador e a família foram servidos em mesa de quarenta talheres, sendo a baixela de ouro; os demais, em baixelas de prata. Orquestras dispunham-se em diversos lugares, de modo a animar o povo, que festejava de fora dos portões do palácio. Gazetas estrangeiras referiram-se a essa como uma das mais suntuosas funções realizadas em casa imperial europeia, e que para tanto despendeu o marquês de Marialva mais de 1 milhão de florins.[6]

RECEPÇÕES

A simples notícia dos "desponsórios" de dom Pedro e dona Leopoldina foi muito celebrada na corte do Brasil. Missas, *Te Deum Laudamus*, ações de graça foram executados sob sequências de repiques de sinos e salvas de artilharia dos vasos de guerra e fortalezas; luminárias, girândolas e fogos de artifício, bandeiras nas naus e edifícios e máquinas arquitetônicas enchiam os olhos dos transeuntes. O motivo festivo acionava todos os sentidos. A palavra de ordem era preparar a mais impressionante acolhida possível para a dignitária austríaca que migrava para o tronco português.

A expectação e o fausto marcaram outras grandes recepções e bodas no reino lusitano. A troca das infantas em Badajós, onde a pequena dona Carlota foi entregue a dom João e dom Gabriel recebeu dona Mariana Vitória, foi acompanhada das demonstrações de generosidade do príncipe dom João, cuja mão liberal tocou os que assistiam à cerimônia: "[...] dis-se ter dado S. A. de refresco a cada soldado que o esperava 1200 rs nas maiores demonstraçõens de prazer, e jubilo". Depois, a troca dos presentes.[7]

Nas duas capitais, Lisboa e Madri, sucederam-se funções em gratidão ao duplo desponsório real. Nessa última foi uma festa só. Os grêmios da cidade adornaram-na com arquiteturas e luminárias, das janelas dos particulares pendiam as colchas de damasco que ordenavam os editais. Na noite da celebração houve esplendoroso festim na embaixada portuguesa, iluminando-se os salões, a casa de bailes, as duas salas de jogos e demais galerias com 61 lustres de 76 bicos de luz em cada um. Um serviço de refrescos abriu a festa para os 2 mil comensais, que continuou com um drama musicado, ceia e baile, tudo se repetindo no dia seguinte. Coros dispostos nas janelas divertiam o povo fora dos portões. As comemorações na capital portuguesa não deixaram a desejar.[8]

Outros episódios reforçam esse traço dos soberanos portugueses em bem buscar e melhor receber suas rainhas. Antes do gáudio de dom João v, Lisboa aplaudiu inebriada ao casamento de dom Afonso iv com dona Maria Francisca Isabel de Saboia, no ano da graça de 1667. Dentre os inúmeros efeitos arquitetônicos de fantasia, o Senado ofereceu o seu, logo à primeira porta da cidade, sob o qual recebeu em viva voz a ditosa rainha. O arco dos italianos também chamava a atenção. Os elementos utilizados deixam-se perceber na descrição genérica de uma testemunha ocular:

Otros arcos havia bien luzidos
De oro, plata, y de sedas guarnecidos,
Con pinturas selectas,
Poesias discretas,
Curiosos epigrammas,
Escuros anagramas.[9]

As bodas de dom Pedro II com dona Maria Sofia Isabel da Baviera, em 1687, também marcaram época na história das casas dinásticas europeias. Foi designado para essa embaixada na corte de Heidelberg o conde de Vilar-Maior, Manuel Teles da Silveira.[10] Lisboa, nessa ocasião, ganhou nova aparência, em função dos artefatos de arquitetura efêmera que se ergueram para o desembarque de dona Sofia. Na foz do Tejo, a terra avançou sobre as águas, com a magnífica ponte de arcos e o palácio de espelhos que ali se construíram.

> En la popa de aquesta maravilla, se levantava un Palacio, que servia de toldo, adonde en relevante, y dorada talla, se engastavan seis riquissimos espejos, transparentes balcones de aquel edificio soberano.
>
> Ricas alfombras, bordadas, y texidas de oro, sobre hermosos colores; admirables cortinas de brocado guarnecian el acio deste dorico edificio: parecia esta portatil grandeza un monte de oro, bolando por campos de prata. (ANTT, Coutinho, 1687, p. 18)

Os trajes, as luzes das luminárias, sinos e salvas ininterruptos desafiavam os sentidos. Numa das muitas noites de festa, que se seguiram ao desembarque de dona Sofia, ofertou-se glamouroso *dessert*:

> Constó de lo siguiente, el qual fue compuesto por las Deidades que venera la antiguidad. El Dios Baco sacrificó 80 pipas del suave licor de falerno. Fricho embió 400 carneros, y aqui eternizó mejor el nombre, que en el Eleponto. Europa enbió 60 bacas, y 30 vitelas, con 500

> guefos, que mas que de regalo, fueran de leche. Y cierto Dios valiente ofreció de su mano 500 jamones de la Ciudad de Lamego. No faltó Astrea con sabrosas aves, mandando 2000 galinhas, 500 pabos; y la prodiga Pamona, de toda la fructa proveyó quatro Barcos, donde sevieron, los pomos, perficos, ò el melocoton; las flamencas peras; el melon letrado; los hermosos razimos, y muchas mas tan gustosas, que hazen en los Estrangeros los efectos de los pomos Lotofagos. A esto acompaño mas de 80 arrobas de dulces, y tres mil ducados, para repartir por los creados Ingleses, que en la Jornada sirvieron à la Reyna [...].[11]

Os efeitos pirotécnicos foram registrados por espectadores atônitos. O compasso do espetáculo era marcado pelo ritmo da pólvora. Ao chegar o bergantim, conforme o estabelecido, sobe o rei ao encontro da noiva, de cuja nave explode primeiro disparo, iniciando a sinfonia estrondosa dos canhões: "Todo o baixel então atirou logo, e houve de parte a parte muito fogo" (BNL, Paiva, 1687, p. 14).

A entrada de Mariana Vitória foi cantada com ardor pelos memorialistas do rei. Após o cortejo do desembarque no Tejo, sob febris apupos de populares, a corte embevecida admirava-se com os efeitos com que Lisboa adornou suas ruas. Carruagens armadas corriam diligentes para o palácio. Os cortesãos em seus papéis principais viviam o dia de gala:

> *Da nobreza era tanta a galhardia,*
> *Tam excelsa, tam rica, & magestosa,*
> *Que só entam o Sol resplandecia*
> *Com reflexos de cousa tam lustrosa:*
> *Em todos com igual soberania*
> *Era a magnificencia protentosa:*
> *E com Admiração Outubro era,*

A mais florida, & bella primavera.
(ANTT, *Pestana, 1708, p. 14)*

Momentos áureos da dinastia, que serviriam de modelo para as gerações posteriores. Como nesses desembarques e entradas predecessores, a expectativa pela chegada da princesa do Reino Unido de Portugal, Brasil e Algarves inebriava os fluminenses, arrebatados por tão inéditas experiências desde a chegada de seu rei, então príncipe regente, havia nove anos. Soube-se que embarcara em Livorno a 14 de agosto na nau *D. João VI*, com seu numeroso trem, acompanhando-a na nau *D. Sebastião* o conde d'Eltz, enviado ao Rio de Janeiro como embaixador extraordinário.[12]

A CHEGADA DE DONA LEOPOLDINA ... VISTA "DE CIMA"

A cidade do Rio de Janeiro, em fins de outubro e início de novembro de 1817, preparava-se a toque de caixa para receber dona Leopoldina. Coube a Tomás Antônio Vilanova Portugal, secretário de Estado dos negócios do reino, distribuir as tarefas a todos com a devida antecedência.[13] A partir de 8 de outubro, a menos de um mês da chegada, iniciou Tomás Antônio uma verdadeira batalha para organizar cada detalhe das funções do desembarque e dos dias consecutivos.[14] Os principais lugares e funções foram reservados à fidalguia migrada que compunha o círculo mais restrito da corte, o dos maiores dignitários que tinham o privilégio de servir diretamente ao rei. Esse grupo compacto da nobreza, que procurou vincar as distâncias em relação aos grandes da terra pelo acirramento na execução da etiqueta, foi regiamente recompensado por seus préstimos.[15]

Incumbiu-se o conde de Viana de sair com o iate real a receber a nau *D. João VI* para cumprimentar a princesa em nome do rei; ao visconde de Vila Nova da Rainha mandou Tomás Antônio providenciar as bênçãos nupciais, que ocorreriam na capela real, e, para a mesma função, despachou portaria de igual teor ao bispo capelão-mor. Inácio da Costa Quintela deveria ocupar-se com passar ordens a todas as embarcações para que dessem salvas na entrada da nau *D. João VI*, na ocasião em que el-rei fosse a bordo, depois de acabada a função das bênçãos, e nas três noites de luminárias "[...] que se farão constar a V. Ex.ª por outro Aviso". Para Vicente Antonio de Oliveira ordenou o rei, por meio de seu secretário, distribuir pelas fortalezas naus, fragatas e mais vasos de guerra que se achassem no porto, a pólvora necessária para as salvas do costume (portaria de 11/10/1818).

A Luís Joaquim Duque Estrada Furtado de Mendonça, que fizesse o Senado da Câmara mandar publicar o

> Bando de costume para que na noite do dia da chegada da Mesma Senhora á este Porto e nas tres sucessivas haja luminarias, e na occasião da sua entrada publica no dia immediato da chegada, vindo da ribeira aonde hade desembarcar com Suas Majestades e Altezas e com o Accompanhamento da Corte e Nobreza, pela Rua direita até a Real Capella, os moradores da mesma Rua do Largo do Terreiro do paço tenhão as janellas das suas Casas ornadas com colchas e cortinas: E a fim de que o Accompanhamento não experimente embaraço na sua passagem e esteja a Rua com a conveniente Limpeza: *Ordena outro sim o Mesmo Senhor que o Senado sem perda de tempo mande fazer os reparos que forem precisos na calçada della, e deé ás providencias para que se ache limpa, areada e livre de todo o pejamento no dia d'aquella Função*, ficando tambem previnido que deverá então achar-se em Corpo de Camara, á hora que lhe for indicada por outro

Aviso, no Atro da Real Capella proximo aos degráos, para esperar a Suas Majestades e Altezas, e fazer-lhes as devidas reverencias. O que tudo V. Sn.[a] fará presente no mesmo Senado para que assim o fique entendido e se execute. (11/10/1818) (JM)

Nada era tão espontâneo como apressadamente se depreende da crônica oficial, seja da *Gazeta do Rio de Janeiro*, seja das *Memórias* do principal memorialista áulico do período, o padre Luís Gonçalves dos Santos, vulgo Perereca. Portarias idênticas remeteram-se para a mesa de consciência e ordens, conselho da fazenda, conselho supremo militar, junta do comércio; junta da bula da cruzada, suplicação, arsenais [...]. Ao bispo capelão-mor instou-se expedir ordens a todos os conventos, paróquias e igrejas da cidade para as luminárias e repiques de sinos na chegada e três dias sucessivos [...] (11/10/1818).

Uma grande preocupação com os mínimos detalhes emana dos ofícios emitidos pelo secretário Tomás Antônio, braço direito do rei. O asseio das ruas por onde deveria passar o cortejo era primordial. Quintela mais Francisco Manuel da Silva e o intendente-geral da polícia Paulo Fernandes Viana deveriam somar esforços para sanear as praias dos Mineiros e dos Peixes de todo o pejamento de barracas, cercados e linhas ou qualquer outra sorte de embaraço, bem como desaparecer com os entulhos e preparar o terreno contíguo à ribeira para que pudessem esperar nele as carruagens.

Elaborou-se meticuloso regulamento para o trânsito das ruas no dia do desembarque da princesa, que atentava ao itinerário do cortejo e aos tipos de veículos que poderiam circular.

> [...] Em summa, a Rua dos Pescadores he só para descerem as seges, que vão para o Arsenal; a da Cadêa he só para subirem, e nenhuma pode descer por ella, nem pela do Ouvidor; a detras do Hospicio he para descerem do acompanhamento, depois de terem subido pela

da Cadêa, e quebrado por qualquer travessa a chegarem a ella, e postarem-se até poderem sahir á Rua Direita a tomar as pessoas que sahirem da Capella Real.

A do Ouvidor fica vedada para nenhuma descer por ella, e poderem subir todas, acabada a festa, e irem para as suas pousadas, ou para onde lhes parecer.

As Ruas de S. José, Rosario, travessa d'Alfandega, Sabão, São Pedro e vilas, são livres para subirem e descerem para tomar entrada pelas travessas, para as que estão com destino certo.

As travessas de todas, são livres para quebrarem por ellas a tomarem as Ruas por onde se póde subir, ou descer, conforme fica dito.

Ao marquês de Belas, lembrava Tomás Antônio que dom João buscaria dona Leopoldina na nau *D. João VI* para seguir depois à capela. Prevenia-lhe, novamente, que aquela deveria estar guarnecida com sentinelas da Guarda Real, "[...] para que não entrem por ellas se não as Pessoas que são do Serviço da Capella, os fidalgos, Bispos, Prelados Ecclesiasticos, Ministros dos Tribunaes, Officiaes Militares de patente e outras pessoas de conhecida authoridade que costumão concorrer em semelhantes Funções". Mandava, então, providenciar para que os soldados estivessem formados desde as nove da manhã, para ali à ribeira esperarem por Sua Majestade e o acompanharem, após o desembarque, formando duas alas nos lados do coche do rei, "[...] e por fora dos Moços da Câmara, até a Real Capella, aonde passarão no seo lugar" (22/10/1817).

O conde de Parati recebeu um formulário, baseado nas sugestões do rei, com os preparativos para a função da entrada da princesa, datado de 29 de outubro de 1817 e subscrito por Tomás Antônio. Nele se dispõe sobre o papel de cada figurante: como haveria el-rei de sair da ribeira acompanhado de seus grandes títulos, para ir a bordo da nau assistir ao desembarque da princesa real; a conduta dos que o acompanhassem; as honras que cabiam a cada um, como ao mordomo-mor competia dar a mão a Sua Majestade ao embarcar e desembarcar; o comportamento previsto para as camareiras-mores, que iriam a bordo guiadas por um viador da rainha. Feito o desembarque, se procederia à entrada solene da princesa real com grande cortejo em coches e carruagens e cavalgada.

Quanto ao itinerário do cortejo, estabeleceu o secretário que o acompanhamento, saindo da ribeira, dirigindo-se à rua Direita até a capela real, teria a ordem seguinte. Iria à frente de tudo um batalhão de cavalaria servindo de batedores, seguidos por quatro moços da estribeira a cavalo e os azeméis,* carregando os degraus. Viriam, então, os músicos dos reais coches, oito porteiros da cana com suas maças, os reis d'armas, arautos e passavantes, vestidos com as cotas, todos montados, sendo que os porteiros deveriam ir descobertos.

Em seguida, iria a cavalo o corregedor do crime da corte. Atenta-se no edital a que todos os que iam montados, à exceção dos moços da estribeira azeméis e os músicos, deveriam levar dois criados a pé com telizes. Após o corregedor, as pessoas com o título do conselho de S. M., e a corte, sem precedências entre si ou prejuízo de nenhum direito, todos em suas carruagens particulares. Depois da corte os coches reais, no primeiro deles os guarda-roupas em serviço e nos outros os mores: estribeiros, mordomos, camaristas e viadores, com as precedências que lhes competissem. Cada um desses carros faria acompanhar-se de quatro criados a pé. Em último lugar, o do estribeiro-mor, além dos quatro criados, haveria dois moços da estribeira a pé, ao lado das portinholas.

A esse conjunto seguiriam os três coches com as pessoas da família real, S. M. indo por último — ou onde bem lhe aprouvesse; os outros dois carros deveriam levar, ao lado de cada besta de tiro, um criado a pé e dois moços da estribeira às portinholas. O de S. M.

* Cf. *Glossário*, ao final deste volume.

estaria ladeado por duas fileiras de moços da Câmara, a pé e descobertos; acompanhando-os por fora das filas iriam os archeiros, e por fora destes ainda quatro moços da estribeira a pé, além dos criados. Um pouco adiante, dois lacaios a pé escoltariam o tenente da guarda e o estribeiro-menor, igualmente assistidos por outros dois; a dupla de ferradores a cavalo, com suas bolsas, guardaria ao pé do coche real. Depois deste, o capitão da Guarda Real a cavalo, ladeado por criados a pé, seguido pelos coches de Estado, estes supridos por outros oito serviçais também a pé.

Segui-lo-iam os coches com as camaristas-mores, dona de honor e as damas, seguidas pelas açafatas. Cada besta de tiro desses coches se faria acompanhar por um criado a pé. Ao lado do coche das damas guardava-as um moço da Câmara, com criados usando telizes encarnados. E ao lado do coche das açafatas iria também um porteiro da cana, a cavalo e coberto como os outros, servido por um lacaio em teliz de couro.

> Fechará esse Cortejo o Regimento de Cavallaria, indo no fim de tudo. Procurar-se-ha que o acompanhamento vá composto nessa forma, guardando as partes de que se compoem as devidas distancias entre si, para não haver confusão, e podendo vir traz da Cavallaria as Carruagens e Seges que hão de trazer para o Paço as Criadas de Sua Alteza Real. (ANRJ — Cod. 263; portaria de 22/10/1817)

Há em seguida avisos a muitas pessoas para "estarem nos seus lugares próprios" no cortejo e na igreja. Em 5 de novembro, foi nomeado estribeiro-menor Francisco de Sales Barruncho, que haveria de acompanhar a princesa a cavalo — "um pouco adiante do coche em que for Sua Majestade" —, vestido com o primeiro uniforme da casa; não podendo comparecer, deveria deixar de sobreaviso João Valentim de Faria de Sousa Lobato. Todas as minudências foram pensadas e operou-se no sentido de resolvê-las. Ao preste do serviço do paço João Valentim, foi ordenado avisar aos moços da Câmara para que pelas nove horas da manhã do dia imediato ao da chegada de dona Leopoldina se achassem prontos na ribeira para irem no acompanhamento da entrada solene da mesma senhora,

> [...] a pé e descobertos, de hum e outro lado do Coche em que for El Rei Nosso Senhor até a Real Capella, devendo ir hum a Cavallo, servindo de Guarda Damas, ao lado do Coche em que forem as Camareiras Mores e Damas. E posto que seja aquelle dia de Grande Gala, *como possa acontecer que nem todos tenhão o Primeiro Uniforme da Real Casa; permitte Sua majestade, para haver uniformidade que os que acompanharem o Seu Real Coche, vão vestidos com o 3º Uniforme.* Rio de Janeiro, 5 de novembro de 1817 = Com a rubrica de S. Ex.ª. (JM) (ANRJ — Cod. 263)

Dois dias antes do desembarque, mandou-se Izidoro da Costa Oliveira, rei d'Armas de Portugal, avisar aos demais reis de armas, arautos e passavantes que estivessem às nove da manhã na ribeira, onde os aguardariam prontas, numa casa ali próxima, as insígnias que deveriam carregar no acompanhamento, montados e descobertos, logo depois dos porteiros da cana (5/11/1817). Quem para lá conduziria as insígnias — cotas de armas e colares, canas e outras maças de prata — seria Henrique José Maria de Sousa Lobato, apontador dos porteiros da cana a cavalo, que deveria avisar outros oito deles para ficar a postos...

> [...] huns com Maças, e outros com Canas, descobertos e a Cavallo, logo depois da musica das Reaes Cavalhariças e adiante dos Reis d'Armas: E além destes nomeará a hum mais para vir de bordo da

> Náu D. João 6º conduzindo as Criadas de Sua Alteza Real, que não forem damas, e para acompanhar no Cortejo as Açafatas, indo a Cavallo ao lado do Coche em que ellas forem. (5/11/1817)

O conde de Viana exerceria o cargo de mordomo-mor na função do desembarque e entrada e por isso ficou incumbido de nomear um viador para "[...] conduzir debordo da Náu ao Real Paço, as Damas da mesma Serenissima Senhora" (5/11/1817). O mesmo conde, no cargo atribuído para essa ocasião, nomeasse também um moço da Câmara para ir a cavalo ao lado do coche das senhoras camareiras-mores e damas, servindo de guarda-damas, e um porteiro da cana para acompanhar, montado, as açafatas (5/11/1817).

A todos e a cada um dos membros da corte foi informado dia, hora e mais detalhes sobre o desembarque, e noticiado em 5 de novembro por Tomás Antônio que a el-rei foi...

> [...] servido que á referida hora do sobredito dia V. Ex.ª se ache, vestido com o primeiro Uniforme da Sua Real Casa, na ribeira, não só para acompanhar o Mesmo Senhor na ida e volta da Nau e da ribeira até a Real Capella, mas tambem para assistir nesta ao Solemne Acto das Bençãos; ficando V. Ex.ª na intelligencia de que achará Escaler destinado para o conduzir no acompanhamento do Mar, e que no de terra deverá ir V. Ex.ª no lugar que se lhe dignar em hum dos Coches Reaes, estando V. Ex.ª de serviço, e não o estando, irá V. Ex.ª na sua Carruagem no lugar proprio da Corte, que será logo depois dos que tem o Titulo do Conselho. O que de Ordem de Sua Majestade participo a V. Ex.ª para que assim o execute.

... VISTA "POR DENTRO"

A *Gazeta do Rio de Janeiro* do dia 8 de novembro é inteiramente dedicada a esse episódio memorável nos fastos fluminenses, e certamente nessa fonte muito bebeu o padre Perereca para remontar suas *Memórias*, cuja descrição pretensamente fiel se enriquece nos detalhes detidamente observados, traindo-se pelas hipérboles e superlativos que acusam, em seus excessos, o pronunciamento de um discurso adulatório, muitas vezes submisso, de súdito à cata de favores. Mas sua narração, ainda que impregnada de fidelidade vassálica, permite verificar que a maioria das portarias emitidas por Tomás Antônio Vilanova Portugal surtiu efeito nos homens que deveriam executar as cerimônias do desembarque de dona Leopoldina. O padre Perereca quase traz aos ouvidos de seu leitor o concerto das salvas de artilharia dos navios e fortalezas e o dobrar dos sinos das igrejas, repetidos nas horas marcadas durante dias. O espetáculo visual envolvia todas as embarcações que coalhavam o porto, "[...] luzidamente adornadas de bandeiras, que faziam a mais agradável representação" (Santos, 1981, v. 2, pp. 127-44).

Obediente às regulamentações oficiais, a cidade iluminou-se com grande profusão, o que se repetiu por três dias consecutivos, assim como foram as praias saneadas e as ruas, por onde haveria de passar o cortejo, despejadas de todo entulho, cobertas com areia e alcatifadas com ervas odoríferas. Os fluminenses ornaram as janelas com toalhas e colchas de renda e damasco e as portas com flores, sendo estas também espargidas sobre a ilustre procissão. Construíram-se três arcos triunfais pelo percurso, sob os quais passariam os esposos com o real cortejo.

Padre Perereca, o cronista da corte, relata detalhadamente como se desenrolou o tão aguardado acontecimento, após a mudança da viração, nos trapiches do arsenal da marinha. Sob salvas reais, assim que atracou a galeota à nave *Dom João VI*, desceu a princesa ao encontro da família real, executando um ato inusitado para os observadores: ajoelhou-se diante da sogra e abraçou-a pelos pés, beijou-lhe em seguida as mãos, dirigindo-se depois ao rei e repetindo os mesmos respeitosos gestos; então, beijou as mãos da princesa do Brasil e abraçou e beijou as infantas suas cunhadas, cumprimentou noivo e infantes. Subiram todos a bordo, com exceção de dom João, devido aos incômodos de que padecia por causa de sua perna; lá passaram alguns instantes. Despediram-se SS. MM. e AA. de dona Leopoldina e retornaram a terra.

Por volta das duas horas da tarde do dia seguinte, voltou a família real ao arsenal da marinha, onde desembarcou a princesa pela mão de seu consorte, sob as salvas das embarcações e fortalezas, repiques de sinos e repetidos vivas. Depois do atraso de cinco horas saiu o cortejo, cuja ordem havia sido anunciada anteriormente. Debret perpetuou essa memorável cena. Em sua descrição, remonta todo o aparato do pomposo cortejo, sem deixar de expressar alguns juízos estéticos:

> O arco de triunfo de estilo português, erguido pelos oficiais da marinha, apresenta a extravagância dos detalhes arqueológicos, inclinados no sentido do suave declive que recobre [...]. Uma das embarcações da corte, parada aqui, atrás da do rei, comporta uma banda de música militar encarregada de tocar durante o desembarque. Muitas outras embarcações do serviço particular da corte, reconhecíveis pelas suas esculturas douradas, estão ocupadas por personagens do séquito. O lado direito do desenho é inteiramente formado por uma parte da popa do navio real *João VI*, que trouxe de Trieste a princesa austríaca; artilharia e marinha prestam continência [...]. Em terra, atrás do arco do triunfo, vê-se a carruagem atrelada com oito cavalos de penachos vermelhos e com arreios de veludo bordado a ouro. Mais à direita, duas outras carruagens da corte, de seis cavalos, aguardam SS. AA. Escoltas montadas, colocadas atrás delas, se separam do começo da fila de carruagens já organizada. É uma

> hora, e o cortejo vai seguir pela Rua Direita, ornamentada com arcos de triunfo, até a Capela Real. (Debret, 1989, v. 3, pp. 218-9)

Observando-se a descrição meticulosa da ordem do cortejo feita pelo padre Perereca, verifica-se que quase tudo saiu conforme prescreviam os editais. Veio adiante da procissão uma partida de cavalaria, servindo de batedores; os quatro moços a cavalo e os azeméis, com seus degraus cobertos de veludo carmesim. Aí os timbaleiros com seus instrumentos, luzidamente enfardados em veludo encarnado com galões dourados e coletes de veludo azul com botões de prata. Os oito porteiros da cana a cavalo, com suas canas e maças ao ombro, vestiam casacas e capas de seda preta, levando à mão seus chapéus com plumas brancas. Seguiam-lhes os reis d'armas, arautos e passavantes, vestindo cotas ricamente bordadas de seda dourada, todos a cavalo e descobertos, com dois criados ao lado de cada um. Em seguida o corregedor do crime da corte metido em sua beca, vara alçada e chapéu emplumado na mão, e seus dois lacaios a pé, um deles com teliz.

Após o corregedor do crime dispunham-se as 93 carruagens de quatro rodas puxadas a dois e quatro cavalos — a de oito era dignidade do rei —, as primeiras com as pessoas que possuíam o título do conselho e as últimas com os bispos e grandes do reino, cada qual com dois homens à portinhola, luzidamente fardados e asseados de acordo com as diversas librés de seus amos. Adornavam-se com grandes plumas brancas os chapéus que traziam às mãos. Diz o padre Perereca que o brilho dessas carruagens entreteve por longo tempo o olhar perplexo da multidão, só ofuscado pelo esplendor de grandeza e magnificência dos carros reais. Precedidos por três coches, o primeiro com o guarda-roupas, e os outros com os estribeiros-mores e mordomos-mores, eram puxados todos a seis, guardados por quatro criados a pé. Seguia-se então o tenente da Guarda Real e o estribeiro-menor, montados e assistidos pela criadagem. Só agora o coche real, puxado por oito cavalos ornados com veludo e dourados, seguido por inúmeros serviçais. Nele iam os nubentes vestidos de gala. Perereca chega a realçar a beleza de dona Leopoldina... Em outros coches assentavam-se os demais membros da família real. É importante registrar como o áulico descreve o desfecho do cortejo:

> Seguia-se atrás do último coche das pessoas reais o regimento de cavalaria com quatro estandartes, e logo após dele vinha o magnífico coche de estado, puxado a oito, e com oito criados a pé, e fechavam este pomposo acompanhamento os coches, que conduziam as camareiras-mores, donas de honor, e damas, como também as açafatas, indo ao lado do coche das damas um moço da Câmara a cavalo, e coberto, servindo de guarda damas, acompanhado de um criado a pé com teliz encarnado no braço: e o coche, em que vinham as açafatas tinha ao lado um porteiro da cana, também a cavalo, e coberto, com um criado a pé com teliz de couro. No número das damas, e açafatas se compreendiam as senhoras austríacas, que tiveram a honra de acompanhar a sereníssima senhora Princesa Real.[16]

Foi indubitavelmente um espetáculo de encher os olhos, ainda mais do grande concurso de povo que se comprimiu por toda a extensão do percurso na rua Direita, largo do Paço, na ladeira de São Bento, no arsenal da marinha até a ilha das Cobras, por trás das alas enfileiradas dos soldados ou apinhados nos outeiros, árvores ou nas sacadas das casas, donde ovacionavam o cortejo triunfal com vivas e chuva de flores. Quando SS. MM. e AA. RR. passaram sob o primeiro arco à entrada da rua Direita em frente ao arsenal, erigido com o patrocínio do corpo de comércio da cidade sob a administração dos negociantes Joaquim José Pereira do Faro e Francisco Pereira de Mesquita — cujo traço era dos artistas pensionados do rei, o arquiteto Grandjean de Montigny e o pintor de história Jean-Baptiste Debret —, duas crianças ricamente paramentadas detiveram o cortejo. Sobre os pedestais das colunas, segurando uma o emblema do amor, outra o do himeneu, ofertaram a dona Leopoldina uma coroa de flores artificiais, ao mesmo tempo que pétalas de flores eram lançadas sobre o real coche.

O mesmo efeito das flores, e mais a queima de incensos e aromas, se repetiu sob o segundo arco na mesma rua Direita em frente à rua do Sabão. Esse monumento, onde figuravam o himeneu, a glória e a fama, as medalhas com os monogramas dos nubentes e ícones representativos dos quatro continentes, tinha o risco do maquinista do real teatro Luís Xavier Pereira e a chancela dos comerciantes de grosso trato Manuel Pinheiro Guimarães e Francisco José Pinheiro Guimarães. O terceiro triunfo romano, à altura da igreja da Cruz, era composto de estandartes fincados em terra e presos por grinaldas e flores, envolto em folhagens e palmeiras que o coroavam. "[...] Em vez do general romano festeja-se uma filha dos Césares: a águia de duas cabeças faz as vezes da águia romana." Dirigiu-se então o cortejo à capela, onde se deram as bênçãos nupciais.[17]

... E "DE FORA"

Talvez nenhum outro episódio da época joanina no Brasil esteja tão bem documentado quanto o desembarque da princesa real. Além da prescrição elaborada por Tomás Antônio Vilanova Portugal na secretaria e da crônica oficial da *Gazeta* e do padre Luís Gonçalves dos Santos, certo cortesão imbuído do desejo de ver--se tocado pelas mãos graciosas da majestade — e alcançar talvez um lugar de mordomo ou ao menos de mestre-sala —, deu-se ao trabalho de escrever pormenorizada narração sobre a chegada de dona Leopoldina. Embora negasse peremptoriamente almejar aqueles lugares, destila de seu relato uma crítica acérrima à execução da cerimônia, tomando o devido cuidado de eximir SS. MM. e AA. de quaisquer responsabilidades quanto aos erros cometidos, atribuídos exclusivamente à inadimplência de maus funcionários.

Por seu intermédio sabemos que era real o burburinho pela expectativa da chegada da sereníssima arquiduquesa e todo o movimento em função dos preparativos. Ao amanhecer o dia 5 de novembro, chega a notícia e tudo começa a ferver. Conforme estabelecido pelo cerimonial, sai o conde de Viana ao encontro da esquadra, a bordo do iate real *Monte d'Oiro*. Em toda parte se trabalha, pois as obras estavam atrasadas e nem todas puderam ser concluídas em tempo. Essa é uma das gafes que acusa:

> No Paço da Cidade, os quartos principaes, huns estavão inteiramente desarmados, outros estavão forrando-se para se armarem, e porque não vieram de França os móveis que já em Abril estavão embarcados não se podia fazer uso dos riquissimos que se guardão no Thesouro, / se hé que ainda lá estão / aonde tambem se devem achar sêdas da Fabrica de Lisboa, que em nada cedem ás estrangeiras; e tambem se achão panos d'armação que bem podiam suprir; e não se passar pela vergonha de Estrangeiros verem com seus olhos ate o quarto dos noivos *com as paredes cobertas de brim.* (JM)[18]

Esse último detalhe deve ter incomodado o autor anônimo, ainda mais se entre os cerimoniais que ele conhecia contavam as narrações de Pascoal Ribeiro Coutinho, sobre o casamento de dom Pedro II com dona Sofia, ou outros inúmeros que há sobre o de dom João V. A respeito deste último, conta o conde de Vilar-Maior Fernando Telles da Silva, embaixador extraordinário de dom João V em Viena, que "[...] o interior do mesmo palácio estava ricamente adornado com finissimos Pannos de Aras, Espelhos, Placas de pratta, e cristal; cortinas de veludo carmesim, e cadeiras do mesmo guarnecidas de riquissimos galões de ouro [...]" (Brazão, 1937A, p. 64; ANTT — Coutinho, 1687).

Todos os canhões e ruídos diversos, as flâmulas e colchas anunciavam e coloriam a cidade na função de pública satisfação. O ritual descrito pelo padre Perereca transcorreu sob os olhos curiosos dos fluminenses. Ao desembarcar a princesa, sob as salvas de artilharia, cumprimentou os novos familiares da maneira descrita. Mas o narrador anônimo acresce em seu texto a abjeção que lhe causara a cena:

> [...] e apezar de toda repugnancia a Princesa abraçando-a [a rainha] pelos pés, huma, e muitas vezes, venceo a repugnancia, e lhe beijou as maons, e logose encaminhou a El Rey fazendo-lhe as mesmas demonstrações abraçando-o pelos pés, e igualm.[te] beijou as maons repetidas vezes e o mesmo praticou com a Princeza do Brazil, e depois abraçou e beijou as Infantas suas cunhadas, comprimentou o noivo, e igualmente aos Snrs Infantes...

Ao relatar com a mesma riqueza de detalhes as circunstâncias, insiste no fato da morosidade e do atraso nos preparativos, que deixaram suas marcas negativas no espetáculo. Tudo ali acontecendo, no entanto, a cidade fervia em obras; e apesar da atividade, os braços não davam conta de vencer o que se tinha planejado, "[...] e deixado de fazer por inércia, e não [por] falta de tempo".

Quando passa a descrever os enfeites nas ruas, os artefatos e simulacros, deixa perceber o caráter espetacular daqueles engenhos, verdadeiros cenários construídos para produzir efeitos nos espectadores. As armações do primeiro arco romano, que tinha cinquenta palmos de altura e quarenta de largura, ofereciam aos olhos, conta o narrador anônimo, uma vista agradável e ao entendimento um instrutivo entretenimento, por meio das histórias nele representadas. A ponte armada no Arsenal era coberta com uma "fingida" de abóbada sustentada por colunas, assim como as colunas eram de "bem fingida cantaria", donde pendiam "festões de flores fingidas" feitas em França. O segundo arco, "[...] com cinquenta palmos de largo, vinte de vivo, e vinte e dois nos pedestais", era bem semelhante ao primeiro e "[...] fazia huma vista linda de noite pois tinha todas as arestas illuminadas com copos de vidro cheios de combustivel ora verde, ora azul, ora encarnado, ou amarello" (ANRJ — Cod. 807, v. 1, p. 234; Santos, 1981, v. 2, p. 129).

ARCOS TRIUNFAIS

A construção de arcos triunfais e outros diversos engenhos de arquitetura efêmera era comum nas exibições públicas das monarquias absolutas. Particularmente no que se refere às entradas solenes das rainhas em Lisboa, o Tejo forneceu cenários idílicos no passado. Verdadeiras cidades cenográficas eram montadas, bancadas geralmente pelas corporações de ofícios e embaixadas, com motivos alusivos às ocasiões e narrados com emblemas e alegorias da tradição greco-latina. Dom João V adorava esses brinquedos. Há muita referência aos artefatos montados na entrada de dona Mariana, como naquele poema heroico que descreve as arquiteturas e adornos que transformaram a paisagem lisboeta:

Quando o ecco de Marte retumbando
Que do Bronze já o ar ferindo vinha,
Sinal davam de estarem divisando

A Armada que estava já vizinha;
E com razão a todos espantando,
O que a vista alli prezente tinha:
Que era os mares em terra transformados
Com castellos em montes fabricados.[19]

Entre os últimos destacava-se um, que dom João v encomendou ao conde de Vilar-Maior, vedor da fazenda, uma "máquina correspondente à sua expectação, & digna da sua Real munificência". O conde, querendo se superar, veio com a novidade de um grande fogo, "[...] mas que diversificandose do costumado modo de um simples, ainda que grande fogo, participasse tambem do Drammatico com a multiplicidade, & variedade das acções". Na novidade, o tema é o casamento de Cupido, filho de Vulcano e Vênus, a qual, resolvendo dar uma grandiosa festa a seu filho, ordena aos ciclopes que transportem as oficinas do monte Etna para a real praça de Lisboa, e aos Gênios que façam o mesmo com seu templo de Roma, onde era adorada com o título de "a vencedora". O arco, que foi elevado ao fim da praça, tinha quarenta pés de alto por 26 de largo:

> [...] ornado de fingidos mármores, & enriquecido de ouro verdadeiro, com a fachada de ordem Romana chamada vulgarmente composita; sustentando-se o arquitrave, frizo & cornija, em seis columnas, as duas dos lados do costumado artificio com ornamentos de murtas & rosas, & ervas dedicadas a esta Deosa; as quatro do meyo, entre as quaes se abre huma grande porta, são em fórma de Termos; os dous da mão direita abraçandose, representaõ o Riso, & a Amisade, dandose a conhecer o seguinte distico.
>
> *Risus, Amicitia alternis amplexibus haerent:*
> *Haec sunt, quae paebet vincula dura, Venus.*[20]

Dom João, o Magnífico, teve antes de si o exemplo do espetáculo que seu pai, dom Pedro II, proporcionou para a chegada de dona Maria Sofia Isabel pela primeira vez à cidade de Lisboa no ano de 1687. O casamento de Pedro II e dona Sofia, se não foi o mais esplendoroso, certamente marcou como um dos que mais monumentos teve erigidos em sua celebração.[21] As descrições da ponte improvisada, efusivamente cantadas por Cipriano de Pinna Pestana (ANTT — 1708, p. 16), deixam perceber a magnitude desse e de outros engenhos. Sobre suas escadas erigiu-se um pórtico espetacular de três andares com quarenta palmos de largura, montado sobre um cais de pedra que tinha trezentos palmos de extensão. Saía do pórtico uma galeria que, trespassando todo seu comprimento, vazava pelo pátio e armazéns da Casa da Índia, atravessava a rua da Capela e ia dar nas escadas da capela real. Esse traslado tinha 1036 palmos e era dividido em quatro corpos. O primeiro era o da ponte propriamente dita e se prolongava desde o pórtico "[...] que ficava sobre as escadas, que decem ao mar the o primeiro armasem da Casa da India por quatro centos, & trinta, & tres palmos, & quarenta de largo, & tinha por cada lado desasete arcos para receber a luz".[22] Os outros corpos não eram menos suntuosos.

Conta-se, também, que Pedro II mandou construir uma máquina gigante representando as quatro estações do ano; no côncavo que faziam quatro arcos, dispunham-se os signos zodiacais.

> Dilatavase esta magestuosa pompa a 1150 palmos de longitud, y de ancho 34 dividiase en 35 arcos, haziendo dos porticos en aqueste largo espacio, de sublime pintura; y acabava esta maquina à la puerta de la Real Capilla. Mostrava por fuera ser aquesta octava Maravilla de finissimos marmores, y riquissimos porfidos, fingidos con tan admirable arte, que quedaron olvidados los razimos de Teucis, y los lienços de Parracio. (ANTT — Coutinho, 1687, p. 23)

Tudo era forrado por dentro com linhas, telas, brocados, terciopelos, almofadas, galões, cortinas e volantes das mais ricas partes do mundo. A ação de graças pelo casamento deu-se a 30 de agosto de 1687, mas os denodados esforços para os preparativos iniciaram-se muito antes. Já em 16 de maio a Câmara consultava o rei sobre os modos como angariar os fundos necessários às funções (Borges, 1986, p. 31) — diferentemente dos preparativos tumultuados que aconteceram no Rio para a recepção de dona Leopoldina. A construção dos arcos, seguindo o costume, foi delegada aos mesteres da cidade e cônsules das nações, ainda que nem todos tenham anuído em fazer sua parte. Para se ter ideia das dimensões e da riqueza desses arcos, tomem-se três deles como exemplos, cujas descrições são fornecidas por Antônio Rodrigues da Costa. O dos italianos era disposto obliquamente para acentuar o efeito de perspectiva e pintado de forma a imitar os mármores, jaspes e pórfiros da Itália. Medindo setenta palmos de altura, cinquenta de largura, e quinze de profundidade, compunha-se de quatro colunas retorcidas, compósitas, nas quais se assentava o arco. Rematava uma balaustrada com as armas pontifícias, encimadas por uma coroa. Numerosos dísticos estampavam-se neste, que seria um dos mais bem concebidos artefatos.[23]

Os outros dois arcos que se tomam como exemplo têm sua descrição na *Relação das proporções, medidas e alturas, dos Arcos Triumfaes q se fizeraõ na entrada da R. N. Sr.ª nesta corte de Lx.ª no mez de Agosto do anno de 687*. À passagem da rua Nova os alfaiates erigiram o arco do seu ofício, o qual tinha duas faces com duas colunas cada lado:

> O 7º Arco erao dos Alfayates q estaua junto no principio da Rua noua oqual tinha duas faces. Este arco era fabrica de obra corynthia e composta com duas colunas de cada parte. E no 2º corpo tinha seus

payneis nomeyo. E por remate tinha huã Flor de lis tudo ornado de volantes brancos e embrechados de cera epassamanes verdes o qual arco tinha delargo 35 palmos, alto 65, grosso 11 palmos.

Na entrada do largo do Pelourinho Velho, junto à saída para o meio do terreiro do paço, os alemães levantaram seu triunfo. Com duas faces simétricas compostas de três andares, era sextavado e transparente por todos os lados, com seus pilares jônicos. Trazia pintadas em seus pedestais as cidades da Alemanha e no alto dos pilares, sobre a cimalha, colocava-se uma varanda com balaústres em que se dispunham os eleitores do império; no meio dessa varanda, as armas de Portugal e da rainha que chegava. Uma soberba águia imperial arrematava o fecho do arco da entrada. Entre os detalhes mais gritantes dessa parafernália, estavam os revestimentos de damasco e tela verde, "[...] tudo ornado de varias e diversas cores depedraria e ouro". Acima do primeiro corpo havia uma varanda de balaústres torneados sobre cujos pedestais dispunham-se estátuas de meninos com cestas de frutas à cabeça, motivo que se repetia na cimalha do segundo andar, só que agora o globo terrestre no lugar das cestas. Media sessenta palmos de largo, por noventa de alto e "grosso trinta palmos em quadro".[24]

"ABORTO ARQUITETÔNICO"

É curioso como o padre Perereca comenta muito rapidamente o terceiro simulacro, ao qual não devota mais que um pequeno parágrafo. Eis tudo que coube ao último arco por parte do padre cronista:

Seguindo-se mais adiante pela mesma Rua Direita, se via defronte da igreja da Cruz um "triunfo romano" (como se expressou o seu arquiteto francês); oito estandartes fincados em terra são presos por grinaldas, e flores: a nobre folhagem de palmas se espalha por toda a parte, e coroa todo este artefato. Em vez do general romano festeja-se uma filha dos Césares; a águia de duas cabeças faz as vezes da águia romana. Os medalhões dos estandartes não trazem à memória vitórias sanguinolentas, mas sim as graças, e os talentos de uma princesa adorável. A letra dos medalhões eram: *Bondade — Amabilidade — Doçura — Sensibilidade — Beneficência — Constância — Espírito — Talento — Ciência — Encantos — Graça — Modéstia* — e embaixo na base — *Felicidade Pública.* (Santos, 1981, v. 2, p. 130)

Descompromissado de satisfazer a quem quer que fosse, senão ao rei, o narrador anônimo é impiedoso: tal monumento construído pelos franceses é inominável, e como não consegue batizá-lo ou descobrir o nome que lhe dera seu criador, "[...] d'aqui para diante chamarei monstro, ou aborto Arquitectonico, e persuado-me que lhe acertei com o nome mesmo sem mo dar o Autor q'he mestre, e o mostrou em receber pela sua obra cinco mil cruzados".

Sua descrição do "monstro" é maledicente:

Logo assima deste loco se vião duas listas feitas de ramos de coqueiro que se estendiam em ambos os pilares, e em ambas as faces ate o alto aonde estavão pintadas duas cabeças de huma Ave que chamão Aguia, *mas os bicos herão huns de pato, e outros de podengo*, com meios corpos e dahi para baixo se vião huns medalhões redondos que em fundo azul deixava bem ver as letras amarelas que dizião cada hum o nonme de huma virtude, e mais nada. Em as faces do semi-circulo se vião huns trapos brancos, e por cima delles tres listas de folhagem verde, *a que na terra se chama capim* as quaes listas sahindo dos pilares se união em ponto tambem em que tambem se união os semi-circulos [...]. (JM) (ANRJ — Cod. 807, v. 1, pp. 239-40)

A ordem do cortejo que estabelece o cronista anônimo é fiel à do padre Perereca. Seguia à frente o corpo de cavalaria, depois os moços da estribeira a cavalo, os azeméis e porteiros da cana, os timbaleiros e o corregedor do crime e casa. Não faz referência ao rei de armas, arautos e passavantes. Depois das 93 carruagens da corte, vinham os coches com o porteiro da Câmara, guarda-roupas, viadores e estribeiro-mor, separados do coche real pelo tenente da guarda. Após as carruagens do infante dom Miguel, das infantas e princesas e o coche de Estado, um regimento de cavalaria, e por fim as damas e açafatas, austríacas e portuguesas. Conta como, à medida que chegavam todos à porta da igreja, apeavam e já ali os esperava o capelão-mor com todo o cabido. Ao chegarem SS. MM. e AA. RR, lhes espargiu a água benta e os conduziu ao interior da capela, onde se desenrolaram as bênçãos nupciais, findas as quais se entoou o *Te Deum Laudamus*. Após os trabalhos sacros, SS. MM. e AA. RR. se retiraram para, passado algum tempo, surgirem às janelas do paço, onde aguardava "grande concurso de povo". Concluído o jantar em mesa de Estado, por volta das nove horas da noite, SS. MM. e AA. RR. saíram em corte rumo à ribeira, onde uma galeota os aguardava para conduzi-los a São Cristóvão: "... Alli se entertiverão ss. Mag.[es] e Altezas com alguns concertos de Muzica, e outros divertimentos, cearão e depois se recolherão a descansar, e a rainha N. Snr.[a] com Suas Filhas se retirou para a Cidade tendo já dado huma hora depois da meia noite" (ANRJ — Cod. 807, v. 1, pp. 237, 239-242v).

No dia seguinte, a rainha e infantas voltaram à real Quinta da Boa Vista para assistir aos noivos e à serenata que se havia preparado, na qual cantaram árias o príncipe real, a princesa da Beira e a infanta dona Maria Isabel. Em seguida, os músicos da Câmara e os da capela executaram uma peça de música composta por Marcos Antônio Portugal (BNRJ — Portugal, 1817). Aqui, despede-se do amigo imaginário, a quem dirige a narração em forma de epístola: "A Deos. Rio de Janeiro, 7 de Novembro de 1817".

ETIQUETA VIOLADA

Até aqui a *Narração histórica* presta-se, como os outros registros, a contar como se deram os festejos na chegada de dona Leopoldina. Diferencia-se deles a partir do momento em que, amparado, como diz, num grande conhecimento dos cerimoniais das cortes europeias, seu autor passa a apontar as gafes que se cometeram nesse evento particular. Talvez por mero esquecimento, foram os timbaleiros a cavalo e os archeiros a pé, desacompanhados de capitão ou tenente ou qualquer moço da Câmara que lhes iluminasse o caminho:

> [...] mas não se esqueceo o Porteiro da Camara de meter-se em hum coche, e ser o primeiro da procissão, e houve quem lho apresentasse por ignorar que o Porteiro da Camara só tem coche, ou Carruage mais aceada em occazioens que as Pessoas Reaes sahem em pompa a hir visitar alguma Igreja, ou outra sahida semelhante, e não se lhe dar carruage para acompanhar, mas sim para hir muito antes que as Pessoas Reaes para ver se estão as coisas promptas, e apromptalas no caso de não estarem já.

Cuida para o fato de que, nos acompanhamentos reais, não se atende ao modo como vão as pessoas reais, mas sim os oficiais-mores: se um vai a pé, todos vão a pé, se um a cavalo, todos vão a cavalo; se em coche, todos devem ir em coche: "[...] mas ver huns officiaes Mores, a cavallo, e outros de Coche; officiaes menores, huns a cavallo outros em coche, he disparidade. Criados com os mesmos officios com differentes insignias, he mostrar differentes empregos q.do elle he o mesmo, não sei o que he". Infringiu-se, portanto, o mandamento primeiro de uma cerimônia: a uniformidade da ação pública.

Continua o narrador ponderando: quando duas pessoas reais saem em público com sua Guarda Real, nunca as acompanham outra arma; mas seguir um regimento de cavalaria atrás dos coches que conduzem as pessoas reais, impedindo que as camareiras, mores, damas e açafatas seguissem seus amos para fazerem o seu serviço ao apearem-se SS. MM. e AA.,

> [...] he afrontar a Guarda Real he impedirem a decencia, o cortejo de ss. Mag.es e Altezas, e interromperem as acções que se estavão fazendo quando ellas chegarão, tendo de vencer difficuldades muito consideraveis para chegarem ao lugar que se lhe tinha destinado: *E se succedesse qualquer infortunio aos Coches em que iam SS. Mag.es ou Altezas, como, e com que demora se avia de suprir esta falta com o coche de estado?* (JM)

Talvez pelo texto confuso das ordens emitidas pela secretaria de Estado, ocorreu de fato alterar-se a ordem do cortejo, interpondo-se entre os coches reais e seus serviçais imediatos um regimento de cavalaria, o qual estava previsto para fechar a procissão. O modo correto do público acompanhamento, indo as pessoas da corte a cavalo ou a pé, é irem os pajens aos freios, com seus telizes e tochas. Mas indo os lacaios como foram em carruagens, e sem terem outro aviso senão o de simplesmente irem no cortejo, só poderia resultar em confusão. Mais deplorável teria sido a ausência do corpo diplomático, conforme sarcasticamente denuncia o narrador anônimo:

> *Ver 93 Carruagens, e não ver huma pessoa que pertencesse ao Corpo Diplomatico, ou he injuria que se lhe fez, em os não convidar; ou elles*

nos injuriarão não vindo. Hum vi eu de chapeo branco entertido em admirar a Riquesa, e brilhantismo dos timbaleiros, os *quaes julgo que por serem a primeira vez montados em soberbos cavallos se esquecerão da musica; pois em desafinação excedião aos Pretos de S. Jorge;* e confesso-te amigo que talvez haja quem com razão diga que já vira em Lisboa Procissão da Bulla mais bem ordenada. (JM)

Outro procedimento que contrariava os costumes, pelo menos os das cortes de Lisboa, foi a Câmara da cidade receber em silêncio ao rei à porta da Igreja: "[...] a Camara de Lisboa nunca em taes Funcções deixou de expressar de viva vós os seus sentimentos; e por isso o Juiz do Povo de Lisboa que aqui se acha, e estava prompto a fazer o comprimento 'do estilo' o guardou, e se contentou com ser simples espectador" (ANRJ — Cod. 807, v. 1, pp. 242, 246, 247v).

Como se explicariam tamanhos erros? Ao procurar justificar ao interlocutor imaginário a sua empresa de elaboração de um cerimonial conforme a tradição e a boa razão, cuida o narrador anônimo reservar-se de qualquer juízo de má-fé que o expusesse a ser tomado como alguém à cata de benesses ou cargos. Apenas considerou que aqueles que se vinham aventurando em tais assuntos no Brasil davam mostras de ser leigos a respeito, donde resultava toda sorte de equívocos. Seu único desejo seria "[...] o de se fazer hum corpo de Etiqueta Real. Julgo satisfiz [...]". As pessoas sábias que o leram não teriam dúvidas quanto a seus grandes conhecimentos sobre a matéria, para a elaboração de uma obra "[...] que continha o formulario de todas as Funções Reaes em Publico, e Particular, e as obrigações dos Principaes funcionarios da Casa Real". Essa seria a única razão pela qual se meteu com semelhante objeto, e não porque almejasse honras ou interesses. De resto, sua opinião sobre si mesmo bem pouco importa, ainda mais porque, se seus objetivos recônditos eram de fato os que ele negava, não os alcançou: jamais conseguiu publicar sua narração — e dificilmente logrou alçar o cargo de mestre-sala.[25]

Em seu libreto há um pós-escrito, onde continua a indicar os equívocos de etiqueta cometidos nos dias seguintes, como os que se sucederam na entrada do excelentíssimo conde d'Eltz, embaixador extraordinário de Sua Majestade Imperial Real e Apostólica. Narra a cerimônia do estilo e intercala notas em que abundam os erros na execução da etiqueta, os quais comenta em sequência ao final. Conta que d'Eltz viera na nau *S. Sebastião*, que compunha a esquadra vinda de Livorno. No dia seguinte a sua chegada, foi cumprimentado em nome de S. M. pelo oficial-maior da secretaria de Estado dos negócios estrangeiros, que levou ao embaixador uma carta do secretário dessa repartição. Nessa ocasião, disse-se em público que se tinha feito tal obséquio por uma "contemplação particular p.[a] com o Imperador", e em atenção ao especial motivo da embaixada. Aqui apensa o narrador anônimo o seguinte comentário:

> Tão bem para reparar estas palavras da *Gazeta*; he natural houvesse contemplação com o Imperador visto q'poucas horas antes aqui tinha chegado sua filha, casada com o Principe Herdeiro de Portugal, mas acrescentar, e em attenção ao especial motivo desta embaixada he muito adiantar-se, e em certo modo revelar segredo de Secretaria. Que algumas vezes fosse algum embaixador cumprimentado particularmente por algum individuo seo amigo logo ao chegar, pode ser que succede, mas hir o Official Maior da Secretaria da Repartição, vestido de grande gala, e ser este o Portador de huma Carta do Secretario da Repartição dos Negocios Estrangeiros, não acho memoria n'outro exemplo.

No seguinte dia ter-se-ia repetido em público que, por nova e especial contemplação de S. M., teve o conde d'Eltz a sua entrada pública, seguida da audiência de formalidade. Foi nomeado para condutor o marquês de Valada, e para introdutores o capitão da guarda e o reposteiro-mor, que serviu de mestre-sala, além das pessoas acostumadas a ir nessas audiências. Os regimentos que não estavam de guarda formavam alas desde a entrada da quinta até o palácio. Piquetes da cavalaria desembaraçaram o caminho, e também outra partida se postou à porta das casas situadas logo adiante de Mata Porcos, na entrada que ia para o Engenho Velho, casas que S. M. mandara providenciar para se alojar nelas o dito conde d'Eltz. Nessa passagem o cronista intercala duas notas. Na primeira, afirma desconhecer outro caso em que se houvesse usado dois introdutores, como aqui se fez. A segunda respeita ao acompanhamento:

> Tambem não acho memoria de os Regimentos da guarnição da Corte que se não achassem de guarda fizessem d'ellas para por entre ellas passar o Embaixador. Ha bem pouco aqui vimos entrar hum Embaixador Extraordinario o Duque de Luxemburgo muito conhecido entre nós, e aparentado em Portugal, e nenhum obsequio d'estes se lhe fez.

Os grandes, na noite antecedente, tiveram aviso para estar nessa audiência, e no fim do aviso se pedia a cada um que mandasse uma das suas carruagens, com alguns criados graves para acompanhar o embaixador em todo o trajeto, de casa para a quinta e no sentido contrário. O costume de solicitar à nobreza que formasse o cortejo emprestando carruagens era de praxe no reino, como atestam inúmeros registros.[26] A maneira como se procedeu para isso foi o que, segundo o relato indignado, diferenciou a cerimônia no Rio de Janeiro:

> Algumas vezes se observou em Lisboa o pedirem os Ministros d'Estado dos Negocios Estrangeiros em carta confidencial separada

> ao avizo que os Grandes por meio dos seus Creados Graves fizessem Cortejo ao Embaixador na occasião da admissão á Audiencia Publica, e isto era com tempo, e não na vespera á noite, sem se attender a que estamos no Rio de Janeiro, e não em Lisboa aonde se achava tudo prompto, e a hora que se queria; mas aqui aonde quazi todos não tem mais q'hua Carruagem, quando a tem, e são seus creados graves os nascidos em a Costa d'Africa, he querer muito em pouco tempo; por isso talvez a Caza da Opera suprisse alguma necessidade.

Encabeçavam o acompanhamento as carruagens cedidas pelos grandes. Vinha a equipagem do marquês condutor, a que seguiam quatro coches da casa real com os gentis-homens e criados graves do embaixador, acompanhados por outro coche real com o mesmo Von Eltz, mais o condutor com os moços da estribeira às portinholas, e seis criados com librés do marquês de Valada. A cavalaria, que se havia postado à porta da casa do embaixador, fechava o cortejo com certo apuro. Chegado este à quinta, postado junto à escada do palácio o coche do condutor embaixador, desceram ao fundo dela o capitão da guarda e o mestre-sala. Cumprimentando-se mutuamente, subiram à sala de espera por entre alas de archeiros, onde pouco demoraram até poderem entrar na sala das audiências, na qual aguardavam o príncipe real e os infantes. Feitas as vênias do costume, SS. MM. e AA. se cobriram, repetindo o gesto o embaixador e corte. Entregues as credenciais renovando-se as vênias, retirou-se o diplomata, que pouco depois tornou a entrar para ter audiência da rainha com as mais mulheres da família. Novamente o embaixador e corte se cobriram e, acabada essa audiência, retirou-se o plenipotenciário austríaco para sua residência do mesmo modo como tinha vindo. Um detalhe chamou a atenção do narrador:

> Aqui no Rio de Janeiro se tem feito esta cerimonia de se cobrirem os Embaixadores, e a corte diante da Rainha, e mais Pessoas Reaes

> Femininas; julgo que tal cerimonia em Lisboa se ommitia, ao menos nenhuma das Relaçoens de taes audiencias fallão em tal cerimonia.

Seguiu-se logo o beija-mão e à noite houve ópera gratuita, assistida por SS. MM. e AA. Assim se encerraram os festejos de três dias, dando algum tempo ao descanso e preparo de outros que já se projetavam. Passados alguns dias, apareceu nas casas mais distintas um bilhete impresso que dizia: "L'Ambassateur Extraordinaire de S. M. Imp. et Royale Apostolique, après avoir été admis à l'audience de S. M. Très Fidèle, aura l'honneur de recevoir les visites d'usage les 14, 15, et 16 Novembre, depuis midi, jusqu'a deux heures". Para o autor da *Narração* esse convite deveria tomar-se como uma afronta. Em suas palavras:

> Perdeo-se a Dignidade da Nação para com os Representantes das outras. Hum estrangeiro regula os dias, e as horas para se lhe fazer o que ninguem he obrigado a fazer, e todos até os Grandes cahem na esparella. Em outro tempo não muito longe de nós foi preciso que hum avizo formal obrigasse os Grandes, e lhe regulasse a visita que havião fazer aos Irmaons d'El Rey de Portugal reconhecidos por taes; agora hum bilhete em forma de Cartaz de noticia de esquina de Rua, os leva a comprimentarem hum homem que em pé os recebe, e lhes não offerece huma Cadeira.

No dia 15, decretou-se gala pequena por motivo do nome de S. A. a princesa real. O embaixador teve de receber algumas visitas de pessoas distintas, das quais umas observaram a hora dada, outras não se preocuparam com isso e foram quando lhes aprouve; conta-se que umas subiram e em pé foram recebidas; outras contentaram-se com deixar seus bilhetes; alguns grandes da corte também foram uns por vontade própria, outros ressentidos de não melindrarem o rei.

No dia 18, avisou-se a toda a corte para assistir à audiência que o núncio apostólico teria com a rainha, mais a princesa real, infantas e a princesa do Brasil. Logo após o meio-dia, chegava dom Lorenzo Caleppi ao paço, recebido pelo capitão da guarda e mestre-sala, comunicando-se a S. M. a chegada do músico apostólico. Juntando-se as pessoas reais na sala do dossel, com toda a corte "fazendo parede", entrou, fez as costumadas vênias, entrevistou-se brevemente com SS. AA. e saiu como tinha vindo, repetindo as mesmas. Sobre essa cerimônia o narrador anônimo faz sua última anotação:

> [...] julgo ser a primeira vez q' tal se vio entre nós. Quando por alguma razão os Ministros Estrangeiros acabada a Audiencia d'El Rey, a não podiam ter successivamente da Rainha, a tinhão em particular em outro qualquer dia em que a Rainha só com as mais Pessoas Reaes Femininas, seos Creados, e Creadas o Recebião.

As ênfases apostas às notas do autor anônimo da *Narração histórica* acusam já as causas, que para esse cortesão preterido levaram a tantos e tão grotescos erros na execução da forma do estilo. Além das adaptações sofridas pela corte no novo cenário do Rio de Janeiro, o narrador acusava aqui a ausência de um cerimonial lavrado e mandado observar, como existia em Portugal em épocas anteriores. Ele é textual:

> Esquecendo-me das entradas publicas que fizerão as Pessoas Reaes em a nossa Corte no tempo antigo, so me lembrarei das ultimas duas, e antecedentes a esta, e identicas a esta. *Ha regras geraes para as acçoens publicas da Corte q' sempre se observarão.* Só de duas formas se acompanhavão as Pessoas Reaes ou em Publico, ou em Particular, isto he, ou em Pompa, ou sem ella; mas nos nossos dias, *e principalmente no Rio de Janeiro inventou-se outra q'he hum medio*: Este teve seu principio

em os Funcionarios ignorarem a sua obrigação, e sempre quererem ser, ou parecer mais do que são; e donde nasce o seu succeder esta desordem? *Nasce de entre nós não haver hum cerimonial da Corte aprovado, e mandado observar como se vê em todas as Cortes que os tem impressos*; e por isso quando se offerece qualquer occasião cada hum faz o seu Officio sem se intrometer nos dos outros, e sofre o competente castigo quando falta á sua obrigação. Sempre em a Casa Real houve hum Officio que tem o mais preeminente lugar, que se intitula o Mordomo Mór, a quem todos devem obedecer; mas hoje todos os funcionarios delle para baixo, julgão-se ser tanto ou mais que elle; e p.r isso cada hum com razão se julga hum mordomo Mór em a sua repartição, e porque hum mesmo sujeito occupa muitos lugares que pedem a sua assistencia, ao mesmo tempo elle se propoem a fazer a figura do que lhe parece ser mais eminente, deixando ao abandono os outros q' muitas vezes são mais necessarios, e por isso julgo tive razão quando te disse que estes Petrus in cunctis, são Nihil in omnibus. (JM)[27]

Por certo, a prudência aconselha ao observador do passado a não se fiar exclusivamente em um testemunho que, com mínima crítica, deixa evidenciar o lugar donde fala. Mas isso já é por si um indicativo precioso da sociedade que, a seguir, se buscará compreender melhor. Uma sociedade de corte, com seu rei e seu trem, que atravessou o oceano e se instalou num exuberante cenário tropical, a cidade do Rio de Janeiro, próspera capital do vice-reino do Brasil, onde um ritmo de vida marcado pela cadência negra das ruas haveria em breve de se adaptar ao contato com outras formas de ser, não apenas ao *entourage* do rei, mas às outras civilizações que este franqueou ao chegar. Esse conflito cultural marcou profundamente a formação do Estado no Brasil. Cumpre agora apreciar um aspecto central da sociedade e do Estado nascentes, que brotavam de outra agonizante, imagem de um tempo que se esvaía, da espetacular sociedade do Antigo Regime europeu.

2. O teatro da festa
Formas dramáticas da autorrepresentação da vida

Da antiga noite desse cahos horrendo
Surgira de repente
hum theatro de prodigios estupendo,
Que transportava a mente;
Já toda a Natureza proclamara,
Hum Deos Grande, que o plano lhe traçara...

José Antônio Vaz, *Cântico*, 1810

Desde o desembarque de dona Leopoldina até o aniversário de dom João no ano seguinte, a corte do Rio de Janeiro foi, por assim dizer, uma festa só. São inúmeros os testemunhos sobre a sequência de te-déuns, missas em ação de graças, galas na corte e no teatro, embaixadas oficiais. O Rio tornou-se nesses dias grandiosos da monarquia, literalmente, o anfiteatro onde a família real fez representar com esplendor os momentos mais elevados de sua passagem pelo Brasil. A recente derrota imposta sem piedade aos revoltosos de Pernambuco, o real consórcio do príncipe herdeiro, a aclamação do rei dom João, sexto do nome, contavam entre os motivos do júbilo nacional.

Não foram poucos os observadores contemporâneos, nem menos numerosos os historiadores, a serem tentados a utilizar a metáfora teatral para reapresentar o Rio e a vida na corte de então. Foi descrita a cidade como palco, os habitantes como atores ou personagens de uma grande peça, essa dos feitos que marcaram os anos da permanência dos Bragança no Brasil.[1] O caráter espetacular das sociedades do Antigo Regime encontrou nas baixas latitudes campo fértil para vicejar. Talvez pelo efeito da novidade, os grandes e pequenos da terra incorporaram-se diretamente no drama cotidiano da realeza migrada.[2]

Nada será mais emblemático do vigor dessa dramaticidade do que o papel desempenhado pelo teatro na vida fluminense daqueles tempos. O esmero do príncipe em construir rapidamente uma casa à altura de sua majestade, que em nada devesse aos proscênios lisboetas, é um índice diminuto de como o teatro se tornaria o centro de todas as manifestações políticas e sociais, sobretudo a partir de 1813, quando se inaugurou no Rocio o Real Teatro de São João, modelado pelos figurinos portugueses, no dizer preciso de Oliveira Lima (1945, pp. 1040 ss.).

Antes da chegada do príncipe regente, carecia absolutamente a gente de bem fluminense de uma casa de espetáculos digna do nome. Em meados do século XVIII supriam seus deleites os esforços do padre Ventura, que fundara uma casa de ópera para além do Valongo. Desdobrava-se o padre como seu empresário, diretor de cena e regente de orquestra, quando não acontecia de subir pessoalmente ao palco para dedilhar a viola. Ardeu a casa do padre e surgiu depois dela a de Manuel Luís, que existia ainda ao tempo da chegada da corte (Edmundo, 1932, pp. 431-8).

A partir desse momento decisivo as exigências tornaram-se outras e uma cidade alçada à condição de sede do Império, onde veio abrigar-se seu soberano, demandava uma casa de espetáculos condigna. Mobilizaram-se, então, os grandes do Rio de Janeiro. Por volta de 1811, noticiava-se a criação de uma loteria com o fim de angariar os fundos necessários, tendo sido Fernando Carneiro Leão designado para responder pelas contas e pagamentos dos prêmios.[3] Dentre os temas que confluem neste capítulo, destaco a realidade das casas teatrais antes e depois da chegada da corte; a importância do teatro como *locus* privilegiado das manifestações políticas; a relação de continuidade entre o palco e a vida, pela constatação de uma homologia estrutural entre os temas das peças e os acontecimentos históricos a que se referem; a contiguidade entre o palco e a rua, pela análise dos elementos alegóricos componentes das peças teatrais e dos artefatos erigidos nas ruas em homenagem à realeza; a importância lúdica das imagens na vida da corte.

THEATRUM TROPICALIS

A predileção dos Bragança pela música era antiga. Foi famosa a paixão de dom José I, avô de dom João, que tinha uma sala de ópera em cada um de seus palácios: em Lisboa, em Salvaterra, em Queluz. Mantinha, a custos nababescos, orquestra e cantores do porte do famoso tenor Egipiciani, o maestro David Perez, os *castrati* Guizziello, Gafarelli e Guadani, vaidosos como pavões, cujo canto agudíssimo enrubescia as damas por trás de seus ricos leques de madrepérola; ou a escandalosa madame Zamparini, graças a quem dona Maria I proibiu a presença de mulheres nas dependências dos teatros.[4]

Com a corte chegam os primeiros artistas europeus ao Brasil. Já em 1809 deles se tem notícia, não se interrompendo até o fim da permanência de dom João o afluxo constante de atores, músicos e cantores. Várias peças dramáticas e opúsculos sentimentais, ainda que nem todos montados, podiam ser agora adquiridos para leitura.[5]

O refinamento trazido pelo teatro sofreu também ele a influência do meio, e não agradou igualmente a todos os que pela corte transitaram nessa época. Homens de fina estampa, como Von Leithold, deixaram suas impressões, que se deve ver com ressalvas não apenas em função do preconceito que em geral nutriam esses viajantes (os setentrionais em particular), mas pela contraditoriedade que muitas vezes nelas se registra. Diz o prussiano que o teatro do Rio de Janeiro tinha praticamente as mesmas proporções de sua ópera europeia, e aqui se realizariam quatro a cinco representações semanais, entre comédias, dramas e tragédias em português, além de óperas italianas entremeadas de bailados. Afirma, num primeiro momento, que os espetáculos eram pouco concorridos, não obstante as beldades em cena: "Demoiselle Faschiotti, irmã de um dos castrati da Capela Real, e Madame Sabini cantam passavelmente, sobremodo ajudadas pelos seus dotes físicos". Ao comentar a forma dos bailados, expressa-se negativamente em relação à qualidade, ao mesmo tempo que nega sua opinião em relação à presença do público:

> A orquestra é muito reduzida em número, numa palavra, miserável; apenas um flautista, francês, e um violoncelista chamaram-me a atenção. Os violinistas, então, são abaixo da crítica. [...] Os bailados não são maus. Como em Paris, o público, aqui, sempre numeroso, os aprecia entusiasticamente. Cada aparição do solista e das dançarinas é aplaudida, o que acontece também com os cantores do lírico, aplausos esses que são todas as vezes reverentemente agradecidos. (Leithold, 1966, p. 14)

Pior impressão causou a alta sociedade baiana a Maria Graham, que participou das solenidades do aniversário de dom Pedro em 1821, comemorado em Salvador com uma adaptação do *Maomé*, de Voltaire, no novo teatro inaugurado pelo conde dos Arcos, na mesma data em que o Real Teatro de São João abriu as portas no Rio de Janeiro. Anota a inglesa que, ante a péssima representação dos atores, pior se comportaram damas e cavalheiros portugueses, alheios ao espetáculo e dispostos a conversar, comer e beber café, "como se estivessem em casa". Só se respeitou a execução obrigatória do hino nacional, após a *ouverture* do balé.

> Durante a algazarra provocada por isso, um capitão do exército foi preso e expulso da plateia, dizem uns que por ser batedor de carteiras, outros por estar empregando linguagem imoderada em assuntos políticos quando se estava a exigir o hino nacional. Entrementes um dos nossos guardas-marinhas teve sua espada roubada, com habilidade, do canto do camarote, ainda que não percebêssemos que houvesse entrado alguém. (Graham, 1990, p. 173)

O pior juízo sobre o teatro é de Victor Jacquemont, que esteve no Brasil em 1828, quando já imperava dom Pedro I, muito assíduo ao lírico, segundo o francês, por apreciar desmedidamente as dançarinas e coristas, "[...] sem detrimento das damas de alto coturno". É bem verdade que o viajante declarou sua decepção diante do país tropical, motivo para se receber seus juízos com ponderação. Mas a descrição que faz — não propriamente da representação que se passava dentro do teatro, mas fora dele — não é de todo disparatada. Com que se ocupariam os serviçais do transporte, posto que eram na maioria escravos, enquanto seus amos se inebriavam com os monótonos bailados? Responde assim Jacquemont:

> Durante a representação fica a praça do Teatro apinhada de seges, em que de suas chácaras vieram os espectadores dos camarotes. Desatrelam-se as mulas, que pastam um pouco de capim poeirento, aqui e ali a crescer sobre a praça. Os cocheiros, estes dormem pelas boleias, jogam ou embebedam-se. Daí cenas de desordem, quando, pelas onze horas, os patrões, saindo do teatro, não encontram os carros prontos ou quando a criadagem está por demais embriagada para os conduzir, à noite, pela escuridão, as suas residências geralmente afastadas de uma a duas léguas. O largo, durante a representação toma o aspecto de um acampamento. Não há ali menos de trezentos ou quatrocentos veículos e um milheiro de cavalos e bestas, além de algumas centenas de fâmulos negros. Tudo isto é necessário para o prazer de duas ou três centenas de famílias, — Se ao menos elas se divertissem! (Apud Taunay, 1921, pp. 493-520)

A descrição é totalmente plausível, se bem que não deveria ser lá muito diferente no reino. E se assim era em 1828, melhor não haveria de ser antes dos investimentos urbanos de dom João. De que não há dúvida é da transformação visível que se operou com a presença entre os fluminenses de seu príncipe regente. Ergueu-se o teatro, músicos importantes, cantores e dançarinos chegaram em número significativo e, se os espetáculos ainda não eram como nas casas europeias, não se assemelhavam mais aos do tempo do padre Ventura.[6]

PALCO DA POLÍTICA

De uma maneira ou de outra, sofrivelmente europeu ou esplendorosamente tropical, o fato é que o teatro, numa redundância inevitável mas expressiva, foi o grande palco onde se desenrolaram os momentos decisivos da vida política joanina no Brasil. Era ele o termômetro da popularidade do governo, pelo menos entre as classes superiores. As efusivas saudações, os acenos de lenços, apupos e vivas se sucediam em clamor ao rei. Por ocasião da vitória sobre os revoltosos de Pernambuco, por exemplo, consta que a exibição pública de amor ao soberano, mais que calorosa, foi delirante. Na *Gazeta do Rio de Janeiro* se noticiava a retomada do Recife e as festas espontâneas que pipocaram pela capital, em regozijo e honra de S. A. R., fervorosamente saudado ao som de artilharias, repiques de sinos, iluminações etc. Mas nada se teria comparado ao alvoroço presenciado no Teatro de São João:

> Começou o espetáculo, que subitamente se arranjou, pelo hymno nacional cantado pelos musicos do mesmo Theatro e pelos espectadores assim dos Camarotes como da Platéa; havendo mesmo senhoras, que do seu camarote cantarão o referido hymno. Mediavão altos e concordes Vivas, e todas as demonstrações, assim com os lenços, como com varios versos, que se recitarão. Na dança se introduzio também o mesmo hymno com geral applauso. O Drama representado foi A mulher inimiga do seu sexo, excellentemente desempenhado.[7]

Confirma tais manifestações uma carta, remetida pelo juiz Manuel da Costa Carvalho ao intendente-geral da polícia Paulo Fernandes Viana, que relata esse exato episódio com a riqueza de detalhes que exigia o chefe do serviço de segurança de S. A. R. Naquela noite, no lírico, assim que se abriu o pano, o povo ficou imediatamente de pé, exclamando acalorados vivas ao rei, à família real e à Casa de Bragança, salvando-os com palmas repetidas. Na plateia e nos camarotes, principiando a orquestra a executar o hino, aquietou-se toda a audiência em respeito, reiterando-se as saudações e mais demonstrações ao fim da música com tal fervor que, ao correr-se o pano por três vezes, fez-se necessária nova execução. Seguiram-se um contínuo de declamações de sonetos e mais declarações de lealdade à coroa, todas recebidas e respondidas fervorosamente.

> Tornou-se a repetir o hymno postado o povo com os maiores transportes de alegria, o qual recittarão do camarote por vivas, as filhas do Conselheiro José Egidio, e as Filhas de D. Maria Luiza Dias, merecendo esta demonstração de amizade e obediência para nosso incomparável Monarca praticada com a maior Energia, e affecto o maior applauzo de todos os espectadores.
>
> Destinguioce também mto.no meyo da Plateia hum sugeito chamado = Bombardim = da Secretaria do com.eo Supremo, o qual pondoce em pe no banco repetio hua Ode, na qual mostra as relevantes virtudes do nosso Augusto Monarca, o Amor deste, para com seus Vassalos a justa e fiel obed.ça que estes se lhe devião tributar e a toda a Augusta Familia Real e o abominavel attentado e feio crime em que cahião os ingratos a tão g.des beneficios, e o justo castigo, que merecião, concluindo ultimamente que este inesperado, e nunca v.to sucesso nos annaes de nossa Hystoria se devia reputar, como hum sonho. A dita Ode também espero apresentarlha a Vos; tendo a maior satisfação em ver o que participei a V. Sa. tão agradaveis noticias por conhecer a efficacia com que V. Sa. procura promover o bem, e tranquilidade publica.

Data o documento de 15 de junho de 1817.[8] Servia o teatro para as mais variadas formas de reverência dos fluminenses de extração elevada e da corte, não apenas em momentos críticos como as vitórias militares. Em todos os aniversários e dias festivos, dos nomes, batizados, casamentos dos membros da família real, era ali o lugar privilegiado onde se reiteravam os vínculos de fidelidade dinástica. Mas era nas ocasiões mais agudas da vida política que o teatro se tornava o centro da vida cortesã. Nos momentos derradeiros da estada do rei no Brasil, ao chegarem as notícias da Revolução do Porto, houve grande movimentação de tropas e peças de artilharia pelas ruas centrais do Rio de Janeiro. Maria Graham testemunhou esses episódios e conta que a Câmara se reunira no salão nobre do teatro. O príncipe, após ter com seus membros, surgiu na varanda do salão principal, de onde leu para o povo e a tropa uma proclamação, na qual prometia aceitar a Constituição. O longo dia terminaria mais uma vez na ópera, tendo o povo se reunido para puxar o carro do rei até ali. A amiga pessoal da imperatriz Leopoldina divaga sobre temas que podem ser considerados centrais na avaliação dessa teatrocracia:

> Seria curioso investigar os sentimentos dos príncipes em ocasiões tão graves para eles e para o povo. Dom João VI, apaixonado cultor da música, foi puxado por um povo, grato pela graça concedida naquele mesmo dia, para um teatro construído por ele próprio, onde toda a parte vocal e instrumental foi escolhida com gosto exímio e onde se apresentou uma peça que era sabiamente sua predileta.

Em seu Diário, conta que o dia, "[...] como de costume em qualquer ocasião de interesse público", acabara no teatro, cujo edifício estava todo iluminado.

> O príncipe e a princesa apareceram em grande gala no camarote real, que é no centro da sala. Foram recebidos com entusiasmo pelo povo, cantou-se o hino nacional e, no intervalo dos atos, o público chamou vários de seus oradores favoritos a fim de que falassem ao Príncipe e a todos sobre os acontecimentos do dia.

Em seu *Esboço da história do Brasil*, descreve Graham a atmosfera de alegria que no dia seguinte tomava a cidade. Mais uma vez concorreram todos ao teatro, cujo grande salão "[...] encheu-se de novo de pessoas ansiosas por assinar o juramento da Constituição"; sucediam-se luminárias, fogos de artifício e disparos de artilharia. Na ópera representou-se *Henrique IV* em homenagem ao rei, que, extenuado pelos esforços da véspera, não compareceu pessoalmente. Porém, era como se lá estivesse, pois, quando se ergueram as cortinas do camarote real, apareceram os retratos do rei e da rainha, recebidos com toda a reverência pelo público presente.[9]

A REALEZA EM CENA

De tudo o que se proclamou ou encenou para celebrar o momento áureo da monarquia lusa nos trópicos, quando se somaram às funções em torno do casamento real do príncipe herdeiro a aclamação e coração de dom João, *O himeneu* — drama em quatro cenas escrito e ofertado ao jovem casal pelo comendador da Ordem de Cristo, intendente das reais cavalarices e inspetor das obras, além de fidalgo da casa de S. M. Joaquim Antônio Neves Estrela — reúne a maioria dos elementos formais, temáticos e alegóricos, característicos das representações que correram pela corte nesses tempos, seja em peças teatrais, bailados e entremezes, seja nos elogios laudatórios, orações gratulatórias ou panegíricos, ou nos artefatos cenográficos que adornaram as ruas da capital. No dia do natalício e em presença do monarca, fora ele encenado no Real Teatro de São João, entre um elogio alegórico, o drama *Coriolano* e o baile *Triunfo do Brasil*, no fim do qual se exibiu o quadro histórico pintado por Debret para a ocasião (Santos, 1981, t. 2, p. 199).

Os personagens são o Himeneu, Jove, Juno, Lísia, Gênio Tutelar, Mercúrio, Íris, Cupido, Momo, Discórdia, Tempo, Netuno, Anfitrite e um grande ajuntamento de ninfas e gênios (BNRJ — Estrela, 1818). Esses entes mitológicos — assim como os que figuram em outras peças teatrais, elogios, orações gratulatórias, cânticos e idílios em louvor do rei — e outros, como Minerva, Marte, a Fama, a Fortuna (o Fado), Clio, têm origem remota na literatura portuguesa e estão presentes em todas as variantes dos gêneros de corte.[10] É recorrente a ideia do gênio tutelar dos portugueses, das divindades greco-romanas das virtudes e dos vícios (como a Discórdia, a Fortuna, a Fama), a personificação de pátrias (como Portugal é a Lísia e França, a Gália). Tão forte é a persistência dessas alegorias pagãs na cosmovisão do Antigo Regime, mesmo no caso português, que chegaram a ser invocadas do púlpito cristão. Frei Francisco de São Carlos, famoso orador no Rio de Janeiro, numa ação de graças pelo primeiro aniversário da chegada da família real ao Brasil, se mostra adorador dos prodígios da saga joanina pelos mares. Em um determinado momento de seu sermão diz que, fosse tudo aquilo vivido em uma fábula, os argonautas teriam sido protegidos pelos deuses.

> Elles teriam visto concilios, e assembleas entre os deozes, e deozas do Olympo a favor dos novos argonautas. Eles teriam visto hum piedozo heroe carregando não o Pai por entre as chammas da Patria abrazada, mas a Augusta May por cima das ondas do Oceano. Porém eu sou christão, e idéas mais christans abordão meu pensamento. (JM)[11]

A cena primeira do *Himeneu* dá-se às margens da "Ulyssea", na foz do Tejo: "Meu débil vulto exangue dubio vaga/ Inda em meus pulsos d'aurifera Ulissêa". A comparação da história lusitana, após o terror napoleônico, à do lendário herói homérico é recorrente em todas as representações, encenadas ou não. Aparece, por exemplo, nas peças *O triunfo da América* (1810) e *A discórdia ajustada* (1819) — o que é bastante compreensível, vindo de um povo com vocação náutica como o português, cercado pela Espanha e tendo o Atlântico como horizonte aberto. A aventura marítima, confirmadora do ideal heroico, tem em *Os lusíadas* uma espécie de síntese do *ethos* lusitano — a referência camoniana acompanha a homérica nessas peças teatrais.[12] Em *O juramento dos numes* (Coutinho, 1813, p. 15), por exemplo, a imagem do herói de Homero é evocada num diálogo entre Vulcano e Vênus, que desce ao centro da Terra com a missão de buscar o marido para salvar a gente lusa:

Sem duvida são muitas, e mui graves
As causas que me poem da parte delles;
Pois quando á mente atropéllão magoas
Me sobe a triste, luctuosa imagem
Da Teucra gente, que sorvera a idade,
E sisuda examino, e em fim cotejo
Do Lacio e da Ulissea, as nações duas,
Noto que em tudo nobres se assemelhão,
Nos costumes, e leis, idioma, e trato,
Nos gestos, nas feições, e garbo, e tudo:
Olha bem como até nos fados turvos
Correm parelhas as nações lustrosas;
Como aquella depois da Patria em cinzas
A vida entrega aos ventos, e vai logo
Firmar seu mando no terrene Ausonio;
Como esta, ameaçado o lar nativo
Pela fera dobrez da Gallia indigna,
Demanda o pólo austral, e vai na róta
Do magnanimo principe, que firme

Se embrenha pelas ondas marulhosas
Em menoscabo de Neptuno, e Eólo;
Té que chegando ás praias fortunadas,
Que o formoso Cabral pisou mais cedo,
Arreiga o Imperio seu, que ha de ser inda
Atalaia, e farol do mundo inteiro.

São inúmeras as utilizações da epopeia homérica como analogia à travessia oceânica de dom João e não se pode desprezar a forte identidade do povo português com a saga ulisseica, de cujo radical advém o nome da própria capital: Lisboa.

Voltando ao texto do drama, *O himeneu* resume-se a um concerto dos deuses para abençoar o casamento dos príncipes dom Pedro e dona Leopoldina, antecipando um futuro promissor para a real descendência de Habsburgo e Bragança.

Inicia o Gênio Tutelar dos portugueses lamentando os danos causados pelo dragão napoleônico:

Inda em meus pulsos vejo as cicatrizes
Mil roxas, negras pizaduras mostram
Das vis algemas, dos grilhões pezados;
Que da Córsica o monstro furibundo
Me lançara a traição... Oh céus!... Exulto!

E o Gênio suplica pelo fim da tristeza do povo saudoso do lar. As menções a Napoleão expressam um ódio proporcional aos danos que ele causou aos portugueses. São semelhantes às que se referem ao povo francês como um todo, as quais se arrefecem, todavia, após a queda do imperador e a reconciliação com os franceses, que nos enviarão uma "missão civilizadora" em 1816. Napoleão é, assim, o "flammeo corisco", o "aviltado chefe das córsicas hostes", o "cego immortal propenso a culpa", o "nefário vertuno, o corso infame", a "cerviz venenosa da caterva vil", "o godo indócil, inhóspedo Agareno", "tigre carniceiro sanguisedento", "feroz da Galia o purpurado cabo".[13] Tudo que se escreveu, representou ou declamou nesses anos brasileiros de dom João invocava a imagem diabólica do general francês, sendo a fúria e poder napoleônicos potencializados sempre, de maneira a exaltar a fibra heroica da resistência lusa.

O Gênio, de volta à peça, roga a Jove "paz perpétua ao bragantino tronco", garantia da perenidade da estirpe. O valor dado à linhagem como esteio da estabilidade do trono é constante. Bocage alude a que "magnânimos leões leões produzem,/ frouxo arbusto não he do cedro a prole/ Affonsos, Manueis, Dinizes, Sanchos,/ de Vós, igual a Vós, João proveio" (1802, p. 2). Desde a crise dinástica de 1580, quando os reis de Espanha se aproveitaram exatamente da vacância no trono português para impor o jugo de sessenta anos da "União Ibérica" a Portugal, a sucessão foi mais que nunca assunto de interesse de Estado. Nas odes pelo nascimento do primeiro rebento de Carlota e João já se cantava (BNRJ — Santos, 1793, p. 4):

De Carlota e João, fausta alegria!
A suspirada sucessão já temos,
Acabarão os timidos receios,
Que prantos nos custavão.

Por ocasião do consórcio de dom Pedro e dona Leopoldina, esse tema esteve presente em todas as manifestações de fidelidade ao rei. Quando então pela primeira vez veio dar à luz a futura imperatriz, repetiram-se exaltações aos vates e às musas: "Prole Augusta! Transumpto glorioso/ De heroes, de Reis... aonde reunido/ Gira o

Sangue mais puro e precioso/ Que esmalta os solios do Orbe conhecido" (BNRJ — Leitão, 1819, p. 6). A perpetuação da linhagem como elemento de unidade nacional foi ideia reforçada por ocasião da aclamação de dom João VI (BNRJ — Lopes, 1817, p. 3):

Sancho, Diniz, Affonso,
Por José excedidos,
Já menos lembrárão a nossos filhos:
Que as pizadas de seus maiores segue,
E a muitos se avantajava,
João, que he quasi hum Nume
Tuttelar, amoroso a quantos Povos
Em Paz governa desde o Téjo ao Granges,
Da America feliz á adusta Ethiopia.

Novamente atento ao texto da peça *O himeneu*, o Gênio aprova o pedido de Lísia: "Da Alemanha invicta dê-se ao principe luso régia esposa" — e a tudo se entoam hinos. Jove, o deus dos deuses, atende ao rogo de Lísia, feito por intermédio do Gênio, deixando-os absortos em júbilo. O decreto tem a anuência de Juno: "Altos troncos viçosa prole, e fructos excelsos;/ Leopoldina, e luso Pedro os E'vos vejão imperante estirpe".

Jove ordena então a Mercúrio, o "alado cyleneo", o mensageiro da "olímpica morada", que voe por todo o orbe, anunciando a paz; e ao imperante da Áustria, seu decreto intima e implora a filha "para columna eterna ao luso trono". Se se tomasse o "orbe" pela "urbe", pela cidade do Rio de Janeiro, ficaria menos imprópria a comparação entre as funções de Mercúrio e a do arauto do Senado da Câmara, incumbido em pompa de anunciar as novas pelos quatro cantos da cidade. As tramas urdidas no antepórtico do templo da Imortalidade por Momo, Discórdia e Tempo, na cena III, Jove e Juno se incumbirão de anular.

Tem início a cena IV com a seguinte descrição:

> Mutação do mar pacífico: carros de Neptuno e Anfitrite, Nimphas, tritões etc. coro: Jove conduzindo pela mão o Principe D. Pedro, e Juno do mesmo modo a Princesa D. Leopoldina, precedidos dos nuncios, cupidos, Hymeneo, Neptuno e Anfitrites.

Jove, o todo-poderoso, na conversa com Juno exalta a régia estirpe desde o primeiro Afonso. É ele quem dirige o destino dos povos. Por sua vontade ressurgiu a aurora sobre a noite funesta:

> *Soffreu a Elysia, a Iberia, a Italia, a Europa*
> *Os furores do corsego flagelo;*
> *porem reprêza a mão, que os golpes déra;*
> *Rôto o jugo, surgiu a liberdade,*
> *Pacifica, ridente Paz amena.*

Quanto transtorno aos portugueses, particularmente à corte migrada, causou Napoleão. Nada mais podem fazer senão se justificar perante si próprios, feitos vítimas da história. Valorizam na perseguição seu caráter intrépido, que os trouxe ao exílio nessas baixas latitudes a salvo do algoz. Mas o flagelo lusitano não foram apenas os franceses. Anos mais tarde, quando os pernambucanos se insurgiram contra a dominação colonial, agora interiorizada no Rio de Janeiro, fizeram-se eles mesmos os demônios, os torpes traidores e vassalos ingratos na pena dos aduladores da hora.[14] Na peça, escrita nos momentos críticos desses acontecimentos, não faltou referência aos suassunas; um dos motivos que despertam a ira de Jove:

“Surgem da estirpe pestilentas Serpes,/ E mando á morte esmague o Terreo Globo”.

Juno ordena então que se ramifique o excelso tronco, pois o Himeneu significa poder aos reis e prosperidade às nações:

> *Ao Throno o Hymeneo augmenta as forças*
> *Segura perennaes c'roas, e Septros.*
> *Com alianças, com reaes consórcios,*
> *Dominios, possessões augmentam, crescem;*
> *Púlem-se os povos, florescem as artes...*

Cupido é acionado para, com sua flecha, “criar” o amor nos corações nubentes. Dom Pedro, ao braço com Jove, acolhe a ordem da deidade protetora de seu povo. A princesa anui, devotando todo seu amor, para além da morte fiel. Por isso, como prêmio, recebe de Juno o dote soberbo.

> *Eis que te dou, Leopoldina, o mimo, a joia,*
> *Que Jove aos fados decretou guardassem,*
> *dos lusos sucessor ao Regio trono;*
> *Principe illuminado, e virtuoso...*

Himeneu promete a Jove que do enlace dos “puribundos” jovens se colherão bons frutos, “guardando a fé no vínculo perene”. Na aparição de Netuno, reforça-se a imagem do português herói da *Odisseia*, o viajante que dobrou oceanos desconhecidos até terras incógnitas: aquele que pôs o sacro tridente a seu serviço: “Se em ti contemplo a Prole invicta, e rara/ daquelle, que sulcou meu vasto Imperio,/ Incognito inda então ao luso throno...”. Netuno prontifica-se a transportar ao Rio de Janeiro os noivos, penhor do trono e “esperança dos fidos portugueses”, já que aprouve a Jove que “[...]

eu seja condutor de meus senhores", esse "grato dever de vassalagem". Em meio às exultações de júbilo, Jove ordena aos deuses louvarem a Anfitrite resignada, numa clara expressão de fidelidade a Portugal: "As mãos beijai: rendei submissos cultos/ À prole Regia, que o Brazil espera;/ E a Elysea chora por não ver o Tejo".

A peça, como era de esperar, termina numa grande exaltação às dinastias em consórcio e ao rei dom João:

> Gradualmente vão todos rendendo homenagem aos Principes; e Amphitrite cede o carro a Leopoldina, Neptuno o seu ao Principe; enquanto se fazem essas genuflexões, se cantão os seguintes himnos:
>
> *I*
> *Eis d'Áustria e Bragança*
> *A estirpe Imperante*
> *Indemne, e triunfante*
> *Da córsica injuria.*
> *Jaz prêza inda a Furia;*
> *E o Luzo Dragão*
> *Se eleva por Gloria*
> *No culto (em memoria)*
> *De Napoleão.*
>
> *II*
> *[...]*
>
> *III*
> *Felices os lusos,*
> *Que as Nupcias alcanção*
> *Que firmes descanção*
> *Na Prole futura*

De amor e ternura,
Que Jove nos dêo:
Heróes nascerão,
Que Divos serão
No mundo e no Ceo!

IV

Feliz Ulisséa,
Que farto o desejo,
No fulvo aureo Tejo
Verá os Costumes
Com meigos transportes
No seu Patrio Lar
O Povo abraçando;
E os vivas tocando
De jubilo no ar!

THEATRUM MUNDI

Essa peça distingue-se das demais por uma peculiaridade em seu desfecho. Se nela dom Pedro e dona Leopoldina participam efetivamente — eles próprios ou atores que os representem —, se eles "falam", é direta a relação entre realidade cotidiana e palco. Não existe separação entre uma coisa e outra. A peça é sobre o acontecimento, sobre o vivido. O palco é contíguo ao paço, à capela, ao trono.[15] Espaço de reforço, de continuação. A corte se representa em seu próprio drama: fuga do rei, Napoleão, aclamação, a família real com suas mortes, casamentos, aniversários são os temas encenados. No elogio dramático pelo primeiro aniversário que passou dona Leopoldina no Brasil (22 de janeiro de 1818), escrito por Bernardo Avelino Ferreira de Sousa, mesmo autor que legou a *Relação dos festejos* pela aclamação de dom João que se verá a seguir, os enredos repetem-se. Em um ato único passado no bosque, em que estará a América e onde descerá a Gratidão em um carro de nuvens, faz-se na primeira cena a apologia de dom Pedro, neto dos Afonsos etc. O enredo (BNL — Sousa, 1818B, p. 7) é um relato do cotidiano da corte:

Hoje que o filho Seu, e Herdeiro, e Mimo
Pequeno coração acha os prazeres
Que lhe despontão com o dia Excelso
Do Preclaro natal da Excelsa esposa;
Codigno enlevo seu, em cujo rosto
Disputão graças Majestoso, e Bello:
Hoje corro a avivar teus sentimentos.
Venho do nectar ungir teus labios.

Outros exemplos há de "representações" que aludem diretamente ao cotidiano e a personagens da corte. Em 1810, quando estavam ainda mais que abertas as feridas causadas por Napoleão, uma oração gratulatória pelo aniversário do príncipe regente falava de como no princípio era o caos, e no caos já estava dom João predestinado a desempenhar o papel de grande Rei: "Da antiga noite desse cahos horrendo/ Surgira de repente/ Hum theatro de prodigios estupendo" (Vaz, 1810, p. 7). Na mesma noite fora oferecido ao aniversariante um drama (BNL — Muniz, 1810), que tinha por tema as peripécias da retirada da corte para o Brasil. Em meio a numes e musas, os personagens são reais, tudo é real, as pessoas são citadas. A gratidão aos ingleses surge numa fala da Liberdade sobre o poder da "união" entre João e o "britano Jorge":

Reflexos de Joam, Varões sublimes,
Dignos de Lysia, e pela Fama Honrados.

Em nome do grão Principe ao seu Povo
Equilibrando o pezo da Justiça,
Com branda sujeição as leis sustentão,
Zelão a Glória, e firmão a Ventura:
Wellesley, Beresford, Britannos Martes,
As flores da Esperança em Lysia afagam. (p. 5)

O drama da corte, nessa mesma representação, é transposto da história para o palco, onde se personificam dotes, atitudes, símbolos. No fecho dessa peça, durante a última cena, depois de vencido o Despotismo, surge um recurso lúdico recorrente nas encenações teatrais:

> Apparece o Templo da Immortalidade: entre a fachada do fundo o Retrato de S. A. R. sobre seu Throno: e na cimalha do docel os Escudos Reaes de Portugal, Inglaterra, e Hespanha ligados com este distico = ALLIANÇA = a Scena adornada com as Estatuas d'El Rei Jorge III, de Fernando VII, e alguns dos nossos monarcas; e, transformada que seja, o Despotismo, e seus sequazes curvão-se em terra com todos os gestos de desesperação.

RETRATOS

Esse recurso cênico, de apresentar ao público o soberano, a Majestade, por meio de seu retrato, amplamente difundido nas monarquias absolutistas (Burke, 1994, p. 21), foi repetidamente utilizado no Rio de Janeiro, dentro e fora do teatro. A maioria dos bailados encerrava-se com esse efeito lúdico, que alcançava infalivelmente a reverência respeitosa da plateia. Nas *Memórias* do padre Perereca encontram-se em detalhe todas as descrições desses momentos efusivos da corte. No ano da graça de 1818, por exemplo, noticiavam-se na *Gazeta do Rio de Janeiro* as funções em regozijo pelo aniversário do príncipe do Brasil, a 12 de outubro, e aos seus reais esponsórios, pelos quais o Senado da Câmara mandou erguer uma praça de touros e cavalhadas no Campo de Santana, onde as festividades correram por seis dias. De dia saiu o bando e à noite se representou uma peça alusiva à data, onde havia um gênio português com as quatro estações, "[...] que fazendo sensíveis as vantagens, que o céu nos concedia com o felicíssimo natal de Sua Alteza Real, desafiava a gratidão nacional" (Santos, 1981, p. 212).

> No fim do espetaculo, virão-se em transparente os retratos de SS. MM. e de SS. AA. o Principe e a Princeza Real, e os espectadores não poderão conter os Vivas. Este Elogio era ornado de varias peças de musica, cantadas pelo Coro. Começou depois o Dramma intitulado Camilla, excellente musica da composição do famoso Fernando Paer. No fim do 2º Acto se desempenhou huma bella Dança, que tem por titulo Venus e Adonis com rico vestuario, concluindo o espetaculo com o 3º Acto da Peça. (*Gazeta*, 14/10/1818)

Dois anos depois, nas celebrações pelo aniversário do rei, a cidade fez-lhe as vênias do costume com os embandeiramentos das fortalezas e embarcações, as salvas de artilharia repetidas vezes por dia e o dobre dos sinos, parada militar no largo do paço e o beija-mão às pessoas que concorreram para saudar Sua Majestade. À noite houve teatro de corte.

> Depois de uma agradavel symphonia, se representou um elogio drammatico, intitulado a Homenagem dos poetas, e logo que appareceu o retrato de S. M. no Templo da Glória, cantarão os Musicos o hymno nacional, estando em pé SS. AA. RR. até findar o mesmo elogio, o qual terminou com a repetição do mesmo hymno.

Seguiu-se a representação do drama Aureliano em Palmira, com musica do celebre Rossini, e no intervallo se executou um novo Baile intitulado Apelles e Campaspe.

O vestuario do elogio, do Dramma, e da Dança foi inteiramente Novo, assim como quasi todo o scenario... (*Gazeta*, 15/5/1820)

No acontecimento mais faustoso da corte no Brasil, foram excessivos os transportes de alegria dos súditos fluminenses. Acumulava-se a felicidade do reino aos sucessos na retomada de Pernambuco, retribuída com gordas listas de subscrições pelo agradecido comércio fluminense. Cada detalhe das bodas que se realizavam em Viena, a embaixada desbragadamente luxuosa de Marialva, tudo era minuciosamente contado aos fluminenses no semanário da corte. No dia do enlace, lá, descrevem-se as artilharias, iluminações, embandeiramentos, o te-déum, as missas, procissões, bandos, que se sucederam aqui.

No Real Theatro de S. João, que estava todo illuminado, logo que se levantou o pano, e os Espectadores tiverão a satisfação de ver os Retratos d'elrei Nosso Senhor, da Nossa Augusta Soberana, e de S. A. o Principe Real, se cantou o hymno nacional, seguido de frequentes vivas, ditados pelos mais sinceros sentimentos de affecto e fidelidade. Seguio-se o Drama intitulado A Madrinha Russiana; huma boa Dança, e finalizou o espetaculo com o bem acceito Entremez do Eunuco.[16]

Se em *O himeneu* o espetáculo conta com a presença dos nubentes, mas não se encerra com os retratos de SS. AA. RR., outras peças de corte se utilizam do artifício para elevar na plateia a reverência pela majestade. Já em 1810, em *O triunfo da América*, depois de acertadas as contas com a história, vingada a nação portuguesa pelo Fado, enfim, tudo assentado como soía nos domínios do rei, um coro chama pelo ungido príncipe, quando então se abre o pano de fundo, "[...] aparecem os retratos de toda a real família, e as personagens da peça". E, como se o regente em pessoa estivesse no palco, a ele — a seu retrato — dirige-se o Fado, o personagem que representa o destino, outorgando-lhe a missão de fazer felizes seus súditos fiéis, para sua glória: "Heroe sagrado, que baixaste à terra/ A bem dos teus, a bem da Gloria tua". Prenuncia, acertadamente, que um dia voltará ditoso às areias do Tejo, onde o esperam seus filhos generosos, que, mesmo dele apartados, jamais lhe conspurcaram o nome (Coutinho, 1810, p. 31).

Em *O juramento dos numes*, peça com que se inaugurou o Real Teatro de São João (1813), Vulcano, o vingador do povo português recrutado por sua esposa Vênus, depois de entregar as armas feitas sob medida para alguns braços como Wellesley, os irmãos Freire, Forjaz, Trigoso, Rego, Sepulveda, entre outros nomes da linhagem lusa, conclama seus ciclopes e roga ao Gênio Tutelar dos portugueses para acompanhá-lo na condução das armas, no que é atendido. Na última cena tem-se uma vista do Templo do Heroísmo, "[...] com o retrato do Príncipe Regente ao Fundo", e juntos todos os personagens da cena entoam-lhe uma ária. Tudo termina com um juramento feito pelo Gênio *ao retrato de dom João* (Coutinho, 1813, pp. 22-9):

Perante a vossa Effigie augusta e sacra,
Vasto Sob'rano de Nações diversas,
Cujo braço ostentoso alcança, e rege
Os hemisférios dois co'as redeas fulvas;
Perante a Vossa Effigie, e sobre as aras
Onde o eterno fulgor as nuvens doira
Juramos pelo escuro Estigio lago,
Nós, do Grão Rei dos Reis, familia e sangue,

Que os Póvos de Ulissea esclarecidos
Inquietados serão, mas não vencidos.

Muito forte é a representação diante do retrato do rei em *A discórdia ajustada* (Souza, 1819), elogio dramático encenado na Vila Boa de Goiás em outubro de 1818, na presença do governador, pelo motivo da aclamação de dom João e impresso no Rio de Janeiro sob reais auspícios. No enredo colocam-se Portugal e Brasil a esnobar-se e desafiar-se reciprocamente diante da porta do templo da Glória. Mediará a Justiça, "virgem com asas", sustentando na destra a espada e na sinistra a balança; Portugal apresenta-se por intermédio do guerreiro, vestido de armas antigas, na esquerda as de Portugal e na outra a lança; e o Brasil é representado como um índio ricamente vestido de plumas e arminhos, com arco e flecha nas mãos e na cabeça um cocar "[...] com as armas do Brasil". Um evoca a Antiguidade e a glória passada; o outro a exuberância natural e a presença atual do príncipe; ambos reclamam entrar primeiro no templo. No final busca-se a solução conciliatória, a acomodação do conflito, que na história romperia inelutavelmente em tão pouco tempo. E a solução que impõe a Justiça é exatamente que ambos sejam concordes e se curvem unidos no serviço ao trono lusitano. A soberania não está nos povos e sim no monarca, ainda absoluto. No final, ao som de instrumentos abrem-se as portas do templo, "[...] apparece illuminado o Retrato de Sua Majestade...". Na base em que se firma o trono há uma pira acesa, na qual ardem dois corações com a legenda *virtus unita.* Portugal e Brasil então, num gesto muito emblemático, se ajoelham e depõem suas armas e insígnias. Repetem-no todo o acompanhamento, em coro:

Á Glória do Augusto
Com as mãos Unidas

Offerecém as vidas
Brazil, e Portugal
Em doce concórdia
Leaes, reverentes
Se inclinão contentes
Ao Throno Real.

QUADROS HISTÓRICOS

As imagens são muito fortes, ainda mais numa sociedade de corte. E aquela que se instalou no Brasil não poupou nesse expediente. Da noite de 13 de maio de 1818, quando foi dramatizado *O himeneu*, deixou importante registro o pintor de história Jean-Baptiste Debret, que acompanhara a Missão Artística Francesa em 1816 (*RIHGB* — Taunay, 1911; Prado, 1989). O texto alusivo à prancha 39, "Bailado histórico", refere-se às reverências bajulatórias dos elogios, como se praticavam no Brasil. Para a ocasião foi contratado o próprio Debret, encarregado de executar o cenário do elogio dessa noite solene, havendo para tanto de se entender com o poeta e o mestre de bailados do teatro.

É preciso contemplar detidamente a prancha 39 de sua *Viagem pitoresca e histórica* (Debret, 1982, t. 3). Uma paisagem etérea em que se dispõem os deuses da mitologia clássica que povoavam representações teatrais, elogios, panegíricos, odes e mesmo as mais cristãs orações gratulatórias, além de personagens históricos corporificando os três reinos unidos ou personificações de virtudes e do casamento. A descrição seguinte é do próprio pintor:

> A fim de não perder, na medida do possível, o meu caráter de pintor de história, vali-me do antigo cerimonial dos reis de Portugal para representar Dom João VI em uniforme real, de pé sobre um pavês

suportado pelas figuras características das três nações que compõe o Reino Unido de Portugal, Brasil e Algarves. Logo abaixo desse grupo principal, coloquei as figuras ajoelhadas do Himeneu e do Amor, com os retratos do príncipe e da princesa real. Ambos entrelaçavam as iniciais dos jovens esposos formando um monograma por cima do ardente Himeneu.

De acordo com o programa, a cena se passava sob a abóbada etérea onde a reunião dos deuses outorgava honras de apoteoses a esse episódio histórico. O mar formava o horizonte, justificando a chegada de Netuno com o pavilhão do reino unido; do outro lado, Vênus, na sua concha marinha puxada por dois cisnes guiados por Cupido, conduzia as Graças, sustentando os escudos unidos e coroados das duas nações recém-aliadas. Delfins móveis circulavam entre os diversos planos do mar, parando no último quadro para formar um caminho praticável às dançarinas que deviam levar suas oferendas ao pé do altar do Himeneu, pintado no pano de fundo do palco. Esse grupo imenso da população dos três reinos unidos, que se projetava artisticamente até o proscênio para unir-se a guerreiros de todas as armas, produziu o maior efeito. Concomitantemente, nuvens isoladas suportavam gênios animados dessas mesmas nações e povoavam toda a parte alta do quadro aéreo, inteiramente pintado em transparente, até o primeiro plano do teatro. (Debret, 1989, t. 3, pp. 233-4)

Nessa descrição representam-se elementos constantes na teatrocracia das relações socias na corte joanina — ouso afirmar que aquela servia de princípio ordenador das atitudes cotidianas dos indivíduos. Não é difícil deduzir que a *mise-en-scène* em torno do palco e além dele, no circuito da corte, era o veículo das expressões e de reforço do poder. Nesses espetáculos e em outros produzidos no cotidiano da família real — a pretexto de casamentos, aniversários, festas religiosas, conquistas militares etc. — se efetivou a aproximação entre a "boa gente" fluminense e os adventícios recém-chegados. Mas a dramatização ia muito além dos forros de veludo carmesim, ajaezados com douradas insígnias reais portuguesas, que revestiam as paredes do paço improvisado. A dramatização ganhava as ruas, fazia da cidade um grande cenário e das pessoas comuns convictos figurantes.

Desde o desembarque até o regresso de dom João VI, o Rio de Janeiro viveu diariamente as públicas demonstrações da realeza pela realeza. Talvez fosse carregar nas tintas dizer, como o padre Perereca e tantos outros observadores da época, que muitas vezes o dia adentrou pela noite com as iluminações faustosas. E que o ruído das artilharias e fogos e sinos eram uma constante — que já nem mais percebiam os ouvidos. Mas houve momentos em que muito se aproximou disso. O dia da aclamação de dom João, no mesmo ano em que se representou *O himeneu*, é um deles. A "relação dos festejos" feita por Bernardo Avelino de Sousa, "na noite do indelével e faustíssimo 6 de fevereiro" de 1818, dá a perceber a contiguidade entre o palco e a rua, por meio dos símbolos em circulação.

PALCO NAS RUAS

Criativo exercício de imaginação histórica é tentar, por intermédio desses registros, refazer o itinerário, como um transeunte, um homem qualquer pelas ruas do Rio em festa, para bem se perceber a reiteração dos motivos e alegorias dos textos e peças, agora encenados nas ruas, e quais eram os personagens por trás dos efeitos produzidos para exaltar o soberano. Conta Bernardo de Sousa (BNRJ — Souza, 1818, pp. 3 ss.) que o Senado da Câmara assinalou seu regozijo com uma iluminação que representava um templo a Minerva, "[...] no centro do qual estava a estátua desta Deoza, abrigando a Egide de S. M., e no tecto escripta com grandes caracteres esta cifra: J.VI". Descia do templo uma escada com dois pedestais sobre os quais se mantinham as figuras da História e da Poesia. Sobre esse artefato de grandes proporções encimava a legenda: "A El Rei o Senado, e o Povo".

A junta de comércio contratou o mesmo pintor do pano de fundo d'*O himeneu*, Debret, e mais seu chefe, Grandjean de Montigny, para riscarem o grande arco triunfal de sessenta palmos de alto e setenta de largo, ornado com grinaldas e todo iluminado, de cujos mastros pendia a bandeira do Reino Unido, com a cifra JVI sobreposta nos capitéis das colunas.

> Cada face do arco continha quatro columnas da Ordem corinthia, e entre as estatuas de Minerva e Ceres. Ao lado direito a imposta, e a cimalha se representava em baixo relevo sua majestade na occasião de desembarcar; a cidade do Rio de Janeiro entregando-lhe as chaves, e sustentada pela América, e mais capitanias; e á esquerda o mesmo Augusto Monarcha acolhendo as homenagens das Artes, e do Commercio. Na cimalha do meio se mostravão os Rios Tejo, e Janeiro com Armas do Reino Unido, sustentadas em huma coroa, e no frizo esta inscripção:
>
> Ao libertador do commercio.

Não poderia ser mais emblemática a cena da entrega das chaves ao monarca, verdadeiro tributo pago a quem, pouco antes, havia aberto os portos brasileiros ao comércio internacional.

As figuras mais preeminentes da sociedade fluminense não economizaram nos adereços com que ornaram suas varandas e janelas. Na rua Direita via-se uma iluminação composta de três quadros devotados à "bracara augusta", num dos quais se estampava o brasão das armas portuguesas, e sob este Marte e a Fama. Os versos encomiásticos destilam um licor diáfano de adulação, assim como deixam transparecer um quê de consciência do fato de que a presença do rei era o sinal do surgimento de um novo tempo, ou melhor, do novo império:

Pregôa em seu clarim rotundo
João Primeiro Rei no novo mundo,
Nos astros fixa a época ditosa,
Que no solo, que banha o grão Janeiro,
As Santas leis dará ao mundo inteiro.
Extasia-se a Europa vendo erguido
Na Plaga do Brazil o Reino Unido,
[...]
Debaixo de hum tal rei que immenso Imperio
Se verá florescer n'este Hemisferio!

Na porta da alfândega outra iluminação, havendo para o lado do paço um quadro com três coroas em torno das letras JVI. As armas reaparecem novamente à rua Direita, na casa do comendador Luís de Sousa Dias, que a enfeitou com os seguintes versos: "Herdaste o Sceptro, e C'rôa,/ Nós o valor, e lealdade", e no outro: "Reinar sobre os corações/ He duas vezes reinar".

Arcos triunfais erguem-se à rua do Sabão para a princesa Carlota; outro, à rua dos Pescadores, "tão somente às expensas dos negociantes", no qual figuravam as quatro partes do mundo, e mais a Fama, a União e a Glória. Sucedem-se os nomes dos vassalos mais fiéis, que adornaram as ruas e suas casas: o desembargador Luís José de Carvalho e Melo, o juiz do bairro de São José, Luís Joaquim Duque Estrada Furtado de Mendonça, tantas vezes repreendido pelo intendente de polícia em função de desordens em sua zona de jurisdição, e mais o tenente José de Oliveira Barbosa.

> Ao Passeio, nas cazas do Conselheiro J. A. de Araújo, appareceu em um quadro o busto d'ElRei N. S., à sua direita Neptuno, e Minerva, e à esquerda Mercurio, e Ceres; bom pensamento realçado por esses optmos versos:
>
> *Do mar Neptuno as chaves te promette,*
> *Mercurio a Industria, Ceres a abundancia,*
> *E a Deoza do saber, que os genios pule*
> *Tome a seu cargo deste reino a infancia.*

A cada rua, passeio, bairro, pintavam-se entes mitológicos da Antiguidade greco-romana e emblemas alusivos a virtudes humanas — Fidelidade, Justiça, Vassalagem, Verdade —, à história — Tempo, Memória, Eternidade —, à expansão e poder do império pelos continentes, referidos por paisagens e acidentes geográficos, à maneira instituída pelo estilo neoclássico. Sobretudo, como nos fechos das peças encenadas na corte, iluminaram-se as pessoas da família real — dom João e dona Carlota, dom Pedro e dom Miguel, dom Pedro Carlos e dona Maria Isabel. O fausto era buscado no limite das posses dos ofertantes das iluminações. Negociantes de grosso trato, como José Marcelino Gonçalves, Manoel Alves da Fonseca Costa, a viúva de Brás Carneiro Leão, baronesa de São Salvador, Manuel Guedes Pinto, Francisco José da Cunha, não pouparam encômios. Assim se descreve em detalhe o efeito que mandou erigir Amaro Velho da Silva, emblemático por todos os homens de sua categoria:

> Logo adiante brilhava a sumptuosa illuminação do Conselheiro AMARO VELHO DA SILVA, ordemnada por esta maneira: representava a frente de hum grande Pallacio Illuminado, na qual haviam tres Quadros desempenhados com apuro da Arte. No centro, que figurava do templo da Immortalidade, vião-se os tres Genios dos

Reinos-Unidos, que, tendo por cima a inscripção — Fidelidade — estavam jurando sobre uma pyra. No cimo do templo ao lado direito se via a Figura da JUSTIÇA, ao esquerdo a da VERDADE, no centro se lia — J.VI. —, e debaixo do quadro esses versos:

Com doçura, saber, amor, justiça
João antes de Rei nos tem regido:
Sustentando fieis João no THRONO,
Juramos sempre ser qual temos sido.

O quadro da parte direita apresentava a figura da MEMORIA no templo da ETERNIDADE com um livro aberto, em que se via esta legenda
O IMMORTAL JOÃO VI
Aludia-lhe este belissimo quarteto:

Indelevel caracter O colloca
além do termo que designa a morte:
Tal o Destino, que lhe outorga o FADO.
Dos reis como João he esta a Sorte.

No da esquerda estava a America largando o Cocar, e em acção de por a Corôa Real na cabeça, no Orizonte a AURORA conduzindo pelo lado direito a figura da RAZÃO, e pelo esquerdo a da ABUNDANCIA, e ali se vião os seguintes versos:

Se a que o berço lhe deo persegue o imigo,
E a deixar com pezar surcando os mares
Remoto clima lhe franquêa abrigo,
E onde abrigo busca encontra Altares.

O diretor do Teatro de São João, que ofereceu espetáculo gratuito ao público, não fez menor figura. Levantou um soberbo peristilo de ordem toscana, sustentado por dezesseis colunas e copiosamente iluminado, sobre as quais se dispunham quatro grandes quadros: dois com efígies de ss. mm., outro com a do príncipe real extasiado para o retrato de dona Leopoldina, este entre dois gênios, e um último com a do infante dom Miguel, que trazia a seguinte legenda: "Tem a Gloria, e virtudes de Bragança". Quadros menores aludiam aos quatro continentes, tudo do risco do maquinista do teatro Luís Xavier Pereira. A intendência da polícia promoveu outro verdadeiro espetáculo no Campo de Santana, com muita música e refrescos gratuitos para a população. Não faltaram os efeitos pirotécnicos.

A mensagem veiculada pelas peças dentro do teatro para ambos os segmentos dominantes, a do ajuste das discórdias ou o compromisso contemporizador, parecia que queriam inculcar na mente e no coração das pessoas da rua. Na frente da casa de Paulo Fernandes Viana, intendente-geral de polícia, aparecia o busto de Sua Majestade, coroado com gênios dos três reinos unidos e os seguintes quartetos decassílabos:

Lysia, Brasil, Algarve, ao orbe immenso
Vão ser de dia em dia assombros novos;
Triplicado alicerce ao Solio extenso:
Graças ao Semi-Deos Pai de teus Povos!
Dynastia, Saber, Valor, Clemencia
Contendem qual ao Throno Te ha subido,
Exulta, que na honrosa competencia
Nenhum he vencedor, nenhum vencido.

ÚLTIMA IMAGEM

Não parece lícito chamar a tudo isso "ideologia", no sentido restrito do termo. Se a festa, o fausto, o imaginário — na única acepção plausível desse termo, que deve remeter ao pictórico, ao imagético — tinham algum significado de reforço, de ideologia, eram isso e muito mais. Eram a expressão cotidiana de uma configuração ímpar — uma sociedade de corte, por ironia "dos fados", instalada nos trópicos. Ironia que deflagrou uma transformação sem precedentes no comportamento dos diferentes estratos da sociedade, mais ou menos evidente conforme o lugar de cada um: a corte e os estrangeiros "europeizaram" os hábitos nativos, ao mesmo tempo que puderam "folgar" certos rigores do viver civilizado, adequando-se aos ritmos do novo cenário tropical. Sociedade que se reproduzia e se ampliava por meio do efeito lúdico, do brilho, do burburinho, que atraía ao trono quem lhe interessava. Tudo minuciosamente regulado pela etiqueta, pela cerimônia, por menos coerentes que fossem as prescrições improvisadas.

3. O tráfico das maneiras
Transformação nos costumes de residentes e reinóis

> *No Rio e em todas as grandes cidades da America, o carater dos habitantes varia ao infinito, segundo a idade e profissões: porem não se poderia dissimular que o movimento, que o imperio imprimio nos costumes, estabeleceo uma differença assás sensivel entre as duas gerações. Mui limitado é o número de familias, que, até certo ponto, não tem adoptado os usos inglezes e francezes. [...] D'outra parte, as classes elevadas, sobretudo nos portos do mar, renuncião ao que tem de primitivo, para se darem á imitação dos costumes inglezes; imitação, que não pode redundar em proveito dos habitantes, e que, infelizmente, só é propria para disfarçar a fraqueza e falta de estabilidade sob exigencias e formalidades de toda a especie.*
>
> Fernand Denis, *Brasil* (ed. 1844)

Dizer que a muito leal e heroica cidade de São Sebastião do Rio de Janeiro foi o palco das transformações que portugueses de lá e de cá viveram seria retirar da capital o papel de agente, de personagem central mesmo, que decididamente teve enquanto nela permaneceu a corte joanina. Nesse caso particular, em que a metáfora teatral irrompe irresistivelmente, conceber a urbe apenas como "palco" implica certo reducionismo. A cidade não pode ser tomada exclusivamente em seu aspecto físico, conjunto de habitações, logradouros públicos, limites naturais; era também a vida que pulsava dentro dela, eram as ruas cheias e bulhentas, o dia a dia das residências, os milhares de indivíduos das mais diversas etnias em trânsito numa paisagem urbana em acelerada transformação.

Com a chegada da corte, a rotina dos diferentes grupos sociais foi progressivamente sendo alterada, os daqui vendo tamanha legião de adventícios de todas as partes. Só do reino subitamente uns 15 mil, da Inglaterra fortes comerciantes, de França outros tantos; e vieram mais artistas da Itália, e sábios naturalistas da Áustria; e da costa da África pretos de várias compleições. Indivíduos que se ligaram mais ou menos diretamente, elos de uma complexa rede de interdependências, cuja dinâmica se buscará visualizar neste capítulo.[1]

Alguns historiadores não resistiram à tentação da metáfora teatral para traduzir o que se verificou no Rio com a chegada da corte. Assim se disse que, para assistir ao espetáculo de cores e divertimentos, era escusado ter de ir à capela real, ao lírico ou à corte, bastando caminhar pelas ruas e recantos da capital.

Era um burburinho geral e constante de uma cidade preta e mestiça em dois terços de sua população; mas ela toda se rendia ao espetáculo cotidiano da realeza. A confiar nas estatísticas, a população branca da capital praticamente dobrou de um dia para o outro.[2] Mais que números, porém, interessa documentar uma nova rotina marcada por infinitas manifestações públicas tanto de fé, que já as havia sem o rei, como de alegria ou tristeza pelos acontecimentos sucessivos que envolveram sua família e sua nação, até então quase a mesma coisa. Acontecimentos de que participavam todos os indivíduos, de todas as classes, num cenário que a maioria dos estrangeiros que aqui estiveram não cansou de lisonjear.

CENA TROPICAL

O impacto da paisagem da baía de Guanabara, um tanto amplificado por dois ou mais meses de árdua jornada, fazia com que mesmo os mais viajados invocassem imagens edênicas ao descrever o que viam. Certamente aos naturalistas o contato com a natureza exuberante do Brasil, e em especial a paisagem fluminense, enchia mais os olhos — as observações de Saint-Hilaire, do príncipe Maximiliano, de Spix e Martius são as mais ricas. Fernand Denis, ao marear por entre as grandes rochas de granito guardadas pelas fortalezas, decoradas por abundante vegetação em contraste com a mais branca areia da praia, sentiu ter chegado a um ponto privilegiado do planeta. Não apenas lhe fazia crer a imensidão da baía que poderia sozinha "conter todos os portos do universo".

> A serenidade dos ares e a frescura das agoas, essa vegetação sem fim, os ruidos apraziveis, que parecem vir das collinas, tudo desperta idéas de repouso e poesia. A natureza, formando a bahia do Rio de Janeiro, parece haver accumulado todas as formas ostentosas, que podem combinar-se na paisagem. Se ante os olhos estão as collinas de ambito arredondado, interrompidas por algumas fendas acidentaes, por alguns declives irregulares, que revelão a existência d'uma multidão de fontes cristallinas, que alentavão as plantações das quintas, ao longe, no topo da bahia, os picos uniformes e nublados da Serra dos Órgãos fazem pensar nas grandes solidões e na primitiva vegetação. [3]

A mesma estupefação repete-se em outros viajantes. Brackenridge, inglês dos menos referenciados pela historiografia, que passou pelo Brasil entre 1817 e 1818, também se sensibilizou ao adentrar a baía, vendo pintar-se diante de si uma cena magnífica, dificilmente superada por qualquer outro lugar do mundo, que mais parecia um lago de que uma enseada, majestosamente margeada por montanhas cobertas de densa vegetação.[4]

Como a velha capital colonial ficara diminuta para comportar tanta gente, os recém-chegados começaram a ocupar as belas cercanias da cidade, onde aqui e acolá já existia uma ou outra chácara. Muitos observadores chamaram a atenção para as implicações que havia em viver no meio do mato. O inglês John Luccock (1975, p. 27; também Ebel, pp. 19, 103) surpreendeu-se com a sinfonia de sapos, gafanhotos, grilos e cigarras, que criava uma sensação original de solidão ao indivíduo que, longe do barulho da cidade, se sabia rodeado por milhões de outros seres. O caminho que conduzia à Quinta da Boa Vista em São Cristóvão, de Mata Porcos a Santo André, passando pelo Engenho Velho, segundo o negociante, "era mata que exigia cuidado". James Henderson descreveu o barulho das matas como uma "sinfonia da noite":

> On first arriving here, the inharmonious sounds which begin to annoy the ear about Avi Maria, sent firth by filled-crickets, frogs, toads, and other reptiles, are quite alarming to a stranger, who antecipates at every step, if he walks into a schacara, to encounter some venenous creature. It is custom alone that reconciles this loud, uncreasing, nocturnal clamour. (Henderson, p. 74)

Esses estrangeiros assistiram ao recuo das florestas diante do avanço de uma cidade em expansão. Dizia Luccock, menos as novas residências indicavam esse crescimento do que o movimento das ruas e as dezenas de velas dos navios mercantes fundeados entre a cidade e a ilha das Cobras. Considerando-se a parcimônia dos recursos disponíveis e, principalmente, a intenção das visitas de não se demorar muito na colônia, é de supor a precariedade do meio urbano fluminense nos primeiros anos de dom João.

A arquitetura dos sobrados, com as lojas de comércio miúdo na base e as residências no andar superior, aliada ao desenho assimétrico das ruas, tornavam estas estreitas e pouco arejadas,[5] o que causou péssima impressão em Luccock em seu primeiro passeio pela capital. Ainda em 1828 repugnava um viajante francês o fato de que "tudo isto é horrivelmente sujo [...]".[6]

A água das casas era transportada pelos pretos que iam colhê-la nas inúmeras fontes, abastecidas pelo aqueduto da Carioca, pela manhã, ao redor das quais se formava sempre grande alarido (Mawe, 1812, p. 98). Era carregada em grandes celhas, semelhantes às que levavam os excrementos ao final do dia, ou mesmo da semana, rumo às praias. Conta outro francês que, devido a se encontrar água a pouca profundidade no solo pantanoso do Rio, era proibido haver fossas para privada. "Fazem as suas vezes pequenos barris portátis, que são transportados, descobertos, á cabeça dos negros, para serem despejados. Esses escravos, assim carregados, atravessam a cidade, e passam, mesmo, deante do palácio e debaixo das janellas do Rei, em pleno meio dia." Certa ocasião, um escravo que passava assim carregado em frente a sua loja teve o fundo do barril cedido e encravado até seus ombros, fazendo a maior sujeira. O lojista, Victor Gendrin, naturalmente obrigou o preto a limpar toda a frente de seu estabelecimento e de seu vizinho (Gendrin, 1856). Um dos maiores inconvenientes da cozinha fluminense era esse, de haver uma espécie de tina em que se guardavam todos os dejetos da casa, que, em dia de chuva, tinha seu conteúdo lançado à rua mesmo, para ser carregado pela enxurrada.

Onde nem esses barris havia, lançavam-se os detritos ao pátio, fazendo-se um monte abominável de imundícies:

> Seja qual for a válvula que encontre, ou a maneira pela qual em parte se evapore e desseque sob ação do calor, o fato é que o monturo não cessa de se acumular nas praias. Cloacina não possue altar no Rio e em lugar de seu templo usa-se uma espécie de pot de chambre. A praia, terrenos baldios e becos escusos, apresentam camadas espessas de abominações sempre frescas. Não há lixeiros, nem varredores, nem homens públicos cuja obrigação parece ser a de desprevení-las ou curá-las, e pouquíssimos particulares que dêem mostras de sensibilidade a esses fatos. (Luccock, p. 89)

Seria essa a origem do costume, também entre os portugueses, de tomar tabaco em quantidade. Há relatos sobre a capital do reino que a pintam como ainda mais precária que a fluminense no que tange ao recolhimento dos restos. Atirava-se pela janela, sem aviso algum e a qualquer hora do dia ou da noite, a água suja, as lavaduras da cozinha, as urinas, os excrementos acumulados de toda a família. Conta o ácido Carrère, habitante de Lisboa no final do século XVIII, que esse tipo de incidente era lá muito frequente, "[...] e quem anda nas ruas desta cidade está sempre em risco de ficar encharcado e coberto de porcaria" (Carrère, 1989, pp. 51 ss.).

Ainda em 1824, Ernst Ebel mencionava a sujeira das praias próximas ao arsenal da marinha, a de Dom Manuel e a dos Mineiros, onde desembarcou anos antes a princesa Leopoldina. Um mau cheiro insuportável exalava da porcaria acumulada, pois não haveria ainda no Rio esgotos nem latrinas; tudo o que saía das casas era ali descarregado pelos negros, para que as marés lavassem (Ebel, p. 59). As recorrentes descrições da atitude dos habitantes a alcatifar as ruas, por vontade própria ou de algum decreto, por ocasião de procissões religiosas ou cívicas, as constantes "chuvas de flores" que precipitaram sobre a família real em diversas ocasiões, como visto no desembarque de dona Leopoldina, e os incensos e aromas que se queimavam poderiam significar mais do que uma atitude simpática de súditos leais.[7] O espaço público no Rio de Janeiro, e nisso semelhante ao de Lisboa, era um território caracterizado pela má conservação, pelo acúmulo de imundícies, águas pútridas estagnadas a exalar fortes miasmas.[8]

SOMBRAS NAS RUAS

Não eram apenas esses aspectos negativos do cotidiano fluminense que chamavam a atenção aos estrangeiros. Por certo, não os encontrará quem os procurar nas crônicas do áulico Perereca, mais atento ao fulgor que via ou dizia ver da corte do que à merda que corria pelas ruas ou outros detalhes que faziam do Rio de Janeiro, não se considerando a generosa natureza circundante, uma cidade feia, a ponto de ter levado o dedicado Tomás Antônio a traçar um plano para "aformozeá-la".[9] Consta que, ao aproximar-se o tórrido verão fluminense de 1818, queixava-se o pintor austríaco Tomás Ender a amigos, por carta, da cidade abafada, malcheirosa, construída sobre mangues, "[...] agravados os males pelo seu feitio luso-africano", que só se alterou sensivelmente no início do século XX (em Prado, 1955, pp. 32; 241).

Se o diferente é o que capta o olhar, o burburinho das ruas era o grande atrativo. O pulsar de uma economia em abertura, suportada por braços negros, era absolutamente exótico a ingleses, franceses, austríacos. Mesmo a reinóis, desacostumados com a "chusma de pretos" daqui, visto que a fonte de abastecimento da escravidão em Portugal fora suprimida por Pombal já havia meio século.[10]

Ernst Ebel, em 1824, comenta sobre o barulho ensurdecedor das ruas repletas de muares, carroças ruidosas puxadas por quatro bois a levar material de construção, cujo atrito das rodas e eixos soava como pedras e ferros sendo serrados. Os sinos que narravam a vida da cidade, seus casamentos, batizados, funerais, santos do dia, mais as salvas sucessivas dos canhões das naus e fortalezas, tudo fazia o estrangeiro atordoar-se. Salvavam em homenagem ao rei, cada navio que entrava no porto disparava 21 tiros, respondidos pelos fortes da barra — costume que não se conhecia de nenhum outro lugar do mundo: "The Portuguese appear to be extremely fond for expending their powder; hardly an hour of the day passed without the sound of cannon in some direction or other" (Brackenridge, p. 17; também Ebel, p. 13).

Pintar as ruas fluminenses com as tintas dadas pelos visitantes europeus poderia resultar num quadro exageradamente deformador da realidade. Mas confirmam-se as descrições com outros registros, como os ofícios da polícia ao comandante da real e depois imperial guarda da polícia da corte, responsável pela manutenção dos serviços de conservação da cidade. A presença de matilhas enormes de cães vadios assustava a administração, como se lê em ofício de janeiro de 1816:

> Illmo. Sr.
>
> Pelo modo que V. S. melhor entender sem estrepido, queira mandar dispor nos primeiros dias no Campo de S. Anna, e depois em algua outra parte hua mortandade de caens vadios, que ja se fazem insuportáveis nesta Cidade e de cuja tolerância podem nesta ardente estação seguirem-se males, alem dos ordinarios que ja estão causando de investirem, morderem, e esfarraparem o povo. Do resultado desta diligencia me dará parte. = Deos Guarde a [...]. (ANRJ — Mss. Cod. 327)

Outro ofício de igual teor despachava-se pela mesma repartição um ano depois, em 21 de março de 1817, o que leva a crer que o problema ainda perdurava. Dividiam as ruas com negros e cães centenas de ciganos, malvistos pelos estrangeiros por serem "propensos a todos os vícios e crimes", mas que possuíam no Rio verdadeiras fortunas e um luxo considerável, a dar-se credibilidade às palavras de Louis de Freycinet. Dizia que, contrabandistas exímios, só se casavam entre si e, o que era pior, "Par une bizarrie tout-a-fait inconcevable, le gouvernement tolère cette peste publique" (Freycinet, p. 197). Dentre os bandos anônimos das ruas, centenas de crianças sem eira foram inúmeras vezes recrutadas pelas autoridades, que, além de encetarem "limpar" as vias públicas, tinham na mão de obra dos menores uma força de trabalho muito pouco onerosa. Ofícios do teor desse que segue, contidos no Livro de Registro dos Ofícios e Ordens (da polícia, assinado pelo intendente Paulo Fernandes Viana), expedidos aos ministros criminais dos bairros e mais ministros da corte e câmaras, repetem-se incessantemente pela década afora:

Registro do Off expedido ao
Juiz do Cre. Do Bairro de S. José

> Procure VM pelo seo Bairro os rapazes pobres q. da ide.[de] sete annos inclusive existirem sem poderem subsistir sem ser a mendigar, os faça conduzir a ma. presença com os seos nomes em lista e o dos seos pais para serem empregados nas fabricas onde serão por ora vestidos, sustentados e por diante irão vencendo conforme o seo merecimento. Servem brancos mulatos, mestiços, e pretos: e caso pelas suas averiguaçoens os não possa conseguir por meios amigaveis mande prender pelas ruas os que se encontrarem a mendigar e isto desde que receber esta carta e com toda a actividade. D. G. a VM. Rio 19 de

junho de 1811. P. F. V+ ao Sr. Dezor. Luiz Joaquim Duq. Estrada Furto. De Mendonça. = Do theor deste Officio tão bem se expedirão aos Juizes criminaes dos Bairros, de S. Rita, Candelaria e Sé. [11]

O cotidiano da corte não permite visualizar outros universos tão próximos e ao mesmo tempo tão distantes de si, como a luta pela sobrevivência de uma subpopulação que vagava pelas ruas a realizar pequenos serviços, a trabalhar a ganho para seus senhores, ou simplesmente a flanar ou a fugir da polícia.[12] Os sujeitos informais dessa história não contada, a caterva dos pretos, pardos de todos os tons, livres, escravos e forros, que se seguem numa listagem do cotidiano da polícia, mostram uma cidade borbulhando com pequenos conflitos, muitas vezes fatais, bandos inumeráveis de capoeiras "fazendo desordens", agressões e pequenos furtos, muita embriaguez. Registros policiais há que guardam algo dos sinais dessa história submersa, ainda que pela pena oficial. A maioria das prisões tinha como causa pequenos furtos ou fugas; ou por provocação de arruaças, a que muitas vezes se associava o álcool, como estar dentro de casas e chácaras alheias, brigas ou porte de armas como navalhas.

Assim aconteceu com aqueles sete pretos presos "[...] Todos por estarem a jogar a casquinha no Largo da Sé. 100 açoites em cada hum e 30 dias de prizão". Um preto recebia cerca de duzentos açoites por ser encontrado com navalhas ou capoeiragem. Havia também os briguentos, que se metiam em desordens das mais variadas espécies e atiravam pedras em seus contendores, como um certo Antônio Joaquim, que, em 7 de abril de 1818, fora detido "[...] por entrar em hua taberna, comer e não pagar, e dar huma pedrada em um escr.º da m.^m^ taberna — Tejuca"; ou outros dois Manoel Luiz de Damião de Tal e Domingos Rebolo de Manoel Antonio, "[...] ambos por atirarem pedradas ao povo no largo da Sé, na ocazião em q se recolhia a Procissão do Terço", em outubro do mesmo ano.

Motivos muito mais singelos levaram pretos a encarar o chefe da polícia. Mathias Moçambique recebeu, pobre-diabo, cem açoites por ser encontrado bêbado, divertindo-se com tirar o lenço da cabeça das raparigas, e Jacinto José foi para o xadrez apenas "[...] por ser encontrado na Ld^{ra} de S Ant.^{o} a dormir".[13]

Em 1816, esmerava-se o intendente Paulo Viana em suas diligências para o comandante da guarda, requerendo patrulhas para reprimir a turba:

> As desordens dos negros que esta cidade tem tido excesso, motivados pelos jogos de casquinha, que ha publicamente no Rocio, e pelos cantos, principalmente onde ha tabernas, e ja com mottim, e escandalo dos moradores, pelos alaridos, que fazem com excesso de bebidas. (ANRJ — Mss. Cod. 327)

Os pontos de atuação seriam sobretudo as portas das tabernas, onde os taberneiros lhes permitiam a venda de bebidas: manda que se prendam então os taberneiros mesmos. Envidou o intendente medidas de controle contra arruaceiros e capoeiras, como mostram as ordens datadas de 5 de setembro de 1817. Em março de 1818 persistia o problema: refere-se a lavra policial ao caso muito absurdo de um escravo preso, que levou trezentos açoites por capoeiragem, sendo absolutamente inocente. O intendente repreende austeramente o comandante da guarda pelo episódio.

Merece ênfase o coabitarem o mesmo espaço urbano essa turba pigmentada de vários tons e a realeza. Não se pode dizer viverem lado a lado, pois uns e outros estavam efetivamente em degraus diferentes da escala social. Na intimidade das casas fidalgas, e isso desde Portugal, era natural a familiaridade de nobres e serviçais. Mas não na rua, e menos ainda havia lugar para quem não tivesse laços com uma casa. Era novidade para a sociedade de corte, portanto, a presença daquela fração, aliás numericamente nada desprezível, da malta preta e mestiça que se encontrava fora da esfera doméstica. É curioso ver o empenho do chefe da polícia no sentido de apaziguar a trupe desordeira, como se evidencia em sua correspondência com o juiz do crime do bairro da Candelária, de março de 1814:

> Agora acabo de ouvir que hontem 19 do cor.[e] depois das 5 horas da tarde, mesmo a hora em q S. A. R. por ali passava, hum rancho sevado de Capoeiras com facas e paos e com as fitas com que aqui costumam de vez em quando aparacer travavão hua grande desordem e gritaria e devendo ter parte desta novidade como percedida no seo bairro, VM ma não deo e cumpre que agora tome hua informação por test.[as] disto para verificar quem elles erão pois que alguns poderião ser ali conhecidos, escravos de quem, e que faça logo prender mandando-os para o Calabouço com esta indicação para serem la açoutados... (ANRJ — Mss. Cod. 329, v. 2, p. 164)

Instava então por providências para não se repetir o fato, particularmente aos domingos e dias santos, quando então deveria ser reforçada a guarda daqueles logradouros por onde passaria o séquito real.

É um procedimento bastante simples inferir que havia distinções, ou mesmo gradações bastante vincadas na hierarquia social, mesmo entre as camadas inferiores da população, e por certo que um empregado doméstico de uma casa nobre, que envergava sua libré, não se identificava com o escravo do eito ainda meio boçal ou o capoeira que a polícia tentava deter. A presença negra era tão maciça, porém, e era tal a audácia de determinados indivíduos que se chegou a tumultuar não apenas a rua, território da "gentalha miúda"; assim é que se encontram nos anais da polícia dois curiosos registros de desordens ocorridas em espaço próprio aos "homens bons", à gente graúda. Mais uma vez o intendente dirige-se furioso ao juiz do crime do bairro de São José, Luís Joaquim Duque Estrada Furtado de Mendonça, onde se localizava a casa de ópera:

> Estando a seo cargo a Inspecção do Teatro junto ao Paço tem me sido muito desagradavel saber e mesmo presenciar o mao comportamento que nelle houve no dia dos annos de S. A. R. antes de principiar a Opera e quando ainda V.^{mce} não havia chegado: e pelas indagaçoens que tenho feito, procedeo tudo de ver o Povo ali em hum dos camarotes hua parda que [é] creada do Dez.^{or} Fran.^{co} Baptista [...] que tem sido he muito salvo do escandalo de todos os que a vem ali aparecer, contra a Policia que se deve guardar no Teatro, e contra a decencia mesmo. [...]

No dia dos anos do príncipe regente, o espetáculo à parte foi uma escrava embriagada dentro do teatro invectivando contra a "gente de bem", lá presente para homenagear o soberano. Mandava o intendente notificar essa parda Francisca de Tal para que nunca mais aparecesse naquele local, "com a pena de que sendo ali vista sera presa na Cadea publica, e esta execução ficará a cargo do ministro inspector". Exigia ainda que nos dias de concurso público o juiz do crime deveria apresentar-se muito antes de principiar a ópera...

> ... para providenciar todo o motim que ali se possa fazer, sem permitir assobios, gritos, pateadas, e outros comportamentos e modos incivis que o povo pratica quando perde o respeito as authoridades constituidas e que de longe importa hir cohibindo de baixo do auxilio da Guarda Militar que ali está. Importa tão bem tirar hua exacta informação dos que forão naquella noite que principiaram a desordem e levantarão coros dirigidos a atacar aquella m.^{er} e o Des.^{or} seo

Amo, que alli apareceo mesmo a frente em comp.[a] delle, e logo que tiver descoberto quaes forão os principaes cabeças que concorrerão e suscitarão esta desordem, me dara p.[te].[14]

Menos de dois meses depois, voltava-se inconformado novamente o chefe da polícia contra o juiz do bairro de São José, agora pelo ocorrido na noite da ópera do dia das últimas luminárias, quando se interrompeu a récita por atirarem da plateia uma pedra certeira contra o cômico Manuel Alves, a qual acabou com o espetáculo. A investigação do juiz deveria ser rigorosa, já que esse acontecimento, inédito até então na corte, foi imputado à frouxidão da polícia, o que irritou profundamente o intendente. A estratégia para a apuração dos fatos teve requintes de espionagem: mandou-se colocar paisanos misturados na plateia, a fim de promoverem uma detenção exemplar, ali mesmo, de quem fizesse gritaria, pateada ou qualquer incivilidade similar. A importância da empresa lê-se na reprimenda: "Espero não ter nada mais que advertir, nem que lembrar a V. Sra. a este respeito, porque deve ser exato, vigilante e forte neste particular de que o público se tem escandalizado muito" (ANRJ — Cod. 323, ofício de 7/6/1809).

A novidade no caso não era propriamente haver pretos no teatro da corte, e sim o comportamento desabusado como o da parda "Francisca de Tal". De resto, na Lisboa do último quartel do século anterior, pretos costumavam acompanhar seus amos nessas excursões sociais, e era mesmo signo de distinção portá-los bem trajados, como registrou lorde Beckford em noite de gala no teatro à rua do Salitre:

No camarote de boca estava a afetada condessa de Pombeiro, cujos claros cabelos e pele cor de cera faziam um curioso contraste com a negra tez de dois pajenzinhos pretos encarrapinhados junto a ela, um de cada lado. É de bom-tom, atualmente, nesta corte andar-se

> rodeado de pretinhos africanos, quanto mais hediondos melhor, e vesti-los o melhor que se possa. A Soberana dá o exemplo: a Família Real anda à compita a ver quem é que faz mais mimos e carícias a D. Rosa, a favorita da Rainha, preta, beiçuda e de nariz esborrachado. (Beckford, 1988, p. 147)

Não era à toa que se mantinha o hábito colonial da reclusão, particularmente das senhoras. Se pedras voavam pelo teatro, a rua poderia ser bem mais perigosa para uma dama desacompanhada. Informação bastante cara a uma tal "Madame Sunta", esposa do embaixador americano no Rio, Mr. Sumpter:

> No dia 15 do corrente (outubro/17) estando Madama Sumpta parada na sua carruagem na Rua do Ouvidor veio ter a ella huma pedrada, que gravemente lhe ofendeo o olho. Seo marido o Ministro Inviado e Plenipotenciario dos Estados Unidos trouxe queixado deste attentado, espero que conheça que da parte do Governo ha todos os bons dezempenhos de lhe dar huma completa satisfação.

Exige o intendente Paulo Fernandes Viana ao ministro do crime do Bairro de São José que investigue cuidadosamente o caso.[15] Von Leithold relata sua desastrosa experiência de uma noite no lírico, quando um preto o perseguiu e tentou assaltá-lo: "Tendo ido à opera, que normalmente começa às oito e termina à meia-noite, saí sem esperar o fim, para poder chegar antes em casa, que ficava a hora e meia de distância [...]". Prevenção que não lhe valeu a segurança (Von Leithold, 1966, pp. 91-3).

A corte teve de conviver com esses novos figurantes, já conhecidos no reino, mas lá não tão numerosos nem nus como os que andavam por aqui. Os relatos dos viajantes são repletos de menções a essa presença exótica — como exótico certamente seria para os pretos recém-chegados, sobreviventes da travessia desde a África, aqueles brancos e mestiços apavonados, portando quentíssimas casacas azuis e encarnadas, agalonadas de dourados e prateados, chapéus emplumados e perucas empoadas. Mas desse ponto de vista registro não se tem. Há apenas o olhar perplexo do branco europeu desde seu desembarque, a contemplar a legião de negros pelas ruas.

> O barulho é incessante. Aqui uma chusma de pretos, seminus, cada qual levando à cabeça seu saco de café, e conduzidos à frente por um que dança e canta ao ritmo do chocalho ou batendo dois ferros um contra o outro, na cadência de monótonas estrofes a que todos fazem eco; dois mais carregam ao ombro pesado tonel de vinho, suspenso de longo varal, entoando a cada passo melancólica cantilena; além, um segundo grupo transporta fardos de sal, sem mais roupa que uma tanga e, indiferentes ao peso como ao calor, apostam corrida gritando a pleno pulmão. Acorrentados uns aos outros, aparecem acolá seis outros com baldes d'água à cabeça. São criminosos empregados em trabalhos públicos; também vão cantando em cadência... (Ebel, 1972, p. 12)

Mulheres ambulantes iam também ligeiramente vestidas, transportando tudo à cabeça, sempre a cantar e a berrar, competindo com os sinos e os canhões que mantinham a cidade compassada. Negros que não cessavam de chegar nos tumbeiros às vezes apinhados, às vezes nem tanto — dependia dos tantos que se tinham de lançar ao mar pelo caminho por causa da mortandade ou das revistas de ingleses. Abarrotavam-se os mercados para lá do Valongo, onde o mesmo Ebel viu um desses carregamentos humanos, uns 250 pretinhos de dez a catorze anos acocorados pelos galpões, "repelentes no aspecto e depauperados, custando entre 150 e 300 mil-réis a peça". Roupa não passava de um pano a encobrir-lhes as vergonhas ou algum trapo velho que a caridade lhes devotava.[16]

A cidade recebia crescentemente grandes contingentes de europeus atraídos pelo comércio, pelos segredos naturais até tão pouco tempo antes reservados, pelos serviços artísticos ao paço. Os ingleses estabeleceram-se em grande número à rua da Alfândega, os franceses ocuparam a do Ouvidor. Sem embargo do grande concurso desses negociantes estrangeiros e o tom europeu que passaram a dar à capital, a população patenteava sua propriedade original era mesmo pela diversidade extrema de cores e raças. O que em primeiro lugar atraía o olhar de Denis, ao afastar-se dos bairros particularmente habitados por europeus, era o excedente de pretos.

> Uma das cousas, que sempre excita a admiração do estrangeiro, que chega á rua, que conduz á Alfandega, na qual se effetuão quasi todos os transportes da cidade, é o ajuntamento de negros, de tantas raças africanas, que o primeiro golpe de vista confunde sempre: a sua semi-nudez, porque apenas usão umas bragas de panno de linho; esses robustos membros, que á memoria trazem bellas formas de estatuaria antiga; esses exoticos debuxos do corpo, mediante os quaes se conhecem as nações; o tumulto, que quasi sempre acompanha a menor operação aos negros confiada; a especie de harmonia compassada da voz, que á dita operação succede, e se ouve sempre que conduzem algum fardo; tudo isso forma um quadro, que em breve se torna indifferente; mas que á primeira vista admira como revelação d'um mundo desconhecido. (Denis, 1834, p. 208)

Ao barulho infernal que atormentava Von Leithold, das negras e negros berrando suas frutas e legumes, por vezes se acrescentava o ranger das correntes que prendiam os presos pretos carregadores, cada um com sua pipa à cabeça. Brackenridge (1820, p. 19) os viu na fonte ao largo do terreiro do paço. Dizia que sublimavam sua dor física e seu sofrimento com um ruído; viu outros também presos por grilhões e carregando cargas, todos gritando da mesma maneira, produzindo um efeito geral de que jamais vira similar. Essa imagem comum no cotidiano da cidade ficou marcada na narrativa de Luccock (1975, p. 164), que descreve a bizarria de dezenas de homens e mulheres pretos, alguns mais que seminus, atarefados diariamente junto à fonte em frente ao convento de Santo Antônio. Centenas de carregadores, que nada mais eram do que pretos a ganho garantindo o jornal para seus donos, são descritos em seu lavor, com as cestas cheias penduradas duas a duas na extremidade de uma vara. Quando a carga era muito pesada, juntavam-se aos quatro ou aos seis, sendo que um capitaneava a atividade, imprimindo ritmo à equipe com suas cantilenas africanas, sempre curtas e repetitivas, que os demais entoavam em coro.

Havia ainda entregadores, negrinhos a recado ou vendedores de frutas, doces, armarinhos, ervas e outros gêneros, que expunham sobre os tabuleiros. "Todos eles eram pretos, tanto homens como mulheres, e um estrangeiro que acontecesse de atravessar a cidade pelo meio-dia quase que poderia supor-se transplantado para o coração da África" (Denis, p. 208). Esse cenário perdurou por algumas décadas, como se estampa nas fotos feitas por Christiano Jr. na segunda metade do século.

Conforme se demoravam na cidade e a qualidade e o tratamento que tinham na casa, mesmo entre os pretos foi se estabelecendo uma diferenciação social clara. Um que servia à mesa de nobre se comportava diferentemente do capoeira que andava em bandos pelas ruas estreitas, ou do quilombola das florestas da Tijuca, ou do escravo braçal que transportava os excrementos da casa para a praia. Os negros foram cruzando seus códigos com aqueles impostos de cima. Sem pretender abrir uma discussão sobre religiosidade e o sincretismo operado entre as várias religiões sob a capa do catolicismo, o fato é que esse era um elo de ligação entre os indivíduos. Era mister pertencer a uma irmandade e "[...] até aos negros permitia-se vestir a opa de uma ordem, empunhar a vara de prata e sair em procissão de mistura com príncipes e princesas, a fidalguia da terra e a nobreza dos céus".[17]

Permitir, ou tolerar, talvez não sejam os verbos mais apropriados para designar, além de uma prática imposta a um grupo, o reconhecimento tácito do outro, como era o caso do Rei do Congo, estratégia diplomática iniciada no reinado de dom Manuel que consistia em usar a conversão dos povos do Congo, a partir de seu rei, como argumento, junto aos papas, para reclamar a conquista definitiva da Ordem de Cristo para Portugal, sinalizando ao Vaticano as vantagens econômicas daquele "ato de fé". Desde então, o ritual simbólico da embaixada do Rei do Congo[18] espraiou-se pelos domínios portugueses, vindo do Brasil a mais antiga referência àquela dramatização da embaixada — a que fez Gaspar Borléus sobre a visita da delegação dos congoleses a Maurício de Nassau, no Recife, em 1642. Mas se, com o passar dos séculos, essa tradição custosamente sobrevivera no reino, no Brasil ela medrou e diferenciou-se, saindo dos átrios das igrejas e ganhando as ruas como festas religioso-pagãs, de que são exemplos vivos as congadas e maracatus. É curioso imaginar como se dava a coexistência de dois reis, com suas respectivas cortes e Estados, ocupando um mesmo território. Claro está que em condições de argumentação bastante diferentes, mas a corte dos brancos não podia prescindir da corte dos pretos no sentido de apaziguar as tensões sociais, dificilmente contidas exclusivamente pelo imperativo das armas — mesmo porque o escravo era mercadoria cara e a desproporção numérica pelo critério da pigmentação foi sempre motivo de pânico para os brancos. Só assim ganha sentido ofício do intendente da polícia ao comandante da guarda, de 1816, no qual se procurava solução para uma situação conflitante: o luto recente da rainha dona Maria I (que morreu em 19 de março) e as festividades do Rosário, irmandade dos pretos.

> Julgo necessario participar a V. S. que não tenho concedido ninhua licença p.[a] danças de nenhua qualidade na presente Festividade do Rosário, nem mesmo para as Guerras, e Brinquedos, que por esta occazião costumam fazer os pretos das Naçoens, e por isso se alguns apparecerem, as suas Patrulhas, que devem continuam.[e] girar tanto de dia, como de noite nestes trez domingos, com prudencia as fação recolher, e se houver reincidencia, ou teima sejão prezos, pois o lucto, em que ainda tão justamente estamos, pede q. se evitem divertimentos pelas ruas. Tenho somente permittido ao Rey do Congo, que costuma assistir á Festa, que possa somente ajuntar a sua Corte, e Estado, no adro da Igreja para assitir aos officios Divinos, retirando-se depois para suas casas, sem andarem pelas ruas, e se houver Procissão do Terço, possão nella incorporarem-se os Moçambiques, como athe aqui, visto que formão allas na mesma Procissão, e se dirigem nisso so ao culto daquella devoção. Ficando V. S. nesta inteligencia para ssim fazer executar, recomende ás suas patrulhas toda a prudência, e bom modo, p. q. desta falta he que muitas vezes principião as desordens. (ANRJ — Mss. Cod. 327)

A CASA CARIOCA

Das ruas para casa. Os interiores das habitações fluminenses eram pitorescos aos olhos da maioria dos estrangeiros. Descrevem-se como obscuros e insalubres, de modo geral, com paredes precariamente caiadas com uma única demão de cal, visguentas de bolor; quartos minúsculos quase sempre fechados, privados de ar renovado e da ação asséptica do sol, sendo a única prática difundida para purificar o ambiente a queima de substâncias odoríficas, que apenas dissimulavam no cheiro agradável os estragos das colônias de seres invisíveis. Esse aspecto tinha muito de sua explicação no uso de um tipo de janelas à turca chamadas gelosias, que, além de insalubres, denunciavam modos bem pouco requintados por parte dos ocupantes das casas. Uma das medidas saneadoras impostas por dom João logo ao chegar foi justamente mandar suprimir as rótulas e gelosias "no termo de oito dias", segundo edital de 11 de junho de 1809.[19]

Mais exótico seria o desenho da maioria dessas habitações, particularmente as urbanas, em regra estreitas e muito profundas, munidas, no rés do chão, de um corredor comprido que ligava a sala de visitas, que dava para a rua, às acomodações de serviço da casa (sala de jantar, cozinha, aposentos dos escravos). No primeiro andar dispunham-se o quarto (para a rua) e demais gabinetes. A essa descrição que deixou Debret, com o desenho das plantas e elevações de casas de pequeno porte, acresce a peculiaridade "[...] notável pela sua analogia com as dos mouros na África e muito mais ainda com as casas antigas de Pompeia [...]"(Debret, 1989, t. 3, pp. 243-6, prancha 42).

Von Leithold destacou outra peculiaridade das residências fluminenses, não tanto as novas que se construíam, mas as que já havia da capital colonial, todas, pequenas ou grandes, providas de um pequeno quintal com abrigo para os animais de montaria. O estranho era que só havia um modo de chegar e sair com os cavalos da casa. "Se o respectivo senhor quer sair a cavalo, o negro ou o *moleque* (como aqui são chamados os escravos africanos) conduz para fora o animal pela única porta da casa, passando necessariamente pela peça principal" (Von Leithold, p. 29).

Para se ter uma ideia menos impressionista da urbanização e arquitetura fluminenses deverá ser útil sondar as descrições das residências dos maiores dignitários da nação, os membros da família real. Considerando-se que os imperantes se encontravam abrigados em condições um tanto quanto improvisadas no reino, como consequência do terremoto de meados do século anterior, lá ainda restava o novo palácio da Ajuda, que, se não tinha o porte do velho paço da cidade baixa, guardava algo do fausto dos tempos anteriores; e as casas de veraneio em Salvaterra e Queluz, além das acomodações nada desprezíveis em Cintra, onde Beckford pôde acompanhar por algumas vezes os deslocamentos da corte.

A Quinta da Boa Vista, presente ao rei do comerciante Elias Antônio Lopes, elevada a residência real, não convencia aqui os observadores mais exigentes, como Luccock (1975, p. 65), que o considerou "[...] acanhado e pretensioso, mal construído e pessimamente mobiliado", ressalvando os jardins, que, mesmo precários, se destacavam numa paisagem onde só havia pântanos e matas até bem pouco tempo antes. A antiga sede do vice-reino no centro da cidade era absolutamente desprezível como habitação real, com suas setenta jardas por 26 (63,98 × 23,76 metros), descontando-se ainda o grande vão interno que servia de pátio, sendo o andar inferior ocupado por galerias, corpos de guarda e demais serventias. A descrição de Alexander Caldcleugh (BNRJ — 1825, p. 9) não é também nada lisonjeira: "The Pallace, facing the landing place, is neither handsome nor convenient; and, excepting the addition of the convent of the Carmelites, it remains the same as when it was inhabited by a Viceroy". Ebel (1972, p. 63) faz coro aos demais, descrevendo o palácio real como não passando de "[...] um casarão sem nenhum mérito arquitetônico".

Louis de Freycinet chegou a ver alguns edifícios sólidos e elegantes, mas esses eram exceção. Os interiores procuravam seguir os gostos europeus, guardando em geral atraso de algumas décadas.

> L'ameublement et le décor des maisons se reapprochent beaucoup des modes européennes: ils consistent en meubles, rideaux, corniches, &c. &c., en peintures de mauvais goût, en dorures, mais en petite quantité; on n'y avoit point de chambranles de cheminée; rarement des teintures, á moins qu'elles ne soient en papier, dont on a commencé à faire usage despuis que la France en envoie à bas prix. Quoiqu'on ait ici beaucoup de nos meubles, la plupart y son cependent encore inconnus. [...]

Haveria poucos armários. A marquesa — espécie de canapé largo com assento de palhinha — e o mocho, arca para guardar roupas, eram triviais. Seria bastante duvidoso, contudo, pretender descrever "um lar brasileiro" (cf. Silva, 1978, pp. 48-56). Devem ser consideradas as variações de acordo com gosto e poder aquisitivo das distintas classes sociais. Não cabe repetir aqui os diversos itens que se anunciaram em inúmeros leilões na *Gazeta do Rio de Janeiro*, como o de janeiro de 1811 e o de um ano depois, este dito como "leilão de artes". Não conheço registros de leilões similares para períodos anteriores e, se de fato não ocorreram, a oferta de um piano-forte de Broadwoods, um lustre de cristal inglês, uma carruagem inglesa feita por Hodges, prataria de mesa e mais miudezas, podem representar índices de novos hábitos de consumo que se estavam impondo à sociedade fluminense. Esse movimento não passou despercebido aos olhos de Freycinet:

> Le goût des glaces, despuis qu'on en apporte de France, semble s'introduire chez les gens aisé; il en est de même des meubles élégans,

> tels que consoles, pianos, tables à jeu, &c.; on remarque même, dans des maisons opulentes, des lustres et des candelabres. En general toutes les classes d'habitants ont le goût du luxe, goût qui ne peut qu'augmenter par la vue des objects fabriqués en France, que leur plaisent beaucoup. (Freycinet, p. 181)

Pareceu-me oportuno observar esses "índices de civilidade", constituídos por objetos de uso cotidiano, em outros suportes além do discurso dos viajantes. Os inventários, a despeito das limitações metodológicas que trazem, são documentos privilegiados nesse sentido. É certo que não pude contabilizar o de todos os nomes perscrutados: da lista de 160 pessoas encontrei apenas cerca de trinta inventários.[20] Tive de desconsiderar os homônimos, que aparecem nas últimas décadas do século, por exemplo; outros em estado de degeneração irreparável. Mais um obstáculo metodológico se encontra no fato de que nem tudo que possuía o inventariado era necessariamente declarado em juízo. Pode ser exemplar o inventário de dom Rodrigo de Sousa Coutinho, que deixou uma casa, uma cama, uma canoa velha, uma mesa velha e uns trastes medíocres, cujo monte em pouco ultrapassava os três contos de réis. Além disso tudo, nada assegura que a posse das pratarias — como os castiçais e as salvas com laços de pérolas ou o aparelho de chá com bule, açucareiro, leiteira e tigela de "lavor", ou as louças azuis de Cantão — que constam no inventário do conselheiro Teodoro Ferreira de Aguiar, feito em 1834, implicava sua utilização cotidiana. Poderiam ser, assim como as joias e relógios em "caixas de metal" ou "caixa armada em quatro colunas de mármore", apenas "bens de prestígio" (joias, roupas, casas etc.), adquiridos com capital retirado do sistema produtivo. Ou, hipótese ainda mais simples e plausível, meras mercadorias do estoque do inventariado, pois se tratava de comerciante do grosso.

Por tudo isso não "tabulei" itens do mobiliário, da utensilagem de copa e cozinha ou do vestuário — e seria aqui importantíssimo um estudo mais verticalizado. Mas entre os poucos inventários encontrados há ricas indicações. Sobre o mobiliário, de que se vinha tratando, abundam mesas, cadeiras, camas e cômodas, geralmente de jacarandá, um pouco menos de mogno. Mas se mesas há, com tampo de pedra ou colunas torneadas, é significativo constarem ao lado de referências singelas, como "caixas" ou "dois barris", ou "duas gamelas pequenas". No inventário de José Joaquim de Azevedo, feito em 1821, seguem-se esses itens: cômoda de madeira branca, cama, candeeiro, caixas, baú, dois barris, uma bengala, dois espelhos, uma cadeirinha, uma viola, duas palmatórias de latão, tacho pequeno, prato de estanho. No inventário de João Siqueira da Costa, de 1811, além das dezenas de moradas de casas e arvoredos, escravos e terras, arrolam-se separadamente os itens "madeiras" e "louças": das primeiras, mesas de meio, de canto, sofás com estofado de seda, cadeiras de mogno com e sem braço, mesas em pano de brim, cama com armação, mesa de jacarandá com tampa de pedra, mesa quadrada com estojo para barba, "cabideiro de pôr casacos", "paus para bambinelas com maçanetas douradas", "cômodas de Gonçalo", guarda-roupas de jacarandá, caixa de cabeceira, 41 cadeiras com palhas, outras brancas, verdes, amarelas, toucador de vestir senhora etc., tudo avaliado em mais de dois contos de réis.

Cadeiras, canapés, baús, barris, imagens de santos, armários, cômodas, mesas — de jacarandá, mogno ou "Gonçalo —, mochos de pau, caixões, caixotes coexistem nos inventários desses potentados. Constata-se a presença de objetos do mobiliário próprios de França e Inglaterra, como observaram os viajantes. Para tomar um ícone particular dos hábitos nativos, se aparecem vários tipos de mesas e cadeiras, a presença da marquesa, de jacarandá e palhinha, *em todos os inventários consultados*, pode ser tomada como índice de sua "aclimatação", ou a adaptação de seu uso a um novo meio, geográfica e socialmente diverso.

NO IMPÉRIO DO LAR

O quadro que se pinta do cotidiano de um domicílio, da vida que transcorria no interior das casas dos mais variados segmentos da corte carioca de dom João, deixa contemplar entre eles um tráfico de diferentes modos de viver, de diferentes hábitos, que, se já se anunciavam com o marquês de Lavradio a partir da década de 1770, começaram a circular efetivamente com a chegada da família real e a abertura dos portos. Mudanças que encontrariam, em contrapartida, outros costumes seculares arraigados na vida de colonos e reinóis, que só muito mais tarde, e gradativamente, se erradicaram.

Uma marca da rotina doméstica ibérica que se transferiu para as colônias, e da qual a América portuguesa não foi exceção, é a reclusão das mulheres. É importante ressalvar desde já que a imagem da mulher branca enclausurada no interior das residências, feito odaliscas, compõe uma representação corrente no imaginário dos viajantes não ibéricos. Assim já representavam as mulheres do reino, em momentos anteriores. No Brasil, desde a década de 1980 começaram a surgir os estudos de gênero, voltados à revisão do papel da mulher na sociedade brasileira. Se abundam os trabalhos sobre a mulher no seio da família escrava,[21] é pequena ainda a atenção dada pela historiografia no sentido de reavaliar a importância da mulher branca no seio das famílias de haveres.[22] Se passavam de fato a maior parte do tempo em casa, ocupavam-no com capitanear a criadagem na execução das inúmeras tarefas domésticas, do abastecimento à educação dos filhos, das obrigações religiosas à punição dos desviantes. Ao trabalhar com a imagem da mulher reclusa, estarei portanto lidando com representações que delas se faziam, mas que permitem perceber a tônica do dia a dia dos lares cariocas das famílias "de bem".

James Murphy dizia que a reclusão das mulheres em Portugal gerava a felicidade doméstica, preservando nelas sua meiguice e maneiras simples da corrupção do mundo exterior. Sua prancha IV — *Interior view of Portuguese apartments* — descreve-se assim: três mulheres num quarto, duas sentadas no chão de pernas cruzadas, uma a fiar; janelas cerradas, roupas leves e sensuais; um ambiente mourisco, mas leve e limpo, sem escravos; crucifixo nos pescoços e colos nus, e, na parede, tapetes (*crimson velvet*) e azulejos são detalhes que chamam a atenção (Murphy, 1798, pp. 139-40). Carrère chegou a dizer que os passeios públicos não faziam sentido em Portugal, uma vez que os homens não passeavam, e menos ainda as mulheres, atitude que já principiava a impregnar mesmo os estrangeiros que viviam em Lisboa. Na capital do reino se encontravam ainda aias mercenárias, postas a mando dos maridos, que acompanhavam as esposas aonde quer que fossem, saindo já pouco como saíam, "[...] privadas da liberdade, viviam num contínuo isolamento, sempre fechadas em casa, raramente lhes sendo permitido sair dessas prisões, a não ser em circunstâncias extraordinárias" (Carrère, p. 31). Mesmo entre a nobreza vigorava a norma da província, de que a mulher só três vezes na vida deixava o lar, para ser batizada, casar-se e ser enterrada. Na intimidade, passavam os dias a flanar, no compasso lento do ócio, largadas sobre as marquesas entre a criadagem cúmplice. "Odaliscas, como tais se vestiam: corpetes de veludo muito decotados, lenços de seda que deixavam o busto livre, compridas calças de gaze ou tafetá, à turca, metidas em chinelas" (Chantal, s/d., pp. 103-11).

No Rio de Janeiro, à época de dom João, muitos estrangeiros aludiram ao modo de vida das mulheres, que se recolhiam a maior parte do tempo na própria casa. Afirma-se que tal era comum a todas as classes, altas e médias, atingindo principalmente as mais moças, cujo efeito pernicioso era sentido em sua falta de instrução e educação, cujos conhecimentos e leituras não iam muito além do livro de rezas. Esse isolamento criava uma espécie de desprendimento no vestir-se, que, na intimidade, poderia resumir-se a uma camisa cingida à cintura, os pés metidos sem meias em tamancas ou chinelas. Emanuel Pohl, naturalista que acompanhou dona Leopoldina ao Brasil, registrou o à vontade da residência carioca, onde os homens viviam de chinelos, calças leves e jaqueta de chita, sobre as quais fulgiam muitas vezes comendas e outras condecorações honoríficas. As mulheres, envoltas em rosários de onde pendiam santinhos, "[...] viviam a maior parte do tempo nos aposentos de trás da casa, com camisa simples e saia curta; em ditoso *far niente*, costumam sentar-se numa esteira junto às janelas, de pernas cruzadas, durante o dia inteiro" (Pohl, 1976, p. 45). Freycinet (p. 178) observou o mesmo comportamento negligente das mulheres em casa:

> Le besoin de se préserver de la chaleur dans des maisons en général mal aérées, dispose à s'y tenir habituellement dans un négligé peu d'accord avec l'exacte pudeur: il n'est pas rare en effet que les femmes se montrent chez elles avec un simple jupon et une chemise, qui, fort large par le haut, retombe souvent des épaules sur les bras, soit involuntairement, soit par un manége trop outré de coquetterie.

O ócio e a falta de exercícios rapidamente deformavam o belo corpo das adolescentes, que aos treze anos assumiam o papel de matronas, aos dezoito já atingindo a plena maturidade física. A escravidão agravava e acelerava esse envelhecimento precoce pela inatividade a que se condenavam as mulheres de extração mais elevada, rodeadas de escravos a servi-las. Assim surpreendeu Luccock a uma dama sua amiga sentada sobre esteira, cercada de escravas ocupadas em coser.

> Junto dela e ao alcance da mão estava pousado um canjirão d'água. Em certo momento, interrompeu a conversa para gritar por uma outra escrava que estava em local diferente da casa. Quando a negra entrou no quarto, a senhora lhe disse: "Dê-me o canjirão". Assim fez ela, sua senhora bebeu e devolveu-lho; a escrava recolocou o vaso onde estava e retirou-se sem que parecesse ter dado pela estranheza da ordem, estando talvez a repetir o que já fizera milhares de vezes antes. (Luccock, pp. 48; 76-7)

Debret considerou digna de ser gravada em tela a cena da privacidade da mulher carioca, na qual se contempla esse quadro: a mulher sobre uma marquesa, de pernas cruzadas à asiática, as crias negras cada qual em sua função. Em sua descrição, feita muito posteriormente para a publicação de sua *Voyage* na França, indicava mudanças no comportamento, no sentido de um refinamento das maneiras, já menos de uma década depois do regresso do rei.

> Os dois negrinhos, apenas em idade de engatinhar e que gozam, no quarto da dona da casa, dos privilégios do pequeno macaco, experimentam suas forças na esteira da criada. Na época em que desenhei esta cena, era ela mais ou menos comum na cidade; devo acrescentar com justiça que em 1830, ao contrário, não era raro verem-se as filhas de um simples funcionário distinguir-se pela dança, a música e algumas noções de francês, educação que as fazia brilhar nas festas e lhes dava a possibilidade de um casamento mais vantajoso. (Debret, 1982, t. 2, p. 52)

Não faria sentido reproduzir aqui as grades alimentares das diferentes classes sociais e seus respectivos hábitos de horários e etiqueta, preços dos gêneros e práticas de consumo. Que a carne era o principal alimento, a verde de péssimo estado e a seca de consumo mais generalizado, todos os testemunhos o confirmam.[23] Em muitos momentos as dificuldades de abastecimento ou a mera especulação, geralmente atreladas, resultaram em medidas impopulares, como o aumento de preços. Aviso do Senado da Câmara sobre a arrematação da carne verde de 30 para 35 réis "o arretel" proclamava-se ainda em 1820 na *Gazeta* (2/2/1820). Curiosidade notável foram as variações e resistências no que respeita ao consumo de carne. Em 1812, o bispo do Rio de Janeiro propugnava pela liberalização do uso de carnes durante a Quaresma, repetindo aliás o procedimento adotado desde o ano anterior. Seu discurso salientava como as vicissitudes da capital impunham transigência à ortodoxia da doutrina católica, deixando transparecer ainda a debilidade nutricional a que estava submetida a população da cidade onde se instalou o rei.

> D. José Caetano da Silva Coutinho, por mercê de Deos, e da Santa Sé Apostholica Bispo do Rio de Janeiro, Capellão-Mór do Principe Regente Nosso Senhor, e do Seo Concelho, &c.
>
> A todos Nossos Amados Diocezanos a Paz, e a Santa Benção de Deos Nosso Pae, e de Seo Filho Nosso Senhor Jezu Christo.
>
> Escutando attentamente os oraculos do Apostulo S. Paulo: que não he a qualidade das comidas, que nos-faz merecer, ou desmerecer diante de Deos: que não he por ellas que devemos ser julgados, porque todos os alimentos, que Deos creou para o homem são de sua natureza bons, e innocentes [...]: e observando fielmente o sen-

tido orthodoxo, em que os Santos Padres entenderão estas, e outras similhantes consciencias timoratas, quando por justas, e urgentes cauzas temos que propôr nesta Nossa Carta Pastoral como licitas, e permittidas as comidas de carne no tempo da quaresma, do mesmo modo, que já se-tem permittido em muitos paises da Igreja Catholica.

O Estado valetudiano, em que se-vive nesta Capital, e seos suburbios por molestias de languides, e debilidade, de que poucos escapão n'hum paiz pantanoso, e n'huma quadra extremamente calmoza a insufficiencia do peixe, dos laticinios, dos ovos, das hervas, e dos legumes para nutrirem os corpos humanos, e vigorizarem a compilação frouxa: e carestia, e falta quasi total destes mesmos viveres para supprirem ao consumo de huma tam populosa cidade: a licença forçosa, e quasi desesperada, que muitos tem tomado de comerem carnes, que alem de estarem ao alcance de todo o mundo, fazem por juizo commum dos Fysicos hum alimento muito mais sadio, e quasi indispensavel nas prezentes circuntancias: os pungentes clamores do povo, e principalmente dos pobres, que temem a fome, e a morte, que tem ja tocado os ouvidos, e enternecido o coração magnanimo, e pio do soberano, que nos governa: Por todos estes factos, que ninguem ignora não podem tambem deixar de interessar, e de exigir a benignidade, e condescendencia da Santa Igreja em socorro de seos filhos atribulados.

E, pelo poder que lhe era atribuído, dispensava o preceito da abstinência de carne pelo percurso da Quaresma, mas com as seguintes restrições indispensáveis: 1) só se comeria carne uma vez ao dia no jantar, e não se a misturaria a peixe de espécie alguma; 2) seria guardada a abstinência todas as sextas e sábados e a vigília de São José todos os sete dias da Semana Santa; 3) que por essa dispensa não ficaria subentendido como relaxado o preceito do jejum... (Ajuda — Mss. — 54-XIII-4, n. 39).

Essa abertura é uma exceção que confirma um conflito latente, o da imposição desde os tempos coloniais de hábitos de consumo que beneficiavam o reino em detrimento da população do Brasil. Assim se lê no verbete "carne", do *Dicionário carcundático* de José Joaquim Lopes de Lima, coincidentemente do mesmo ano daquela liberação diocesana: "Comida condemnada nas sextas feiras, e sabados, e mais 40 dias no anno, em prol de huma nação estrangeira, que nos embute bacalháo podre a troco de ouro, e prata; e contra o preceito de Deos a seus Discipulos — Comei de quanto se vende no Mercado!" (BNRJ — Lima, 1821).

Tendo em conta a dieta cotidiana, comum aos diferentes estratos da sociedade fluminense, fica mais interessante observar como se ia à mesa para detectar mudanças de costumes decorrentes da presença da corte. Para tanto, o meio mais eficiente parece ser cotejar-se a norma estabelecida com as descrições que há do comportamento das pessoas nas refeições. Sabe-se que muitos títulos sobre maneiras, manuais de etiqueta, circulavam pela corte.[24] O mais importante e difundido era sem dúvida a *Escola de política*, de Porta Siqueira, escrito no último quartel do século XVIII e que recebera uma edição em 1814, também essa anunciada na *Gazeta do Rio de Janeiro*.

Por certo que o habitante do Brasil tinha muita influência das práticas reinóis quanto às maneiras à mesa, e só a abertura iria quebrar essa rotina. É reconhecido que nesse aspecto o português do Antigo Regime preferia a quantidade à qualidade, satisfazendo-se muito bem, mesmo o mais abastado, com sardinhas fritas regadas a vinho ordinário ou mesmo água, desde que não faltassem os voluptuosos glacês conventuais, variações múltiplas da combinação de açúcar, ovos e amêndoas, como as freiras ou bernardas, o toucinho do céu, os papos de anjo, barrigas de freira ou os suspiros da monja (Chantal, pp. 126-8). Mas, se essa era a regra, exceção se encontrava entre a nata da nobreza. William Beckford deixou em seu diário a descrição de um jantar aristocrático, de que participara como convidado dos Marialva em casa do conde de Penalva. Surpreendeu-o o bom gosto e a opulência dos salões que se abriram em sua homenagem e a recepção extremamente cortês pelos anfitriões. Puderam os convivas deleitar-se com o cravo de Antônio Leal, um dos mestres da capela real. Chamou-lhe a atenção o agrupamento de serviçais, padres e pajens, como era o costume português, todos esplendorosamente vestidos, a denotar o refinamento da família Penalva.

> A refeição, que consistia em chocolate, doces, chá e excelente café, era servida em porcelana de Dresden, admiravelmente pintada. Nunca assisti a um tão agradável almoço em Inglaterra. As toalhas e guardanapos eram lindíssimos e curiosamente bordados com armas e flores, em vermelho sobre um fundo branco. Muitas salvas com enormes morangos perfumavam a casa, de cujas janelas se via uma grande extensão do Tejo. (Beckford, 1988, pp. 52; 74)

Não será necessário lembrar que semelhante função não era a regra, mesmo porque a casa Penalva, em Santa Apolônia, era considerada um dos salões literários mais em moda em Lisboa. Conta Beckford ter sido servido entre o casal de anfitriões em baixela de prata, inúmeros pratos sendo trazidos pela comitiva de senhores e capelães, muitos deles condecorados. Todo aquele aparato guardava, para o inglês, um quê de medieval, quando altos dignitários, como reis, eram atendidos por nobres vassalos. Quanto às vitualhas, descreve-as como pesadas e gordurosas, e consumidas com exagero.

No Brasil todos os contemporâneos de dom João, de Marrocos a Graham, atribuem ao clima a lassidão das maneiras à mesa. Há relatos detalhados de recepções. Por certo que havia distinções marcantes de acordo com a extração social de cada família, e foi-me impraticável reconstituir detalhadamente os hábitos dos nobres da corte, dos burocratas migrados, dos comerciantes de lá e de cá, dos brancos de poucas posses, de libertos ou quantas outras "classes" se encontrem. A descrição de que me ocupo é a de um comerciante, inglês, o que me faz supor que se refere às práticas de seus pares brasileiros. É muito pouco provável que esse empresário das lides mercantis teria sido recebido pela nobreza da corte, assim como dificilmente se dignaria a apresentar-se entre simples caixeiros ou gente de extração mais baixa que a sua. Portanto, o que procuro indicar a seguir, mais do que as diferenças dos hábitos entre cada estrato social, é o quadro geral de um meio privado de instrumentos e práticas próprios à vida "civilizada", onde viera instalar-se a corte; isso, em contraste com a norma prescrita; e, posteriormente, como esses testemunhos, mesmo em sua fragilidade, atestam o movimento de transformação dos costumes no sentido de um maior refinamento das maneiras.

A família se postava à varanda dos fundos da casa, em calmo isolamento do mundo. Considerando-se que não era dado a qualquer um oferecer recepção a estrangeiros, ainda que não fosse o caso de uma família nobre, não se incorre em erro tomá-la como um exemplo de família "de bem", o que na corte de dom João seria sinônimo de "família de bens".

> As mulheres, sentadas em roda, na postura costumeira, costuram, fazem meia, renda, bordados ou coisas semelhantes, enquanto os homens se encostam a tudo quanto possa servir para isso ou ficam a vaguear de quarto para quarto. É ali também que tomam suas refei-

> ções, usando de uma velha tábua colocada sobre dois cavaletes, um par de tamboretes de pau para completar e, quando existem dessas coisas, uma ou duas cadeiras. A refeição principal consta de um jantar ao meio-dia, por ocasião da qual o chefe da casa, sua esposa e filhos às vezes se reúnem ao redor da mesa; é mais comum que a tomem no chão, caso em que a esteira da dona da casa é sagrada, ninguém se aproximando dela senão os favoritos reconhecidos. [...]. Somente os homens usam faca; mulheres e crianças se servem dos dedos. As escravas comem ao mesmo tempo, em pontos diversos da sala, sendo que por vezes suas senhoras lhes dão um bocado com as próprias mãos. Quando há sobremesa, consta ela de laranjas, bananas e outras poucas frutas. (Luccock, p. 81)

Segundo o relato do comerciante inglês, obedecia-se aos preceitos da boa etiqueta até determinada altura. O dono da casa tinha a preferência para sentar-se à cabeceira da mesa e servir as iguarias, que eram trazidas uma a uma e passadas a cada conviva sucessivamente, ninguém recusando ou principiando a comer antes de o último ser servido. Só então podiam os comensais iniciar a refeição, o que faziam em grandes quantidades e avidamente. Na *Escola de política*, de Porta Siqueira, recomendava-se, ao contrário, o uso de roupas apropriadas para ir à mesa com todos os ornatos, menos o chapéu; orar pela mesa lauta. O dono da casa devia escolher o assento e, se não o fizesse, nunca o convidado procuraria o melhor deles, o da cabeceira, bem como não se descobririam os pratos antes que o fizessem os principais da mesa (Ajuda — Siqueira, 1814, pp. 115 ss.). Impressionou a Luccock, que pela crítica minuciosa, quase caricatural, parece ter conhecido certas formalidades de etiqueta, a falta de boas maneiras durante a refeição:

> [...] os pratos não são trocados, sendo entregues ao copeiro segurando-se o garfo e a faca na mesma mão; por outro lado os dedos são

> usados com tanta frequência quanto o próprio garfo. Considera-se como prova incontestável de amizade alguém comer do prato de seu vizinho; e, assim, não é raro que os dedos de ambos se vejam simultaneamente mergulhados num só prato. (Luccock, p. 84)

Essas regras presumivelmente atacadas não vigiam apenas na Inglaterra. O mais conhecido manual de boas maneiras à época tinha prescrições claras quanto aos modos descritos acima. Não se poderiam levar ossos à boca nem sorvê-los ruidosamente, sempre tomando-os com garfo e faca, "[...] com sumo cuidado de não sujar os dedos; porém, acontecendo, os não limparemos à toalha, nem em algum bocado de pão, como muitos fazem, mas ao guardanapo". Garfos, colheres e facas tinham seu uso detalhadamente regulamentado. As últimas, particularmente, sempre na mão direita, nunca iam à boca, e podiam ser usadas para tirar o sal do saleiro, a pimenta e outros condimentos. "As de ponta são proibidas por infinitas leis, ainda as flamengas" (Siqueira, 1814, pp.117-25; Elias, 1990, pp. 95-134). Ao que parece, os cariocas desprezavam essas regras:

> Usa-se de uma espécie de vinho fraco, mas como este é bebido em copos, seus efeitos por vezes se tornam fortes; antes do final da refeição, todos se tornam barulhentos, exagera-se a gesticulação de que mesmo normalmente usam em suas conversas e despedem punhadas no ar, de faca ou garfo, de tal maneira que um estrangeiro pasma que os olhos, narizes e faces escapem ilesos. Quando facas e garfos se acham em repouso, fica cada um numa das mãos, vertical e descansando sobre a extremidade do cabo, e, quando deles não se tem mais necessidade, limpa-se ostensivamente a faca na toalha de mesa, e devolve-se à bainha por detrás das costas. (Luccock, p. 84)

A verossimilhança desses relatos em grande medida impressionistas poderia ser contestada ao se lhes cotejar com as informações dos inventários. É difícil afirmar se eram ou não de uso diário, mas constam do espólio dos comerciantes de grosso trato diversos utensílios de prata e louças. Também não se pode afirmar com segurança se se apresentavam em mais casas além dos potentados que os deixaram inventariados, ou só a esse contingente se restringiam. Pratos, bandejas, castiçais, garfos e facas, colheres para sopa e arroz, colheres de chá e escumadeiras contam-se às dúzias e mesmo em unidades. Nos inventários do conselheiro Luís de Sousa Dias, de Francisco Xavier Pires e Manuel Caetano Pinto, por exemplo, a prataria (garfos, facas, terrinas, garrafas etc.) aparece arrolada juntamente com trastes de ouro, joias e pedraria, e não com os demais utensílios de cozinha, como as louças (cristais, moringas, aparelhos de chá e café, bandejas) — podendo ser interpretada mais como signo de distinção do que como conjunto de utensílios de uso diário.

As louças caracterizavam-se pela variedade e procedência, como os 24 "pratos de guardanapos" e os dez pratos e travessas azuis ingleses, os cálices lapidados para cerveja e outros para água, vinho, licor e champanhe do comendador Teodoro Ferreira de Aguiar (1834); os lustres de cristal, moringas de vidro, jarras, espelhos, aparelho de mesa azul da Índia, pratos, terrinas, travessas e compoteiras, tudo sob o mesmo código de "louças", do coronel Francisco Xavier Pires (1826); ou as canecas de louça douradas da Índia com pires, xícaras, sopeira de louça da China, aparelho de louça escarlate da China, canecas, xícaras e pires de louça franceses, serviço de mesa azul da China, "lampiões de loja", lustres franceses de doze luzes, lustre alemão de seis luzes, "serpenteiras", espelhos redondos ingleses, tudo do capitão João Siqueira da Costa, inventariado em 1811. Se as elites endinheiradas e ligadas ao comércio internacional — o que lhes franqueava o acesso a tais bens de consumo — sabiam ou não fazer bom uso dos utensílios que adquiriam, não se pode afirmar. Mas eles estavam cada vez mais presentes nos lares dessa "gente de bem", e, sendo como eram signos de distinção, a competição impelia a que seu consumo se difundisse. As classes subordinadas, estas podiam ver, talvez admirar e desejar: de alguma maneira, indireta, ter conhecimento da existência desses bens, tanto de uso como de ostentação.

Freycinet considerou a maneira de viver dos brasileiros muito próxima da dos portugueses da pátria-mãe, motivo pelo qual não se estendeu no assunto. Observou apenas que os brasileiros se destacavam pela abundância, mais que pela elegância do serviço. Conta com que surpresa foi acometido num jantar, certa vez, quando numa mesa enorme para o pequeno número de convivas, sem que lhe perguntassem nada, serviram-lhe uma porção copiosa de certa iguaria, sem que pudesse fazê-lo segundo seu gosto e vontade. Esse costume desagradável "[...] il paraît être général dans les familles portugaises" (Freycinet, p. 175).

Debret escandalizou-se com os hábitos à mesa da gente rica no Rio de Janeiro. Se na França a conversação amena durante a refeição preparava os convivas para os divertimentos que se estenderiam para o salão, onde brilharia na noite o encanto das damas, aqui o procedimento em geral era outro, o brasileiro abandonando a mesa imediatamente após estar satisfeito, "[...] com a boca abrasada pelo estimulante dos temperos e literalmente queimada pelo café fervendo, já semidesvestido, procura quase em vão em seus cômodos a sombra e o descanso, pelo menos durante duas ou três horas; adormecendo afinal, banhado de suor, acorda lá pelas seis da tarde, quando principia a viração" (Debret, t. 2, p. 64). À saída da mesa, ainda uma vez, violentava-se a prescrição do guia de boas maneiras, em que se recomendava o seguinte: "Acabada a meza se levantará tanto que o fizerem os convidados, e principalmente o

Senhor da caza, ao qual em agradecimento fará uma cortezia, e sahindo da meza com os primeiros passará depois ao entretenimento de todos" (Siqueira, 1814, p. 117).

É interessante observar que esses hábitos, ainda que bastante difundidos, não se encontravam cristalizados nos diferentes setores sociais, particularmente nas camadas altas. A expansão da rede de interdependências dos indivíduos que configuravam a corte fluminense, desde seu mais alto dignitário até o mais humilde de seus servidores, desde os burocratas da maquinaria de Estado até os diligentes comerciantes das várias nações, dos embaixadores aos prelados e artistas e sábios, aquela expansão fez que se cruzassem modos de ser distintos e alterou diversamente, e em alguma medida, os costumes de todos. Índices do que se poderia chamar de "europeização" dos costumes dos cariocas e o movimento na mesma direção porém em sentido oposto — da adaptação dos europeus às condições da baixa latitude — estão por todos os lados, como na presença maciça de profissionais da moda ou da decoração, que se tornaram públicos nas páginas da *Gazeta*. Ou na observação de testemunhas atentas, que acusaram o esforço dos adventícios em acompanhar os gostos e ritmos dos residentes. Por um lado, não se abriam muitas possibilidades aos estrangeiros de cultivar os mesmos hábitos, fossem eles alimentares, de indumentária ou tratamento, tendo-se em conta a realidade da oferta do mercado local, que, embora em franca abertura, era extremamente limitado em relação ao europeu. Mas os esforços de comunicação entre os diferentes grupos eram notórios, evidenciando-se, como nos relatos sobre o jantar carioca, as incongruências por vezes resultantes da adoção de costumes alheios (Denis, p. 232; Luccock, p. 83).

Dizer algo de mudança de costumes deve implicar a consideração, pelo menos no que respeita às elites, dos recursos disponíveis da educação formal. Não se pode dizer, a bem da verdade, que as medidas tentadas por dom João surtiram o efeito de qualquer coisa semelhante a uma transformação radical dos parcos estabelecimentos de que se dispunha às vésperas de sua chegada. Seus empreendimentos "civilizatórios", a rigor, tinham como objetivo suprir as demandas de crescimento do setor comercial, além das necessidades cotidianas de sua corte. Em relação às primeiras, podem-se incluir a criação das aulas de comércio (1811), para fundamentar a formação profissional até então inexistente no mais importante setor econômico do país, bem como o subsídio à publicação de obras que tratassem de assuntos como agricultura e comércio.[25] Os demais investimentos "culturais" do monarca voltavam-se para a própria corte, mas nem por isso se pode negar sua incidência direta na vida da capital. Logo em setembro de 1808, começa a circular a *Gazeta do Rio de Janeiro*, impressa nas máquinas que vieram encaixotadas durante a fuga. Dois anos depois a real biblioteca e o gabinete de instrumentos de Física e Matemática ganhavam espaço no desativado hospital da Ordem Terceira do Carmo. A presença do compositor Marcos Antônio Portugal, que chegou em 1811 escoltado por vários cantores e instrumentistas, servia ao deleite do rei, nas funções de mestre da capela real e da real câmara; como igualmente a vinda de Segismund Neukom, discípulo de Haydn, também nomeado por dom João mestre de capela; e o levantamento do Real Teatro de São João, com seus 112 camarotes e acomodações para 1020 pessoas, em 1813. Os esforços envidados pelo conde da Barca trouxeram a Missão Artística Francesa em 1816 — composta de mestres como Debret, Grandjean de Montigny, Lebreton e Taunay —, cujos resultados foram menos louváveis que as intenções (Taunay, 1911).

A abertura com a chegada da família real significou, em si mesma, a ampliação da demanda por bens culturais, uma vez que muitas famílias nobres, somadas às do corpo diplomático e ainda os grandes negociantes, que passaram a imitar os modos de vida dos nobres, constituíam um próspero mercado consumidor de instrução básica e boas maneiras — formação superior tinha e teria, por algum tempo ainda, de ser buscada na Europa. Educadores voltados à instrução de moços e raparigas, particularmente europeus, perceberam o campo de trabalho que se abria e usavam das mais diversas estratégias para arrebanhar novos alunos, a principal delas sendo oferecer seus préstimos no jornal da cidade. Já no início de 1809, uma oferta anônima a quem se interessasse por aulas particulares de ler, escrever e contar, com método "sumamente hábil", veiculou-se na *Gazeta*. Com o passar do tempo esses serviços expandiram-se em número e em oferta de recursos. Não obstante o conflito ainda em marcha contra os franceses, em fevereiro de 1811, Joaquim Manoel de Faria, professor de latim e português, avisava que seu colégio de educação se mudara para a rua detrás do Hospício, número 47, continuando a oferecer a aula de língua francesa. Seu negócio deve ter prosperado, pois no ano seguinte o "diretor do Novo Colégio dos Nobres nesta capital" avisava que, além das antigas matérias, oferecia agora a de língua inglesa.

As exigências da corte resultaram na vinda de levas de músicos e artistas para as horas de descanso de espírito da família real, e alguma coisa dessa atenção à arte, particularmente à música, acabava sobrando para a sociedade fluminense, faminta de civilização. A esse mercado Louis Lacombe, professor de dança das infantas, recém-chegado ao Rio em 13 de julho de 1811, dirigiu o anúncio que veiculou na *Gazeta*: "[...] a todas as pessoas civilizadas desta cidade, que ele se propõe ensinar as suas lições de Danças próprias na sociedade: todas as pessoas que lhe quiserem fazer a honra de tomar suas lições, o poderão procurar na rua do Ouvidor, n. 82, 3º andar". Não obstante esses sinais dos novos tempos, a "marcha da civilização" deu-se a passos muito lentos, e não faltam registros do desprezo secular ao culto do espírito pelos habitantes do Rio, mesmo entre os mais abastados.

Impressionou a Denis a precocidade com que as crianças das classes altas adquiriam maneiras próprias dos adultos, afetando modos graves de idade ulterior, ao irem para a escola sempre rodeadas de moleques que lhes deviam as maiores vênias. "Não é raro ver dois meninos, da sobredita idade, aproximarem-se com seriedade e oferecerem-se tabaco um ao outro." Em sua opinião, essa afetação e pouca lhaneza de modos estavam intimamente ligadas ao quadro maior da sociedade brasileira, onde coabitava o homem de bens, nobre ou industrioso, com a permissividade familiar emanada da senzala.[26]

Teve argúcia suficiente o viajante francês para evitar generalizar o que observou ali para o resto da sociedade, muito heterogênea em sua composição; e notou como o contato frequente com os estrangeiros estava incidindo nas maneiras locais, a ponto de ser cada vez mais difícil reconhecer seu caráter primitivo, anterior à abertura. Aqueles que, em suas palavras, comporiam uma "classe média" — médicos, altos funcionários da administração, magistrados — procuravam seguir o comportamento das camadas mais altas. Todos imbuídos de se tornar, ao menos nas maneiras e em alguma medida, europeus como os milhares que chegavam anualmente à sede do império português.[27]

O TEATRO DOS BONECOS

As modas europeias invadiram as ruas e salas distintas do Rio de Janeiro com franceses e ingleses que as ocuparam. Homens e mulheres das fardas e mantilhas, embora ainda essas se mantivessem, renderam-se ao brilho das indumentárias vergadas nas cerimônias públicas e dias de gala. Numa sociedade estamental, onde se identifica o indivíduo pelos signos que ostenta seu corpo-manequim, não foi pequeno o impacto das vitrines que se abriram na rua do Ouvidor. Talvez se poderá mesmo situar no Brasil joanino o início da história da propaganda no Brasil, as principais casas noticiando suas mercadorias e serviços na *Gazeta*. Os recursos de que dispunham homens e mulheres para decorar seus personagens de ir à rua[28] já não se resumiam ao óleo de baleia para untar as cabeleiras ou ao pó de arroz de armar as perucas e homogeneizar as irregularidades da pele.

Em 1817, o negociante francês Carlos Durand fazia saber a seus clientes, pela edição de 26 de junho da *Gazeta*, que se mudara da rua do Ouvidor, número 28, estabelecendo-se agora na rua Direita, número 9, primeiro andar. Aproveitava para divulgar as novidades recém-chegadas de França:

> [...] cheiros, agua de Cologne, pomadas, diversas essencias e vinagres para toucador e para meza, luvas, suspensorios, sabão, leques de toda a sorte, escovas e pentes de todas as qualidades, çapatos, e chinela para homens e para senhoras, destes de seda e de marroquim, botas de Paris, caixas de tabaco de toda espécie, necessario para homem, caixas de costura para senhoras, velas, azeite para luzes clarificado. — Chapéos de palha e de castor para homens e para meninos; chapéos de palha para Senhora, guarnecidos, e não guarnecidos; chapéos de seda, penachos, fitas, filós bordados de ouro e prata, flores artificiaes, casimiras, luvas, garças, véos, retroz, seda crua etc. — Mezas, espelhos de toucador, espelhos de todo o tamanho com molduras, e sem ellas. — Estampas, painéis preciosos. — Bijoteria verdadeira e falsa, como collares, brincos, anneis, e enfeites. — Pendulas, relogios de repetição

> e de musica para homem e para Senhora. Vinho de Champagne a 480 a garrafa. — Hum moinho portatil para grão, hum só negro pode fazer moer. — Hum sortimento de livros francezes, e muitas outras mercadorias a preços commodos.

Chama a atenção a profusão de cosméticos e acessórios, tão importantes quanto as fazendas dos vestidos. Alguns aproveitavam sua situação de destaque na corte para expandir negócios, como fez o cabeleireiro da família real Catelineau, que se estabeleceu com a esposa "modista" primeiramente à rua do Rosário, transferindo-se depois para a do Ouvidor; oferecia aos clientes, acabado de chegar de França, grande sortimento de fazendas do melhor gosto, como "[...] corpinhos e gargantilhas de cassa, roupinhas e guarnições em cetim, plumas e penachos de todas as cores, vestidos de filó e seda, tiras bordadas, rendas e sedas, çapatos e botins para crianças; flores e grinaldas, espigas de ouro, de prata, que elles dão muito em conta [...]" (*Gazeta*, 11/11/1820).

Ebel antecipava ao leitor de sua descrição do Rio de Janeiro e eventual visitante da cidade a impressão que causava entrar na rua do Ouvidor, a *Vivienne* do Rio, sentindo-se o estrangeiro transportado para Paris, pois ali tinham os franceses se estabelecido com sua peculiar elegância. Todos os artigos os mais finos e miudezas as mais luxuosas estavam disponíveis ao consumidor mais exigente. A apresentação era fundamental.

> Por trás de uma mesa bem polida, senta-se Madame ou Mademoiselle elegantemente posta, ocupando meia dúzia de negrinhas, vestidas com esmero e escolhidas pelo físico, ocupadas a costurar [...]. Aí vendem tudo o que o mais exigente petit-maître, a dama mais elegante possam desejar; naturalmente, por bom dinheiro. No salão do maître-

> coiffeur se quiser cortar o cabelo, serás conduzido a um caprichoso gabinete, guarnecido de espelhos, onde poderás fazê-lo à la française ou à l'inglaise e com huile antique, à vontade, por preço deixado à tua discrição; serás, todavia, mal visto se deres menos de mil-réis. César, o maître-tailleur, acaba de instalar seu atelier, duplo: o primeiro ocupado por vinte pretos e meia dúzia de costureiras, enquanto no segundo três cortadores e dois commis, franceses, não têm mãos a medir na tarefa de cortar e atender à clientela, apresentando-lhe os tecidos mais elegantes, recém-chegados de Paris, de que estão sortidos seus reluzentes e luxuosos estabelecimentos. (Ebel, 1972, pp. 70 ss.)

A moda masculina era ditada pelos ingleses, a tal ponto que para expressar que alguém andava bem vestido, dizia-se que "ia muito inglês"; e quem como eles não se trajava recebia a alcunha de "jarreta". Diz José Teodoro Biancardi, em suas *Cartas americanas,* que em 1820, na capital, para ser tido como esperto, "peralta", era preciso espiar as mínimas alterações do feitio das casacas, coletes e calções à inglesa, e sair com eles à rua sem demora. Sobre as senhoras, diz que adotavam indiferentemente as modas inglesa e francesa; menciona "a nova moda" de andar decotada, "quase nua", mostrando-se inclusive a favor dela, pelo fato de que o pudor seria algo interno, que se deve inculcar nas meninas desde novas — e atacava aquelas feias que apelavam contra a moda apoiadas numa falsa moral (BNRJ — Biancardi, 1820, p. 40).

Essa invasão de mercadorias e serviços em um meio caracterizado por um clima efetivamente distinto, cálido e por uma rusticidade flagrante, resultou em algo bastante exótico, tanto para os que traziam a novidade como para quem a incorporava. Ao lado das saias múltiplas coloridas e rodadas se mantivera a saia preta, uniforme no reino, e a mantilha, que encobria o rosto das mulheres sob suas rendas em visitas às igrejas e procissões. O luxo que chegava filtrava-se no cenário do Rio. Pohl viu, por exemplo, criados de fidalgos, criadagem preta de pés descalços, envergando casacas com as cores dos brasões de seus amos, violentando a pragmática recitada nos manuais de etiqueta como o de Porta Siqueira, um dos mais populares no reino e reeditado no Brasil, no qual se ditava que "[...] os quaes creados não poderão trazer librés de pano, que não seja fabricado no Reyno, nem serão de cor encarnada as casacas, capotes, ou reguingotes [...]", ao acompanharem seus amos em saídas à rua.[29]

Mesmo entre as classes menos favorecidas reinava uma profusão de adornos e adereços, os espadins e galões, os sinais distintivos de pertença a essa ou àquela ordem religiosa ou de cavalaria.[30] Isso se mesclava à moda importada criando uma terceira ordem, que não era mais uma coisa nem outra. A ponto de um viajante inglês afirmar que as modas francesa e inglesa pareciam não predominar.

> The complexions of the middle and lower classes, are generelly dark, their features coarse, and their persons in general inclining to corpulancy. A number of them were distinguished by ribbons and baubles attached to their button-holes, many wore enourmous ill-contrived cocked-hats, and all appeared desirous to distinguish their persons, by the wearing of some badge or uniform. (Brackenridge, 1820, p. 18)

Era definitivamente violentada a prescrição do bem vestir-se, regulamentada na *Escola de política* de Porta Siqueira. Aqui se recomendava manter os vestidos graves e limpos, sem afetação no feitio ou excesso nos ornatos e profusão na riqueza, de acordo com a idade, a estação e, sobretudo, as leis. Estas impunham que não se podiam trazer em parte alguma dos vestidos ornatos, enfeites, "[...] telas, brocados, tissús, galacés, fitas, galões, passamanes, franjas, cordões, espeguilhas, debruns, borlas ou qualquer sorte de tecido, ou obra em que entra prata nem ouro fino, ou falso: nem ricó, cortado á similhança de bordado", à exceção dos militares que os tivessem em seus uniformes (Siqueira, 1814, p. 175). O mesmo valeria para "[...] fivelas, botas, botões de cazaca &c., espadim e espada, luvas, chapéo, capote, cabeleira, cabelo, lenço, bengala, fraques, vestidos de lutos, vestidos pretos talares [...]", próprios a magistrados e eclesiásticos. O uso indevido do espadim não era, contudo, invenção dos trópicos. José Daniel Rodrigues da Costa ironizava-o no reino ainda na época de dona Maria I.[31] No Rio joanino, pelo que se vê, explicação é de três, uma: ou todos eram militares e magistrados, ou pensavam que eram, ou simplesmente não havia pragmática quanto ao vestir-se, em função do encontro de modas tão distintas.

A VOLÚPIA DO EXCESSO

Esses cobres perfumados,
Obra de invenção franceza,
Esses filós, e bordados
De tanto luxo, e despeza,
Deviam ser desterrados.
(Costa, 1821, p. 13)

O exagero de adereços na composição do vestuário é expressão do ser social que se configurou com a abertura do país e a presença da família real, cuja ostentação de um luxo burlesco, caricato, se manifestava em outros setores da vida cotidiana, como no mobiliário das casas, de que já se disse algo. A gana de pompa e esplendor, externada em atavios nem sempre harmônicos com o clima e urbanidade do novo cenário, criava uma forma de ser inédita, como eram os vestidos armados de arame compostos de sete saias e inúmeras anáguas que faziam as mulheres se escaldar debaixo deles; assim como as porcelanas chinesas e inglesas com que se servia o chá às visitas ilustres, tudo sobre uma prancha apoiada em tamboretes. Esse luxo excessivo é o que chama a atenção ao observador de hoje.

Se algo havia já na capital do vice-reino que denotasse luxo, não poderia assemelhar-se àquilo que desembarcou por aqui com a nobreza migrada. Lembre-se de que, na fuga atribulada, esta se esforçou ao máximo em deixar o mínimo para os saqueadores de Napoleão. De entreposto colonial, o Rio tornou-se centro das atenções do mundo, pelo menos do ocidental. Atesta Markus Cheke, historiador da vida de dona Carlota, que para cá trouxeram os cortesãos europeus não apenas seus vícios, mas o bom gosto e refinamento, e, mais concreto que isso, uma incalculável fortuna em joias e valores (Cheke, 1949, p. 53). E a nobreza tradicional portuguesa sabia ostentar. Lembrem-se das embaixadas que mandou fazer na Áustria dom João v para buscar dona Mariana. E mesmo um século depois como Marialva impressionou a Europa ao requisitar dona Leopoldina para o príncipe dom Pedro. Sinais dessa riqueza ornamental encontram-se nas páginas do diário de William Beckford, como no passeio que fez com Marialva, então o chefe das cavalariças reais, que contavam com "quatro mil mulas e dois mil cavalos" (Beckford, p. 87). Henderson, visitando no Rio de Janeiro as obras de reforma da casa de dom Pedro, viu nas dependências da Quinta da Boa Vista o mesmo exagero que notara Beckford nos coches de dona Maria, havendo em São Cristóvão cocheiras com trezentas mulas e cavalos, "[...] with double the number of persons to look them that would have been seemed necessary in England" (Henderson, 1821, p. 53).

Interessante é notar como o europeu, acostumado ao convívio com tantas faianças, as via aqui se empregarem como objetos de um luxo forçado e tosco. Destilando-se o preconceito que sempre impregna as palavras dos viajantes, percebe-se a exibição da quantidade, talvez uma forma de autoafirmação da nova elite, que se compunha por amálgama.

> Não ha ignominia (para o brasileiro) quando se é rico; só ha ineptidão quando se é pobre. O luxo é solido e grosseiro. Homens e mulheres são affectados em seu atavio, quando em publico se deixão ver; uma senhora vai á missa acompanhada por numerosos escravos adornados com riqueza, e muitas vezes em voltando para casa assenta-se n'uma esteira, onde come, com a mão, peixe salgado e mandioca. (Denis, 1844, p. 237)

Maria Dundas, que foi dama de companhia e amiga de dona Leopoldina até que os mexericos da corte a expulsassem de volta a Londres (BNL — Graham, 1940), teve dificuldade para entender, de início, a elegância nada discreta das mulheres daqui, composta, como pôde observar numa festa da qual participou em janeiro de 1822, de uma profusão indizível de joias de cabeça e pescoço que ostentavam mulheres de todas as idades, mesmo as mais moças. Freycinet disse do fulgor das pedrarias ser qualquer coisa exibida ao extremo entre as mulheres; dá o exemplo dos Carneiro Leão, um dos mais poderosos sobrenomes do país: segundo se dizia, quando todas as mulheres da família se reuniam, estimava-se em nada menos de 6 milhões de francos os diamantes e pedras que portavam. As joias de ouro eram muito apreciadas entre as brasileiras: "On conçoit que les bijoux en or doivent être aussi répandus. Les Brésiliennes, particulièrement, ont l'habitude de porter au cou et aux bras des chaînes de ce métal très-longues et très-fines, ornement assez gracieux" (Freycinet, p. 213; Graham, 1940, p. 212).

A indumentária masculina, por sua vez, que se pode reconstituir a partir de inventários, tem como traço característico os fardamentos das diversas ordens — e muitos não possuíam outras peças senão as desse tipo. Grandes potentados, como o comendador Luís de Sousa Dias, inventariado em 1847, têm guarda-roupa modesto, composto de calças, calções, camisas, casacos, sobrecasacas, "chambre" de seda, lenços, gravatas, incluindo-se no item "roupa" também peças como redes, "pares de cortinas de seda", coletes, espadins, fardas de primeira e segunda gala, chapéus armados. Elias Antônio Lopes (1815) tinha farda e calção de pano escarlate com véstia de pano azul, "tudo bordado a fio de ouro e prata do primeiro uniforme"; outra igual do segundo uniforme; casacas, chapéus, vestido de seda e sarja de seda, *roliçon*, jaquetas e calças de riscado, calções, coletes de seda, camisola de riscado, colchas e cortinas de damasco junto com cobertas de baetão e chita; toalhas e guardanapos de algodão e linho, da Bretanha; lençóis, ceroulas de linho, camisas de morim e outras fazendas; além de cinco pares de sapatos e botas, travesseiro e sobrecasaca.

Os guarda-roupas do comendador Antônio José da Costa Ferreira, Joaquim José de Azevedo e Antônio José Guimarães eram igualmente fartos e pouco variados. Além das fardas e hábitos, incluíam meias de seda, chapéus, vestidos de veludo, jaquetas, vestidos de filó, toucas de renda, chapéus de palhinha, plumas de várias cores, xales de lã de camelo. Tudo muito colorido, pesado e quente.

DIA DE VISITAS

O ato social de ir às ruas era regulado por toda uma pragmática, prescrita e costumeira. Homens e mulheres tinham ocasiões e comportamentos diferenciados para sair de casa. A rua, sendo como era território do vulgo, dos pretos escravos e libertos, de pobres e milicianos, matilhas e ciganos, de comerciantes a granel, nas condições urbanas nada avantajadas da capital, restringia as possibilidades de expor-se publicamente o sexo frágil. Para além da imposição profissional cotidiana, que levava o comerciante ao mercado ou o funcionário às repartições ou o cortesão às antecâmaras do rei, havia ocasiões em que se recebiam e se retribuíam visitas, em que se saía com a família a passeio ou se ia saudar o rei por alguma motivação cívica; sobretudo as devoções e obrigações religiosas tiravam a população de casa. O espetáculo multicor dos ministros vergando suas opas, dos bispos paramentados com suas mitras, nobres com constelações ao peito devia fascinar o povo comum, que não participava da função como mero espectador. Pessoas comuns de todas as idades, sexos, cores, atividades profissionais, em seus melhores fatos, prostravam-se diante dos símbolos da fé nas igrejas abarrotadas e nas procissões, ombro a ombro com cortesãos e os dignitários do Senado da Câmara, que ordenavam o périplo, escoltados todos pela Guarda Real em uniforme de gala.

Luccock aludiu à generosidade com que a população cumulava igrejas e altares com farto "material da religião", portas adentro e afora das igrejas, onde abundavam artigos de ouro, prata, pedrarias e sedas e lantejoulas. Para o comerciante inglês essas funções e cerimônias religiosas significaram o prenúncio da futura liberdade das mulheres, já que a elas era vedado o acesso ao paço — à exceção das de alto coturno — assim como à plateia do teatro. Seriam as festas religiosas, que podiam estender-se por dias ou mesmo semanas, um dos fatores da prosperidade dos negócios na opinião de Victor Gendrin, em cujo relato transparece a singularidade do comportamento afidalgado dos brasileiros em relação aos trabalhos manuais:

> Nessas procissões levam-se imagens de santos e santas bem como relicários cobertos de pedrarias, com altura de 2 a 3 metros. Tanto os andores como os relicários são de um grande peso, mas nem por isso os membros das confrarias ambicionam menos a honra de carregá-los, quando, na vida corrente, nenhum deles consentiria em transportar sequer uma tábua de 60 centímetros. (IHGB — Gendrin, passim)

Somente a devoção era pretexto, como já se viu, para retirar as mulheres da privacidade de suas casas — ainda mais pelo fato de as de melhor posição terem oratórios e capelas na própria residência, onde até missas se rezavam. E não o faziam sem seguir determinadas regras, a primeira delas fazer-se acompanhar sempre por um criado ou criada preto vestido de seda, aumentando o número de pajens conforme a posição e as posses da família. Afinal, o tamanho e a apresentação do séquito eram dos mais considerados índices de distinção. Diz Von Leithold que até as meretrizes de primeira classe — "que não são poucas" — exibiam orgulhosas suas escoltas pelas ruas. Quem não dispunha de criados particulares os alugava para as funções dos dias santos e missas. "É um ponto de honra apresentarem-se com um numeroso séquito. Caminham solenes, a passos medidos, pelas ruas." Reproduzia-se nos trópicos um hábito reinol. Carrère observou tratar-se de um luxo para as damas lisboetas serem acompanhadas por muitas criadas e divertia-se em vê-las andando circunspectas pelas ruas, seguidas de quatro pajens duas a duas, regulando seu passo pelo da ama, macaqueando-lhe o porte soberbo (Carrère, pp. 32 ss.; Von Leithold, pp. 28-31).

Mais raramente saíam as mulheres para visitas e, para aproveitar as ocasiões — e o aluguel nada barato das seges —, faziam-se de doze a quinze no mesmo dia. Debret (1982, p. 50), na descrição de uma de suas telas, mostrou-se perplexo diante do fato de não ver mulheres pelas ruas do Rio — "[...] obstruídas por uma turba agitada de negros carregadores e de negras vendedoras de frutas". Foi vê-las inúmeras no dia seguinte, de festa na igreja, com seus vestidos rebuscados de cores alegres e brilhantes, que o passar dos anos e a presença dos modistas franceses fariam alterar significativamente. Gravou com seus pincéis o flagrante do passeio de um funcionário com sua família, que deve ter servido de referência para a descrição da mesma cena feita por Alexander Caldcleugh:

> It is on Sundays and on feast days that all the wealthy and magnificence of a Brazilian family is exhibited. At an early hour the householder prepares for church, and marches, almost without exception, in the following order: first, the master, with cocked hat, white trousers, blue linen jacket, shoes and buckels, and a gold headed cane; next follows the mistress, in white muslin, with jewels, alarge white fan in her hand, white shoes and stockings; flowers ornament the dark hair: then follows the sons and daughters; afterwards a favorite mulatto girl of the lady, with white shoes and stockings, perhaps two or three of the same rank; next a black mordomo, or steward, with cocked hat, breeches and buckles; next blacks of both sexes, with shoes and no stockings, and several others without either... (Caldcleugh, p. 64)

Os homens visitavam-se com ou sem cerimônia, de acordo com seu grau de intimidade. Cotejando-se as descrições dessa cena que deixaram Denis e Luccock, lampeja a curiosidade de saber quem plagiou o outro — e a impressão que se tem é que o primeiro leu o segundo e resumiu-lhe a descrição do quadro de uma visitação entre dois senhores. Aquele que chegava trazia-se invariavelmente conspícuo, todo paramentado, tricórnio, fivelas e espada à ilharga. Batiam-se palmas e assobiava-se — pronunciando-se as sílabas "tchi-uu" (Luccock) ou "a sillaba tchiu" (Denis). Identificado a um criado de libré, este corria a seu amo a informar sobre o visitante. Em se tratando de pessoa conhecida, vinha o anfitrião imediatamente dar as boas-vindas, desculpando-se pelo à-vontade em que sempre se encontrava, barba por fazer de muitos dias, cabelos besuntados em desalinho e metido apenas em uma camisa de algodão, os pés enfiados em tamancas.

Em sendo de cerimônia, depois de recebida pelo criado, deixava-se a visita à espera uma meia hora na sala vazia de gente e cheia de quinquilharias, até que enfim chegava o dono da casa em meio atavio. Saudavam-se demorada e profusamente, a distância, enquanto se avaliava a categoria e as pretensões de cada um, e só então aproximavam-se: "[...] se as condições são desiguaes, d'uma parte com dignidade, da outra com respeito; e se pouco mais ou menos são identicas, com ar livre e familiar. Começa então a pratica sobre o negocio, que deo azo á visita, a qual em breve termina" (BNRJ — Denis, p. 235). A Luccock (p. 83) agradavam essas vênias e a lenta aproximação, que permitia às pessoas medir-se e avaliar-se reciprocamente, evitando equívocos desagradáveis e a sequência de escusas recíprocas. Mas sentia grande aversão pela prática do abraço, comum entre os brasileiros.

Nem todas as regulamentações da etiqueta eram seguidas nesses atos. A pragmática de Porta Siqueira mandava que sempre a visita se fizesse acompanhar por um ou dois criados, que, ao chegar, eram quem verificaria se havia gente em casa. Em não havendo, deixar-se-ia um bilhete sob a porta. Sendo recebido, ia-se ter imediatamente com o dono da casa à sala de visitas, tomando-se alguns cuidados, como o de não procurar nunca o melhor assento e evitar as visitas demoradas e enfadonhas. Devia-se recusar sem insistência que o dono da casa acompanhasse até a porta, e a despedida devia ser sem cortesias (Ajuda — Siqueira, 1814, pp. 87-95).

A etiqueta parece ter sido menos violentada em Portugal do que no Rio de Janeiro. Pelo menos lá se preferia a sineta da porta ao assobio. Nas melhores casas, usavam-se até quatro homens, não necessariamente negros, para receber com deferência o visitante e conduzi-lo pelos pátios e demais compartimentos até a sala repleta de peças curiosas da Índia e da China, que o visitante podia calmamente observar enquanto se demorava o anfitrião. Mas este, ao chegar depois de um rápido quarto de hora, apressava-se em deixar seu visitante à vontade, oferecendo-lhe o melhor assento, de acordo com suas precedências, e refrescos, refeição e rapé.

A CARA DA COROA

Para falar em transformação dos costumes, em adaptação das maneiras, parece imprescindível observar a ambientação da corte propriamente dita, do círculo mais restrito compreendido pela família real e pelo exército de criados particulares, desde os maiores do reino, mordomos-mores e viadores, reposteiros, mestres-salas, damas e gentis-homens, até os serviçais de braço. A corte portuguesa destaca-se por suas excentricidades em relação às demais casas dinásticas da Europa, às quais estava tão intimamente ligada. Não era definitivamente Versailles, Buckingham ou o Augarten de Viena. Séculos de presença moura, em contato estreito com vagas de mercadores de todo o mundo, uma vizinhança íntima com a África, tanto a muçulmana como a negra, aproximavam-na mais do Escorial, resguardando ainda suas peculiaridades. Nenhuma nação europeia, e Portugal foi a primeira delas, havia ido tão longe; fora às Índias orientais, à China e Oceania e ainda hoje é possível encontrar sinais dessa epopeia pelo mundo afora. Assim se forjou um feitio muito peculiar, cujos traços se alteraram ainda mais quando transportado para terras americanas.[32]

Na época de dona Maria I, quando os púberes dona Carlota e dom João já perfilavam como casal dinástico, o mais restrito e elevado círculo da corte mantinha hábitos que se afiguravam excêntricos a um observador estrangeiro. Lorde William Beckford teve a oportunidade de participar, como convidado dos Marialva, de um chá a que esteve presente a família real, seguido pelo espetáculo dos fogos de artifício. O aristocrata descreveu a cena em detalhes, a pequena dona Carlota enfiada num sofá em conversa viva com a anfitriã, dona Henriqueta, sentada como as demais damas e camareiras de pernas cruzadas, no chão, "à maneira oriental". Entre elas uma, dona Rosa, com ares sentimentais a lançar olhares furtivos e "[...] namoriscando um belo mouro, criado dos Marialva". Entrou a rainha e um silêncio respeitoso pairou sobre o ambiente. Chamou a atenção de Beckford a reverência quase religiosa dos portugueses para com a soberana, formalidade que dona Carlota tentou debalde fazer reviver no Rio de Janeiro.

Os costumes à oriental que havia no reino medraram num país com as características humanas e climáticas do Brasil. São inúmeros os registros que o atestam. Ao retratar uma senhora brasileira em seu lar, cercada da criadagem preta, Debret representou-a sentada na maneira habitual, numa marquesa de jacarandá, "[...] que de dia serve de canapé, muito fresco e cômodo num país quente, para ficar longamente sentada de pernas cruzadas, à maneira asiática".[33]

A casa real, transportada para o Rio de Janeiro, destacou-se pela simplicidade com que viveu e pelos conflitos em que se envolveu. Primeiro foi dona Carlota, que, alimentando em sua alma absolutista o desejo de apoderar-se do império do marido, meteu-se em numerosas confusões, vivendo a maior parte do tempo separada do cônjuge, que odiava, em companhia das filhas e de dom Miguel, transformados o rei e a rainha, na expressão do biógrafo de dom Pedro, em "inimigos íntimos".[34]

Dona Carlota, em particular, expôs o rei a situações extremamente delicadas em função de seu gênio forte e de seus assomos absolutistas arrogantes. Foi evento dos mais citados aquele em que se envolveu com o cônsul americano Mr. Sumpter, quando ao passar por ele exigiu-lhe que desmontasse e se curvasse diante de sua real pessoa, causando uma indisposição diplomática apenas remediada pelo rei com pedidos de desculpas e a anulação da lei que obrigava aquele ato a estrangeiros, continuando a vigorar contudo para os portugueses de todas as nações (Prado, 1955, p. 121; Monteiro, 1981, t. 1, p. 138). A vida que pulsava no paço faz-se notar também pelos documentos da mordomia-mor. Um ofício do visconde de Vila Nova da Rainha ao marquês de Aguiar, secretário de Estado dos negócios do reino, participa-o de substituições, motivadas por mau comportamento da criadagem que servia ao rei nos serviços mais baixos. Anexa ao documento uma relação dos moços demitidos e contratados e as respectivas datas. Interessante pensar que o rei era servido diretamente por "serventes pretos": Manuel Francisco, Caetano José, Manuel Ribeiro, João Luiz, João Moçambique.

> [...] igualmente vão incluidos os Moços da Porta, que forão admittidos; e os serventes pretos, com os dias dos seus vencim.[tos], para que V. Ex.[a] se sirva mandar-lhes abrir os competentes assentos nas respectivas Folhas. Também participo a V. Ex.[a], que para evitar as repetidas faltas, que comettem os Moços da Porta, e da Agua; e os Serventes, e as varredeiras, tenho determinado, que à hora competente de começarem o serviço, se faça ponto, p.[a] q. no fim dos quartéis se lhes desconte os dias que faltarão; assim como o valor do que perderem, p.[a] assim se evitar o prejuizo à Real Faz.[da]: cujas faltas,

> serão notadas em hua relação, que remetterei, p.[r] mim assignada ao Pagador, cada quartel; esperando, que esta minha determinação seja approvada, e q. V. Ex.[a] se sirva dar as ordens ao d.[o] pagador, para observar esta alteração; pois d'outro modo não se poderá fazer bem o serviço, e padecerá. D. G. A V. Ex.[a] Rio 9 de 7.[bro] de 1814. (ANRJ — CRI, cx. 1, pac. 8, doc. 170)

Os retratos que se pintam dos membros da família real variam de acordo com as simpatias. Ante a benevolência dos panegiristas, a pena impiedosa dos detratores. Por mais impressionista que seja o traço com que desenhou Marcus Cheke o "pano de fundo do palco brasileiro", caricatural mesmo, talvez guarde alguma semelhança com a maneira como a família real se apresentava e era vista pelos habitantes do Rio (Cheke, 1949, pp. 62-3, 81; Monteiro, 1981, pp. 139-50).

A situação precária do erário público impôs à corte de dom João no Brasil uma representação modesta, que ainda assim se lhe pesava. Pretendia-se, contudo, ultraformalista, não obstante a falta crônica de servidores e a precariedade do trem de servir. James Henderson chocou-se com a promiscuidade dos cortesãos, um composto de padres escuros, fidalgos com fardas anacrônicas, sertanejos rudes, capitães-mores mamelucos, que perambulavam nos salões guardados por archeiros vermelhos — e mais toda uma casta de gente de pele bronzeada de todas as regiões que subitamente se tornou comendadores, cavaleiros, militares; uma turba heterogênea, confusa, "[...] silenciosa multidão colorida de todas as cores de uma sub-raça, que babujava com o osculo a mão paupuda do Rei", que os recebia com "[...] essa espécie de compadresco que juntava à familiaridade, pelo interesse que tinha das cousas da terra, a mania de indagar, perguntar tudo" (Calmon, 1943, p. 224; Henderson, passim).

Sobre a utensilagem precária, dizia-se ser o melhor veículo a serviço de Sua Majestade uma sege despretensiosa, trazida durante a fuga. O príncipe tinha, no início, representação pobre, tanto quanto a de sua mãe, dispondo de uma carruagem que não passava das comuns que havia em Lisboa, como as antigas seges tiradas por um cavalo só, munida de tope e cortinas. Referenda esse quadro um ofício do visconde de Vila Nova da Rainha a Tomás Antônio Portugal, indeferindo um requerimento dos proprietários de carros da cidade, em que se queixavam da insistência do real tesouro em não pagar mais que 12$800 rs pelas viagens feitas à fazenda de Santa Cruz, como pagavam já outras repartições. O visconde reclama da majoração dos preços e discorda de que se devia pagar qualquer diferença:

> Esta repartição, tem hum Chefe, que a zela, e deseja sempre em tudo economizar à Real Fazenda, como he bem constante a Sua Majestade. Parece-me por tanto, que o requerim.to dos Supl.es deve ser escusado, e elles virão logo receber a quantia que por sua teima se lhes estiver devendo, que vem a ser a das ultimas duas jornadas e somente. (ANRJ — CRI; cx. 3, pac. 2, doc. 146)

E se isso era o que tinha a dizer, para tudo seguir à real fazenda, que mandaria fazer o que fosse servido o rei. Um despacho no canto superior direito do documento mostra que o parecer do servidor abnegado não foi relevado: "Que se lhe pague a 20$000 em razão da mudança dos preços dos generos". De qualquer forma, atesta-se que a casa real não dispunha de carros próprios para deslocamentos.

Uma vez assentada a corte em quadrante tão distante do reino, e consciente o rei do valor do reconhecimento e fidelidade dos ricos vassalos daqui, não pôde prescindir de fazer-se mostrar, luminoso, ao segmento abastado da população fluminense, que queria próximo ao trono. As representações públicas foram prestigiadas, e dentre elas uma das mais antigas, o beija-mão real, teve um papel fundamental. Era uma cerimônia que punha o monarca em contato direto com o vassalo, que lhe apresentava as devidas vênias e suplicava por alguma mercê. Reforçava-se nela a autoridade paternal do soberano protetor da nação. E desde tempos antigos, no reino, estavam prescritas as regras para essa função. Quem se propusesse ir beijar a mão ao rei deveria vestir-se com cerimônia, em trajes de corte e segundo sua qualidade; dirigir-se-ia ao paço em carruagem apeando-se à porta; adentrando a primeira sala dos archeiros da Guarda Real, buscaria em seguida a segunda dos porteiros da cana, a quem apresentaria a carta do foro de fidalgo, se a tivesse, seguindo então para a sala do dossel, onde deveriam encontrar-se os titulares, ministros e mais dignidades. Não possuindo foros de fidalguia aguardaria na segunda sala. Facultada a licença para a função, seguiria então em linha, fazendo uma rápida cortesia ao mestre-sala, esmoler-mor e camaristas, postados junto ao rei.

> Chegando junto á majestade lhe faz huma genuflexão, que consiste em dobrar hum pouco ambos os joelhos, ficando o corpo inteiro, e immediatamente pondo hum joelho em terra lhe beija a mão: e levantando-se torna a fazer-lhe outra genuflexão como a primeira, e voltando sobre o lado direito vai sahindo para fora com muita gravidade. Dando quatro, ou cinco passos, se vira de todo para El-Rey, e lhe faz a segunda continência, curvando como disse os joelhos, e para os camaristas, que lhe ficam então fronteiros huma leve inclinação, e voltando como primeiro dá os passos, que restão até a porta, por onde sahe da Salla, e dahi faz a ultima genuflexão á Majestade, e a segunda reverência aos Camaristas, que lhe ficão ao lado, principiando daquelle em que acabou na primeira cortezia até

os últimos; o que se pratica igualmente nos Beijamãos das Raynhas, e Senhoras, que lhe fazem a côrte.

Se o Principe, e Infantes estiverem, como costumão, com El-rey, se lhes beija a mão depois de Sua Majestade. E se a Raynha der também Beijamão, sahindo da Salla, em que está El Rey se dirigirá para onde ella estiver com a Princeza, e Infantas, e praticará o mesmo que se acaba de dizer. (Ajuda — Siqueira, 1814, pp. 38-41)

Todo esse aparato não foi religiosamente cumprido no Rio, apesar da frequência e da importância do beija-mão para a política aderente de dom João. Henderson descreve minuciosamente a movimentação em torno da cerimônia. Conta que toda noite, por volta das oito horas, com exceção de feriados e domingos, o rei recebia o público numa sala pronta para esse propósito, no palácio de São Cristóvão. As estradas que vinham da Cidade Nova, Catumbi e Mata Porcos ficavam repletas de oficiais e pessoas comuns, que para lá se dirigiam em *cabriolets*, na garupa de cavalos ou a pé, todos à cata de alguma graça real.

When the door is open there is a promiscuous rushing forward, and a mulato will be seen treading upon the heels of a general. They advance in single rank up one side of the room to upper part, where His Majesty is seated, attended by his fidalgos in waiting, and, passing him in review, they countermarch in the same order. (BNRJ — Henderson, 1821, p. 63)

Uma banda de música animava a cerimônia — "[...] in no very harmonious strain" — e podia ser ouvida por todo o vale. Antes do beija-mão real, um outro quase real acontecia na varanda do ministro Tomás Antônio Portugal, que recebia duas vezes por semana os requerentes de mercês para anotar os pedidos. A mesma turba que peregrinava até São Cristóvão tinha antes de recorrer ao apadrinhamento (*patronage*) do secretário de Estado de dom João. O mais curioso registro a respeito dessa função medieval revivida pelos Bragança alude a uma exótica comitiva que desejava ter a graça do ósculo, cujos preparativos começaram na intendência da polícia, a cargo de Paulo Fernandes Viana, que em 1816 despachava ofício ao comandante da Guarda Real:

> Ilmo. Sr. = He necessario, que V. S. mande a esta Intendencia hum Inferior de Cavallaria, para ir por terra ao Rio Doce pela Villa de Campos, e Capitania do Espirito Santo, para accompanhar certa porçao de Indios, que querem ter a honra de Beijarem a Mão de Sua Mag.[e].
>
> O Inferior deve ser de melhor conducta possivel, p.[r] q. a Comissão, de que elle vai encarregado, assim o exige. Ja desta cidade o Inferior leva em sua comp.[a] hum indio por nome Innocencio, e o interprete respectivo, e tanto a este como aos mais indios, e indias para esta Corte, deve trazelos com humanidade, e attenção... (ANRJ — Mss. Cod. 327)

Recomendava então o cuidado do guia para com seus acompanhantes, o procedimento para suprir as despesas pelo caminho, as trocas de cavalos etc. Não encontrei notícia sobre se houve ou não essa função dirigida pela polícia; seria de uma riqueza enorme poder documentar a cena: dom João sentado na sala do dossel, ou à varanda da Quinta da Boa Vista, a mão estendida, um nativo americano em penas, recurvado, a reverenciar um rei que não era o seu, enquanto os outros aguardavam a vez, certamente não sem algum alarido.

A argumentação que sustenta todo o enredo construído em cada um dos capítulos, e em particular esta seção, apoiada em documentação diversa, tentou demonstrar a influência recíproca dos diferentes grupos sociais, particularmente as elites de corte e os comerciantes fluminenses, na transformação dos costumes no Rio de Janeiro joanino, no sentido da "europeização" dos hábitos dos nativos pela influência dos adventícios e da adaptação destes aos costumes daqui.

Alguns admitem a transformação radical dos hábitos em todos os segmentos da sociedade; outros perceberam que as classes que mais se deixaram influenciar pelas novidades dos portos abertos foram as secundárias, ou inferiores — as superiores à época já em nada difeririam no comportamento das classes privilegiadas de Londres ou Paris; outros ainda indicaram uma sensível "melhora" nas maneiras dos nativos brasileiros — que se tornaram menos discrepantes das dos europeus —, mais permeáveis às mudanças por influência do contato com a corte. É certo que se trata de "falas", de "discursos" sobre um determinado fato, mas que conjugam, ainda que com diversos predicados, o mesmo verbo "mudar" ou "transformar". As informações dos inventários, mais a coleta daquelas falas sobre o tempo joanino, parecem indicar, contudo, a existência do tráfico das maneiras e das formas de ser entre as configurações sociais que se encontraram na capital fluminense de dom João.

O que aqui se conceituou de "europeização dos costumes" não deve ser entendido mecanicamente como a absorção dos costumes de um grupo por outro, uma vez admitindo-se, em primeiro lugar, que havia diferenças dentro de cada um deles. É preciso reconhecer a fragilidade da expressão, que emprego para designar o empenho dos nativos em imitar as modas e costumes que viam chegar com os estrangeiros, particularmente os europeus. Mas sabe-se que "Europa" não era uma noção muito sólida àquela altura; ainda mais considerando-se que as distâncias verticais dentro de um mesmo reino eram muito mais intransponíveis do que as que separavam casas dinásticas de diferentes regiões, a maioria delas com ancestrais laços de sangue. Outro elemento de fraqueza do conceito é que ele não dá conta do fato de que a população residente no Rio de Janeiro passou a imitar também os gestos e as modas da burguesia migrada, sobretudo de Inglaterra e França, que tinha todo o interesse comercial em disseminá-los. Nesse sentido, talvez fosse mais apropriado falar em "aburguesamento" do que em "europeização". Mas como as imposições do viver em corte ao gosto fluminense não são nada desprezíveis, o último termo, ainda que mais vago, tem a propriedade de ser mais amplo, e por isso o mantenho — ainda que com todas essas ressalvas.

Não pode haver dúvidas, porém, de que houve um incremento nos hábitos de consumo, pois não se trata essa afirmação de inferência lógica, mas de constatação empírica. Se novas e diferentes mercadorias se anunciavam nos leilões e nas lojas da praça, não é isso garantia de que todos podiam consumi-las. Mas todos podiam vê-las, cobiçá-las e tentar copiá-las — ou "macaquear" os gestos afetados de quem podia usá-las. Isso é de fato mais difícil de "provar", se não mesmo impossível. Cai-se inevitavelmente no "discurso" do outro, que, se não é "evidência", é um argumento. Além do que atestam os inventários que restam desse período, há os relatos voluntários.

Ante o imperativo de apresentar-se bem, o habitante do Rio de Janeiro, ou nato ou radicado havia muito, "afidalgou-se". Essa designação também é em si pouco precisa, uma vez que, como disse acima, entre os modelos que passaram a inspirar as mudanças de estilo dos brasileiros, talvez não fossem os da fidalguia ou nobreza os que mais pesavam. Nesse sentido, parece que a abertura introjetou aqui muito das modas "burguesas" francesas e inglesas e mesmo algo das republicanas americanas, todas coexistindo com figurinos palacianos mantidos na corte. Não obstante esses traços híbridos da aparência, abundam evidências da avidez dos brasileiros pela nobilitação. Não é tarefa simples, contudo, estabelecer mediações precisas entre ideias, sentimentos e representações.

Mostrarei em outro lugar as pretensões, com as mais diversas justificativas, que levaram os plebeus fluminenses às secretarias, visando conseguir em papel timbrado o reconhecimento de uma distinção social na maioria dos casos não herdada. Onde agora havia uma corte, ser "nobre" era o passaporte para ela. Victor Jacquemont desenha com linhas secas o perfil da "nobreza brasileira", à qual já se tinha acesso praticamente em sendo branco de cor: algumas centenas de marqueses, viscondes e barões, cobertos de veneras de fita e metal, vivendo desde cedo com grande fausto externo e nenhum conforto doméstico; não andavam a pé, viviam a jogar grosso, exageravam nos brilhantes e procuravam acompanhar a última moda europeia, afetando "[...] ares imponentes de corte ou atitudes tediosas, displicentes dos dandys de Regent's street ou do balcão do Teatro dos Italianos. Eis ahi a aristocracia indigena, a materia prima dos estadistas do Brasil" (apud Taunay, 1921, p. 493). Outro índice, talvez um pouco menos "contaminado" do que a fala do implacável francês, pode ser especialmente emblemático da gana de enobrecimento que assolou os "brasileiros". Trata-se do pedido de licença especial, subscrita pelo barão de Rio Seco e endereçada ao marquês de Aguiar, de dois moços para usarem do tratamento de senhoria, que lhes foi deferido ulteriormente, a despeito das leis em contrário.

A pertencão dos Supl.[es] Diogo Lopes de Souza Alvim, e de seo irmão Fradique Lopes de Souza Alvim, ambos Moços Fidalgos da Casa de S. A. R., em que pedem licença para pôrem espada, he para com esta graça terem o tratamento de Senhoria, e suprirem assim a falta que tiverão de exercicio no Paço, do qual he nato o dito tratamento, e antigamente hera a maneira com que se dava aos filhos dos Grandes o dito tratam.[to] quando estavão em longitude de não poderem ser chamados á Corte em semelhantes ocasiões.

Aos filhos dos desembargadores do Paço, e de outras pessoas que tendo o mesmo Fôro, não está em uso terem exercicio no Paço, para obterem o tratamento de Senhoria, a requerem por Graça especial, como a tem obtido algumas pessoas proximamente, visto não poderem haver pela licença que os Supl.[es] a pedem.

A sêr do Real Agrado de S. A. R. deferir aos Sup.[es], hade-se lavrar Apostilla nos Alvarás do Fôro, que assim o declara para constar que foy compensada a falta do exercicio no Paço com a M.[ce] que obtiveram.

A vista do referido V. Ex.[a] mandará o que fôr havido. Rio de Janeiro em 5 de Mayo de 1815. (ANRJ — CRI, cx. 1, pac. 9, doc. 196)

O despacho favorável aconteceu três anos depois. O tratamento de senhoria, que já foi exclusivo do rei de Portugal antes de "majestade", era privilégio dos moços fidalgos que serviam na casa real, embora já no reino tivesse seu uso bastante vulgarizado.[35]

Luccock sofreu na pele as implicações de depositar uma sociedade toda a carga do trabalho mecânico e braçal nos ombros de um único segmento, distinto aqui pela pigmentação da pele. A aversão ao trabalho braçal rendeu-lhe situações inusitadas, das quais deixou dois exemplos. Um é o do carpinteiro por quem esperava, o qual, depois de fazê-lo aguardar longo tempo, surgiu-lhe vestido em grande gala, de tricórnio e fivela nos sapatos. Outro é o episódio dos correios, onde a correspondência inglesa estava retida havia dias por não terem conseguido alugar alguém que a carregasse... Não é nada desarrazoado entender que o impulso de afidalgamento tenha medrado muito em função da existência da escravidão, e por causa dela tenha ganhado tonalidades específicas. Aquilo que viveu Luccock, Denis formulou de maneira mais categórica: nada seria mais diferente da classe dos artífices franceses que a dos brasileiros, principalmente se brancos:

> Habituados a ter pretos às suas ordens, e descançando neles do cuidado das obras mais grosseiras, conhecem tão bem a dignidade do mestre, que mandando-se chamar um marceneiro para concertar um móvel, ou um serralheiro para abrir uma fechadura, não levará ele a sua ferramenta, e apresentar-se-á em casa de quem o chamar vestido de casaca preta, e algumas vezes com chapéu armado.[36]

Pouco se falou aqui de um aspecto determinante na vida social do Rio de Janeiro, como era o movimento em torno das manifestações de devoção cristã, numa palavra, da vida ditada pelo calendário da conservadora Igreja católica luso-brasileira. Isso porque essa matéria e tudo que engloba, irmandades, confrarias, paróquias, hierarquias, sincretismo, festas etc., demandaria estudo particular. Não é plausível tentar aqui mais do que sugerir aspectos da vida religiosa fluminense correlatos à transformação dos costumes.

Foi emblemático o primeiro ato de dom João VI ao desembarcar em 1808 no Rio, onde um altar foi erguido ao pé do cais, o corpo eclesiástico devidamente paramentado para esperar os soberanos; o príncipe regente, escoltado por uma guarda de honra inglesa e portuguesa, foi ajoelhar-se diante de um padre que lhe estendeu o crucifixo para ser beijado. Diz-se que toda a vida social da capital regulava-se com o calendário das igrejas, cujos prédios de fachadas em estilo italiano conformavam exótica vista sob o fundo de figueiras e bananeiras. O ritmo da vida, na falta de outros meios de comunicação, era cadenciado pela linguagem dos sinos, que avisavam sobre os nascimentos, batizados, casamentos, mortes, santos do dia. Por exemplo, nove badaladas acusavam o nascimento de um menino, sete o de uma menina. É curioso perceber a incidência da vida religiosa no cotidiano da cidade, por exemplo, na marcação do tempo pela hora das orações. Em ofício da polícia de 1816, o intendente solicitava ao comandante da guarda da polícia uma patrulha para "[...] logo ás Ave Marias" ir ter com o porteiro da alfândega.[37]

Não obstante a devoção externada ruidosamente, e sendo as festas religiosas uma das poucas oportunidades de as mulheres deixarem o claustro doméstico, não se conseguia evitar o aspecto de divertimento que as acompanhava. Mesmo os padres, ao que se diz, gostavam de "brincar, aqui, com as mulheres e as moças", muito longe do recato que se espera de um religioso. Julgava Gendrin que as festas religiosas eram menos atos de piedade do que verdadeiros jogos, "[...] durante os quaes as mulheres saem á rua com o seu cortejo de negras e mulatas e deixam-se facilmente abordar". Não era dado ao comerciante francês entender que o "fazer-se acompanhar por um cortejo de negras" era um importante mecanismo de distinção social.

Adequações na etiqueta, teatralização da vida e transformações dos hábitos, três perspectivas de observação que privilegiei ao abordar a sociedade de corte joanina. Três formas do *ser* social complexo, híbrido e inédito instaurado no Rio de Janeiro na primeira década do século XIX. Se são inegavelmente aspectos históricos diretamente ligados a construções mentais (numa palavra, psicológicas) e mecanismos de sociabilidade, não foram aqui evocadas para dar "lustro" ao enredo nem são fins em si mesmas, narrativas de *petite histoire*.

Aspectos de uma experiência histórica concreta conformam índices de imposições políticas e sociais a duas configurações simultaneamente tão próximas e tão distintas, a corte migrada e a elite fluminense, experiência da qual nenhuma delas sairia incólume, nos mais diferentes sentidos. Foi nesse cadinho que se forjou a construção do Estado no Brasil. É à inteligência desse outro *ser*, político em sentido estrito, que se dedicam as últimas seções.

SEGUNDA PARTE
O SER DO ESTADO

4. O cetro e a bolsa
Aspectos da formação do Estado brasileiro

O Brazil soberbo por conter hoje em si o Immortal Príncipe, que nelle se dignou estabilecer o seu Assento, adquire hum tezouro mais preciozo, que o aureo metal, que dezentranha, e os diamátes, e rubis, que o matizão. Elle já não será huma Colonia maritima izenta do commercio das Naçõens, como athé agora, mas sim hum poderozo Imperio, que virá a ser o moderador da Europa, o arbitro d'Azia, e o dominador d'Africa.

Antônio Luís de Brito Aragão e Vasconcelos,
Memórias sobre o estabelecimento do Império do Brasil ou novo Império Lusitano, 1818

A formação do Estado brasileiro teve como centelha a guerra pela hegemonia política na Europa em que se defrontavam as potências francesa, sob o impulso imperial de Napoleão, e inglesa, que lhe fazia frente. Oprimido entre ambas estava Portugal, resistindo como podia com sua política reticente, declarando-se fiel ora a uma, ora a outra nação; executando a única estratégia possível e adotada pelo regente, a da contemporização. A historiografia brasileira clássica sobre o período joanino no Brasil, pela própria ênfase que atribui à política de Estado e às relações diplomáticas, tratou detidamente da situação de Brasil e Portugal no contexto do "bloqueio continental".[1] Outros aspectos não menos decisivos, contudo, restam por ser (re)pensados. Não se chegou afinal a um entendimento quanto ao ato da retirada de dom João, polêmica que se instaurou no calor da hora: os que desde então procuram detratar a figura do príncipe julgam-no uma fuga covarde; outros, como os áulicos que narraram aqueles momentos a quente,[2] procuram elevar a figura real, concebendo a fuga como uma decisão acertada; há ainda aqueles que voltam os olhos a séculos atrás e pensam na vinda para o Brasil como um "alvitre amadurecido", que alimentaram outros estadistas lusos.[3]

Há certo consenso historiográfico, por outra parte, sobre ser o Estado nascente erguido à imagem e semelhança do Estado português, em sua arquitetura política e administrativa.[4] Importa iluminar, pois, alguns traços peculiares da monarquia lusa migrada, sua condição de monarquia absoluta anódina, mesmo anacrônica, das últimas que os ventos liberais varreriam tão brevemente. Da constituição daquela forma de governo, de sua concepção da fonte do poder, o princípio da "liberalidade" das graças exercido pelo soberano foi decisivo para a definição das elites na corte fluminense.

Já se falou também com muita propriedade sobre o paralelismo entre a constituição do Estado e a formação da classe dirigente no Brasil (Mattos, 1986). Não há, contudo, consenso quanto à composição dessa classe — e essa dúvida historiográfica deve ser mais uma vez revolvida. Se aqui, a seguir, todo um capítulo se dedicará a esmiuçar quem foram os "novos nobres", os setores da elite fluminense que entrelaçaram interesses com a corte, falharia a argumentação, por outro lado, se o mesmo não se fizesse com relação à nobreza migrada. Em outras palavras: o que era a nobreza do reino à época em que a ameaça napoleônica impôs ao príncipe regente abrigar-se na colônia americana para salvar sua coroa?

Depuradas essas dúvidas, haverá elementos para compreender melhor o caráter do Estado brasileiro no momento de sua criação, as posições conflitantes dos vários segmentos, a força da distribuição das mercês pelo rei, a questão do enraizamento dos interesses metropolitanos na colônia, a forma política que revestiu o novo Estado.

FUGA OU SÁBIA DECISÃO?

Pressionado por mar pela velha aliada insular e, por terra, pela Espanha já subjugada ao poder de Napoleão, adiou o príncipe quanto pôde a decisão de refugiar-se no Brasil. Fosse por tibieza de espírito do soberano ou por uma estratégia que, afinal, se mostrou eficaz para salvaguardar a coroa sobre sua cabeça, o sinal derradeiro para levantar velas foi o número do *Moniteur* que lorde Strangford entregou ao príncipe, no qual Napoleão assegurava que "[...] La Maison de Bragance avait cessé de régner [en Europe]". A memória desses fatos tem sido construída com ingredientes diferentes, às vezes mesmo antagônicos. Na *Histoire de Jean VI*, livro anônimo publicado em Paris após a morte do regente — que amiúde tem sido pilhado pela historiografia —, afirma-se que o embarque no porto de Belém ocorreu em meio a grande confusão, um espetáculo ao mesmo tempo triste e grotesco: misturavam-se os valetes junto com as senhoras e com soldados, objetos preciosos com peças as mais grosseiras e inúteis. Dom João chegou com seu sobrinho e valido, dom Pedro Carlos de Espanha, sem ter tido quem o recebesse; devido ao aguaceiro da véspera, teve o príncipe de ser carregado nos ombros por policiais, sobre pranchas estendidas na lama. Uma multidão estarrecida acompanhava o movimento.

Qual terá sido de fato a atitude dos diversos grupos que formavam a sociedade lisboeta? Em vista da perda iminente do soberano, alguns ficaram pasmados, outros em pânico. Um documento deixa entrever um sentimento inusitado: a indiferença. José Teodoro Biancardi, em suas *Cartas americanas*, conta que se surpreendeu ante os acontecimentos em Lisboa, "[...] onde nada houve de extraordinário, nos primeiros momentos, senão a tranquilidade inexperada".[5]

De uma maneira ou de outra, fato é que com o rei partiam importantes quadros da corte e da máquina administrativa e igual quinhão do dinheiro que, não sendo muito, ainda girava no reino, suscitando descontentamento naqueles que não puderam ou não quiseram acompanhar a família real.[6] Para os que se arriscaram com seu príncipe na aventura oceânica, restava cantar a glória da medida mais que acertada de seu guia. São inúmeras as odes sáficas e pindáricas, as orações gratulatórias e oferendas em que se fez da atitude de dom João a tábua de salvação do império. Nesses escritos são recorrentes as imagens do príncipe como timoneiro da nau do Estado, das situações adversas como provações, do êxito da empresa que instaurou um novo império nos trópicos.[7] Um panfleto característico são as *Reflexões sobre a conducta do Principe Regente de Portugal*, de Francisco Soares Franco, publicado em Coimbra em 1808.

> Libertarão a sua Patria estabelecendo os principios da sua potencia, longe do paiz em que nascerão. He no Brazil que Portugal he uma potencia, e he no Brazil, que existe o seu inexpugnavel baluarte contra a tyrannia da Europa; he no Brazil, que libertado da tyrannia de Bonaparte, e da ignominia de Espanha, elle póde punillos, hum dos

seus crimes, e o outro de sua fraqueza, e vingar-se de todos os seus males [...]

Por isso a atitude de dom João mostrou-se a mais acertada, diferenciando-se dos outros reis "efeminados" do resto da Europa:

> Eis-ahi huma grande resolução! He assim que os Reis são verdadeiramente os defensores dos seus povos, e os libertadores da sua Patria. Em fim eis-ahi hum Rei... Era permittido apenas pensar, que já os não via. Mas Gustavo (rei da Suécia), e o Principe do Brazil mostrão ao mesmo tempo o animo a todos os corações, e a esperança a todas as almas. (BNRJ — Franco, 1808, p. 7)

Entre os estudiosos posteriores do período, nem todos concordam que a fuga redentora pudesse ter partido de um espírito néscio como o de dom João. Otávio Tarquínio de Sousa, em sua *Vida de dom Pedro I*, nada simpático à pessoa do regente, concede ao menos que nos anos de 1807 a política europeia exigia do príncipe o que ele não podia oferecer, decisões rápidas e resoluções prontas. Mas naqueles tempos tormentosos foram as próprias circunstâncias que lhe teriam ditado a única atitude compatível com sua personalidade: a neutralidade. Foi assim, contemporizando, iludindo, cedendo que o príncipe regente conseguiu sobreviver entre os dois grandes opressores. Segundo Tarquínio, pontos como honra e dignidade não pesavam muito no espírito timorato de dom João, que, se repetidas vezes se mostrou pusilânime, compensava-se o soberano com a perspicácia do estrategista que era.[8]

Dentre os que julgaram positivamente a decisão da migração da família real para o Brasil, Oliveira Lima procurou redimir a pessoa do príncipe. Segundo o diplomata e historiador, entre perdas — o que ficava de Portugal na Europa — e ganhos — o novo império que ergueria para sua Casa na América —, dom João, dando execução a esse que era um "alvitre amadurecido" da coroa portuguesa, fez-se em toda a Europa a única ameaça concreta ao desafio napoleônico, motivo pelo qual seu ato deve ser considerado mais como "uma inteligente e feliz manobra política do que como uma deserção cobarde".[9]

Deserção ou ato heroico, fuga ou malícia política, qualquer opção assenta num juízo de valor. O que importa do ato são seus desdobramentos. Em terras brasileiras, aportou uma comitiva de aproximadamente 15 mil "almas", e pesaria no ânimo do príncipe, já por si tão propenso ao reconhecimento e à gratidão, terem elas se lançado consigo às provações da travessia, seus fiéis companheiros de exílio. Conta-se que a realeza chegou às praias em estado de quase indigência, "destituídos de tudo, exceto a honra", seus seguidores não se encontrando em condições melhores, "[...] com suas propriedades saqueadas, seus cargos suprimidos, as fontes de suas pensões dessecadas e, muitos deles, literalmente sem teto".

Os brasileiros, por seu turno, tinham as casas e comodidades de que necessitavam os migrados, e por isso foram desde o início bem recebidos no paço. Queria o príncipe conquistar a amizade dos grandes da terra e tinha o poder de retribuir seus benefícios maciços com honrarias ocas, no dizer contundente de Luccock.[10] Não que o assento do príncipe e sua corte tivessem, à época da chegada ao Brasil, alguma pretensão à suntuosidade, muito pelo contrário. Mas ainda assim, por pouco faustoso que fosse, gerava despesas, mesmo ordinárias, que não podia cobrir o tesouro. Aqui é que entra em cena a "boa gente" fluminense. São muitos os testemunhos sobre como se empenharam todos, grandes e pequenos do Rio de Janeiro, para abrigar os nobres trânsfugas (Denis, 1844, p. 181). Os nativos efetivamente receberam os estrangeiros com a maior boa vontade, oferecendo espontaneamente seu dinheiro, casas e conforto — e a maneira como foram retribuídos não correspondeu a seu empenho e suas expectativas. Se concorreram todos com imóveis e somas vultosas para socorrer a corte, receberam em troca do príncipe, de início, não mais que palavras gentis e cortesias e sentiram-se logrados e desenganados. Muitos, que se desfizeram de propriedades e criados a fim de se apresentar entre a corte, magoaram-se ao ver inferiores favorecidos, acabando por se retirar da cidade. Outros houve que lhes seguiram o exemplo pelo fato de as despesas terem acrescido, com o afluxo de habitantes novos e a transformação nos costumes. Luccock, testemunha ocular desses fatos, apreendeu o movimento que entrelaçou num mesmo tecido, pelo jogo de interesses e conflitos deles decorrentes, duas configurações sociais até então apartadas:

> Outros, que permaneceram no Rio e continuaram fazendo sua corte no Paço, em meio de vexames, invejas e altercações, pareciam ter adotado uma maneira diferente de sentir. Iguais aos brasileiros em geral, eram violentos por natureza, estavam pouco habituados a qualquer restrição e dispostos a suportá-las. [...] Apesar da espécie de governo sob o qual viviam, na realidade eles é que seguraram os cordões da bolsa do estado, controlando as finanças da Casa Real e, desde o princípio, fornecendo-lhe o seu jantar diário. Cônscios de sua importância, mantinham suas posições e continuavam reclamando as distinções às quais se consideravam fazer jus. (Luccock, 1975, p. 68)

Dom João utilizou-se à farta desse único dispositivo de que dispunha, o poder real de conceder honras e privilégios por meio das graças e mercês as mais variadas para recompensar aqueles que o assistiram no momento do perigo: uns pelo simples acompanhá-lo, outros pelos socorros materiais com que o serviram, por assim dizer, em ato de vontade decretada.[11]

Ao julgamento da fuga providencial do príncipe, costuma a historiografia fazer acompanhar o de todo o seu reinado. Os historiadores, sempre em busca da utópica isenção, parecemos fadados aos juízos históricos. Relevar aspectos psicológicos — tão suscetíveis à valoração moral — como "tibieza de espírito" ou "natural benevolência" parece inevitavelmente reproduzir a velha prática historiográfica que deságua na condenação ou absolvição dos agentes históricos.[12] É unânime, contudo, a opinião de que o sentimento de gratidão de dom João aos que o acompanharam e aos que o socorreram aqui foi o motivo da prodigalidade na distribuição de graças e distintivos nobiliárquicos com que começou a se constituir a nova nobreza "brasileira" — e, ao final, a principal fonte de atritos e ciúme entre agraciados e preteridos.

Mas é fato também que o príncipe regente, à cabeça do Estado desde o reconhecimento da demência da rainha sua mãe, usou com muita habilidade os poucos recursos de que dispunha. Acusado por uns e outros de indeciso e indolente, reconhecido pela maioria, ao mesmo tempo, como perspicaz diante das turbulências políticas e domésticas — essas não menos graves e constantes que aquelas —, a verdade é que, apesar do período de convulsões sem paralelo em que reinou, dom João viveu e morreu como rei, enquanto a maioria das cabeças coroadas da Europa sucumbiu sob Napoleão. Glorificado como portador de "natural perspicácia e tato adquirido no manejo do governo" por Silvestre Pinheiro, superava sua fama de enfermiço e tolo, nunca tendo permitido a ascendência absoluta de nenhuma das facções que o orbitavam. Lembra com propriedade Pedro Calmon que nem dom João II abateu a aristocracia, nem dom José o clero, como ele — "[...] que haveria de arrimar-se aos negociantes contra os fidalgos, e interromper a tradição devota da dinastia [...];

humilhou largamente a nobreza; mais que isso, a confundiu, distribuindo, com uma alegre prodigalidade, as mercês outr'ora tão raras" (Calmon, 1943, p. 69).

Usou com maestria sua posição de pedra angular no equilíbrio das tensões entre os diferentes estratos que o assediavam, dando força aos decaídos para deter os poderosos. Para J. F. de Almeida Prado, dom João era o liame que agrupava sob a coroa os súditos provenientes das várias regiões, levando existência patriarcal, recebendo a todos com generosidade — como bem se confirma pelos inúmeros testemunhos sobre o beija-mão real. Segundo o historiador paulista, um dos primeiros a relacionar a formação do Estado com a da classe dirigente brasileira, o paço ficava sempre de portas abertas nos dias de audiência pública, acessível a reinóis, brasileiros ou estrangeiros de todas as categorias, mansidão desfeita apenas pelos rigores da etiqueta palaciana, estranha ainda aos habitantes do Rio de Janeiro, que nem sempre a apreciavam.[13]

Na *Histoire de Jean VI*, considera o autor anônimo que aqueles que se dedicassem a estudar a vida do príncipe regente perceberiam suas diligências em prol da educação, que o colocam longe de ter sido o "espírito limitado" que se supôs tão gratuitamente.

> Le fait est qu'il avait acquis beaucoup de connaissances positives sur l'état de l'Europe et sur les principaux personages qui dirigeaient les cabinets; il était parfaitement au courant de toutes les intrigues de ses courtisans, et savait jusqu'aux moindres détails de leur vie privée. Dans mille circonstances, il a montré une grande justesse de raisonnement et une pénétration peu commune. Quoique superstitieux en apparence, il était loin d'être fanatique, et il paraîtrait même que son goût pour les cérémonies religieuses était plutôt l'effet de

l'habitude que d'une conviction intime: dans les denières années de sa vie il est constant qu'il négligea beaucoup les pratiques de dévotion. (BNRJ — Histoire de Jean VI, 1827, pp. 26 ss.)

A CASA DO REI[14]

A existência patriarcal a que se aludiu acima não se resumia à maneira como o soberano geria a administração de sua casa e de seu Estado,[15] dadivosamente a fazer mercê aos mais humildes vassalos, que à sua mão recorriam para todos os tipos de auxílio; nem pelo poder a si atribuído de conceder o perdão a réus condenados à morte; enfim, de premiar e punir seus súditos com a incontestável autoridade de um *pater familias.* A imagem do rei como "pai" conformava-se no imaginário, no conjunto social de imagens criadas para representar a soberania monárquica. Já desde tenra idade, infante ainda, referiam-se os panegiristas a dom João como "[...] apoio unico do throno de Portugal, o Pai, e o mais empenhado, da Patria" (Aboim, 1789).[16]

Durante toda sua residência tropical renovou-se a imagem paternal do rei, não apenas nos libelos laudatórios que ganhavam os auspícios da imprensa régia. Na *Relação dos festejos...* (1818) pela aclamação de dom João VI, Bernardo Avelino de Sousa conta que em muitos pontos da cidade dispuseram-se iluminações e máquinas que utilizavam a mesma imagem como legenda. Via-se, por exemplo, nas janelas de um primeiro andar na rua da Quitanda, número 64, o busto bem iluminado de Sua Majestade, ao que sobressaía um gênio com uma coroa real e outra de flores, e embaixo o emblema da História na ação de escrever os seguintes versos: "Gloria da Patria, do Universo assombro, Virtudes Paternaes Lhe forão dote". O traficante Joaquim José da Siqueira, das mais fortes fortunas da praça fluminense, levantou uma arquitetura em cujo arco mais alto havia um globo diáfano, sustentado por três Hércules, a simbolizar os reinos unidos, ladeados pela Fama, e no centro a inscrição: "Ao Pai do Povo, o melhor dos Reis" (BNRJ — Sousa, 1818, pp. 7, 13).

A ideia — ou o sentimento? — paternal é tão forte para fluminenses como para lisboetas, que utilizaram profusamente a orfandade para definir sua condição em função da partida do rei. Ainda em 1821, para celebrar o retorno da família real, um dos mais notáveis panegiristas ardia em versos:

Porém sonho não he, he realidade;
Porque hum Deos ás promessas nunca falta,
Aprouve-lhe acabar com nossa Orfandade,
Que ao Povo que o respeita, assim exalta;
Temos constituição, que as Leis segura,
Temos hum Rey, e Pay; que mais ventura!
[...]
Não lastimamos nós nossa orfandade
Que em gemmidos sofremos tantos annos?

(BNRJ — Costa, 1821, pp. 6, 9)

Mas em nenhum outro momento quanto o da morte do rei glorificou-se e chorou-se tanto a perda da figura paterna. As convulsões de dor e perda são espetaculares: "Se, extinto o Pai commum, coração triste, desfazer-te não podes todo em pranto...", "Ó Rei Pai do teu Povo, ó Glória, ó Nume"; "fecharão-se do Pai em noite eterna/ os olhos! Esse dia pavoroso", "Aqui Jaz o Bom Pai, o Rei Prudente,/ O Rei Pio, Benefico, Clemente", "o grande soberano, o Solicito Pai da Patria".[17] A concepção do rei como pai do povo, no ideário político do Antigo Regime, acompanha outro não menos central, o do caráter sagrado da realeza.

CARÁTER SAGRADO DA REALEZA

Ao lado da concepção patriarcal da monarquia, o caráter sagrado da realeza — que fundamenta, mas não se confunde com o poder absoluto do rei[18] — constitui a base do pensamento do absolutismo providencialista, que tem origem remota na Idade Média e vigorou em Portugal até o início do século XIX, coexistindo com o absolutismo de raiz contratualista, próprio da política pombalina.[19] Desde os primeiros passos em sua educação, dom João foi familiarizado com essas ideias. A origem divina do poder real está representada, por exemplo, no primeiro emblema (E I) do *Príncipe perfeito*, presenteado ao príncipe em 1790 por Francisco Antônio de Novaes Campos.[20]

No curso moral para nobres ofertado a dom José I por Damião de Lemos Faria e Castro em 1749, a *Política moral e civil, aula da nobreza lusitana*, funda-se a origem do poder real de conceder graças, a sua liberalidade, no mesmo poder de Deus, de que os príncipes são a imagem na terra. No livro VI, "Da liberalidade e seus extremos", consta:

> Tam propria he dos Principes esta virtude, que da sua etymologia tomou o nome o supremo de todos os Reys. Da-se Deos a conhecer, só porque dá: e assim como he propriedade em Deos o ser liberal, os Principes, que são imagens suas, devem retratarse das mesmas cores... (BNL — Castro, 1749, p. 298)

A aclamação de dom João em terras brasileiras foi momento propício para o reforço de algumas vigas mestras da arquitetura do poder real, tarefa levada a cabo pelos principais oradores da corte. Em seu "Breve discurso gratulatório, ou arenga para ler-se em Câmara da Vila de Santo Antônio de Alcântara", comarca de

São Luís do Maranhão, e impresso na Tipografia Régia do Rio de Janeiro, onde também circulou, o autor João Constantino Gomes de Castro começa desfolhando seus mais convictos sentimentos de vassalagem. Evoca a memória dos grandes do reino desde os feitos gloriosos de Afonso Henriques no Campo d'Ourique em 1139 e todas as demonstrações de lealdade dos portugueses a seus soberanos; e ao estandarte do cristianismo, levado aos quatro cantos do globo pelas façanhas dos monarcas, que pela honra e amor à pátria derramaram seu sangue,

> [...] sacrificando suas vidas em defeza da Coroa, como ainda ha pouco o vistes praticar, e sempre o nome Portuguez justamente mereceo das outras naçoens muitos louvores pelo seu distincto valor, Militar Constancia, e Fidelidade aos seus soberanos, reconhecendo, que o supremo Poder Real fora emanado immediatamente de Deos... (BNRJ — Castro, 1823, pp. 28-34)

Frei João Baptista da Purificação, pelo mesmo memorável motivo da aclamação de dom João, exaltou-o do púlpito no Recife, fazendo de objeto do seu elogio a demonstração da monarquia como o mais "antigo, útil, e respeitável governo", para o que pedia a atenção e a paciência de seus ouvintes. A determinada altura, relaciona a aclamação dos príncipes ao ritual sagrado inicial inscrito no Velho Testamento:

> A respeitavel Ceremonia da Acclamacão dos Principes, fazendonos lembrar a devida submissão, nos move a reconhecer o sagrado da Soberania, em que são legitimamente installados os Augustos Chefes das Nações. Quando o Senhor pela unção de Samuel sagra os Principes do seu povo, para os collocar sobre o Throno de Judá, elle quer manifestar a Suprema elevação, que deve caracterizar os

> Conductores dos seus Eleitos. Esta subliminidade magestosa he o meio mais adequado, de que se recorda a Divindade, para infistular a harmonia no centro do Mundo Moral. (BNRJ — Purificação, 1818, p. 9)

O orador tinha bons motivos para exaltar os princípios monárquicos, tão seriamente ameaçados ali mesmo, no Recife, meses antes. Para ele, nada deve contestar esse tipo de governo tão simples, porque natural, "[...] esse domínio do não eletivo, esta soberania hereditária, que dimana desde o tronco até o ultimo de seus ramos".

> A Monarquia, Senhores, he o mais antigo, o mais sábio, o mais util, e o mais consequente Governo; porque nella vê-se a lei, suffragando sempre ao subdito, por isso que o Soberano he o Pai, o Protector do seu Povo. Nella a subordinacão he mais suave, o rigor mais temperado, a justiça mais dirigida, o vicio mais reprimido, e a virtude mais premiada; nella o cidadão he menos servil, porque o despotismo he menos tolerado. (Idem, p. 17)

CARÁTER DA MONARQUIA LUSA

O que não se oculta nesse elogio de Purificação é a representação vigente da condição absoluta do poder monárquico, tão próximo de sua superação, mas ainda predominante, ainda que o não reconhecessem ideólogos da época e mesmo ramos da historiografia posterior. Aliás, dentre os que conceberam o império nascente, ninguém do vulto de Cairu legitimou como o visconde o caráter absoluto e pessoal do poder que emana do cetro real. Não obstante o amparar-se frequentemente nos principais epígonos do liberalismo clássico, que cita, deixa transparecer em seu discurso um apego ao passado solvente e sua mentalidade própria do Antigo Regime:

> A Gallomania que tentou nivellar todas as classes e individuos, desmentindo a Providência, que variou talentos, estados, e gráos de meritos dos homens; dando tortura á natureza, que bradou no equleo da salvageria, pondo em moda jacobinica até a immundicia d'alma e corpo, apresentando-se seminus, só distinctos pela clava de Hercules, e furia de Cannibaes, delirou até o excesso de destruir, á ferro e fogo, as memórias de justa nobreza e distincção, á que, por constantes instinctos, aspirão os que tem energia de peito, e emulação de virtude, sabedoria, e excellencia no serviço do Estado e do gênero humano. Os renegados da montanha, apostatas de seu Deos, e Rei, na forjada Constituição de chiméras, [...], *estabelecerão a Lei prohibitiva do espirito de verdade, honra, e genuina coragem, apregoando falsa igualdade e liberdade, para usurparem o governo estabelecido, e desluzirem a justa Authoridade do regimen patriarchal, origem das Monarchias, e das differentes Ordens do Estado, que são as suas columnas.* [...] *A Lei da humanidade* (*diz numa nota*) *não* exclue a nobreza hereditaria, que he hum facto consignado no Evangelho, o qual principia pela genealogia do Fundador da Religião. (JM)

Segundo ele, os príncipes são espíritos superiores e iluminados, predestinados a conduzir seus Estados à bem-aventurança, preservando os pilares da sociedade que são a religião, a ordem civil, a coroa; a independência e integridade do império e os sistemas do bem público. O poder de executar tais benefícios seria "[...] emanado do caráter pessoal de Sua Majestade". É incompreensível que hoje, como se toda uma crítica a seu pensamento já não existisse — pelo menos desde *Raízes do Brasil* —, Cairu ainda seja tido como baluarte do pensamento liberal, ele, que tão abertamente admite as diferenças "naturais" entre os homens, como quando louva a política generosa de distribuição de mercês que adotou o príncipe:

> Tambem a Liberal Mão Honrou a muitos naturaes do paiz com as Insignias das mais Ordens estabelecidas, em premio de relevantes serviços. A Nação colheo o fructo de tão benefica Providencia, exterminando dos entendimentos as illusões democraticas, e dirigindo o amor da nobreza para os dignos objectos; mantendo todas as classes na dourada cadeia da subordinação, para sempre ter em vista a Pyramide Monarchica, contidos os individuos em seus competentes officios, e na devida distancia da Summa Alteza da Soberania.[21]

DA LIBERALIDADE

O poder de que eram servidos os reis, de fazer mercê aos súditos que a eles recorriam para solicitações as mais diversas, era um dos pilares em que se sustentavam as monarquias no Antigo Regime. A capacidade do rei de "dar" é condição de sua majestade, nunca podendo desviar-se perigosamente para nenhum dos extremos, a prodigalidade ou a avareza.[22]

As distinções hierárquicas na sociedade de corte portuguesa constituíam, na segunda metade do século XVIII, o principal capital de que dispunha a monarquia. A concessão de graças honoríficas, como os títulos e os lugares nas ordens militares e religiosas, foi fartamente utilizada pelos monarcas como um capital simbólico fundamental para retribuir a fidelidade de seus vassalos.[23] Claro que em cinco ou seis séculos de história, a estrutura e funcionamento das ordens de cavalaria — para destacar um exemplo emblemático dentro dos quadros da nobreza — e sua relação com a coroa não foram sempre os mesmos. De sua função essencialmente bélica e conquistadora dos primeiros tempos, as ordens de cavalaria não passavam de instituições honoríficas à época da União Ibérica. Incorporadas à coroa em 1551, o processo de laicização das insígnias, de seu progressivo alheamento relativamente à atividade guerreira, alterou-lhes essencialmente.[24] Fortunato de Almeida fala mesmo de uma mudança da missão histórica das ordens que, à época de dona Maria I, só permitiriam mudanças limitadas em seus estatutos. Essa mudança de função e caráter explica-se em grande medida pela situação dos monarcas peninsulares na conjuntura da crise econômica dos quinhentos, que, atrelando a si a distribuição dos hábitos, passaram a utilizá-los como capital para remuneração dos mais variados serviços. Ainda assim, desde aproximadamente o último quartel do século XVI, impedimentos outros colocaram-se para o acesso às ordens, que passaram a exigir qualidades como a limpeza de sangue, o não exercício de ofícios mecânicos e isenção de bastardia.

Mas mesmo esses novos critérios de distinção, que acompanharam o processo de curialização da sociedade guerreira em Portugal, não lograram manter "puras" as ordens, que caíram em relativo descrédito por causa de sua vulgarização distributiva. Não obstante, continuaram mantendo enorme importância social como arquétipo de *status*, por possibilitar vantagens sociais mais amplas que retornos econômicos imediatos.[25]

Ao franquear largamente mercês a seus vassalos, dom João não inaugurou no Brasil nenhuma prática que já não fosse conhecida no reino. Pagou com honrarias e distinções a todos que o assistiram. Para contemplar e remunerar a lealdade dos serviços relevantes dos que com ele se arriscaram na fuga redentora, ressuscitou com um decreto a Ordem da Torre e Espada, instituída por dom João V, com seu grão-mestre — sempre o rei de Portugal —, seus grão-cruzes, comendadores-mores e menores; honorários e efetivos; seus tratamentos específicos, necessariamente pessoas de "merecimentos", e empregados no real serviço (BNL — Morais, 1872, p. 211). O sacrifício dos reinóis, vale lembrar, conferia-lhes, além das honrarias, moradia, comedorias, condução e serviçais para os mais graduados, além de formas de tratamento diferenciadas, capital simbólico realmente de "valor" numa sociedade em que o lugar dos indivíduos era estabelecido por critérios de honra e prestígio.

Registros contemporâneos permitem entender a lógica dessas dádivas reais — ou ao menos o sentido que lhes atribuíam os "ideólogos" da corte —, como nesse *Elogio*, de 1811:

> Era um costume de longo tempo, religiosamente observado pelos nossos Soberanos, exercitarem, mais particularmente a sua liberalidade, e a sua clemencia para com os seus vassallos, quando motivos de geral contentamento desafiavão aquellas suas Reaes virtudes. As suas coroaçoens, os nascimentos dos seus augustos filhos, os casamentos da Real Familia, e outros igualmente faustos successos eraõ sempre coroados com um grande numero de despachos e de Mercês, que levavão ao centro das familias dos vassalos uma parte d'aquela mesma satisfação que cercava os chefes do estado. Bem longe de que as suas prosperidades lhes fizessem esquecer as precizoens dos outros, como regularmente sucede entre os mais homens, era no meio dos seus maiores transportes de alegria que elles se lembravão de honrar um, de enriquecer a outro, e de felicitar a todos aquelles a que podíam chegar as suas graças. (BNRJ — Costa, 1823)

As crônicas confirmam a perpetuidade dessas práticas na corte fluminense. Basta passar os olhos pela *Gazeta*, pelas *Memórias* do padre Perereca, pelos almanaques da cidade ou por qualquer uma das inúmeras relações de despachos que se publicaram na corte por ocasião de todos os aniversários reais, nascimentos, desposórios ou outro motivo que dispusesse ao rei deitar sobre alguns escolhidos seu manto generoso,[26] como o foram a vitória sobre os revoltosos pernambucanos de 1817, o casamento do príncipe dom Pedro e a aclamação de dom João VI. Um dos principais cérebros da ambígua política econômica joanina, a qual continha muito das doutrinas protecionistas mercantilistas que ruíam e algo da nova pauta liberal que se impunha desde as potências europeias, o visconde de Cairu expressava em seus escritos e em sua prática essa mesma dubiedade. Nas *Memórias dos benefícios políticos do governo de El Rei Nosso Senhor dom João VI*, que escreveu para celebrar o advento da aclamação do monarca, procura Lisboa explicar a lógica da distribuição de graças honoríficas, que assentaria antes de mais nada no amor à justiça, patenteado na singular bondade com que efetuava aquelas distribuições. Tendo como critério os méritos individuais, muitas vezes haveria ordenado o rei que se desse preferência à capacidade em detrimento da antiguidade, ao mesmo tempo respeitando-se os provectos e envelhecidos no serviço. Os conflitos seriam algo natural na inexistência de empregos para todos.[27]

Uns exultando, outros execrando, fato que não se sublima é a prodigalidade com que dom João cumulou de mercês os habitantes do Brasil e particularmente do Rio de Janeiro (Cunha, 1969, p. 55). Requeria-se graça para tudo, desde uma galinha para um súdito pobre e doente até um título de nobreza. O interessado encaminhava seu pedido a uma das secretarias de Estado, onde um alto funcionário a examinava e encaminhava acima com uma análise e um parecer, muitas vezes acompanhado de uma minuta, que ajudavam a esclarecer o rei em seu despacho. Este se fazia quase sempre na própria solicitação, o que permite visualizar não somente as causas que levavam os vassalos aos pés do trono, mas também, nos pareceres favoráveis ou desfavoráveis dos secretários do rei, as práticas do costume que os guiavam; e ainda as redes de interdependência dos homens da corte, quando, por exemplo, algum indeferimento contrariava costumes e expectativas. Muito provavelmente nem todas as solicitações saíam das secretarias tendo passado pelas mãos do monarca, considerando-se o volume diário delas.

O fato é que dom João superou seus antecessores na prodigalidade com que, no dizer de Oliveira Lima (1945, p. 82), obedecendo ao coração generoso e ao imperativo de suas finanças, geriu a distribuição de mercês. Alan Manchester compara duas estimativas, a de Tobias Monteiro e a de Sérgio Buarque de Holanda, para chegar a cifras impressionantes: se, de acordo com o primeiro, se computava para Portugal, desde sua Independência (1640) até o fim do terceiro quartel do século XVIII, dezesseis marqueses, 26 condes, oito viscondes e quatro barões, criou dom João em oito anos 28 marqueses, oito condes, dezesseis viscondes e 21 barões. A lista das condecorações de cavaleiros reforça esses números. Segundo cálculos de Sérgio Buarque de Holanda, no Brasil de dom João distribuíram-se 4048 insígnias de cavaleiros, comendadores e grã-cruzes da Ordem de Cristo, 1422 comendas da Ordem de São Bento de Avis e 590 comendas da Ordem de São Tiago.[28] A oferta de títulos (barões, viscondes, marqueses, condes e duques) a brasileiros seria um pouco posterior. Mas não eram apenas esses últimos que nobilitavam, e a nobreza brasileira foi semeada com largueza por dom João, cuja política era "finória", na expressão mordaz de Raimundo Faoro.[29]

Os próprios áulicos reconheceram a abundância com que o príncipe premiou generosamente seus súditos, retribuindo serviços que, muitas vezes, implicaram sacrifícios como o da travessia atlântica. Distribuição equitativa, justa, na opinião de Cairu.

1. O bando do Senado da Câmara corria as ruas da cidade, em pompa, proclamando as notícias e decisões reais, como registrou Debret.

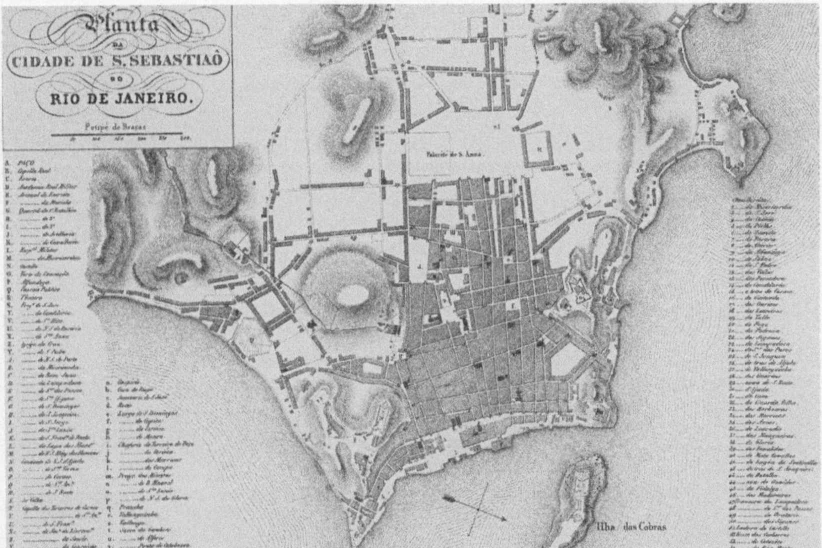

2. Esta planta da cidade de São Sebastião do Rio de Janeiro por volta de 1818, atribuída ao gravador português Paulo dos Santos Ferreira, abrange desde o morro da Glória até a Gamboa, assinalando igrejas, ruas e monumentos públicos.

3. O desembarque de dona Leopoldina no arsenal da Marinha mereceu inúmeros registros, dentre os quais o de Franz Josef Frühbeck, artista que acompanhou a princesa ao Brasil, juntamente com outros artistas e naturalistas.

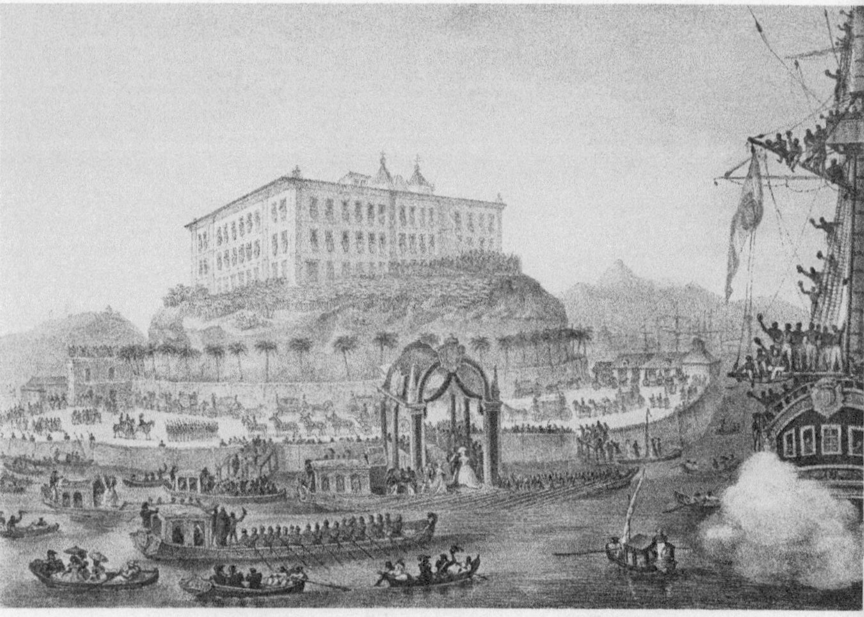

4. Debret registrou o momento exato do desembarque da princesa dona Leopoldina no arsenal da Marinha. Os noivos passam pelo arco triunfal, sob salvas de canhões das fortalezas e naus. As carruagens aguardam o início do cortejo, que seguiria pela rua Direita.

5. O arco erigido pelos italianos em Lisboa em 1687 para a recepção de dona Maria Sofia Isabel da Baviera, desposada por dom Pedro II de Portugal, destacava-se por seu efeito de perspectiva e era rematado pelas armas pontificiais.

6. O arco coríntio de duas faces, encimado pela flor-de-lis, que os alfaiates ergueram no começo da rua Nova na mesma ocasião da chegada de dona Sofia a Lisboa, tinha o efeito dos copos de cera que davam o brilho da iluminação noturna.

7. *Na página ao lado:* Um dos mais portentosos monumentos construídos na chegada de dona Sofia, ornado com tecidos exóticos, pedraria e ouro, foi o arco vazado que os alemães ergueram no largo do Pelourinho Velho.

GER MANA
NATIO IN
TV
ER

8. A passagem da carruagem que conduzia dom Pedro e dona Leopoldina por debaixo do terceiro arco triunfal na rua Direita, em frente à rua do Ouvidor, foi registrada por Taunay, pintor que chegou ao Brasil com a Missão Artística Francesa em 1816.

9. O Real Teatro de São João, construído por dom João em 1813, por onde passaram inúmeros artistas europeus e brasileiros, foi o centro da vida política e social da era joanina. Desenho de Taunay, 1817.

10. Aquarela de Lerouce et Bernard, a partir de desenho de Jacques Arago, reproduzindo o Real Teatro de São João. Em destaque, a rua repleta de escravos, elemento exótico ao olhar europeu.

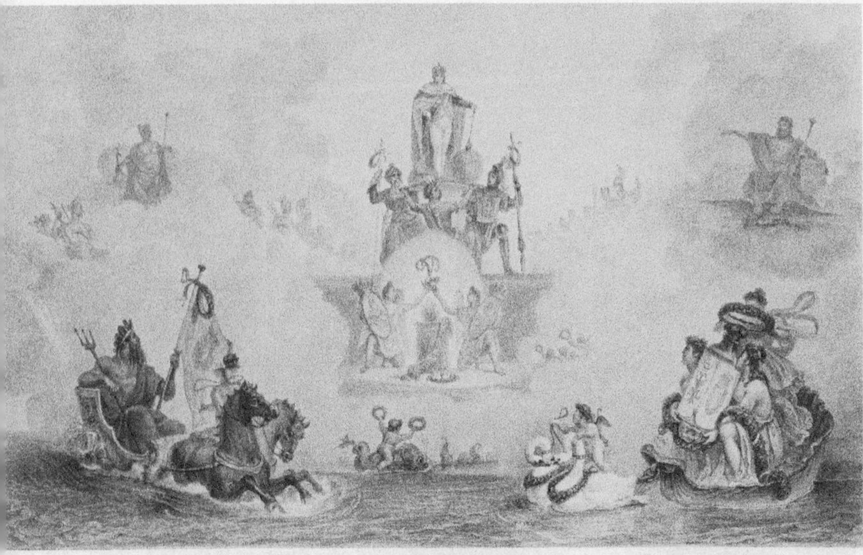

11. Pano de fundo pintado por Debret para a peça *O Himeneu*, foi oferecido ao rei no dia de seu natalício, celebrando ao mesmo tempo o casamento de dom Pedro e dona Leopoldina, em 13 de maio de 1818.

12. Portal de entrada do Paço de São Cristóvão, para onde se dirige a traquitana do rei. Aquarela e lápis de Thomas Ender, presente do comerciante Elias Antônio Lopes a dom João. Também conhecido como Quinta da Boa Vista, atualmente abriga o Museu Nacional do Rio de Janeiro.

13. Este chafariz, aquarelado por Jacob Janson, representa o espaço público urbano como lugar ocupado pela escravaria, uma extensão da África ao olhar europeu.

14. Vista diante da Igreja de São Bento, por Rugendas.

15. Uma das principais estratégias para a convivência pacífica com os negros escravos e libertos foi o reconhecimento, por parte dos brancos, de suas hierarquias religiosas, expressas vivamente nos dias de festa como a do Divino, na qual fulguravam o rei do Congo e sua corte. Por Debret.

16. Herança do longo convívio entre portugueses e mouros, as rótulas ou gelosias marcaram nossa arquitetura colonial, sendo erradicadas por decreto na ocasião da chegada da família real. Aquarela de Thomas Ender.

17. Nesta cena ambientada na rua da Ajuda, Debret registra o movimento urbano e as relações entre a casa, a cidade e os transeuntes. Destaca-se, nas construções, a arquitetura característica da época.

18. Debret registrou uma senhora brasileira em seu lar, displicentemente largada sobre a marquesa, rodeada por moleques e escravos dedicados a pequenas atividades domésticas.

19. Muitos viajantes e cronistas deixaram registro dos hábitos cotidianos dos brasileiros, não sem censura ao desleixo que, acreditavam, era consequência do clima tropical. Por Debret.

20. A hierarquia doméstica resplandece nesta cena de Debret, em que um funcionário sai a passeio com sua família. Todos, incluindo a escravaria, deveriam estar ricamente ataviados, sem deixar dúvidas quanto ao lugar social do grupo.

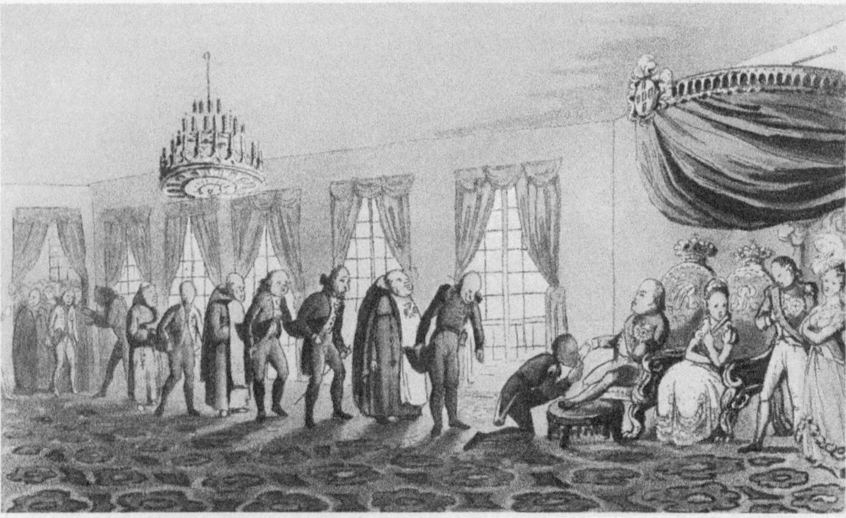

21. O beija-mão real foi uma cerimônia ancestral vivamente reabilitada por dom João no Rio de Janeiro. O soberano punha-se em contato direto com seus vassalos, que se conduziam ao pé do trono para solicitar as mais diversas mercês. Desenho anônimo.

22. Retrato de dom João VI, por Debret.

23. Emblema I, de Juan de Solórzano Pereira.

24. Vista do largo do palácio, com as varandas especialmente construídas, no dia da gloriosa aclamação de dom João VI. Por Debret.

25. A recepção em uma casa brasileira traz em detalhe o maestro S. Neukom, aluno de Haydn, que chegou ao Brasil com a Missão Austríaca. Desenho anônimo.

Importava valorizar os préstimos ao monarca. Em um elogio necrológico ressaltou-se a franqueza e generosidade de dom João, nenhum de seus predecessores a ele se igualando na profusão das mercês, na criação de títulos, na distribuição de distintivos... mas em compensação nenhum outro teria sido tão amado e venerado por seus vassalos:

> Que muito pois que hum Soberano, que como o Senhor dom João VI se vê assim servido e defendido pelos benemeritos filhos de sua nação, seja facil, franco e generoso em premia-los? Que restaure huma antiga Ordem Militar, qual a da Torre-Espada, invente outra como a da Conceição, com cujas insignias os condecore? Que distribua com profusão Titulos de nobreza e Mercês pecuniarias? Que dirija Cartas Regias de agradecimentos e louvores aos Juizes do Povo das Cidades do Porto e de Lisboa, ao Reitor da Universidade de Coimbra, aos Governadores do Reino, e á Nação toda; e que ufano repita como o Homero portuguez, e mande inscrever nas Bandeiras dos Regimentos, que mais se distinguirão na memoranda Batalha da Victoria, aquelle honroso conceito:
> "Julgareis qual he mais excellente"
> "Se ser do mundo Rei, se de tal Gente".
> (BNRJ — Brandão, 1828, pp. 24-6)

Tal profusão, além de conspurcar o próprio valor intrínseco das distinções, faria semear a disputa e a vaidade entre os que se julgavam ou pretendiam "beneméritos", nativos ou migrantes.[30] A expectativa a cada aniversário real, festividade pública ou vitória militar exaltava os ânimos, na esperança de promoções, como a que por tanto tempo aguardou Joaquim dos Santos Marrocos, reclamando ao pai em suas cartas o ver-se por muito tempo preterido em relação a contendores mais bem apadrinhados.[31] O fato inegável foi que, usando a imagem forte de Faoro, o governo acolheu os fugitivos desempregados "colocando-lhes na boca uma teta do Tesouro", mas não deixou de reconhecer as diligências com que os nativos, compulsória ou francamente, desinteressados ou não, se mobilizaram para amparar a corte fugitiva e dispor ao príncipe seus préstimos. Nesse processo, foram redefinindo-se novas configurações, estabelecendo-se novas relações de interdependência entre os grupos que ora interagiam nos espaços da realeza; configurações em que a linhagem e os metais no bolso pesavam tanto ou mais que a naturalidade. Afinal, distinguir era um atributo do rei e, para quem teve bolsa cheia e mão generosa, não foi difícil fazer brilhar no peito o metal das algibeiras. Armitage percebeu esse aspecto decisivo na constituição do Estado brasileiro:

> À sua chegada ao Rio de Janeiro, os principais negociantes e proprietários haviam cedido as suas respectivas casas para o alojamento da real comitiva; haviam aqueles desprezado e sacrificado seus interesses particulares por um desejo de honrarem os seus distintos hóspedes; e, quanto permitiam os seus limitados meios, haviam ofertado grandes somas de dinheiro. Em recompensa desta liberalidade, eram condecorados com as diversas ordens da cavalaria. Indivíduos que nunca usaram de esporas foram crismados cavaleiros, enquanto outros que ignoravam as doutrinas mais triviais do Evangelho foram transformados em Comendadores da Ordem de Cristo. (Armitage, 1972, p. 9)

FEITIO DA NOBREZA LUSA

A nobreza de Portugal como um todo, assim como ocorreu com as ordens militares, não permaneceu sempre a mesma. Em primeiro lugar, alterou profundamente seu perfil a transformação ocorrida por volta do século XVI. Até então a ideia de nobreza associava-se à virtude militar, comprovada nos campos de batalha na luta pela cristandade. Atesta-o o extremo cuidado e rigor com que dom Pedro II, de Portugal, estabeleceu seu "Regimento das Mercês", atento ao problema da transmissão das mesmas, dos direitos dos herdeiros, da graduação e dos requisitos para solicitar mercê.[32]

A ascensão do poder dos reis na constituição das monarquias absolutas modernas operou uma mudança substancial de ordem jurídica quando, pelo discurso dos legistas, legitimou-se a noção de nobreza como dignidade provida pelo rei. Transferiu-se para o monarca a capacidade de definir os parâmetros de acesso ao estatuto de nobre — e a unificação dos mestrados militares sob a coroa é uma das manifestações mais fortes disso. O rei agora tinha autoridade para requerer diretamente de Roma as bulas necessárias, tanto quanto para convocar os capítulos gerais, atribuir hábitos e abrir exceções. Tanto essa mudança como outras posteriores foram recebidas com muita relutância pela nobreza de linhagem, como é exemplo o seguinte fragmento de Antônio Rodrigues, principal rei d'armas de Portugal, c.1560:

> [...] Otro modo ay aguora de nobreza que he quamdo EllRey Cria allgua cavalleiro que não Embargante que EllRey he de armas titollo E senhorio e Lliure de todo tributo faz ele filho dallgo mais não pode ser dito nobre E he a causa que EllREy não pode dar o que não tem E o nobre tem genolloguia de amteçesores armas apellido amtiguidade e posisão que lhe fazem respramdeçer Ellrey não o pode dar a nenhu do qual se segue não poder fazer nobre amtre os quães he deferemça que bem asy como no cõto dizemos huu dous tres sobindo ate nove E depois poemos huu que vallem dez e noue dezes sam noventa E o outro valem çemto asy pollo comseguinte sobe nobreza por seus

graos E asy ha o nobre no menos que hu filho dallgo quamdo se cria por sua virtude que espeçialmente mereçio he muyto de ter E amar por dar principio a sua llynhagem E merecer ser posto no primeiro comto pero como he mais dificille comseruar qu ganhar asy muy muyto he de mereçer ao que a seus amtepasados soube soster quamto mais se % aumento sabemdo por seu graos de quatro graos a oyto E dezaseis E trimta E dous todos aumemtados de su padre E madre que he o primeiro cõto de huu ate o comto de mil da mais alta nobreza pero se dous nobres tem diferemça E são de hu Numero devese comparar aquallidade dos avoos armas E cousas que fizerão que são quãtidades E callidades que a nobreza subllimão.[33]

Em segundo lugar, a de Portugal foi sempre especial dentre as nobrezas territoriais europeias, justamente por não fundar seu estatuto e seu poder exclusiva ou majoritariamente nos senhorios e rendas da terra. Torrão de fenícios e celtas anteriores aos romanos, povos aqueles de vocação náutica, a própria posição de isolamento geográfico e de fronteira aberta para o oceano Atlântico estiveram entre os condicionamentos da precocidade da constituição do Estado português, a par da anuência velada a uma categoria de nobre tão genuinamente lusitana, essa do fidalgo-mercador.[34] O que de início era apenas tolerância transformou-se, sob o vento dos séculos, num imperativo. A mercancia, e não apenas a marítima, como se sabe, era atividade dominada pelos cristãos-novos, progressivamente mais aceitos nos circuitos do Estado e da sociedade de corte desde finais do século XVII, em função de seus cabedais, num momento de aumento da concorrência internacional e de diminuição geral de rendas.

No século XVIII, principalmente a partir de Pombal, consolida-se a importância da burguesia na sociedade portuguesa, que integrou a máquina administrativa do Estado e lutou, nem sempre com sucesso, pelo ideal da nobilitação. A política anexionista da burguesia, por Pombal, teve desdobramentos sobre o caráter da nobreza praticamente sem precedentes. Se é certo que em todos os tempos houve certa permissividade à mobilidade social ascendente, nos períodos de dom José I — em que regia a orquestra do Estado o leão marquês — e mariano — quando a Viradeira descerrou das masmorras uma aristocracia arcaizante e ávida de vingança —, assistiu-se a uma ampliação tal de seus quadros que investigadores de hoje afirmam poder falar-se de uma verdadeira diluição da noção de nobreza, mais que um simples alargamento do grupo.[35] Luís da Silva Pereira Oliveira, em seu *Privilégios da nobreza*, completamente partidário da política pombalina, registrou com entusiasmo a nobilitação dos comerciantes que dom João já havia efetuado no reino e todas as medidas tomadas no sentido da valorização da atividade dos negociantes de grosso trato:

> O Principe Regente Nosso Senhor levado dos mesmos sentimentos fez a mercê de Conselheiro da Fazenda com exercicio a outro Negociante Sebastião Antonio da Cruz Sobral: e deo aos sobreditos, Joaquim Pedro Quintella o Título de Barão de Quintella (por decreto de 15 de Agosto de 1805) a Jacinto Fernandes Bandeira o Título de Barão de Porto Covo de Bandeira (por Decreto de 25 de Julho de 1805), e igualmente a este a mercê de Conselheiro Honorario da Real Fazenda, e de Alcaide Mór de Vila Nova de Mil Fontes. (BNL — Oliveira, 1806)

Eram duas faces da mesma moeda, a burguesia que se enriquecia e nobilitava e a aristocracia que decaía e se endividava. Não obstante a fluidez do conceito e a estratificação e mobilidade interna do corpo de comércio em Portugal, onde o grosso e o varejo eram diferenças quase tão intransponíveis quanto burguês e nobre, o fato é que, impulsionada pelos cuidados de Pombal, aquela classe ascendia na hierarquia social do reino no final do século XVIII, sobretudo pelo acesso à ordem de Cristo.[36] A aristocracia, por débitos hereditários ou adquiridos de novos empréstimos de rendeiros, "capitalistas" e contratos usurários, além de uma existência improdutiva e exuberante, atolava-se em dívidas que a coroa havia de bancar, dada a própria configuração precária do mercado de crédito.[37] O que a remetia de volta aos burgueses, estabelecendo-se o círculo vicioso que se reproduziu, e de maneira amplificada, na passagem da corte pelo Brasil.

FEITIO DA ELITE BRASILEIRA

A classe dirigente da nova nação foi como se viu concebida, com muita dádiva e alguma intriga. Talvez pelo mito da "vocação agrícola brasileira", ou pela fatuidade de ter sido a economia colonial fundada na grande lavoura e no trabalho escravo, durante muito tempo se considerou a "aristocracia agrária" como segmento dominante e dirigente da colônia. De acordo com essa interpretação tradicional da historiografia brasileira, no movimento da Independência aquele setor, eivado de sentimento nacional, teria se contraposto à classe opressora dos comerciantes reinóis. Para Oliveira Lima a classe dirigente já existia embrionariamente na América, uma aristocracia de caráter territorial, espécie de *gentry* — "agrícola, ou pastoril, ou mineira", que adotou naturalmente a causa da emancipação política. Os principais marcos historiográficos comungam dessa representação das classes antagônicas como uma aristocracia nativa, agrária, oposta ao português opressor.[38]

Quanto a este último, porém, já não é tranquila a opinião sobre quem o constituiria. Com os olhos voltados sempre ao elemento burocrático, central na análise de inspiração weberiana,

Raimundo Faoro destaca o papel da corte como aglutinadora, no Rio de Janeiro, de exploradores e de explorados, aqueles os portugueses burocratas e os últimos os brasileiros da aristocracia rural. Em outro clássico da literatura política brasileira, Caio Prado Jr. situa a tensão entre os proprietários da terra "nacionais", em posição cada vez mais crítica ante os comerciantes de origem reinol, seus credores, que aqui operavam desde fins do século XVII.[39]

Em pesquisa realizada no final dos anos 70, seguindo os passos de Sérgio Buarque de Holanda e Maria Odila da Silva Dias, Riva Gorenstein demonstrou como a historiografia tendia a depositar importância justificada, mas exagerada a seu ver, na atuação da aristocracia agrária na história da Independência. Buscou, por sua vez, destacar o papel peculiar e estratégico de outro segmento importante, os "negociantes de grosso trato" do Rio de Janeiro, no processo anteriormente batizado de "enraizamento dos interesses mercantis portugueses na região Centro-Sul do Brasil".[40]

Mas J. F. de Almeida Prado já havia atentado acertadamente para o fato de que os mais embevecidos pela chegada da família real foram os grandes proprietários, os quais contudo não puderam comparecer à corte em função da falta de acomodações (devido à carestia e às aposentadorias) e por causa do seu "orgulho feudal", que se rebelava contra as distinções impostas pela etiqueta no paço. O núcleo dos brasileiros ali se limitava, assim, ao número dos ricos habitantes da Guanabara. Essa elite econômica atuava no comércio de longo termo, eram os negociantes de grosso trato (Prado, 1955, pp. 167-73).

Estudos posteriores vieram comprovar a preponderância dos negociantes, do capital mercantil residente no Rio de Janeiro, sobre os outros setores como os comerciantes reinóis, a "aristocracia agrária nativa", a nobreza de corte e a burocracia. João Luís R. Fragoso e Manolo Florentino, em trabalhos individuais e conjuntos, mostraram que o projeto colonizador empreendido no Brasil, para além da criação e manutenção de um sistema monocultor-exportador, tinha como objetivo reproduzir no tempo uma hierarquia altamente diferenciada, ou seja, o móvel da empresa colonial era um ideal pré-capitalista, de reprodução de relações de poder. Baseados na análise minuciosa de inventários *post-mortem* das maiores fortunas do Rio de Janeiro entre 1790 e 1840, os autores puderam comprovar a hegemonia do capital mercantil na economia da colônia. A inversão dos altos lucros provenientes de atividades como o tráfico negreiro, que demandava altíssimo capital inicial, não retornava maciçamente à esfera da produção: predominavam, nesse período, os investimentos rentistas — prédios urbanos, dívidas ativas (contas correntes, letras de câmbio e créditos pessoais). Ao observarem a participação (porcentagem) das atividades e bens nos inventários do Rio de Janeiro (1797-1840), divididos entre prédios urbanos, atividades comerciais e industriais, dívidas ativas, ações e apólices, bens rurais, escravos, joias e metais preciosos e moedas, puderam perceber a baixíssima circulação de numerário. O signo maior de entesouramento, representado pela variável joias e metais preciosos, "bens de prestígio", sobrepõe-se às "atividades industriais", caracterizando um mercado com poucas opções para quem dispunha de capitais.[41] Foram os homens de "grosso trato" o suporte da coroa portuguesa no Brasil e que não ficaram de fora da estruturação do Estado brasileiro, recebendo seu quinhão em títulos e cargos, conforme seu prestígio e seu lugar em relação ao príncipe.

A CRIAÇÃO DO ESTADO NACIONAL

Calcula-se em 80 milhões de cruzados em ouro e diamantes — metade do capital circulante no reino — as riquezas expatriadas com dom João, que já havia despendido quase o mesmo valor com a assinatura da neutralidade imposta pela França, de modo que ficavam as burras vazias em Portugal, com uns 10 milhões de cruzados (Monteiro, 1981, pp. 64-5; BNRJ — *Histoire de Jean VI...*, p. 48). Coube à diligente elite econômica fluminense socorrer os cofres públicos nas urgências com a instalação e manutenção da máquina administrativa e da corte parasitária e faminta de distinção que chegou com o soberano. Muitos relatos atestam a presteza e boa vontade com que os locais receberam os estrangeiros, emprestando espontaneamente dinheiro, casas, proporcionando conforto; as respostas dos socorridos não foram sempre, porém, a gratidão e o reconhecimento. Foi nesses meandros que se inauguraram as indisposições entre ambos (IHGB — Branco, 1914, pp. 417-36).

Outro aspecto decisivo da vinda da corte que marcou a formação do Estado brasileiro foi o deslocamento no eixo do poder: a coroa já não era uma entidade etérea, sua ação já não se fazia sentir como algo que vinha do exterior para a colônia. A presença do rei fez despertar em amplos setores da população nativa a viabilidade da emancipação, da autonomia política. A elevação do Brasil a reino unido a Portugal e Algarves acirrou isso, que Luccock chamou de um "sentimento nacional", o qual "[...] infundiu na alma do povo um sentimento de independência, uma consciência própria de sua importância e a resolução de manter sua nova dignidade".[42] A imagem do inglês é forte demais, mas parece refletir um clima de época. Certo é que a realeza provocou uma inelutável mudança de *status* da colônia, de que os nativos souberam muito bem se aproveitar no momento devido. Uma "memória" atesta a atmosfera de confiança nos desígnios da nação brasileira, realidade cada vez mais concreta ao tempo da aclamação:

> Chegou finalmente a Epoca em que o Soberano de Portugal deve tomar o Titulo de Imperador, que justamente corresponde á majestade de Sua Pessoa, ao Heroismo de seus augustos progenitores, e á extensão de seus Estados. O Brazil soberbo por conter hoje em si o Immortal Principe, que nelle se dignou estabilecer o seu Assento, adquire hum tezouro mais preciozo, que o aureo metal, que dezentranha, e os diamátes, e rubis, que o matizão. Elle já não será huma Colonia maritima izenta do commercio das Naçõens, como athé agora, mas sim hum poderozo Imperio, que virá a ser o moderador da Europa, o arbitro d'Azia, e o dominador d'Africa. (BNRJ — Vasconcelos, 1921, p. 7)

Esse sentimento de autonomia nacional infundiu-se com a decretação da abertura dos portos, ainda em 1808, data assinalada pela historiografia como a do início da nossa emancipação política.[43]

A abertura dos portos e a nova dignidade do Rio de Janeiro como capital de todo o império lusitano atraíram para a cidade legiões de negociantes, aventureiros, artistas; também um sem-número de potentados das diversas regiões do Brasil, latifundiários e comerciantes, afluiu à capital à cata de lugares e favores. Os portugueses que vieram para passar pouco tempo sentiam que, a depender da vontade pessoal do rei e dos negócios em que seus pares iam se envolvendo por aqui, a estada não seria tão breve. Em função dos boatos da partida da família real em 1812, após a queda de Napoleão, escrevia o bibliotecário real Luís Joaquim dos Santos Marrocos ao pai, em Lisboa:

> Tem-se espalhado aqui a noticia de q. cedo vamos para Lisboa; mas este cedo não pode ser menos q. daqui a dous annos: alguas embarcações estão-se atamancando, para poderem navegar p.a a Bahia, a fim de se apromptarem; entre ellas a Fragata Carlota. Estas vozes

> vulgares tem seus fundamentos, mas q.m sabe a certeza deste destino, cala-se; S.A.R. mesmo ouve que se quebrão as cabeças com os calculos, que se formão, e deixa-os nos seus desatinos: entretanto posso assegurar a V. M.ce que o Barão do Rio Secco está edificando hum soberbo palacio no Largo dos Siganos, onde he o Pelourinho: e outras pessoas mais vão creando raizes m.to fortes neste Paiz. (Marrocos, 1939, p. 110)

A tese do "enraizamento" dos interesses mercantis portugueses no Centro-Sul, sintetizada em ensaio que marcou época e desenvolvida posteriormente por Riva Gorenstein, foi ultimamente renovada. Pelo menos desde o clássico prefácio ao estudo do barão de Iguape, Sérgio Buarque de Holanda já chamava a atenção contra o "mito obstinado da avassaladora preeminência agrária na formação brasileira". Sugeria a existência de um forte comércio na colônia, comércio praticado por "brasileiros": "Para o coronel Prado (Antônio da Silva Prado, barão de Iguape), paulista, filho e neto de paulistas, que então se liga à facção andradina, o trato mercantil não significa desinteresse pela vida política". Nem para os Andradas, eles mesmos comerciantes. Contra o mito da "nobreza da terra", o professor Sérgio ressaltava ali a importância do comerciante "brasileiro", do português radicado no Brasil desde várias gerações, nos inícios do Brasil independente, ilustrando com o exemplo da baronesa de São Salvador, sogra do intendente Paulo Viana, ambos ligados ao corpo de comércio. Comerciantes que atuariam por todo o território, como na Bahia estudada por Russel-Wood, que se baseou nos livros da Misericórdia de Salvador para mostrar como ali, desde o século XVIII, foi se substituindo a eminência conferida antes aos elementos da "aristocracia rural", em favor dos magnatas egressos do comércio urbano. Ou nas Gerais, onde a força do corpo mercantil se indicava já numa passagem do *Triunfo eucarístico*, de 1734.[44]

Em *A interiorização da metrópole*, de 1972, Maria Odila da Silva Dias superava definitivamente as interpretações dicotômicas simplistas que opunham comerciantes a plantadores, ou reinóis de um lado e "brasileiros" de outro, sintetizando a complexidade dos mecanismos de defesa e coesão do elitismo na expressão "portugueses do reino e portugueses do Brasil". Ao mesmo tempo, destacava a importância dos comerciantes radicados no Brasil: "A vinda da corte haveria de ressaltar traços já bem aparentes na segunda metade do século XVIII e que tendiam a acentuar o predomínio do comerciante" (Dias, 1972, pp. 177-8).

Recentemente, Manolo Florentino, em estudo sobre os traficantes do Rio de Janeiro no mesmo período, mostrou como os maiores empresários do trato de almas que atuavam depois de 1808 já dominavam a praça do Rio de Janeiro desde o século anterior. Lembra, além dos almanaques da cidade para os anos de 1792, 1794 e 1799, o levantamento feito pelo conde de Rezende, a pedido da coroa por intermédio de Linhares, dos mais ricos homens da praça do Rio de Janeiro, tendo em vista amealhar fundos para fomento à agricultura. Em sua resposta, o vice-rei relacionava os 36 maiores cabedais da província — e sua veemente oposição a tal fundo. Nada menos que sete dessas maiores fortunas aparecem envolvidas com o tráfico de almas após 1811.[45]

Essa linha interpretativa da história do período veio consolidar o papel decisivo que os grandes cabedais fluminenses exerceram na construção do Estado nacional. O poder de suas fortunas atesta-se, por exemplo, no domínio do crédito da praça, que movia toda a cadeia econômica, da produção ao tráfico, e pelos socorros com que acudiram amiúde o governo alquebrado. Este, por sua vez, reproduziu, apesar da nova ordem mais competitiva, o sistema de privilégios que vigia, mantendo e concedendo monopólios e isenções, beneficiando os grandes da terra, por exemplo, na distribuição das arrematações de impostos (Gorenstein, 1993, pp. 145 ss.; 165 ss.). Esse último dado é importante, pois atesta a persistência de práticas protecionistas mercantilistas, dos privilégios e franquias do Antigo Regime, a viger mesmo após a abertura dos portos. O que talvez tenha motivado Freycinet a ser categórico quanto ao caráter despótico do governo no Brasil:

> Pouvoir souverain. — Le gouvernement du Brésil, ainsi que celu du Portugal, auquel il fut long'temps réuni, est monarchique; et cependant ses formes ont parfois l'empreint du despotisme. Un aviso, c'est-à-dire, un simple ordre du roi ou de la reine, peut, étant transmis par la bouche d'un chambellan de service ou d'un ministre, avoir force de loi... (Freycinet, 1827, p. 275)

Dom João não foi apenas a única cabeça coroada que se manteve frente ao avanço napoleônico. Mesmo com toda sua "brandura", seu regime de governo pode ser caracterizado nos moldes das monarquias despóticas, das quais Portugal foi das últimas a sucumbir na Europa. Se a revolução liberal de 1820 encaminhou o sistema português rumo ao constitucionalismo, o Brasil experimentou ainda muitos anos de monarquia absoluta. Mesmo a nossa revolução, a da Independência, não aconteceu, ou antes, como diz Sérgio Buarque de Holanda, foi algo comparável às antigas "revoluções palacianas", tão familiares aos conhecedores da história europeia (Holanda, 1984, pp. 126 ss.). Para avançar na compreensão da fundação do Estado brasileiro, resta tentar restabelecer a constituição dos quadros sociais da corte do Rio de Janeiro, complexa rede de interdependências em que se moviam as diversas classes privilegiadas em jogos de solidariedade e adesão ou de hostilidade mortal.

5. O novo nobre
As elites na corte fluminense de dom João

Tambem a Liberal Mão Honrou a muitos naturaes do paiz com as Insignias das mais Ordens estabelecidas, em premio de relevantes serviços. A Nação colheo o fructo de tão benefica Providencia, exterminando dos entendimentos as illusões democraticas, e dirigindo o amor da nobreza para os dignos objectos; mantendo todas as classes na dourada cadeia da subordinação, para sempre ter em vista a Pyramide Monarchica, contidos os individuos em seus competentes officios, e na devida distancia da Summa Alteza da Soberania.

Cairu, *Memória dos benefícios políticos...*, 1818

Sob a coerção das forças políticas, econômicas, mentais da época, sensível ou veladamente à consciência dos agentes históricos, havia pessoas interligadas por variados interesses, amistosos ou conflitantes, que constituíam a configuração social da corte joanina no Brasil. Redes de interesses e conflitos que conceitos preestabelecidos como de classes ou estamentos não habilitam perceber, em função da solubilidade das configurações que surgiam e se dissolviam ao sabor das circunstâncias. Mais que um conceito generalizante e abstrato, fez-se mister esquadrinhar a composição social dos atores em ação no cenário da corte tropical de dom João, os que chegavam e os que aqui já se encontravam. Para tanto, obedeci aos seguintes procedimentos.

Consultando a *Gazeta do Rio de Janeiro* — o semanário oficioso da corte fundado logo à chegada do rei —, os almanaques da cidade e as inúmeras listas de subscrição voluntária que correram a corte, cheguei aos nomes dos indivíduos que desembolsaram avultadas quantias com o fim de angariar fundos para as despesas da casa do rei ou para as urgências do Estado. Calculo o número total dos subscritores em torno de mil a 1500, pelo que descartei de imediato a possibilidade de operar com todos. Por isso selecionei aqueles cujas doações foram iguais ou superiores a 150$000 (150 mil-réis), valor suficiente para adquirir um escravo em idade de dez a quinze anos no início do período. Esse valor, além de equivaler a uma mercadoria cara e emblemática na sociedade brasileira, permitiu-me chegar ao número de 160 nomes dos subscritores que seguraram a bolsa do Estado (ver Apêndice, no final).

O tratamento dado a esses nomes e números, no sentido de identificar a composição das elites que gravitaram em torno do rei, inspira-se muito na metodologia empregada por Lawrence Stone no estudo da composição da aristocracia inglesa do século XVII, sem contudo ter a pretensão de ser tão exaustivo quanto o modelo. Mesmo porque não se tratava aqui, a rigor, de uma sondagem "prosopográfica", como Stone batizou o método que inventou para o estudo das elites. Além das listas de subscrição, busquei levantar os homens que orbitavam o trono por outros meios, como na identificação das pessoas que, em momentos festivos, homenagearam o rei, mandando levantar arcos triunfais e outros efeitos; e aqueles cortesãos que vieram com dom João, nomeadamente os principais títulos. Simultaneamente, procurei traçar o movimento inverso: graças que solicitaram, graças com que foram contemplados, benefícios diversos que obtiveram, de distinções honoríficas a cargos na máquina burocrática, sem deixar de sondar eventuais sesmarias com que foram agraciados.[1]

Depois das improvisações da chegada do séquito real, acomodá-lo e mantê-lo. Por meio de dados coligidos nas caixas da casa real, minha meta foi buscar estipular equivalências, para dimensionar, se não objetiva e precisamente o dispêndio "real" da casa do rei, seu custo relativo a valores da época e a receita de que dispunha. Ao se reconstituir as folhas sobre os fundos disponíveis, qual e quanto dinheiro havia, começa a se desenhar a trama em que se ligaram a coroa e os homens fortes do Rio de Janeiro, basicamente envolvidos no comércio de grosso trato e de almas. Uma vez identificados os benfeitores da monarquia, faltava estabelecer as vias de mão dupla que ligavam a praça do comércio ao paço imperial; porque, se os "homens bons" seguraram a bolsa do rei, não o fizeram por bondade, mas impelidos por uma mentalidade arcaica, própria do Antigo Regime, a mesma que explica o desvio de grandes somas das atividades produtivas para outras rentistas, ou, como foram chamadas, "bens de prestígio". Os grandes que socorreram o rei buscavam e receberam distinção, honra, prestígio social, em forma de nobilitações, títulos, privilégios, isenções, liberdades e franquias, mas igualmente favores com retorno material, como os postos na administração e na arrematação de impostos.

Todos pediram, nem todos ganharam. O tratamento diferenciado gerou descontentamentos e atritos às vezes incontornáveis. O caso das "aposentadorias" é apenas um, talvez o mais emblemático que se possa evocar.

ACOMODAÇÕES NA CHEGADA

"Nunca correio algum trouxe notícias mais tristes, e ao mesmo tempo mais lisonjeiras!" Essas palavras do cronista Luís Gonçalves dos Santos expressaram com rara felicidade o espírito que marcou o desembarque da família real a 7 de março de 1808 na cidade do Rio de Janeiro, inusitado tanto para os que chegavam quanto para os que assistiam. Confirmadas as informações sobre a invasão de Lisboa por Junot e a estratégica evasão da corte lusitana, empenharam-se os fluminenses em preparar a cidade para a feliz recepção do príncipe regente e sua corte, sob a batuta do vice-rei dom Marcos de Noronha e Brito. Partiu o príncipe trazendo consigo o que havia ainda do esgotado tesouro, abandonando à própria sorte os habitantes de Lisboa e deixando vazios os cofres, sem pagamento os principais credores do Estado, sem vencimentos os empregados e sem soldo as tropas (IHGB — Branco, 1914, pp. 417-36).

Por aqui se assistia a uma rápida transfiguração da paisagem urbana fluminense, que subitamente ficou pequena para abrigar toda uma corte e Estado, comitiva estimada em quase 15 mil pessoas. As adaptações foram inevitáveis: removeram-se os carmelitas para o hospício dos barbadinhos, por sua vez transportados para a casa de Nossa Senhora da Glória. A rainha e suas damas instalaram-se nas janelas frontais do convento do Carmo, ligado ao palácio do vice-rei, feito paço real, por um passadiço improvisado. O restante do convento ocupou-se com a real ucharia, cozinha e mais oficinas da casa; a igreja do convento foi arranjada para ser a capela real. Transferidos para o consistório da igreja do Rosário os camaristas e para o Aljube os presos, a casa de Câmara e cadeia foi igualmente anexada ao palácio por meio de outro passadiço, onde se instalaram as criadas, depois de ampla reforma que removesse as tristes lembranças de sua função original. As cavalariças mal se comprimiram no quartel do esquadrão de cavalaria, que se mudou para o Rossio, sendo preciso levantar novos edifícios na praia de Dom Manuel onde se recolhessem os coches reais.[2]

Habitação para 15 mil pessoas não se encontraria da noite para o dia numa cidade cuja população se estimava em 60 mil "almas", inclusos os pretos, dois terços desse número. Instituiu o príncipe regente o famigerado sistema das "aposentadorias", que muito contribuiu para desgastar os laços de amizade entre os dois gêneros de portugueses: os recém-chegados e os "brasileiros". Enquanto vigorou, propiciou aos nobres lusos certo conforto no usufruto dos melhores edifícios da cidade, de que estiveram privados seus legítimos donos até 1818, quando el-rei o extinguiu. Muito depois disso ainda se desdobravam contendas em torno do assunto.

Mal se evidenciavam nesses primeiros tempos, porém, conflitos que mais tarde explodiriam incontrolavelmente. Tudo se ofuscava ante o inédito da situação, ainda mais aos olhos dos potentados fluminenses, atraídos arrebatadamente pelo brilho da corte. À exceção de uns poucos filhos de famílias mais abastadas que seguiam para o reino em busca do anel de bacharel, para os fluminenses a presença da família real era novidade. Mesmo para aqueles era novo o conviver com a corte, tê-la em seu cotidiano.

DESPESAS DOMÉSTICAS

Não é simples imaginar hoje o custo de manutenção de uma casa senhorial absolutista como aquela chegada de Lisboa em 1808, envolvida em desgastantes campanhas que voltavam as vistas do príncipe regente uma para a belicosa região do Prata, outra para a vizinha colônia francesa ao norte, estratégica para o inimigo contra o qual já se haviam drenado significativos recursos e energias. Na nova sede do império lusitano, o real erário sofria o ônus de ter de suprir as necessidades de um enorme séquito, desprovido de suas fontes de renda pela audaciosa fuga, o que fez crescer no príncipe seus sentimentos de paternal gratidão. Atente-se ainda a que "necessidade", aqui, não significava apenas satisfação daquilo que hoje se entende por condições básicas de existência, como alimentação e habitação. Muito mais que isso, Cadavais, Angejas, Vagos, Caparicas, Lavradios, Pombais, Belas, Belmontes, Redondos, Alegretes, Anadias, Cavaleiros traziam consigo, mais que sua vasta parentela e criadagem, o peso do nome de casas nobres, centenárias muitas delas (ANRJ — Cod. 730, v. 1).

Ainda que não se considerem as despesas indiretas, como as de manutenção das casas fidalgas, permanece difícil ponderar o que significavam para o erário os custos da principal entre elas, a família real. Alguns registros podem permitir ao menos uma aproximação, como o "Rezumo dos Ordenados que vencerão as Criadas de S.A.R. no 3º quartel de 1808":

1 Camareira Mor venceo no d.o Q.tel		319$975
1 D.a da Princesa N. Sra		293$485
9 Damas do Paço a	200$000	1:800$000
5 Dônas da Camara a	19$055	95$275
1 Açafata Alemã a		37$500
28 D.as a	19$055	533$540
22 Retretas a	13$475	296$450
5 Porteiras a	13$475	66$275
14 Moças do Lavôr a	13$475	186$900

E mais esses empregos que se seguem na listagem: guarda-roupas; tesoureiro da casa real; almoxarife da casa das obras; comprador da coroa; escrivão da tesouraria; ajudante do tesoureiro; confessor de S. A. R.; primeiro médico da Câmara; primeiro cirurgião; criados particulares; fiel da mantearia; moço da prata; reposteiro; guarda-cera; apontador dos varredores; conserveiro; moço da mantearia; porteiros da cana; varredores; barbeiro de S. A. R.; escrivão dos filhamentos; oficiais de secretaria; apontador-geral dos foros; coiteiro-geral da coitearia; guardas da coitada; mestre da picaria da princesa; moça do lavor; moça da porta. No final, a categórica cifra: "Importa este rezumo oito contos, cento e setenta e dois mil, novecentos e trinta e sete reis. Rio de Janeiro 17 de Setembro de 1808" (ANRJ — Casa Real e Imperial, CRI, cx. 1, pac. 2, doc. 20).

Era suntuoso, hoje talvez se dissesse acintoso, o número dos que serviam ao rei. E todos eram obviamente remunerados pelos seus serviços. Outro documento, datado de 11 de maio de 1808 e como o anterior subscrito pelo tesoureiro da casa real, Joaquim José de Azevedo, em breve barão do Rio Seco, traz a relação dos criados do paço a quem se deviam ordenados e mercês em Lisboa, onde se calcula com subtotais o déficit do caixa: guarda-roupas, confessores, tenentes da Guarda Real, médicos da Câmara, criados particulares, reposteiros etc., cada qual com seu salário anual discriminado, e mais os atrasados... Os salários/ano médios de um guarda-roupas, por exemplo, giravam em torno de 80$000, e de um confessor da rainha, 250$000 réis. Um médico da Câmara tinha um rendimento dos mais elevados dentre os serviçais:

> * O Conselheiro M.el Vieira da Silva, ignora-se quanto se lhe deve, tem seg.do a Memoria que deu
> 200$000 de 1.º Medico com desconto da Decima
> 576$000 de Deputado da Junta do Proto Medicato
> 500$000 de hua Capella

Tem mais a Moradia do Foro em Especie, a Tença do habito de Christo, Sege, e ração da Ucharia e 500 Moios de Pão do Mochão da Azinhaga

* O Conselheiro Joze Correa Picanço
tem 100$000 por anno de Ord.do de q paga Decima devem-se-lhe 9 a.[s] q importão descontada a Decima................................810$000
200$000 de 1.[o] Cirugião da Camara de q se lhe deve o m.mo tempo descontada a decima..1:620$000
72$000 de Iguarias por anno pagas segundo a Ordenança.....648$000

Não menos elevadas eram as despesas com criados particulares, pagas em numerário, mas também em gêneros da ucharia e da mantearia:

* Joaquim Carvalho Rapozo tem de Ordenado 240$000 r.s por anno, de que se lhe deve desde 1 de outubro até 30 de Novembro de 1807..34$652
109$500 r.[s] de 3/4 de Cevada q. Tem por dia como Reposteiro de Cavalo q se abona a 100 r.[s] e deve-se-lhe os a.s de 1805 1806 e 1807..327$500
29$975 de vestiarias Moradias e Cera, de que se lhe deve......154$485

Um reposteiro tinha vencimentos médios anuais de 18$000, mas a maioria deles somava com outros rendimentos, como João Estanislau Monteiro, que tinha esse ordenado ao ano, de que se lhe deviam cinco anos ao chegar ao Brasil, perfazendo 90$000 réis. Mas acumulava ainda o lugar de porteiro das damas, pelo que percebia mais 40$000, além de outros "[...] 202$000 r.[s] pelo Bolsinho p.[a] sua mulher e filhos". O real bolsinho, aliás, era um prodígio: a maioria dos músicos e *castrati* contratados por vultosos salários para o deleite espiritual de dom João eram sustentados por esse fundo. Exemplos acumulam-se nas caixas da casa real e imperial do Arquivo Nacional do Rio de Janeiro, como este:

> Sua majestade El Rey Nosso Senhor Ordena, que. V. Ex.ª mande metter em Folha ao Musico João Francisco Fasciotti, com o ordenado de sessenta mil réis por mez, que lhe serão contados desde o primeiro de novembro do anno proximo passado de 1816, e pagos do mesmo modo que se pratica com os mais Musicos da Sua Real Capella. O que tudo participo a V. Ex.ª de Ordem do Mesmo Senhor. Deos Guarde a V. Ex.ª Paço em 17 de Janeiro de 1817.

Porteiros da cana tinham salário médio de 19$120 réis, com acúmulos de rendimentos todos eles, como assim vinham discriminados:

> *Ignácio do Nascimento Franco tem por anno
> 19$120 r.ˢ de Moradia e vestiaria de que se lhe deve desde o 1 de Janeiro de 1803 ate 30 de Novembro de 1807........................94$000
> 109$500 r.ˢ de Cevada q tem por dia e q se lhe paga a 400 r.ˢ o alq.ᵉ deve-se-lhe desde o 1 de julho de 1807 ate 30 de novembro d.º.......45$900
> 139$90[3]

As reais cavalariças eram outro dreno gigantesco para o erário. Símbolo de poder desde a Idade Média, esteio das ordens militares, sua manutenção opulenta significava muito mais que qualquer fim utilitário ou de estratégia militar; traduzia, antes, uma estratégia simbólica, como fonte de poder do rei e suas tropas. Lembre-se de que "tratar-se à lei da nobreza com homens, armas e cavalos" era um dos requisitos para reclamar o brasão de armas e legitimar-se a justificação de nobreza. Talvez isso explique, por exemplo, as contas das reais cavalariças referentes ao ano de 1815, apresentadas pelo visconde de Rio Seco ao marquês de Aguiar em 18 de janeiro do ano seguinte. Receberam os coches do real erário em 1815, à razão de 16:000$000 (dezesseis contos de réis) por mês, o montante de 192:000$000. Foi necessário ao visconde discriminar minuciosamente as despesas, que somaram 235:326$012 — 43 contos de réis além de sua receita (ANRJ — CRI, cx. 2, pac. 1, doc. 1A).

Mas se as cavalariças estavam à disposição exclusiva do rei e sua família, outras repartições existiam para assistir a um círculo mais amplo da casa, que compreendia a todos e cada um dos vassalos. A real ucharia provia de tudo quanto necessitavam os súditos, mesmo os mais abastados. Um certo M. Requin, que acompanhou Louis de Freycinet em sua volta ao mundo e passou pelo porto do Rio de Janeiro, dá um testemunho dessa prática, discriminando até os artigos que compunham as duas rações, a grande e a pequena (Freycinet, 1827, p. 277):

> Pour peu qu'on soit en faveur à la cour du Brésil, il est facile d'obtenir de sa majesté, non-seulement des pensions et des places lucratives, mais encore des rations de comestibles en nature, que ne dédaignent pas les personnes même le plus riches. On m'a assuré qu'en 1818 il ne se consommoit pas moins de six cent vingt volailles par jou au palais du roi, tant pour sa maison que pour les rations qu'il accordoit à ses courtisans. Ces rations sin de deux sortes, la petite et la grande; celle-ci peut être évaluée à 500 francs par mois. Voici de quoi étoit composée la grande ration que recevoit tous les jours la gouvernante de lînfant D. Sebastião:
>
> trois poules; deux bouteilles de vin;
>
> dix livres de boef; une livre de bougie;
>
> demi-livre de jambon; une livre de sucre;
>
> deux saucissons; du café;

six livres de porc;	de la pâtisserie;
cinq livres de pain;	des fruits;
demi-livre de beurre; (il est à remarquer que le beurre est fort rare à Rio de Janeiro)	des légumes potagers; de l'huile et autres assaisonnemen à proportion

Todos, sem exceção, recebiam ração, de acordo com seu lugar e valimento. Nobres, mas também cada artista contratado, como os cantores e músicos italianos, ou pintores e arquitetos franceses e naturalistas austríacos, embaixadores e funcionários das repartições, recebiam sua cota de víveres à custa da real ucharia, prática extinta apenas no governo austero de dom Pedro I. Para se ter uma ideia do montante dessa despesa, basta cotejar o resumo dos gastos da real ucharia em três momentos: até o ano de 1810, para 1819 e 1824.

Dezpeza da Real Ucharia do Rio de Jan.o desde 6 de m.ço de 1808 até 30 de Ab.l de 1810

	1808	1809	1810
Totais	115:167$195	177:887$691	62:072$659[4]

Mappa da Receita e Dezpeza do Thezoureiro da Real Ucharia Joze Joaquim de Mattos e Lucena do Anno de 1819

Receita	R. 386:518$765
Dezpeza	R. 379:809$889
Pelo que traz adiantado o comprador Manuel Ignacio de Abreu para fazer as compras a quantia de	R. 4:000$000
Pelo que ficou no Cofre por saldo da Receita em frente para continuar as dezpezas do futuro anno quantia de	R. 2:708$876
(total)	R. 386:518$765

Demonstração do Rezumo da Dezpeza da Real Ucharia do Rio de Janeiro, no Anno de 1824

Importe das Comedorias e Ordenados deste anno......R. 29:621$786

Dito dos Gêneros em ser, para provimento do anno de 1815..........
.... R. 6:800$000

R. 36:421$726

Dezpeza geral da Real Ucharia ....R. 253:464$796

Liquido..R. 217:043$010[5]

A prática de dar pensão alimentícia aos súditos não foi uma novidade da corte sob os trópicos, mas aqui se incrementou essa graça e se ampliou o rol dos que podiam recebê-la. Em 1815, o tesoureiro da real ucharia encaminhou pedido de graça de uma moça do lavor que suplicava por comedorias, afirmando o amanuense desconhecer essa provisão. Anexo ao pedido, recebeu de volta o despacho com o seguinte esclarecimento, sem assinatura:

> Havia em Lisboa alguns criados, e criadas do Paço que tinhão a m.[ce] de cinco mil réis por mes, a titulo de comedorias, os quaes herão pagos por huma Folha chamada da Consignação Real, cuja ficou pagou (sic) o Thes.[ro] da casa real, q.[do] se extinguio a Thesouraria da Consignação Real.
>
> Nesta Corte do Rio de Janeiro se mandou pagar a referida Thes.[ra], digo as ditas Comedorias a todas as pessoas que em Lx.[a] as recebião, e além destas a outras criadas a titulo de Pensionistas da casa real.
>
> A maneira por que tem sido o assentamento das referidas Graças he por huma Portaria ao Thesoureiro da casa real para meter em Folha a despachada.
>
> Esta he a Graça que suplicou a S. A. R., Mariana Joaquina de Santa Anna, criada do Lavor, a qual he a criada incumbida da Roupa de S. A. R. O Principe Reg.[te]. n. S.[r]. (ANRJ — CRI, cx. 1. pac. 9, doc. 21)

No ano de 1819 assistiu-se na corte ao total estrangulamento do mercado regulador de gêneros comestíveis, criando uma situação mais que embaraçosa para os governantes. Por conta da carestia, da inflação sobre os preços dos mantimentos, a população da cidade do Rio de Janeiro viu-se em meio à maior crise de abastecimento de que se podia ter memória e, irada, instou providências rápidas junto ao rei. Produziu então o marquês de Valada extenso relatório expondo a Sua Majestade os motivos da inflação, particularmente grave no que respeitava às aves do consumo da casa, de que não dava mais conta de suprir o real galinheiro. Nos primeiros meses de 1820 essa matéria ainda ocupava o dedicado secretário marquês. Há em seu documento alguns anexos, interessantes por pormenorizarem o consumo de galináceos e congêneres na casa real, a primeira "memória" dando conta do consumo diário e a segunda por mês e ano:

Memoria n. 1

Por dia...	90 Galinhas de Cose.........	a 550	49$500
	200 Ditas de Familia.........	a 350	70$000
	170 Frangos.....................	a 220	37$400
	50 Pombos	a 140	7$000
	3 Perux	a 1400	4$200
	513 Cabeças		R$ 168$100
	90 duzias de ovos	a 220	19$900
	Total por dia		R$ 187$900

Memória da Cassa e Ovos que se gastão nas Reaes n. 2 cozinhas e Ucharia, calculado por mes e anno

Por mês........

2699 Galinhas de Cose....preço actual	a 550...R$		1:484$450
6020 Ditas de Familia dito "	" 350		2:107$000

5069 Frangos	"	" 220	1:115$180
1517 Pombos	"	" 140	212$380
101 Perux	"	" 1400	141$400
2690 Duzias de ovos	"	" 220	591$800
Somma por mes			R$ 5:652$210
Faz o total por anno			R$ 67:826$520
Importa a maioria s.e os ditos pr.ços			R$ 7:335$960
Vem a fazer o total p.os novos p.ços			R$ 75:162$480[6]

Setenta e cinco contos de réis em aves, 15 406 cabeças/mês talvez sejam cifras convenientes para dimensionar o que seria o gasto de manutenção da casa real.[7] Tamanho volume de gêneros aliado a uma administração sofrível resultou algumas vezes em rombos significativos nas despensas reais, que sobrecarregavam ainda mais as responsabilidades do erário. Um ofício do visconde de Vila Nova da Rainha, responsável pela real manteariam, ao secretário o marquês de Aguiar, informa sobre atitudes dolosas dos moços da repartição, que andaram a flanar, comportando-se negligentemente no serviço. Para evitar tais abusos, passou a seguinte instrução:

> [...] que V. Ex.a se sirva ordenar, que d'aqui em diante se não pague a Empregado algum d'ella, sem se mandar todos os quartéis a folha assignada, ou rubricada pelo Mantieiro; a fim de não continuarem a perceber ordenados, que lhes não competem, por dizerem, que tem lugares, que não gozão, ou porque já passarão a differente serviço, e emprego; e do mesmo modo sejão mais exactos no Serviço, vendo, que se lhes não paga logo que não sejão promptos, pois tem acontecido darem partes retardadas (e ainda falsas) de doentes, no momento em que devião entrar no serviço: o que tudo se pode bem evitar, dandose esta providencia, pois em Lisboa se praticava do modo que tenho a honra de participar a V. Ex.a, que mandará o que melhor entender. Deos Guarde a V.Ex.a Rio em 16 de Jan.ro de 1815.

Alguns anos depois o problema parecia reincidir, exigindo do velho visconde diligências que sua idade e seu compromisso com várias outras funções e secretarias impediam de executar, conforme se justifica em seu ofício ao secretário Tomás Antônio. O trâmite se dava da seguinte maneira: o fiel da real mantearia, no caso, encaminhava ao responsável, o real manteeiro, os pedidos das tralhas necessárias (panos, roupas, alfaias), o qual encaminhava ao secretário de Estado dos negócios do reino para avaliá-las e comprá-las. Nesse ofício em particular pede o real manteeiro a maior brevidade, em função dos arrochos que andavam sofrendo as despensas reais.

> [...] pela grande falta que esta Repartição tem da mencionada Roupa, tanto pelo uso, e consumo diario, como pelos furtos que lhe fazem, e que a pezar de todas as providencias se não podem evitar.
>
> Nesta mesma occasião tenho a honra de tornar a lembrar a V. Ex.ª o que outras vezes tenho feito de me tirar desta Repartição, na qual não posso exactamente cumprir com os meus deveres, por estar occupado em outras Repartições, e me faltar o tempo de poder olhar para esta, e evitar d'alguma forma as desordens que ali vão, tanto de roubos, como de insubordinação em que estão muitos dos empregados della, fazendo o que querem.
>
> [...] Deos guarde.

O descontrole nas finanças se anuncia de várias maneiras. Muitos documentos nas caixas da casa real e imperial do Arquivo Nacional do Rio de Janeiro o atestam, como os das reais cavalariças, cujo déficit mencionamos acima. Como tudo era responsabilidade do rei, as despesas imprevistas eram a regra e a preservação do saldo positivo quase sempre impraticável. Requerimentos com teor semelhante ao que dirigiu o tesoureiro Joaquim José de Azevedo a dom Fernando José de Portugal, em 1808, empilham-se nos anos seguintes. Neste, registra o guarda-livros do rei que necessitava de um decreto autorizando o gasto de quatro contos de réis, "[...] para suprir à despesa das Guarda Roupas, por a despesa exceder a receita". Explicava solicitar tal decreto com o conhecimento e a anuência de S. A. R. o príncipe regente, a quem havia exposto sobre a necessidade daquela quantia, lembrando que "[...] a maneira deste decreto he a que se tem seguido nos outros que se me tem passado do mesmo theor" — do que se pode inferir a recorrência desses rearranjos nas dotações orçamentárias. Adrede ainda no mesmo ofício:

> Também previno a V. Ex.ª que me faltão varias portarias, respectivas ás Criadas novas que fez a Princesa N. Sra., de que entreguey a V. Ex.ª as Insinuações da Ex.ma S.ra Marq.za Camareira Mór; incluida huma a favor da f.ª da mulher de (?), e igualmente de alguns criados, que os ultimos forão os do Thes.ro, e tambem esta Portaria destes para serem metidos em Folha.

E "metiam-se em folha" mais todas as despesas concernentes a funções divinas, que não eram poucas. Lembre-se de que existia um religioso com a definida função de esmoler-mor, como o foi o padre José de Morais, que em janeiro de 1809 encaminhou ofício à secretaria, predestinada a resolver todos os problemas do reino, no seguinte teor: "Na Real Capella de V. A. Real em dia de Reis se ha de fazer a offerta de duzentos e quarenta mil reis que se costumão pagar pelo Real Erario: O Esmoler Mor requer a V. A. Real se digne dar a Sua Regia providencia para satisfazer esta dispeza". No canto superior direito se lê o sinal de deferimento: "Passou decreto em 8 de janeiro de 1809".[8]

Aos altos custos de manutenção da casa real somavam-se práticas escandalosas de desvios de itens das despensas reais como a ucharia e mantearia, cuja difusão e impunidade podem ser índices de uma mentalidade própria à configuração patriarcal da sociedade curial. Por outro lado, se se considera que a corte de dom João VI no Rio de Janeiro definitivamente era modesta em relação a outras casas europeias, há de se dimensionar essa singeleza. No inventário da prata e roupa pertencente à mantearia que o rei levou consigo de volta a Portugal, arrolam-se arrobas em prata, terrinas, flamengas, pratos de todos os formatos. Calcule-se o tamanho do trem de cozinha, em que se contavam 439 facas, 435 garfos e 422 colheres de mesa feitos de prata, além das colherinhas para chá e café. O guarda-roupa também não deixava a desejar.[9]

FONTES DE RECEITA

Gastos incalculáveis, somas astronômicas despendeu dom João durante sua permanência no Brasil: para instalar no Rio de Janeiro a sede do império ultramarino português; para manter-se na peleja das nações nesse momento de reordenação do equilíbrio de forças mundial; para arrefecer inflados ânimos nativistas; para festejar o casamento de seu herdeiro e sua própria aclamação, entre outros momentos de júbilo. Tendo chegado ao Brasil na bancarrota, a pergunta que se levanta é a seguinte: donde provinham seus fundos? Achará uma boa porcentagem da resposta quem a procurar no lugar certo, por exemplo, nas inúmeras listas de socorros que circularam na corte para salvar ora as despesas do Estado, ora a casa real, o que daria na mesma coisa. As chamadas "subscrições voluntárias" angariaram dos fiéis vassalos fluminenses e portugueses aqui instalados verdadeiras fortunas, oferecidas generosamente aos cofres públicos. Tratando-se de uma sociedade na qual valores como honra e prestígio predominavam, talvez fizesse bem ao espírito dos subscritores ver seus nomes publicados em folhetos pela secretaria dos negócios do reino ou na *Gazeta*, na qual se repetiam incessantemente, a mesma lista continuando-se, às vezes, por várias semanas. Além disso, é muito provável que tais listas fossem consultadas na época do despacho dos pedidos de mercês, que choviam na secretaria.

Assim, logo em 1808, sob a rubrica de dom Rodrigo de Souza Coutinho e Manuel Caetano Pinto abriu-se a primeira subscrição, que correu a corte para auxílio das vítimas da guerra em Portugal. Mandou-se abrir um cofre "[...] para se receber o mesmo donativo em dinheiro, e de se nomear pessoa, que possa encarregar-se de entregar os gêneros aos que forem encarregados por S. A. R. do Governo do Reino" (*Gazeta*, 14/10/1808). Louvores são dirigidos aos subscritores para exaltar com todos os adjetivos seu zelo e patriotismo; a intenção era fazer aumentar a lista com o maior número de assinantes "[...] e particularmente de algumas Classes, que ainda não se mostrarão, como he de esperar o fação"; o texto com que se abre expressa vivamente os sentimentos de vassalagem dos súditos lusos d'aquém e d'além-mar, ao mesmo tempo que se apresentam as razões de ser daquela ação.

> SENHOR: Nós abaixo assignados Negociantes desta praça do Rio de Janeiro, pondo de parte a lembrança das excessivas perdas, que temos soffrido pela invasão dos barbaros uzurpadores do reino de Portugal; e pela interrupção consequente da navegação; e estagnação do commercio para sentir em toda a sua força os muitos mais pezados males; que tem soffrido os nossos irmãos existentes naquelle Reino, assim como o sublime enthuziasmo, e a constante lealdade que dirigirão seus esforços, apenas appareceo a ocazião de

serem proficuos para sacudirem o tyranno jugo que os opprimia, e para procurarem o Paternal, Justo, e Santo Imperio de V. A. R.; commovidos outrossim pela consternação, e penuria, que expressão nos papeis de Officio ultimamente publicados, não menos que pela impossibilidade, que a distancia nos oppõe de acodirmos com os nossos braços para sustentar tão nobres como gloriozos esforços em quanto he tempo; e mais que tudo pelo vivo desejo de previnir, ou ao menos aliviar a Paternal solicitude de V. A. R. em beneficio de tão benemeritos Vassalos, por considerarmos que a conjunctura actual não permittirá que sejão conformes á Real Generozidade, e as rectas Intenções de V. A. R. os socorros que pedem, e precizão: humildemente prostrados aos Reaes Pés de V. A. R. ouzamos implorar da Sua Benignidade Se digne permittir-nos que nas embarcações que foram destinadas a conduzir os socorros pedidos se recebão os generos que cada um dos assignantes abaixo declara para entregar á pessoa, que a esse fim for encarregada, e fique responsavel a dar conta de sua fiel entrega: generos que julgão não só necessario, mas até uteis para o provimento dos exercitos; e que outrossim se digne permittir-nos que possamos abrir um Cofre em que se receba o dinheiro das Sobscripções voluntarias com que as pessoas de todas as outras Classes queirão concorrer para ser remettido do mesmo modo ou o dinheiro; ou o seu producto em generos a fim que possa assim ser mais importante o socorro remettido, para que aquelles nossos Irmãos vejão o vivo interesse que tomamos no feliz exito da cauza que sustentão, e a fim de que o inimigo commum possa convencer-se que não há força na terra que possa destruir hum throno, que esta firmado no coração dos Vassallos.

Sob o tom de servil dedicação ao soberano, os homens fortes que a subscreveram não deixaram de valorizar subliminarmente a importância de seu gesto, que por certo foi percebido pelo rei. Seguem-se os seguintes contribuintes, que doaram valores superiores a 150 mil-réis: Manuel Caetano Pinto, João Gomes Vale, Manuel José da Silva, José Gomes Pupo Correa, José Inácio Tavares, José Nogueira Soares, José Joaquim de Lima, José Inácio Vaz Vieira, José Luiz Alves, Tomás Gonçalves, Fernando d'Oliveira Guimarães, dona Josefa de Figueiredo, João Lopes Baptista, João Ferreira Soares, Manuel Pinto Guimarães, João Siqueira da Costa, Antônio da Cunha, Domingos Gonçalves Azevedo, Antônio José da Costa Barboza e Henriques, José de Araujo Costa Rego, Antônio José Gomes Barroso, José Diaz da Cruz, Manuel Gonçalvez de Carvalho, Elias Antônio Lopes, Antônio José da Costa Ferreira, Francisco José Rodrigues, Manuel Gonçalves Vale, Joaquim Pereira de Almeida e Cia., José Pereira Guimarães, José da Mota Pereira, Fernando Carneiro Leão ("pela Casa"), Dias Viúva e Filhos, Manoel Ribeiro Guimarães, dona Ana Maria do Sacramento, João Francisco da Silva e Souza, "Hum anonimo amigo da Patria", Francisco Xavier Pires, João Morgan. É importante enfatizar que desses primeiros 38 nomes, exatamente a metade encontra-se na listagem nominal dos traficantes de escravos entre a África e o porto do Rio de Janeiro, atuantes entre 1811 e 1831.[10]

Há nessa lista de subscrições mais 140 nomes com valores inferiores e encerra-se com um eloquente *continuar-se-ha*... Nas semanas seguintes se dilataria ainda mais, segundo se confirma no número extraordinário da *Gazeta* de 18 de outubro, com as contribuições de alguns grandes títulos, e na edição de 22 de outubro, com uma "Relação das pessoas que tem concorrido para o socorro dos Vassalos de S. A. R. residentes em Portugal desde 6 até 15 do corrente mez de outubro". Há aqui o primeiro resumo, no qual se acusa que a subscrição organizada por Manuel Caetano Pinto alcançara, em menos de trinta dias, a soma de 26:375$800.

Exatos dois anos depois, em 5 de novembro de 1810, nova subscrição se anunciava, agora em função das dificuldades pelas quais passava o reino para arrecadar os fundos ao resgate de 615 portugueses que se encontravam cativos em Argel: "O Príncipe agradece e exorta a seus subditos a mais esse sacrifício por tão nobre causa. Iniciam a subscrição os condes de Aguiar, Galveas e Linhares, com 200$000 cada um: abre-se um cofre na Fazenda para receber os fundos [...]" (*Gazeta,* 5/1/1810). Essa causa, como não poderia deixar de ser, sensibilizou principalmente os nobres portugueses emigrados; mas os abastados fluminenses não deixaram seus irmãos suportar sozinhos aqueles encargos. Comerciantes como Tomás Gonçalves, Antônio Gomes Barroso, Elias Antônio Lopes, os Carneiro (viúva e filhos), os Dias (viúva e filhos), entre outros, contribuíram para que, já em 29 de dezembro, somasse a lista quase doze contos de réis.

Anos depois, quando sinais de felicidade e grandeza se anunciavam aos habitantes do Brasil, que tinham visto seu país alcançar o *status* de Reino Unido, quando se programava o consórcio de dom Pedro e dona Leopoldina d'Áustria, quando era finada a rainha louca dona Maria e se preparava para ungir o diadema o príncipe regente, o erário não se poderia encontrar em estado mais precário. Contabilizem-se nos gastos públicos as mobilizações contra os insurgentes de Pernambuco, causa que interessava diretamente aos fiéis súditos capitalistas da corte, simpáticos e devotos a seu rei. Foi assim que se abriu nova subscrição, publicada na *Gazeta* de 2 de abril de 1817:

> Havendo-se lembrado muitos capitalistas, proprietarios, Negociantes, e Pessoas de todas as Classes, de subscreverem espontaneamente para as despesas do Estado na urgência actual: faz-se publico que estão abertas as subscripções nas Cazas de Commercio abaixo referidas...
> João Rodrigues Pereira de Almeida

Francisco Xavier Pires

Amaro Velho da Silva

Fernando Carneiro Leão

A 7 de maio noticiava-se estar à venda o *Almanaque do Rio de Janeiro* para o ano de 1817. Dez dias depois saía a primeira relação de subscritores para as urgências do Estado, cujos valores são exorbitantes: barão de São Lourenço (2:000$000), barão do Rio Seco (20:000$000); Tomás Antônio Carneiro (1:000$000), Joaquim José de Matos Ferreira e Lucena (1:000$000); José Maria Rapozo de Andrade Souza (3:000$000), conde de Belmonte (4:000$000), José Pereira Guimarães (3:200$000), Manuel Rodrigues Jordão (2:000$000), marquês de Angeja (3:699$100), visconde de Vila Nova da Rainha (2:000$000), José Pinto Botelho Mosqueiro (1:000$000), "Hum anonimo" (2:000$000), visconde de Magé (1:000$000), Manuel Vieira da Silva (1:000$000), Joaquim Pereira de Almeida e Cia. (2:000$000), Antônio Ferreira Alves (1:000$000), Carneiro, Viúva e Filhos (4:000$000), Viúva, Velho e Filho (4:000$000), Viúva, Gonçalves e Filho (2:000$000), Dias, Viúva e Filho (2:000$000), Joaquim José da Siqueira (2:000$000), José Luiz da Mota (1:000$000), Cláudio José Pereira da Costa (1:000$000), Manuel Guedes Pinto (1:000$000). Acrescidas as contribuições de menor valor, esta lista somava, em sua primeira edição, a quantia de 87:180$000. No número seguinte da *Gazeta*, depois das notícias sobre a revolução em Recife, arrolam-se novas rubricas, feitas agora na intendência-geral da polícia, onde os maiores valores foram os creditados pelo desembargador do paço Luís José de Carvalho e Melo (1:200$000), o intendente Paulo Fernandes Viana (1:000$000) e José Pereira de Souza Caldas (2:000$000). Em 24 de maio, com as contribuições de Francisco de Souza Oliveira (2:000$000); José da Mota Pereira (1:000$000) e Antônio José da Costa Ferreira (6:000$000), em menos de dois meses do início desta lista, perfaziam-se 157:152$970. Os custos da embaixada com que Marialva pediu, em grande estilo, a mão de dona Leopoldina a Francisco I na capital austríaca, conforme se noticiou em 4 de junho na *Gazeta*, já estavam em boa medida cobertos.

Compõem essa segunda lista, além de uns grandes títulos e negociantes do Rio de Janeiro, alguns camaristas da família real, que já orbitavam o trono no reino e com ele se deslocaram para a nova sede do império, como o desembargador José Pinto Botelho Mosqueiro, Joaquim José de Matos Ferreira e Lucena (tesoureiro da ucharia), Manuel Rodrigues Jordão (tesoureiro da junta da real fazenda) ou o físico-mor do reino e médico da Câmara Manuel Vieira da Silva. Este último é um bom exemplo dos privilégios, precedências, liberdades, franquias e isenções de que gozavam os amigos do rei, fiel a ponto de com ele ter regressado ao reino em 1821. Natural da Vila de Ourem, ainda no reino, desde 1804 começara a acumular grande número de mercês: hábito da Ordem de Cristo e lugar de médico da Câmara (1804), título do Conselho e foro de fidalgo cavaleiro (1806), físico-mor do reino com 200$000 réis de ordenado por ano (1807), comendas da Ordem de Cristo e da Torre e Espada (1808), além de comedorias, provedorias, moradias em espécie e demais serventias, chegando ao baronato em 1818, como barão de Alvaiazere, primeiro desse título (ANTT — RGM, vários livros).

Outras mobilizações semelhantes tiveram efeito por motivos diversos em vários momentos na corte joanina. A construção de uma nova sede para o Senado da Câmara fez iniciar mais outra subscrição ainda em 1817 (*Gazeta*, 13/8/1817). Do ano da chegada da corte registra-se uma relação de negociantes mobilizados com o fim de levantar fundos "[...] para o estabelecimento da Real Fabrica de Polvora, e da terça parte das quantias a que se comprometeram, e com a qual entraram hoje, ficando prontos a entrar com outras conforme as condições do mesmo empréstimo". Amaro Velho da Silva, Brás Carneiro Leão e filho, Tomás Gonçalves, Antônio Gomes Barroso, os Dias, Manuel Caetano Pinto e Manuel Guedes Pinto, entre outros, ajudaram a levantar os 13:300$000 que o tesoureiro da real fábrica de pólvora, Mariano José Pereira da Fonseca, recolheu no cofre da mesa de inspeção (ANRJ — CRI, cx. 746, pac. 1).

NOME AOS CABEDAIS

Uma das maiores fortunas da praça mercantil do Rio de Janeiro, Manuel Caetano Pinto acumulava em 1839, ano de seu falecimento, um montante superior a 280 contos de réis, constituído de bens móveis e imóveis, escravos, artigos de luxo e muito dinheiro em dívidas. Apenas em casas, terrenos e arvoredos em São Cristóvão somava noventa contos de réis, que acrescidos às outras moradas de casas nas ruas São Pedro, do Sabão, Regente e Senado rondava os 165 contos, aí incluído o valor referente à casa que vendeu à rua dos Pescadores. Mais de quinze contos em escravos, quase sete em ouro, prata e pedras e mais de 55 contos em dívidas ativas formavam a grossa parte de sua fortuna. Esteve sempre presente nos momentos de dificuldade que afligiram a coroa, bem como na gerência de algumas engrenagens da máquina administrativa. Desde 1809 diretor do "Banco Nacional", recebeu também a propriedade do ofício de escrivão dos ausentes, capelas e resíduos da cidade do Rio de Janeiro (1811) e a mercê da faculdade para nomear serventuário no ofício de escrivão da provedoria de defuntos (1822). Compôs no quadro das corporações militares por meio de carta patente reformando-o no posto de coronel de milícias (1811) e ascendeu na hierarquia social com mercês várias: uma comenda da Ordem de Cristo, para a qual se habilitou em 1802, com dotação de 16$000 (1814); foro de fidalgo cavaleiro da real casa (1818); agraciado com uma vida na comenda da Ordem de Cristo, para se verificar em seu filho Luiz Caetano Pinto (1821); e cavaleiro da imperial Ordem do Cruzeiro, criada por dom Pedro após a Independência.[11]

José Inácio Vaz Vieira, presente na subscrição de 1808 organizada por Manuel Caetano, é um caso emblemático de nobilitação de indivíduos ligados a atividades profissionais estranhas ao *ethos* aristocrático.[12] Agraciado com o hábito da Ordem de Cristo com 12$000 de tença efetiva por decreto de 1811, Vaz Vieira está relacionado entre os negociantes com mais de 10 mil quilômetros no comércio marítimo, entre os quinze traficantes que mais adquiriram navios negreiros entre 1811 e 1830; e entre as quinze maiores empresas de longa distância que participam em outros setores da economia, responsável por 33% do tráfico entre 1813 e 1822, 6% das ações na Seguradora Previdente em 1814 e por boa parte da comercialização de açúcar, charque e trigo entre 1802 e 1822.

Antônio Gomes Barroso, cuja família encabeça a lista dos negociantes coloniais majoritários ligados ao comércio internacional nos débitos dos processos de falência e administração de bens de falecidos entre 1808 e 1821 (Fragoso, 1993, tabelas 13-12, 13-15 e 16-1; 16-2), estabeleceu-se em importantes setores da administração. Foi nomeado deputado da junta do "Banco Nacional" em 1809 e alcaide-mor da vila de Itaguaí em sua vida (22/3/1820), de que recebeu mais uma vida no mesmo cargo três meses depois. Habilitado para a Ordem de Cristo em 1780, comendador da mesma ordem com dotação de 15$000 em 1810, recebeu idêntica mercê para seu filho (1818), alcançando o foro de cavaleiro fidalgo por alvará de 1819 (ANRJ — Graças honoríficas; ANTT — HOC — letra A, maço 35, n. 11).

Antônio José da Costa Ferreira, capitão da fortaleza de Santa Cruz do Rio de Janeiro, não teve tanta influência na corte quanto seu sogro Manuel Caetano Pinto. Foi possuidor de uma das maiores fortunas do Rio de Janeiro, composta de ouro e diamantes (26 contos de réis), pratas, 22 escravos, roupas, madeiras, traquitanas e, o grosso, de fazendas de sua casa de comércio em torno de trezentos contos de réis. Embora tenha graciosamente ofertado seus serviços às causas do Estado algumas vezes, recebeu de volta apenas as duas graças que solicitou: um hábito da Ordem de Cristo com 12$000 de tença em 1817 e uma comenda da mesma ordem, com dotação de igual valor, três anos depois.[13]

Dom Rodrigo de Sousa Coutinho conta no número dos que acompanharam a família real para o Brasil. Sua fidelidade, porém, não se limitou a esse gesto; foi incontestavelmente um dos maiores estadistas do período, influente nas mais importantes agências da coroa portuguesa no país. Suas contribuições em dinheiro e públicas deferências ao rei são índices muito diminutos de sua devoção à coroa. Com ele se inicia aqui a indicação de outro grupo de interesses na corte do Rio de Janeiro: a dos recém-migrados, alguns procedentes das mais tradicionais casas portuguesas. Não que esse círculo fosse absolutamente coeso, ao contrário, cisões, intrigas e conflitos declarados havia entre eles. Dom Rodrigo era abertamente anglófilo, o que de imediato já o indispunha aos setores da corte simpáticos à política francesa, como era o conde da Barca. Ministro e secretário de Estado dos negócios estrangeiros e da guerra, expôs-se o conde de Linhares a todo tipo de controvérsias, desentendendo-se com diplomatas estrangeiros, políticos e mesmo religiosos, como quando se indispôs com o núncio Caleppi. Odiado pela rainha, dona Carlota, que o pejava com inúmeros codinomes depreciativos, angariava contudo as simpatias do rei. Nascido no Rio de Janeiro, passou grande parte da vida na Europa, tendo sido embaixador em importantes cortes. Na época do seu falecimento, acumulava distinções, mas não fortuna. Se não enriqueceu com a política, foi retribuído com dignidades nada desprezíveis: alçado à grandeza com o título de primeiro conde de Linhares em 1808, recebeu mercê do mesmo título para seu filho primogênito em vida (1810), bem como o foro de cavaleiro fidalgo da real casa, com 100 mil-réis de moradia por mês e um alqueire de cevada por dia (1816).[14]

Do mesmo vulto que Linhares é a figura do velho dom Fernando José de Portugal, que igualmente veio com a comitiva real para morrer longe de sua saudosa Lisboa. Muitas funções exerceu e honras acumulou dom Fernando junto à Coroa, que lhe fizera mercê do posto de vice-rei e capitão de mar e terra do Estado do Brasil desde 1800 [ANTT — RGM, dona Maria I, lv. 31, fl. 32 (9/5/1800)]. Mas foi no Rio de Janeiro que definitivamente galgou lugares mais elevados. Quatro dias após o desembarque do rei, foi por ele instado para acudi-lo junto ao despacho do gabinete, nomeado presidente do real erário e ministro e secretário de Estado dos negócios do Brasil, recebendo no mesmo ano a comenda da Ordem da Torre e Espada. Dois anos depois, a despeito da idade e da saúde precária, ingressou nos quadros militares como capitão da 7ª companhia do 3º regimento de infantaria da guarnição da capital. Dentro da administração recebeu, ainda, a graça de que se lhe fosse pago pelo cofre da real junta do comércio, agricultura, fábricas e navegação o ordenado que lhe era devido no cargo que então ocupava como presidente da mesma junta. Recebeu do rei o título de marquês de Aguiar no mesmo ano em que chegou ao Brasil e foi elevado à dignidade de conde três anos depois. Falecido em janeiro de 1817, teve seus esforços gratificados por decreto que lhe fez mercê em remuneração dos serviços como capitão general da capitania da Bahia e vice-rei do Brasil, ministro do real gabinete e presidente do real erário, do conselho da fazenda etc. Sua viúva, a marquesa de Aguiar, e seu irmão, dom Manuel

Portugal e Castro, foram distinguidos com a comenda de São Pedro da Ordem de Cristo.

Linhares e Aguiar são exemplos típicos de uma nobreza intermediária entre aquela que começa a se formar no Brasil pela nobilitação dos homens de grosso trato que acudiram o rei em suas dificuldades — homens sem nenhuma ascendência de linhagem de sangue — e uma aristocracia tradicional de proveniência lusa e secular, uma verdadeira nobreza de espada, como eram os subscritores da mesma lista organizada em 1808 por Manuel Caetano, os títulos de Anadia, Vagos, Angeja, Belmonte ou Cadaval. Nobreza de toga que medrava no reino desde o século XVIII, constituída por certa classe de burgueses ilustrados que passaram a ocupar importantes cargos na administração, à revelia do desprezo dos nobres de linhagem.[15] O fenômeno da conspurcação da nobreza não é, como se sabe, genuinamente brasileiro. Acontecia no reino desde que se puseram os epígonos da Santa Inquisição a resgatar a pureza de sangue da nobreza. O que caracterizou o fenômeno das nobilitações no Brasil não foi propriamente a qualidade dos agraciados, mas a profusão deles.

VASSALOS LEAIS

Os sentimentos de vassalagem dos fluminenses não se medem exclusivamente pelos muitos e gordos donativos feitos ao erário real. Outros registros há de situações, na maior parte festivas, em que os grandes do Rio de Janeiro comungaram com o rei sua felicidade. A própria chegada da família real, todos os casamentos, batizados, conquistas militares e ensejos políticos foram marcados por demonstrações de contentamento dos fluminenses. Essas públicas manifestações, conquanto muitas vezes ordenadas em editais e proclamas — e portanto de espontaneidade relativa —, tinham como estratégia acionar todos os sentidos dos espectadores com as repetidas salvas de artilharia e repiques de sinos das igrejas, os artefatos luminosos das girândolas, transparências e fogos de artifício, as ornamentações nas janelas dos sobrados, chuvas de flores e queimas de incensos. Assim se assistiu ao desembarque da arquiduquesa Leopoldina em 1817, por exemplo. O caráter espetacular da sociedade de corte como reforço do poder real trazia do interior dos circuitos internos dos palácios as autorrepresentações da realeza, que se reiteravam como que em círculos concêntricos, abrindo-se a um conjunto mais amplo dos que podiam estar, por exemplo, no teatro ou na capela ao mesmo tempo que o rei, ou em círculos de representação ainda maiores, como as aparições públicas da Majestade — tal como se assistiu na aclamação de dom João VI. Essas ocasiões implicavam ordenar o mundo de acordo com o lugar destinado a cada um, considerando-se a diferenciação jurídica herdada do Antigo Regime. As procissões, os cortejos e entradas triunfais concorriam para tais ordenamentos. Nessas ocasiões era comum assistir às manifestações de vassalagem e amor ao rei, de que não se pode medir quanto de verdadeiro sentimento e quanto de adulação. Mas, por meio delas, é possível saber como eram os sinais materiais com que os súditos se dirigiam ao soberano e identificar esses súditos.

Os intercâmbios mais que simbólicos entre o soberano e os "homens bons" da terra começaram já por ocasião do desembarque da família real, minuciosamente contado em um libelo anônimo publicado pela impressão régia. Tendo-se relatado os passos do "luzido efeito", atenta-se no opúsculo a algumas "particularidades notáveis e curiosas" que marcaram o episódio. A primeira delas é a doação que fez Elias Antônio Lopes, negociante de grosso trato estabelecido na praça do Rio de Janeiro, da Quinta da Boa Vista em São Cristóvão, que passou a ser a residência oficial de dom João e seu retiro preferido. Diz-se que, quando nela entrou pela primeira vez, S. A. R. confidenciou ao negociante que o acompanhava: "Eis aqui huma varanda Real, Eu não tinha em Portugal cousa assim". Não se sabe se de fato disse semelhante frase o príncipe regente, nem se, tendo dito, se expressasse sinceramente. Mas consta que "[...] S. A. R. querendo gratificar a Elias Antônio tão generosa offerta, que os mesmos fidalgos avaliam em 400 $ cruzados, houve por bem nomeallo Commendador da Ordem de Christo, Fidalgo da casa real, e administador da mesma Quinta" (BNRJ — *RELAÇÃO das festas...*, p. 10).

Era o conselheiro Elias Antônio Lopes um dos maiores argentários da praça mercantil do Rio de Janeiro. À época de seu falecimento, em 1815, sua fortuna estava aplicada sobretudo em negócios mobiliários, que somavam mais de 34 contos de réis, dívidas ativas que giravam em torno de quarenta contos de réis e, a maior parte, investimentos em atividades comerciais diversas que ultrapassavam os cem contos de réis. Seu monte, computados todos os mais bens móveis e viventes, trastes, roupas, alcançava a cifra de 235:908$781. Possuía ainda 110 escravos, avaliados em quase nove contos de réis. O presente ao príncipe foi um investimento que certamente não abalou o orçamento do potentado.

A partir da doação da real Quinta da Boa Vista a dom João, os laços de amizade entre ambos se estreitaram, assim como se fortaleceram as influências do comerciante. Acumulou em sete anos de vida ao pé do trono, ou a seu lado direito, inúmeros cargos e patentes. Foi deputado da real junta de comércio (1808); recebeu a mercê da alcaidaria-mor e do senhorio da Vila de São José d'El Rei, na comarca do Rio de Janeiro (1810); a da propriedade do ofício de produtor e corretor da casa de seguros (1812). Do registro geral das mercês e decretos gerais constam ainda carta patente concedendo-lhe o hábito dos noviços da Ordem de Cristo (1810); alvará do foro de fidalgo cavaleiro da casa real; decreto do título do conselho de Sua Majestade (1811); carta patente promovendo-o alferes de infantaria de linha (1815) (ANRJ — Cod. 789; ANRJ — Ordens Honoríficas).

Entre outras particularidades notáveis que traz a *RELAÇÃO das festas que se fizerão no Rio de Janeiro* pelo desembarque da família real, menciona-se que um certo patriota de Vila Rica, de quem não se dá o nome, ofertara graciosamente ao monarca a quantia de cem cruzados, o qual, desejando recompensar a tão generoso donativo, "[...] fello Commendador da Ordem de Christo, Fidalgo da Sua Real Casa &c., e a dois filhos que tinha Cadetes no Regimento de cavallaria da mesma Villa deo a patente d'Alferes do Regimento" (*RELAÇÃO das festas...*, p. 15).

Inúmeras outras ocasiões houve durante o exílio tropical de dom João VI em que os fluminenses puderam externar ao monarca sentimentos de fidelidade. Um dos mais faustosos e importantes foi sem dúvida o da aclamação do rei, em 1818, evento inédito nos fastos das monarquias europeias. Decorou-se a cidade como a um presépio. Cuidou o Senado da Câmara para que ela fosse iluminada e asseada para tão gloriosa função. Seus cidadãos, sozinhos ou em corporações, puderam expressar ao monarca sua gratidão, dentre outras maneiras, construindo elementos de arquitetura efêmera, como arcos triunfais romanos, costume que não era em absoluto desconhecido dos fluminenses.[16] Um vassalo deu-se à gloriosa tarefa de relatar a memória desse acontecimento único, com rara riqueza de detalhes, descrevendo cada iluminação, sua forma, dimensões, alegorias, emblemas e versos, e os homens que, atendendo prontamente aos avisos do Senado da Câmara, levantaram monumentos ao rei (BNRJ — Sousa, 1818).

Não foi ingrato o corpo do comércio da cidade, tão beneficiado pela primeira providência importante tomada por dom João em terras brasileiras, como foi a franquia dos portos. Levantou uma portentosa iluminação em forma de arco romano com a expressão: "Ao libertador do Comércio".[17] Todos os que ofertaram individualmente uma homenagem ao rei receberam algum tipo de mercê da coroa. Não é necessária nenhuma sondagem mais aprofundada para perceber que se tratava de homens de posses, mas, como se localizaram os inventários de um número reduzido deles, torna-se difícil definir com total segurança informações importantes, como a atividade profissional de cada um. Dentre os que homenagearam dom João estão a baronesa de São Salvador de Campos dos Goitacases, Ana Francisca Rosa Maciel da Costa, viúva do negociante Brás Carneiro Leão e mãe de Fernando Carneiro Leão, homem de grande ascendência sobre os negócios e a sociedade fluminense do primeiro reinado. Brás Carneiro Leão constitui-se no caso típico de migrante português pobre que fez fortuna no Brasil. Mas já antes da chegada da família real, no mesmo ano de sua morte, o patriarca dos Carneiro Leão somava alguns distintivos, sobretudo patentes militares.[18]

As ramificações dessa família confundem-se com as das mais poderosas de todo o império. Fernando Leão, que recebeu hábito da Ordem de Cristo e foro de fidalgo cavaleiro em 1810 e comenda da mesma ordem em 1818, título de barão de Vila Nova de São José em 1825, teve uma de suas filhas casadas com um dos filhos de dom Rodrigo de Souza Coutinho, primeiro conde de Linhares. Uma das cinco filhas de Brás Leão desposou o influente intendente-geral da polícia Paulo Fernandes Viana, de cuja prole descende o conde de Baependi. Registre-se que a baronesa de São Salvador, dignificada com honras de grandeza em 1823, foi a primeira brasileira a receber mercê do título, dando praticamente origem à nobreza nativa brasileira.[19]

O caso dessa família é emblemático em um sentido específico. A dar-se crédito aos apontamentos do senador conde de Baependi, Brás Carneiro Leão nasceu no Porto em 1732, filho de lavradores, chegando ao Rio de Janeiro aos dezesseis anos para trabalhar como caixeiro na casa de um patrício em troca de comida e cama. Se essa informação for verdadeira — e é muito certo que o seja[20] —, estaria impedido o comerciante de subir alguns degraus na escada social. Em 1802, já professo na Ordem de Cristo, coronel de regimento das milícias da cidade e fidalgo cavaleiro, requereu para si e seus seis filhos o reconhecimento de seu brasão de armas, para justificar sua nobreza. Na petição, conforme a praxe, apresentava sua árvore genealógica, que deveria estar isenta de máculas (bastardia, crime de lesa-majestade, ofícios mecânicos e sangue infecto); e assim declarou que todos eles, seus filhos e ancestrais,

> [...] são e forão pessoas nobres das familias desses apelidos tractandose todos a Ley da Nobreza com Armas Creados e creadas sem nunca jamais terem cometido crime de leza majestade Divina ou humana nem na sua geraçam haver infecta naçam Pedem a vossa senhoria seja servido admitir aos supplicantes justificarem todo o referido com testemunhas [...]

Interessante é que não recorre a documentos, apenas a testemunhas para responder à inquirição. Suas testemunhas, Manuel Pinheiro Guimarães, Fernando Vieira da Silva e José Antônio da Costa, todos comerciantes de grosso trato das praças de Lisboa e Rio, como é previsível, atestaram reconhecer a pública nobreza dos pretendentes,

> [...] tratando-se todos á Ley da Nobreza e com a maior ostentaçam e decencia com carruage armas creados e cavalos sendo muito nobres descendentes das familias de seus apelidos sendo tambem publico

> e constante que todos os justificantes sam filhos e netos das pessoas que declarão em sua peticam e que da mesma forma se tractarão a ley da Nobreza sem que jamais comettessem crime de Leza Majestade divina ou humana e na sua geraçam houvesse infecta naçam e mais nan dice e asignou com o Inquiridor Cyprianno Antônio Rodrigues Nunes escrevi.

Dificilmente as testemunhas que convocou o solicitante deporiam de forma diferente. Talvez não seja incorreto inferir daí que este não tenha sido o único caso em que potentados radicados havia muito no Brasil conseguissem burlar a inquisição de praxe no processo de reconhecimento de nobreza.[21]

Consta na *Relação dos festejos* feita por Bernardo de Sousa que a intendência-geral de polícia não poupou esforços nem cabedal para inscrever a feliz aclamação de dom João na história dos mais celebrados monarcas do mundo. Para tanto, promoveu no novo Campo de Santana uma iluminação "com entrada franca para todas as pessoas":

> [...] em cada angulo estava um Forte mui bem illuminado, em que havia escolhida muzica instrumental, e que salvava sempre á chegada, e sahida de S. Majestade, e em cada hum deles hum botequim sortido de toda qualidade de bebidas, que se administravão prompta, e gratuitamente a todas as pessoas, que as procurarão. A disposição, e multiplicidade das luzes apresentavão o labirinto mais agradavel. Todas as luzes se dirigiam ao centro do Quadro, em que estava uma Cascata vistosissima lançando agoa incessantemente. No Palacete Chinez destinado para ELREY N. S. reconhecia-se a melhor direcção, e bom gosto, e sumptuosidade; e dali foi que s. MAJESTADE gozou o divertimento das Danças na noite do dia 7, e

na do dia 8 o belissimo fogo artificial mandado fazer pela mesma Intendencia, e onde n'huma, e n'outra SS. MAJESTADES e ALTEZAS fizerão a honra de servir-se de um explendido desert promptificado todo em baixela d'ouro, e prata. (BNRJ — Sousa, 1818, pp. 12 ss.)

O esmero da polícia repetiu-se na frente da casa de seu intendente, Paulo Fernandes Viana, que encomendou uma iluminação ao artista francês M. Bouch, na qual sobrestavam as armas reais do Reino Unido e a inscrição: "Á indelevel Memoria da Feliz Coroação/ Do Augusto Senhor D. João SEXTO".

Natural do Rio de Janeiro, formado em direito em Coimbra, magistrado nessa cidade, desembargador do paço, membro do conselho de Sua Majestade, comendador das ordens de Cristo e da Conceição, e intendente-geral da Polícia desde a criação desse lugar no Rio de Janeiro, em 1808, até 1821, ano de seu falecimento, diz-se que Paulo Fernandes Viana era dos mais influentes ao ombro do rei, com quem tinha audiências a cada dois dias. Até a chegada da corte, consta já haver alcançado sucessivamente os cargos de intendente da capitação de Sabará (1789); de desembargador da relação do Rio de Janeiro (1799); de desembargador da relação do Porto (1804). Em 1803, foi dispensado das provações de sua pessoa, e havido por habilitado para receber o hábito de Cristo com 12$000 réis de tença efetiva. Conta J. F. de Almeida Prado que as incumbências do intendente no Rio superavam as de Pina Manique em Lisboa, desde as tarefas de policiamento propriamente ditas até melhoramentos urbanos (a *police* em um dos sentidos originais da palavra), como a abertura e conservação de estradas e ruas, a promoção dos festejos e a administração das infaustas "aposentadorias". Acresce ainda o historiador paulista que a ocupação desse cargo estaria ligada a seus vínculos com a família Carneiro Leão, os mais ricos desses tempos no Rio, mais que a seus dotes pessoais. Se isso procede, não se afirma. Mas é fato que o poder econômico e a rede de relações pessoais do intendente foram decisivos na execução de muitas de suas atividades, como ele mesmo testemunha, numa memória que deixou sobre seus treze anos à frente da polícia:

> Sustentei por meo credito e dos meos amigos a dita guarda de soldos e fardamentos, sempre com esplendor, com dinheiros gratuitos, até que me desonerei delle, e enquanto a renda era insignificante até poder passar a divida para o Banco...

Seus desvelos para com a coisa pública podem ser tomados como índices de relações clientelísticas que ligavam os indivíduos na configuração da corte:

> Todos sabem, que para a creação do Banco, e rapida edificação do teatro de São João, quaes foram os trabalhos que empreguei: muitos fundos, que procurei para o primeiro, falando ao corpo do commercio da corte e das provincias, por onde a instancias minhas grangeei grande numero de acções, e mettendo em scena para o segundo todos os meos mais estabelecidos amigos para por meio de acções o erigir em o curto espaço de dous annos com a magnificencia e decoração com que se acha.[22]

Não foram menores que as do intendente as demonstrações de júbilo do comendador Luís de Sousa Dias pela coroação de seu rei. Iluminou as janelas de sua casa à rua Direita, ornadas com adereço em cujo centro se destacavam as armas dos três reinos, ladeadas por dois instrutivos dizeres: "Herdaste o Sceptro, e C'rôa, nós valor, e lealdade" e "Reinar sobre os corações he duas vezes reinar". O conselheiro Sousa Dias, por falecido em 1844 sem herdeiros, legou sua herança à irmã, viscondessa de Cantagalo, ao irmão, o comendador Antônio de Sousa Dias, e à cunhada, viúva de Bernardo de

Sousa Dias, guarda-roupas do rei (ANRJ — Inventário de Luís de Sousa Dias). Muito provavelmente suas atividades não se ligavam ao campo, já que ao morrer tinha apenas dois escravos. Embora seu monte curiosamente fosse pequeno, esteve muito próximo do dinheiro, tendo sido nomeado deputado da junta do Banco Nacional em 1809. Dois anos depois obtinha hábito da Ordem de Cristo com tença efetiva de 12$000 e alçava-se nos altos patamares da sociedade ao receber mercê do foro de fidalgo cavaleiro da casa real. Em 1812, retribuía-lhe o rei seus serviços fazendo-lhe mercê da comenda da Ordem de Cristo, com dotação de 16$000 de tença efetiva.

Saindo da rua Direita e alcançando-se a do Sabão, onde meses antes se levantara artefato em glória de dona Leopoldina, passava-se sob os arcos triunfais erigidos a dona Carlota Joaquina. Muito mais portentoso seria um outro à rua dos Pescadores, assim descrito por Bernardo de Sousa, erigido

> [...] tão somente as expensas dos negociantes JOAQUIM JOSE PEREIRA DE FARO, e FRANCISCO PEREIRA DE MESQUITA, e o primeiro por varias pessoas do Comercio, debaixo da direção de FRANCISCO PINHEIRO GUIMARÃES e FRANCISCO JOSE GUIMARÃES. Era do risco JOSE XAVIER PEREIRA, maquinista do Real Theatro de S. João. Tinha 40 palmos de largo, e oitenta de alto, sustido sobre oito columnas de ordem corinthia, entre as quaes appareciam figuradas as quatro partes do Mundo; e por cima avarandado, e com tres pedestaes, em que haviam outras tantas figuras, a saber, a Fama, a União, e a Glória. Para o da rua dos Pescadores deo o risco Mr. de Montigny. O arco sustinha-se sobre oito columnas da ordem Dorica Romana, de 26 palmos de altura, sendo a geral d'este monumento de 50, e a largura a de todo o espaço da rua. Em ambos se inverterão os emblemas, accomodando-os ao novo OBJECTO; e do último, de que tratamos,

pendião entre as columnas seis medalhões cobertos de seda azul com estas letras douradas — D. J. VI. —, e cruzava-o esta legenda: AO VI, AO GRANDE, AO IMMORTAL JOÃO

O nome de Joaquim José Pereira do Faro associa-se imediatamente ao ramo das companhias de seguro, as quais dominou absolutamente ao lado de alguns outros poucos argentários. Em 1815, foi um dos três sócios fundadores da companhia de seguros Previdente, com capital inicial de quatrocentos contos de réis, que mudou de mãos dois anos depois. Em 1818 os mesmos sócios demissionários da Previdente fundaram a Tranquilidade, que dividia com mais outras duas novas firmas seguradoras o monopólio dessa atividade centralmente estratégica para o comércio, em que giravam somas astronômicas. Natural de Braga, de sua vida em Portugal registra-se apenas uma certidão negativa fornecida em 1805, quando contava 38 anos de idade. Não há informação sobre quando viera para o Brasil, nem consta dos fichários das ordens honoríficas o nome do capitalista, mas sabe-se que se beneficiou das graças reais ao receber mercê para ser contratador das miunças e dízimos de açúcar das freguesias de Itaguaí e Nossa Senhora da Conceição dos Alferes e freguesias anexas, onde, aliás, a família Faro, barões de Rio Bonito, constitui-se numa potência fundiária durante o século XIX. Não alçou, ao que consta, foros de fidalguia, mas as retribuições reais vieram de outra forma. Pôde ampliar suas atividades com a concessão real de uma sesmaria, requerida pelo negociante em 1813 na vila de Resende, e concedida em 1817.[23] Por sua vez, Francisco Pereira de Mesquita, o outro comerciante que erigiu o arco triunfal juntamente com Pereira do Faro, tinha apenas a mercê do hábito da Ordem de Cristo em 1804, quando fora promovido a sargento-mor agregado às ordenanças da corte do Rio de Janeiro, em 1819, tendo recebido também mercê de concessão de sesmaria de meia légua de terras em quadra nos sertões de Valença, distrito da corte.

O CÍRCULO DA CASA

Se os sinais de afetação externados pelos grandes do Rio de Janeiro por motivo de pública alegria, como ocorreu na aclamação de dom João, são indicadores ótimos das interdependências daqueles homens e a Coroa, sensivelmente mais diáfanas devem ser as manifestações dos que frequentavam o círculo mais restrito da corte, numa linguagem mais rigorosa, a corte propriamente dita. Os moços e damas do serviço que assistiam diretamente às SS. MM. e AA. não compravam seus lugares com as moedas correntes na praça. Aqui ainda se respeitou, ao que tudo indica, a precedência da linhagem, só ingressando no paço a nobreza da terra em período bem posterior. As prescrições da mordomia, para o desembarque da princesa do Brasil dona Leopoldina, fornecem os nomes mais importantes no serviço à época gloriosa da aclamação de dom João; deve-se, para tanto, retornar à narração da entrada da princesa dona Leopoldina no porto do Rio de Janeiro.

A orquestração de tudo ficou por conta do então ministro e secretário de Estado dos negócios do reino Tomás Antônio Vilanova Portugal, um dos mais influentes homens do governo português no Brasil. Era Tomás Antônio quem despachava com o rei as portarias a respeito das solicitações de graças de grandes do reino. Logo ao chegar, em abril de 1808, fora nomeado chanceler-mor do Estado do Brasil, ocupando sucessivamente cargos cada vez mais estratégicos na administração: membro em exercício do tribunal da mesa do desembargo, da mesa de consciência e ordens e do conselho ultramarino sem precisão de nova carta (1808); oficial do registro na chancelaria-mor do reino do Brasil (1816); e ministro e secretário de Estado dos negócios do reino (1817). Não consta ter tido seus préstimos retribuídos com títulos, como aconteceu com o marquês de Aguiar, mas elevou-se na dignidade de fidalgo cavaleiro da casa real e hábito da Ordem da Torre e Espada já em 1808, assim como a comenda da Ordem de Cristo com dotação de 30$000, nos despachos pelo natalício do príncipe regente em 1810.[24] Movia-se com habilidade dentro da burocracia e não encontrou obstáculos para receber parecer favorável a sua solicitação de aumento de vencimentos para 200$000 no emprego de contínuo da chancelaria-mor do Estado (1810), bem como a mercê de que o alqueire e meio de cevada, que tinha por dia com a moradia de seu foro, fosse havido em espécie na real cevadaria (1810).

Ao lado direito de Tomás Antônio na gerência da casa real estava Francisco José Rufino de Souza Lobato, barão e primeiro visconde de Vila Nova da Rainha, mais um dos homens de confiança do rei que despertavam a maledicência daqueles que acusavam o Estado de ser uma "gerontocracia" — ou um "governo de velhos". Além da boataria em torno de suas relações perigosas com o rei, registra-se apenas ter sido habilitado para a Ordem de Cristo em 1802 e recebido um único ofício, ainda no reino.[25] Por sua fidelidade passou a ocupar, logo no mês do desembarque, o lugar de guarda-joias do tesouro da casa real e a 25 de abril recebeu mercê do ofício de escrivão da Câmara e expediente da mesa da consciência e ordens com o ordenado invejável de 1:000$000, além dos emolumentos. No mesmo ano foi nomeado comendador da Ordem da Torre e Espada; no seguinte, recebeu o título do conselho de Sua Majestade, em que se declarou a precedência que por essa mercê lhe competia, a despeito de qualquer deputado que fosse posteriormente a ele nomeado. Ainda em 1809, fez-se-lhe mercê do título de barão de Vila Nova da Rainha, para já no ano seguinte titular-se visconde do mesmo nome, renovado em mais uma vida em 1818; nesse mesmo ano se tornou comendador da ordem de Nossa Senhora da Conceição de Vila Viçosa (ANRJ — Ordens honoríficas).

Inácio da Costa Quintela, que recebeu de Tomás Antônio a responsabilidade de passar ordens quanto às salvas das embarcações e fortalezas, na ocasião em que fosse o príncipe regente a bordo da nau em que aguardava dona Leopoldina, já chegou ao Rio fidalgo escudeiro da casa real e coronel de infantaria. Recebeu sucessivamente o foro de fidalgo escudeiro e fidalgo cavaleiro (1787), tença de 600$000 que possuía sua mãe, dona Maria Micaela de Sousa (1785), e o título do Conselho (1820). Durante os treze anos em que permaneceu no serviço de dom João, foi em vários momentos lembrado pela real munificência. Em 1808, após as provações do Atlântico junto à família real, foi gratificado com a comenda honorária da Ordem da Torre e Espada. Apenas em 1815 foi novamente lembrado, agora com a comenda da Ordem de Cristo em sua vida, com dotação de 16$000. Em 1820, foi-lhe feita mercê do título do Conselho e em janeiro de 1821 tornou-se ministro e secretário de Estado dos negócios do reino. Sua esposa e filhas foram do serviço de SS. AA. e de Sua Majestade a rainha.[26]

Luís Joaquim Duque Estrada Furtado de Mendonça carrega no sobrenome o peso da tradição de famílias que já fulguravam no Brasil antes da vinda da família real e que continuariam a se destacar século XIX afora. Participou de todos os eventos do paço, como nos efeitos do desembarque de dona Leopoldina, quando foi o responsável pelos proclamas do bando do Senado da Câmara. Assinou listas de subscrição voluntária e consta nas *Relações dos festejos* de Bernardo de Sousa ter decorado suas janelas à rua da Ajuda, quando da aclamação, com um rico transparente no meio do qual se destacava a legenda *J. VI.*, sustentada por cinco figuras "[...] que entre outras tantas bandeiras deixavam ler — Europa — África —

Australia — Asia —. No cimo esta inscripção: Nas cinco partes todas campos ara / E se mais mundo houvera, lá chegara". Suas principais atividades estiveram sempre ligadas à jurisprudência. Não poderia imaginar, por certo, quanto lhe custaria a mercê de juiz de fora do cível e crime da cidade do Rio de Janeiro, recebida logo em 1808; certas ocorrências no bairro de São José, onde se localizava a casa da ópera, por vezes indispuseram o intendente-geral de polícia, que cobrava austeras providências do juiz do crime.

Filho de família distinta do Rio de Janeiro, desde cedo colecionou mercês, recebendo o ofício de provedor das fazendas dos defuntos e ausentes, capelas e resíduos da comarca de São Paulo em 1799 e de juiz de fora da cidade de Santos (1798). Já na era joanina, fora designado desembargador da relação da Bahia (1810), provedor da fazenda dos defuntos, ausentes, capelas e resíduos do Rio de Janeiro (1814), desembargador da casa de suplicação da corte (1818), ouvidor do crime (1821), chanceler da relação da Bahia (1824), conselheiro da fazenda da corte no reinado de dom Pedro (1827) e ministro do supremo tribunal de justiça (1828). Devido a seus valiosos préstimos a Coroa distinguiu-o com várias dignidades, como o hábito de Cristo (1808), o hábito dos noviços da mesma ordem (1810), cavaleiro da ordem de Nossa Senhora da Conceição de Vila Viçosa (1818), foro de fidalgo cavaleiro da casa real (1818), título do real conselho (1823).[27]

Francisco de Sales Barruncho, nomeado estribeiro-menor que deveria acompanhar a princesa dona Leopoldina a cavalo em sua entrada, vestido com o primeiro uniforme da casa, esteve permanentemente no serviço do paço. Ainda no reino, recebera com seus irmãos mercê de capitão fidalgo (1785) e o de capelão fidalgo da Casa (1794), com ordenado de 450 réis de moradia por mês, três quartos de cevada ao dia e 4$340 réis de vestiaria ordinária ao ano, mais a moradia de 750 réis que já lhe pertencia por ser cavaleiro fidalgo. Mas desde 1810 já ocupava os cômodos reais como moço das quarentas do número da Câmara. Por ocasião da coroação foi nomeado cavaleiro da ordem de Nossa Senhora da Conceição. Receberia ainda uma mercê em espécie de um alqueire de cevada da real cavalaria em 1820 (ANRJ — Ordens honoríficas; Cf. ANTT — RGM, dona Maria I, lv. 19, fls. 285 e 285v.).

O suplente de Barruncho no cortejo, em caso de algum impedimento, seria João Valentim de Sousa Lobato, certamente aparentado de Francisco José Rufino, visconde de Vila Nova da Rainha. Porteiro dos reais aposentos, João Valentim sustentou altas patentes militares, como coronel graduado adido ao estado-maior (1811). Cavaleiro da ordem de Nossa Senhora da Conceição (1818) e comendador da Ordem de Cristo com dotação de 20$000 r.s (1821), serviu dentro do palácio em funções privilegiadas: foi efetivado servidor da toalha (1820) e porteiro da Câmara e guarda-joias do tesouro da imperial casa (1822).

Izidoro da Costa Oliveira, rei d'armas de Portugal, designado para avisar a seus pares e mais arautos e passavantes para estarem no local e horas marcados no dia da função do desembarque, é outro caso de moço do serviço bem recompensado pelo rei por sua denodada vassalagem. Trazendo do reino tença de 12$000 réis no hábito da ordem de São Tiago, logo ao chegar ao Rio foi servido o rei fazer-lhe mercê da propriedade do ofício de 1º escrivão dos órfãos da cidade do Rio de Janeiro, para o qual foi juntamente nomeado serventuário. Um ano depois, tomou o lugar de reposteiro da real câmara do número; em 1811 tornou-se cavaleiro da Ordem da Torre e Espada, tendo recebido o hábito da Ordem de Cristo, o foro de fidalgo cavaleiro e a mercê do ofício de rei d'armas de Portugal sucessivamente em 1812, 1813 e 1814. Durante o reinado de dom Pedro foi nomeado ainda cavaleiro da Ordem Imperial do Cruzeiro, criada para agraciar os próceres da Independência (ANRJ — Ordens honoríficas; ANTT — RGM, dona Maria I, lv. 18, fl. 65).

O PREÇO DA DÁDIVA

Os quadros da burocracia oriundos da nobreza de toga que já medravam no reino, a nobreza de sangue migrada, os serviçais que a acompanharam, os negociantes de grosso trato que subsidiaram as despesas do príncipe compunham uma corte matizada, em que o tratamento obrigatoriamente era distinto devido ao lugar que cada um ocupava. De qualquer modo, o príncipe foi generoso na distribuição das prebendas, fato anotado pelos próprios contemporâneos. Para os cortesãos isso era inclusive uma demonstração de poder e bondade do patriarca e soberano da nação. No novo cenário do Rio de Janeiro, a corte bragantina reproduziu amplificadamente seu *ethos* ancestral, similar ao de outras cortes europeias ocidentais do Antigo Regime. Se algo mudou no comportamento do príncipe regente, como se disse, foi a largueza com que cobriu de graças e mercês, primeiro, os fiéis e heroicos súditos que o acompanharam desde Portugal, depois, os grandes da terra, que o acolheram filialmente.

Tomem-se alguns casos ilustrativos dos procedimentos mais comuns nas solicitações de graças. Por ocasião da chegada do rei houve nos meses seguintes muitos despachos em reconhecimento ao patriotismo dos migrados; aqueles que nada receberam de imediato não se tolheram em humildemente cobrar sua cota de gratidão:

> Antônio José Nunes, Pintor pensionado por S. A. R., e disciplo do primeiro Pintor da Camara e Corte, Domingos Antônio de Siqueira, teve a honra de accompanhar a S. A. para esta cidade do Rio de

Janeiro, vindo em a Nao Principe Real, e em companhia do Ill.mo e Ex.mo marquês de Angeja, e desde que chegou tem estado empregado com obras que S. A. R. lhe incumbio, como fosse um quadro de S. João, para a Capella do Mesmo Senhor, e hum quadro grande para a Capella Real ao que deu o devido cumprimento segundo seus talentos. O Sup.e falando a S. A. que houvesse de mandar contribuir com a sua função, foi o mesmo Senhor Servido mandalo para Joaquim José de Azevedo, pois, que este era quem contribuia com a penção do Sup.e o que assim practicou, e propondo o mesmo Azevedo a V. E.xa que era util fazer ao Sup.e Mestre Pintor da Real Casa, pois que poupava a penção que o Sup.e tinha, fazendose hum Mestre, / o que era indispensavel / e athe o prezente não tem sido defferido, nem com o emprego, que foi proposto a V. Ex.a, nem com penção alguma; e por isso recorre a Inata Bondade de V. Ex.a, para que haja de por os olhos de comiseração no sup.e, pois que se acha na maior consternação que se pode imaginar, e não poder exercer a sua arte ao mesmo serviço em que esta empregado.

Há uma minuta na qual se resume tudo isso:

Antônio Jose Nunes, Pintor pencionado e empregado no Real Serviço de V. A, teve a honra de accompanhar a V. A. R. e não tendo de que subsistir P.de a V. A.R. a Merce de lhe Mandar contribuir huma penção.

Na mesma minuta há a inscrição de outra grafia, onde se lê o seguinte despacho:

Percebia 800 r.s p.r dia, pagos pela Folha das Pessoas empregadas na Real Obra da Ajuda: tinha obrigações de trabalhar, e p.r conseg.te parece justo q. pela Folha da Casa das Obras seja socorrido, ou contemplado com 640 r.s p.r dia, com obrigação de trabalhar nas obras do Paço. Deferido em 5 de Setembro de 1808. (ANRJ — CRI, cx. 1, pac. 2, doc. 19)

O requerente se apresentava, dava suas credenciais, expunha suas circunstâncias e rogava à real benevolência da Majestade. Aqui surge o nome de Joaquim José de Azevedo, barão do Rio Seco, que bancava a pensão do aspirante no reino. Seus motivos se mostraram plausíveis e recebeu mercê.

As funções pelo feliz desembarque da princesa dona Leopoldina ensejaram inúmeras solicitações de graças. Há registro de dois cadetes e um porta-bandeira do primeiro regimento de linha da corte que teriam tido a fortuna de compor na guarda de honra que se achou postada junto à real capela no ato do desembarque da arquiduquesa, como demonstravam através da certidão de seu respectivo chefe, anexada ao processo. Argumentavam que, como se havia feito mercê aos oficiais que comandaram aquela guarda, condecorando-os com o hábito da Ordem de Cristo e dando tenças para os que já o tinham, rogavam os suplicantes, pela nobreza de suas pessoas e pelas provas que davam, lhes concedesse o rei a mesma mercê, "uma vez que fosse de seu real agrado" (BNRJ — Mss., II — 34, 25, 30; II — 34, 24, 7-B, doc. 4).

Não se sabe se os cadetes alcançaram suas graças. Mais importante é observar os motivos que os encaminhavam à secretaria e o trâmite nela. Salta aos olhos a generosidade com que foram atendidos os pedidos, que tinham muitas vezes justificações as mais exóticas. Ilustre-se com o seguinte requerimento de foro de fidalgo cavaleiro:

> Diz Manuel Ferreira de Andrade, Guarda Livros da Secretaria de Estado dos Negocios Estrangeiros e da Guerra, que tendo V. Mag.[e] sempre feito a graça do Fôro de Cavalleiro Fidalgo da Sua Real Caza, aos Collegas do Supp.[e]; e athé não só a estes, mas ainda aos que são

simplesmente Porteiros / o que se acha verificado nesta mesma repartição, onde o Supp.[e] tem a honra de servir a V. Mag.[e], pois que havendo dois Porteiros, a ambos V. Mag.[e] já fez a dita Graça / e achando-se o Supp.[e] se não em melhores circunstancias, ao menos em iguaes, portanto

P. a Vossa Majestade Seja Servido Conceder-lhe a Graça do dito Fôro de Cavalleiro Fidalgo, que lhe compete na forma sempre praticada, mandar-se que se lhe passe o competente Alvara.

O visconde de Rio Seco emite parecer favorável às pretensões do suplicante, sobre o qual consta nas ordens honoríficas ser capitão da companhia do distrito e freguesia de São Miguel (1810), obtendo o hábito da Ordem de Cristo em 1821. Uma vez que Sua Majestade se dignara distribuir o foro de fidalgo cavaleiro a meus colegas, e ainda os mais inferiores, por que não a mim?

Mas motivo de sobra era ter contribuído para aliviar as urgências do Estado. Assim se evidencia nas demandas por graças, como aquela pela qual Antônio José da Costa Ferreira, comerciante que deixou montante superior a trezentos contos de réis ao falecer e que subscreveu com seis contos de réis a lista de 1817, roga a mercê de um hábito da Ordem de Cristo:

Senhor.

Diz Antônio José da Costa Ferreira, que ele é um dos fortes capitalistas desta praça, em que tem utilizado à Real Fazenda e ao Serviço Publico, com igualdade a muitos outros negociantes a quem Vossa Majestade pela Sua Real Grandeza, tem dado alguma honrosa condecoração; e como o suplicante singularmente se tem distinguido em beneficiar o Comércio da China com esta Praça do Rio de Janeiro; e que supoem ter sido informado pelo Governo de Macao a Vossa Majestade por isso

> Para Vossa Majestade pela sua Real Grandeza se digne conceder ao suplicante a graça do Habito da Ordem de Cristo.

O despacho, datado do paço do Rio de Janeiro em 28 de janeiro de 1817, reconhece o merecimento do suplicante, que consegue o hábito com 12 mil-réis de tença efetiva. Em 1820 seria atendido novamente Costa Ferreira, agora recebendo comenda da mesma ordem. E quanto mais ascendia, ao que parece, as próprias benesses conseguidas eram justificações para outras. O mesmo negociante mais uma vez se dirige à real magnificência em 1821, nos seguintes termos:

> [...] Antônio José da Costa Ferreira Commendador na Ordem de Christo, que tendo constantemente dado todas as provas de Bom, e Fiel Vassallo, e tendo tido a fortuna de que no tempo em que servio no Senado da Camara desta Corte, fosse a occazião em que houverão os motivos do maior regozijo para a Nação Portugesa, em que o supplicante figurou como Membro do Senado; e sobre tudo tendo a incomparavel satisfação, de serem por V. Majestade benignamente aceitas, todas as demonstraçõens de respeito, e de fiel vassalagem por elle practicadas, merecendo a Sua Real Contemplação a Conducta do Suppl.^{e}, pelo que foi nomeado Deputado da Junta do Banco do Brasil, em que actualmente serve, e em hua conjuntura tão Critica como a prezente, cujas funcções se estão desempenhando a saptisfação do Publico, de que resultarão os effeitos do Credito de que tanto preciza este Estabelecimento Nacional: por todas estas razõens, e muito particularmente pela Alta, e Real Grandeza de V. Majestade se anima o Supp.^{te} a Implorar a Mercê do Fôro de Fidalgo Cavalleiro da Caza de V. Majestade, graça que V. Majestade tem conferido aos que servirão no Senado da Camara, e a muitos outros Negociantes desta Praça, que não excedem em qualidades ao Supp.^{e}, nem se acha-

vam empregados como elle, em Serviço publico de tanta espectação como o que esta exercendo na dita Junta do Banco: portanto

P. A V. Majestade que por effeitos da Sua Real, e Inacta Grandezas haja de Conferir ao Supp.[e] a Mercê do Foro de Fidalgo Cavaleiro da Sua Real Caza, e pellas razõens que respeitosamente allega.

E. R. M.[ce]

E o parecer do visconde do Rio Seco é do seguinte teor:

O Supp.[te] he hum negociante dos mais acreditados nesta Praça do Rio de Janeiro, e de boa reputação, pela honra com que segura a reputação. He o Spp.[te] hum dos Homens que têm olhado para a conservação do Banco do Brasil, com todo o interesse para a conservação do mesmo com as avultadas somas de Prata que há dous annos tem metido no ditto, e finalmente he hum dos Homens dos que se fazem muito necessarios ao Banco; e daquelles com que se conta para as tranzações indispensaveis que ha a fazerem-se para o Banco continuar.

Por tanto como V. Majestade Ordena no ditto Officio que eu interponha o meo parecer: Reduz-se a que o Supp.[te] se faz digno da Graça que pède, p.[a] a qual já está habilitado como Comendador da Ordem de Christo, e pelos serviços do Supp.[e]

A vista do referido V. Majestade mandará o que fôr Servido. Rio em 17 de Abril de 1821.[28]

Depois de tão claras explicações não deve ter restado muita dúvida ao rei quanto à concessão da dádiva, conseguida pelo comerciante.

Caso semelhante é o do negociante Manuel Rodrigues Jordão, natural de São Paulo, que justificou a nobreza de seu apelido em 1807, e que chegou aos postos de coronel agregado ao 1º regimento de infantaria de milícias de sua cidade (1812) e brigadeiro (1819).

O decreto de Sua Majestade assinado por Tomás Antônio em 6 de janeiro de 1818, fazendo-lhe mercê da comenda da Ordem de Cristo, diz que o negociante se fez digno da graça "[...] por ter concorrido com avultada soma para se preencher o fundo do Banco do Brasil, a fim de poder o Estado colher as mais amplas e preciosas vantagens deste útil e importante estabelecimento".[29] Ação suficiente para justificar a comenda, idêntica à que alcançou José Luís da Mota em 1815, em cujo decreto se afirma com todas as letras:

> O Principe Regente Meu Senhor em significação do apreço que faz dos seus fiéis vassalos, que concorrendo com um mais extraordinário número de ações para o Banco do Brasil cooperam para tão util estabelecimento chegue facilmente a ter o conveniente e determinado fundo que lhe tem procurado promover a fim de se poder produzir os interesses de que é suscetivel, e sendo José Luiz da Motta um daquelles que mais se distinguiu...

O marquês de Aguiar endossa a graça solicitada.[30]

OS POMOS DA DISCÓRDIA

Um detalhe marcante aos olhos de quem observa os processos de pedidos de graças e concessões de mercês é o tratamento diferenciado de acordo com a posição mais ou menos próxima em relação ao rei. Ganharam os *homini novi* seus distintivos honoríficos, e eram tantos os que passaram a possuí-los que, disse alguém, sobressaía quem não os portava. Mas, para os que vieram do reino, as diferenças que os separavam dos nativos não se superariam com medalhas e espadins. A nobreza migrada empenhou-se como pôde por vincar e alargar as distâncias que a separavam das elites nativas. Essas distâncias estavam prescritas nas formas de tratamento mesmas, que, se não foram todas respeitadas, ao menos algumas delas vigeram durante a permanência da corte nos trópicos (Ajuda — Siqueira, 1814, pp. 47-58). Por causa delas, o próprio soberano usava de um tratamento específico para uns e outros. Basta comparar, além das muitas concessões a homens de grosso trato vistas anteriormente, o teor formal e retributivo do decreto com que Sua Majestade elevou Amaro e Manuel Velho da Silva a conselheiros de Estado e aquele, íntimo, com que dom Fernando José de Portugal foi distinguido com a comenda da Ordem da Torre e Espada, no mesmo ano em que chegava ao Brasil. O primeiro:

> Dom João por Graça de Deos Principe Regente de Portugal e dos Algarves... Faço saber aos que esta carta virem: que sendo-lhe presente que Amaro Velho da Silva e seu Irmão Manoel Velho da Silva, Fidalgos da Minha Real Casa, depois de terem dado muitas provas do seu zelo, e patriotismo em diferentes ocasiões de urgências do Estado, suprindo com grandes somas o meu Real Erário, fizeram ultimamente o donativo gratuito de cinquenta mil cruzados, para eu mandar dispor deles como bem me aprouvesse, mostrando por esta forma os honrados sentimentos, e o maior zelo pelo meu Real Serviço e bem publico: E querendo dar a um tão bom vassalo uma demonstração do meu reconhecimento por este tão louvável e exemplar procedimento: Hei por bem para honrar e condecorar fazer mercê a Amaro Velho da Silva do título do meu Conselho, com o qual haverá e gozará de todas as honras, provilégios, liberdades, franquezas, autoridades, prerrogativas e isenções que hão e tem os do meu Conselho, e que como tal lhe competem. Jurará na minha chancelaria que me dará conselho fiel, e tal como deve, quando eu lho mandar. E por firmeza de tudo o que dito é lhe mandei dar esta Carta por mim assignada, passada pela Chancelaria e selada com o selo pendente de minhas armas. [...] Dada no Palácio do Rio de

> Janeiro aos 28 dias do mês de agosto do anno do Nascimento de Nosso Senhor Jesus Cristo de 1808. O principe. (ANRJ — Graças honoríficas, 28/8/1812)

E o outro:

> Conde de Aguiar, Amigo. Eu o Principe Regente vos envio muito saudar, como aquele que amo. Havendo pelo seu decreto de treze de maio, e carta de lei de vinte nove de novembro deste anno, instaurado a Ordem da Espada, que instituira o Senhor Rei Dom Affonso Quinto, de Gloriosa Memoria, para celebrar a conquista que empreendera, a qual preenche os ponderosos e uteis fins de assinalar o Feliz Acontecimento da salvação da Monarquia, e de premiar tão bem os vassallos, que preferiram aos seus interesses, a honra de acompanhar para este Estado do Brasil: E sendo vós um daqueles meus fiéis vassallos, em quem concorrem tão dignas circunstâncias: E querendo tão bem atender aos distintos serviços, que me haveis feito com muita inteligencia, e desinteresse nos importantes cargos, que vos tenho confiado: Hei por bem promover-vos à dignidade de Grão Cruz da Ordem da Torre e Espada, com uma comenda da mesma Ordem, que vos designar. E para que o tenhais entendido, e possais usar das Insígnias, e Divisa, que assim vos pertencem, vos mando esta, e Nosso Senhor vos tenha em sua Santa Guarda. Escrita no Palácio do Rio de Janeiro, em vinte e um de dezembro de mil oitocentos e oito. O Principe. (ANRJ — Graças honoríficas, 21/12/1808)

Não eram iguais todos os vassalos diante do príncipe, o que é muito plausível em uma sociedade do Antigo Regime como a corte joanina. Mas as diferenciações iam além das divisas e também não se resumiam à procedência.[31] A própria lógica de corte, onde o rei administra os conflitos mantendo os interesses em equilíbrio instável, reproduzia o permanente conflito entre os súditos, que se acotovelavam em busca de um lugar mais próximo do trono não por mero interesse pecuniário, se assim se pode dizer, mas antes por uma outra lógica, guiada no "ser aristocrático" pela honra — e aqui, nos "novos nobres", muito pela vaidade. De qualquer modo, o fato é que foram se avolumando os descontentes.

Um caso muito visível à época a fazer crescer a animosidade dos habitantes do Rio de Janeiro contra aqueles a quem tão penhoradamente receberam foi o das "aposentadorias". Muitas contendas foram parar na parcial justiça daqueles tempos. Há entre os manuscritos da Biblioteca Nacional do Rio de Janeiro uma representação não datada dos moradores da cidade contra a subida dos aluguéis, provavelmente dos primeiros anos da nova era:

> Dizem os moradores desta cidade, que pela injusta ocupação dos Francezes em Portugal, passando grande parte de Vassalos de Vossa Alteza Real a esta Cidade, onde se veio estabelecer a Metropole do Reino, tirarão os Proprietarios dos Predios Urbanos deste sucesso, e do desarranjo em que estavão, pretexto, para fazerem subir os aluguêr a hum preço excessivo, correspondente a sua desmedida, e irregular ambição, de sorte que alguns dobraram o preço em que antes andava, cujo procedimento foi ainda mais escandalozo, depois da Lei de imposição da Decima, porque para illudirem a Sabia Providencia, que a mesma lei tornou da igualdade desta impozição, fazem tão excessiva e intoleravel aos inquilinos, que em lugar de 10" por cento, que pagão, exigem 50" 60", e alguns tem chegado a dobro... (BNRJ — Mss., II — 34, 25, 24)

Muitos se aproveitaram da situação, em que o rei requisitou a maioria dos imóveis para seu séquito; segundo os próprios moradores nesse documento, tudo era agravado com a presença dos ingleses, que inflacionavam ainda mais o mercado pagando qualquer preço pedido. São folclóricos casos como o do conde de Belmonte, que, apoderando-se da residência recém-construída e jamais habitada do patrão-mor do porto, nela permaneceu por dez anos, usufruindo até dos escravos da casa; ou da duquesa de Cadaval, que um abastado fluminense alojou em confortável chácara em momento de entusiasmo, onde permaneceu a distinta por doze anos sem pagar tostão, só saindo do imóvel para retornar ao reino (Prado, 1955, p. 39). Chamavam à lembrança os moradores, na mesma representação, outras ocasiões quando, em Lisboa, o rei interveio no processo de majoração dos aluguéis, e rogavam-lhe que fizesse o mesmo aqui.

A tirar pela contenda sobre a qual emitia seu parecer o barão de Rio Seco, a situação parece não haver melhorado até 1818. Nesse despacho sobre uma demanda de aluguéis de casa, depura-se como o coração real ficou mais benigno sob o Equador, concedendo graças, como a aposentadoria de que trata o documento seguinte, que não se usavam antes em Portugal:

> Manda V. Mag.^{e} que Eu informe o Requerimento junto de Pedro Henrique da Cunha, Proprietário das Cazas em que reside o Confessor de S. Ma.^{e}, a Rainha N. S.^{ra}, o P.^{de} José de Carvalho e Souza, cujas Cazas tomou por Aposentadoria no principio do Anno proximo passado de mil oito centos e dezassete, as quaes mostra o Sup.^{e} estarem arrendadas por trezentos e concoenta mil réis por anno, que tanto pagava o Inquilino q. as ocupava q.^{do} o Supl.^{e} entrou para ellas, em virtude da Aposentadoria que alcançou.
>
> Ao lugar de Confessor não he nacto o pagamento das Casas; e por conseguinte o meo parecer he q. o Sup.^{e} o deve haver do referido Padre, que quer chamar ao seo lugar essa obrigação, a exemplo dos P.^{des} Fr. Antônio Abrantes, e Mazzoni, a quem V. Mag.^{e} por Graça

especial fez mercê em attenção a terem acompanhado a V. Mag.^{e} para esta Côrte.

O pagamento q. o Sup.^{e} agora requer, devia pertender q.^{do} o referido P.^{de} pedio a Apozentadoria, p.^{a} elle, ou as pagar adiantadas p.^{r} Seis mezes sg.^{do} a Ley, ou aprezentar o Titulo pelo qual mostrousse que a renda havia sêr paga pela Real Fazenda.

A vista do referido V. Mag.^{e} mandará o que for servido. Rio em 2 de Jan.^{o} de 1818.[32]

Todos teriam razão para se desgostar nessa história: o proprietário das casas contra o padre, o padre contra Rio Seco. Perceba-se que, se o motivo alegado pelo religioso para ter a aposentadoria não era suficiente, igualmente não o era o de seus pares, para os quais se abriu todavia um precedente em função de terem vindo com o rei.

PRECEDÊNCIAS E ATRITOS: O EXEMPLO DE RIO SECO

Querelas de toda sorte envolviam os cortesãos em suas inter-relações na configuração da corte. Para um exemplo dos mais emblemáticos, destaque-se o personagem de Joaquim José de Azevedo, áulico dos mais próximos ao cetro. Acompanhou com sua família o rei e desde então foi contemplado com inúmeras distinções honoríficas e funções na burocracia de Estado. Já no ano da chegada foi agraciado com o título de fidalgo cavaleiro, com o ofício de escrivão e tesoureiro do tesouro da casa real, comenda da Ordem de Cristo, outra da mesma ordem "das de África", outra da Ordem da Torre e Espada. No ano seguinte, conseguiu estender a comenda de Cristo "das de África" a seu filho João Carlos de Azevedo. Entre 1809 e 1812, cresceu rapidamente nos circuitos da corte: obteve a faculdade de nomear serventuário na cidade de Lisboa no ofício de almoxarife da casa das obras e paços reais;

patenteado no posto de alferes do regimento de milícias da praça de Pernambuco; comendador honorário da Ordem da Torre e Espada; propriedade do ofício de 1º tabelião da vila de Mariana; título do Conselho real; além de outros benefícios em comedorias.

Em 1812, passaria a usar as insígnias do baronato com o nome de Rio Seco, elevado no ano da aclamação à condição de visconde do mesmo nome. Em 1815, fez-se-lhe mercê da comenda de São Sebastião d'Elvas da Ordem de Cristo, com que poucos foram aqui distinguidos, e do senhorio da Vila de Macaé. No ano seguinte, conseguiu para seu filho que nele principiasse a comenda de São Salvador d'Elvas, agraciado três anos depois com a mesma dignidade do pai como visconde do Rio Seco. Em 1819, foi feito comendador da ordem de Nossa Senhora da Conceição de Vila Viçosa (ANRJ — Ordens honoríficas).

Tanto reconhecimento por parte da Coroa não foi gratuito. Subscreveu Azevedo com gordas somas todas as listas que correram a corte, adiantando ao erário vinte contos de réis em uma única penada no ano de 1817. Responsável por vários ofícios importantes, sempre acudiu às repartições onde atendia com máximo zelo. Assim na gerência das obras públicas, assim nas cavalariças, por acaso rubricas que movimentavam as maiores somas. Há nas caixas da casa real e imperial, por exemplo, um bloco de papéis referentes a diversos assuntos dos reais coches, como folhas de pagamento, que atestam as ligações estreitíssimas de caráter monetário entre Azevedo e o cofre real.

> São publicos quaes tem sido os adiantamentos que o Barão do Rio Seco tem feito no prezente Anno de 1817, a Beneficio do Real Erario, alem do grande prejuizo que acaba de experimentar na compra que fez á Real Fazenda dos dezasseis quintaes de Barba de Baleya, que nem o frete salvão.

Do emprestimo gratuito dos duzentos contos que fez no Anno de 1815, ainda se lhe devem até ao fim de Mayo de 1817 — cento e trinta e dous contos de reis, pois a consignação de quatro contos por mes p.a pagam.to da referida quantia teve principio no 1.º de Jan.ro do Anno de 1816.

Pela quitação de 18 de Março de 1817 das Contas que o Barão de Rio Seco teve com o Real Erario, no Anno de 1816, ficou sendo Credor o Barão na quantia de.. 46:073$905

Acaba de se falar ao Barão do Rio Seco para continuar a fazer o desconto dos Bilhetes da Alfandega, que promptamente aceitou, por o premio unicamente de meyo p.r cento ao mez, q.do as Letras das melhores firmas, estão sofrendo hum e meyo por cento ao mez, e mais — Pede o Barão de Rio Seco huma Letra de Cessenta Contos sobre o Erario de Lx.a a trez pagamentos, o 1.º a 30 dias, o 2.º a 60, e o 3.º a 90 — Para isto oferece a entregar no Erario desta Corte quando se lhe entregarem as letras..13:926$095

60:000$000

O Barão do rio Seco péde estas Letras pela razão da percizão que tem de apromptar huma grande quantia em Lx.a no fim do perzente anno, para huma negociação d'Azya; e alem do suprimento assima dos 13:926$095, Céde tambem o Barão do Rio Reco do 1.º de Julho do prez.e Anno da Consignação que o Real Erario lhe tem determinado mensalmente por conta da mayor despesa da Caza Real — de tres contos por mes

Rio de Jan.ro em 31 de Mayo de 1817.

(ANRJ — CRI, cx. 2, pac. 2, doc. 124)

Valendo a regra de que quanto mais reluz na corte um astro alvo mais visado se torna, viu-se o barão por inúmeras vezes envolvido em muitas intrigas, das quais sempre procurou safar-se. Quando subiu ao trono dom Pedro na condição de príncipe regente como consequência do regresso de seu pai a Portugal, renovou a maioria dos postos de comando, deles exonerando os homens da confiança de dom João. Nesse momento, achou por bem Rio Seco fazer um arrazoado dos catorze anos em que prestou seus serviços à Coroa, coincidentes com os de sua estada no Brasil. Um prefácio ("Aos leitores"), assinado pelo visconde do Rio Seco, filho, explica a razão de ser daquela exposição:

> [...] Collocado em huma situação decente, a que sua fortuna, e a bondade de El-Rey o elevárão; envolvido em Repartições da Fazenda, tantas vezes funestas aos créditos dos empregados; habilitado pela qualidade de Criado ao ingresso no Paço; e muitas vezes empregado em particularidades do Serviço de El-REy, circunstancia, que tanto atiça o ciume dos aspirantes; forçado á Administração da Fazenda de Santa Cruz, theatro, e objecto de intrigas as mais assassinas, e todavia poupado, e respeitado no conceito publico dos habitantes da Corte do Rio de Janeiro...[33]

Para responder às intrigas em torno de seu nome só restava a Rio Seco escrever suas memórias, uma vez que não regressaria ao reino por obediência a um pedido do próprio rei. Como não teria nada a temer, abre seus arquivos particulares a quem qualquer dúvida tivesse sobre os fatos contidos naquela exposição. Os capítulos se constituem na relação dos empregos que exerceu no Rio de Janeiro, e da maneira como os serviu: escrivão dos filhamentos da casa real; tesoureiro da casa real; tesoureiro da real capela; almoxarife dos paços reais; comprador dos guarda-roupas do paço; comprador da Coroa; responsável pelas "cavalharices" reais.

Ocupando tantos cargos, movimentando tanto capital, é muito difícil afirmar categoricamente se o título mais por eles fez, utilizando parte de sua fortuna pessoal, ou se mais a ela acresceu, daqueles se beneficiando. Fato inegável é que, desde muito cedo, conseguiu vantagens a si e aos seus.[34] Em 1809 edita-se decreto autorizando nomear seu irmão para o cargo de serventuário no ofício de almoxarife da casa das obras e paços reais. Em 1814, usa o barão de seu lugar para articulações nepóticas, se não for anacrônico o termo: requer ao rei um emprego ao filho:

> Com o mais profundo respeito, chega aos Reaes Pés de V. A. R. o Barão de Rio Seco expondo a V. A. R. que não podendo satisfazer as obrigações de Thesoureiro da casa real pela grande lida de outras repartições em que tem a honra de servir, lhe tem sido necessario lançar mão do Varredor João Sabino o q. não he compativel com a decencia de hum lugar similhante; e como o Supl.e tem unico filho chamado João Carlos de Azevedo, de vinte e dous annos de Idade, com todas as circunstancias capazes para exercer a referida Thesouraria, e tanto que o Supl.e se faz responsavel não so pelas falhas, mas athe pelo comportamento do dito em tudo, e m.to mais na referida Thes.ra, p.r tanto
>
> P. a V. A. R. A m.e de q.e o f.o do Supl.e seja nomiado p.a a d.a Thes.ra no lugar do Supl.e com o mesmo ordenado que o dito percebe de hum conto de réis p.r anno de baixo das condições acima, o qual será diminuido ao Supl.e p.a assim a Real Faz.da não ser prejudicada; e p.a principiar a Folha do Corr.e anno de 1814 já debaixo das circunstancias referidas, sendo o f.o do Supl.e o Thesoureiro.[35]

Não consta que Rio Seco, filho, tenha recebido a graça que para ele rogou o pai. Mas outras nobilitações teve, desde os dezessete anos de idade, quando se lhe permitiu usar insígnia da comenda da Ordem de Cristo (1811). Durante os anos de dom João no Brasil, foi também nomeado cavaleiro da Ordem da Torre e Espada (1812), comendador de São Salvador d'Elvas (1816) e feito barão do mesmo nome do pai (1819).

No cotidiano dos serviços das secretarias surgiam as diferenças. Para demonstrar que os conflitos não se originavam apenas em função da procedência, entre brasileiros e portugueses, ou entre partidários de tendências políticas diversas, é ilustrativo um caso que animou Rio Seco contra ninguém menos que o visconde de Vila Nova da Rainha, homem de primeira grandeza na corte. Não se pode chegar à fagulha inicial da querela, se Rio Seco se ressentiu apenas pelo tratamento incorreto com que se dirigiu a ele Rufino de Sousa Lobato, ou se interesses recônditos havia. Mas na discórdia instaurada nos quintais da real manteria outros grandes se envolveram. Em detalhado relatório ao marquês de Aguiar, homem forte do rei, ministro e secretário do despacho e presidente do erário, dão-se à luz as causas das desavenças, do ponto de vista de Azevedo, ao mesmo tempo que se descortinam as formas corretas de tratamento entre os pares, que parecem haver desrespeitado Vila Nova da Rainha. Segundo se relata, teria o marquês de Aguiar despachado a Rio Seco que descontasse nos ordenados dos moços da real manteria, criados da Porta, aguadeiros e outros, as faltas que tivessem no real serviço, conforme previamente lhe faria constar o visconde de Vila Nova. No primeiro quartel que se seguiu à nova ordem, teria o visconde remetido a Azevedo umas relações abertas, sem direção ao nome do destinatário ou a seu título. Escreveu-lhe de volta, diz Rio Seco, com todas as vênias, expondo-lhe as irregularidades em que incorrera, mas não obteve resposta. Na situação de ter de receber as relações referentes ao segundo quartel, restou a Azevedo representar a Aguiar as "ilegalidades" que vinha cometendo Vila Nova:

> 1.ª Nenhuma Ordem do Real Serviço póde sêr executada sem sêr dirigida a Nome, ou cargo da pessoa que a hade cumprir.
>
> 2.ª Ordem do Real Serviço nunca se mandarão abertas.

3.ª São duas as relações que o dito visconde remete cada quartel, sem nas mesmas falar no Real Nome de S. A. R., o que não devia esquecer: Assigna huma, e rubrica a outra, logo que as ditas são ambas da mesma natureza, e portanto em huma delas erra.

4.ª Não se pode suspender ordenado de criado algum do Paço, depois de estar comprehendido na Folha da casa real que he assignada por S. A. R., sem huma portaria do Mordomo Mor dirigida ao Thes.ro da casa real;

5.ª Suspenso que seja qualquer criado do seo ordenado, para ser pago, depois do que deixou de receber e continuar-lhe o vencim.to depende de outra igual Portaria, pois he e tem sido sempre a pratica da casa real, para semelhantes casos expedir as ordens o Sr. Mordomo Mor, assim como pela Repartição da Real Casa das Obras, serem expedidas pelo Ministro de Estado dos Negocios do Reino, a cujo cargo ficou nacta a Provedoria da dita Repartição na Abolição do Provedor.

6.ª O ponto que se manda observar na casa real e repartição da Real Casa das Obras, parece de necessidade remeterse ao Thesoureiro que o hade cumprir, um exemplar delle assignado por V. Ex.ª, como Sr. Mordomo Mor, e outro da repartição da Casa das Obras, como Sr. Provedor p.ª ficarem servindo de Ley, emq.to S. A. R. não mandar o contrario; e para governo das verbas que os escrivães do meo Cargo hão de por nas Folhas.

7.ª Como S. A. R. manda repartir na Sua Real Capella o producto dos que faltão, por aquelles que residem na dita ocasião, parece a este respeito haver declaração, se o mesmo se hade praticar ou não, com os criados do Paço, que os ordenados são muito mais diminutos.

8.ª O Thesoureiro da casa real, desde que se estabeleceo esta Thesouraria, nunca recebeu ordem alguma que não fosse assignada pelo S.r Mordomo Mor, ou por o S.r Presidente do Real Erario.

9.ª O almoxarife dos Paços Reaes nunca as recebeo, se Não assignadas pelo S.r Presidente do Erario Regio, e do Ex.mo S.r Provedor da repartição.

10.ª Para se faltar a estas formalidades que se achão decretadas nos regimentos de huma ou outra repartição, parece de necessidade haver Diploma Régio que assim o determine.

Todas estas ilegalidades são bem faceis a remediarem-se, chamando V. Ex.ª os postos e ordens que houverem em cada quartel á sua presença, para mas transmitir como S.r Mordomo Mor, como S.r Presidente do Erario; e como S.r Provedor da Real Casa das Obras p.ª bem do Real Serviço em que não devem aparecer contestações.

Rio de Jan.º em 8 de Julho de 1815.

(ANRJ — CRI, cx. 1, pac. 9, doc. 203)

Querelas de toda sorte se contabilizam na corte, e registros inúmeros delas há. Quem quiser acompanhá-las de perto nos escalões mais baixos da sociedade terá um filão nas correspondências que manteve Luís dos Santos Marrocos, bibliotecário real que acompanhou o rei e aqui permaneceu depois de seu regresso, com seu pai, que ficou no reino (Marrocos, 1939). A correspondência que manteve a viajante inglesa Maria Graham com dona Leopoldina, por sua vez, permite acompanhar as desavenças nos círculos mais altos da corte (Graham, 1940).

Não houve dentro do paço quem mais se deu a intrigas, e das mais ambiciosas, do que a própria rainha, dona Carlota Joaquina. Caíram no vulgo todas as armações que empreendeu, sobretudo nos primeiros anos de Brasil, no sentido de submeter o reino aos domínios espanhóis, sob auspícios franceses. É prodigiosa a bibliografia sobre o assunto. A obra mais enfática é sem dúvida a de José Presas, secretário de confiança da rainha, odiado e vigiado pelo rei, que, em função da "[...] inexactitud de la princesa en verificar el pago de mis mesadas", resolveu vingar-se de sua ama, escrevendo as memórias secretas sobre os empreendimentos de Carlota nos delicados negócios das províncias do Sul e outros tantos casos mais picarescos em que se envolveu a rainha (BNRJ — Presas, 1830; Cheke, 1949).

Das correlações de força mais consequentes dentro da corte, que incidiram na vida política do país dividindo ao meio as opiniões partidárias, talvez nenhuma tenha atingido as dimensões daquela que opôs em vários momentos francófilos e anglófilos, como se aventou acima ao se tratar de dom Rodrigo de Sousa Coutinho, conde de Linhares, cujo maior opositor foi o velho conde da Barca, dedicado servidor de dom João e responsável, entre outras coisas, pela vinda da Missão Artística Francesa em 1816. Barca foi chamado ao Brasil em 1814 para substituir o falecido Galvêas, aqui chegando em situação embaraçosa, consequência da animosidade alimentada por Linhares, com grande ascendência sobre o príncipe à época; o chamado feito a Barca pode ser entendido como uma medida de dom João no sentido de cercear o poderio político de dom Rodrigo.

Apreciar o comportamento dessas facções permite resgatar a lógica do comportamento de corte na política. Nesse caso particular, dom João não tinha dúvida quanto à fidelidade desses que certamente estiveram entre seus mais fiéis e prestativos colaboradores. A alternância nos quadros de mando de uns e outros não se devia exclusivamente a seus dotes pessoais (IHGB — Guimarães, 1938, pp. 261 ss.). A habilidade política de dom João, dentro de uma lógica de corte, pode ser avaliada pela indicação de seus ministros, que escolhia de credos políticos opostos, usando conforme a ocasião o perfil daqueles que mais seriam úteis no momento e aproveitando-se das próprias contendas entre eles para buscar um equilíbrio de forças em que, todos a serviço de si, nenhum sobressaísse.

Considerações finais

A história do Brasil permanece uma terra incógnita, não obstante o sensível crescimento e amadurecimento de sua historiografia. É certo que grandes interpretações da história brasileira — como as sínteses de Caio Prado Jr., Oliveira Lima, Manuel Bonfim ou Raimundo Faoro —, ou do "povo brasileiro" — como as de Sérgio Buarque de Holanda, Gilberto Freyre, Paulo Prado ou Darcy Ribeiro, para mencionar apenas as clássicas entre as clássicas — há muito existem entre nós. Mas não faz muito mais que três décadas que nossos historiadores profissionais vêm passando em revista tais sínteses, confrontando-as com investigações amparadas em sólida e nova documentação, lida ou relida com base em aparatos teóricos e instrumentos metodológicos inovadores.

Por mais pernicioso e contestável que possa soar às concepções mais atuais de história, é inegável o adágio presentista da escola histórica hermenêutica de que somos reféns de nosso tempo, de que, de uma forma ou de outra, "toda história é história contemporânea". Não precisamos concordar com ele nem levá-lo ao paroxismo, mas o leiamos sem preconceito e ele nos dirá algo. Depurando-se o perigo relativista contido nessa ideia, nela podemos perceber um aspecto inerente ao conhecimento em geral — e ao conhecimento histórico em particular —, que é seu caráter histórico. Ou, em uma fórmula banal, nele se evidencia a historicidade do processo de produção — e transmissão — do conhecimento, no sentido de que cada sociedade, em cada época, reescreve sua história a partir das inquietações, das angústias, dos desafios e da própria situação teórico-metodológica alcançada pelo conhecimento histórico a cada geração. Atividade cultural de construção da memória histórica a que Rüsen (1996:12-4) denominou "práticas de narração histórica". As lentes do tempo condicionam a leitura da história.

Assim é que ganha sentido a empresa de se retornar aos "temas clássicos" de nossa história, os mais visitados pelos estudiosos desse campo. A Revolução Francesa foi uma, mas são tantas as revoluções francesas quanto as épocas e os lugares (político-ideológicos) de onde ela foi enxergada e analisada. Terá sido uma a Independência do Brasil? A resposta não é tranquila. Até muito tempo atrás prevaleceu aquela versão do herói bradando a liberdade às margens do Ipiranga, enquanto se entendia que a história era movida pelos atos de homens iluminados. Também já se desprezou o episódio, quando, afastando as lentes e mudando o foco da esfera política para a econômica, enxergou-se que, após o 7 de setembro, o Brasil livrava-se do jugo metropolitano português para submeter-se a uma nova forma de dependência do mercado internacional, sob a "preeminência" inglesa durante o século XIX e sob a égide estadunidense durante o século XX. Desse ponto de vista jamais fomos independentes. Nem do ponto de vista cultural ou de outros pontos de vista. Nem sequer teria havido a desejada independência.

Nesta época de passagem — pelo menos cronológica —, em que vemos ruir ante nossos olhos muitas verdades consolidadas desde séculos, nosso olhar é atraído e nossa visão é filtrada pelas luzes do tempo. Já não admitimos pensar as relações humanas, por exemplo, como subordinadas inexoravelmente a leis universais e exteriores aos indivíduos, nem tampouco conseguimos conceber os mesmos indivíduos como agentes históricos oniscientes e senhores de seu destino, capazes de mudar o rumo da história levantando sua espada à margem do rio. Também não nos satisfaz mais a concepção de poder fundada num maniqueísmo ingênuo do dominador cruel (Estado, classe ou indivíduo) espezinhando o dominado vítima da história, o "eternamente vencido", porque vemos hoje disseminar-se o poder, ou os grupos de interesse supranacionais, em escala planetária, ao mesmo tempo que já podemos percebê-lo subliminarmente nas relações interindividuais. O caráter relacional dos indivíduos nas configurações sociais dá a perceber que aqueles papéis mudam de acordo com as circunstâncias e não devemos precipitar juízos.

Assim, igualmente, neste nosso tempo em que se massifica a circulação de uma infinidade de códigos culturais, alicerçados em grades simbólicas específicas partilhadas por pessoas e grupos dispersos pelo planeta, só por cada um deles inteligível, passa a instigar-nos esse aspecto constitutivo das sociedades, que é o simbólico. As formas rituais, os códigos de comportamento, a cerimônia, o gestual, o cênico fazem parte dos códigos que partilhamos, ainda mais caros nesta época em que imperam, em mundos reais e virtuais, as representações imagéticas no cotidiano dos indivíduos. Sempre existiram, mas hoje se disseminam e são presentes de maneira tal que se colocaram na ordem do dia do conhecimento. Ao mesmo tempo, podemos enxergá-los e inseri-los em nossa pauta de investigação porque, acima de tudo, junto com o interesse pelo tema se desenvolveu, particularmente durante o século XX, um arsenal teórico-metodológico e técnico para abordarmos o assunto. Hoje podemos estudar o problema dos fundamentos simbólicos das relações sociais porque os percebemos mais claramente, mas também porque nossos instrumentos de conhecimento são suficientes para isso. Temos a curiosidade de olhar e construímos as lentes apropriadas.

Nesse sentido — e retomando a epígrafe do livro —, seria muito difícil produzir uma obra que contivesse elementos absolutamente inéditos a ponto de reescrever o período talvez mais estudado de nossa história, que é esse dos anos anteriores à Independência. Mas se essa época já foi tão exaustivamente investigada e discutida, parecia-me que faltava pelo menos documentar melhor algumas conjeturas tão naturalmente aceitas.

A primeira delas, lançada em *Evolução política do Brasil*, por Caio Prado Jr., é a de que o ano de 1808 é o grande marco da emancipação política brasileira. Isso pode parecer irrelevante a partir dos novos problemas que preocupam os historiadores: apenas uma questão de demarcação cronológica, enfim, de datas. Mas essa revisão até simplória, de tão óbvia, contribui pelo menos para a desconstrução do mito do 7 de setembro e da luta heroica do "povo brasileiro", sob a liderança titânica do imperador rebelado, rompendo com os grilhões do jugo lusitano. Mitologia criada no calor da hora, finamente elaborada pelo romantismo nativista brasileiro da segunda metade do século XIX e que atravessou praticamente incólume todo o século XX, foi fervorosamente restaurada pela ditadura civil-militar pós-1964 por ocasião do "sesquicentenário da Independência".

Definitivamente, a Independência não se deu daquela maneira. E dessa primeira revisão decorre outra mais importante. Rompendo com a ideia da separação violenta entre metrópole e colônia — o que, a propósito, já havia feito toda uma extensa literatura —, em que o "povo" não fez papel maior que de espectador, plateia, procurei documentar os meandros da aproximação entre as duas elites hegemônicas que se encontraram na capital da colônia: a sociedade de corte migrada com a família real e os ricos comerciantes da praça mercantil do Rio de Janeiro. Nesse encontro, nada tranquilo, nessa fusão conflituosa de interesses orquestrada pelo rei, se definiriam os contornos da nascente classe dirigente "brasileira", que promoveu a construção do Estado imperial durante o século XIX.

Tendo a sociedade de corte joanina chegado ao país depauperada, restavam-lhe os ritos palacianos regulados pela etiqueta como elemento de identidade e distinção ante os estratos sociais fluminenses. A vida na corte obedecia a uma lógica própria: os gestos, as formas de tratamento, de reverência, as hierarquias claramente definidas dos estamentos, os suportes físicos da distinção. Mesmo o príncipe — e principalmente ele, parâmetro das condutas — possuía seu conjunto de regras para todo cerimonial. Cada partícipe sabia muito bem qual era seu lugar e seu papel no palco da corte e procurava à sua maneira manter-se ou ascender na escala social, posto que era mesmo constitutivo do ser cortês tal mobilidade, tanto ascendente quanto descendente.

Aqui, os superiores estavam metidos no grosso, no grande comércio, em que sobressaía o de almas. Dominando igualmente outras esferas da circulação e do crédito, o fato importante é que os setores hegemônicos residentes encimavam uma sociedade muito alheia à lógica de uma sociedade de corte como a que acompanhou dom João para o Brasil. Uma se sustentava nas empresas mercantis, metia as mãos no labor dos livros de caixa, contava as peças humanas que desembarcavam dos negreiros, tinha no lucro um de seus horizontes. A outra se apoiava em tradições herdadas, em lugares preestabelecidos, privilégios, em distinções atribuídas que normatizavam os gestos. No encontro dessas águas, os cortesãos migrados principiaram por vincar suas diferenças, e sua única estratégia era a orquestração rígida dos cerimoniais. Tentou-se escrupulosamente regular a vida palaciana pela etiqueta. Mas as condições físicas e humanas eram novas e adversas. As descrições do desembarque de dona Leopoldina nos anos culminantes da família real no Brasil demonstram os grandes esforços mais ou menos bem-sucedidos no sentido de impor uma etiqueta de corte no Rio de Janeiro.

Além da etiqueta, as duas elites se comunicavam e conformavam um ambiente mental que se destacava por seu caráter eminentemente lúdico, como as sociedades do Antigo Regime, sociedades *sub specie ludens*. Efeito — ou função — da própria etiqueta, que estabelecia lugares e limitava ações, que, enfim, definia papéis, os homens e mulheres eram atores de si mesmos no grande palco do mundo. Mundo ordenado e fechado em si mesmo, na sociedade de corte encimada pela monarquia absoluta se utilizava à farta o expediente pedagógico das representações públicas, nas maquinarias de arquitetura efêmera ou nos textos das odes panegíricas, para reforçar as bases ideológicas de sustentação do regime. A autoapologia do poder reiterava, assim, as propriedades inatas do soberano, seu caráter paternal para com seu povo e sua procedência divina. Era um fundamento de sua liberalidade, de sua capacidade divina de conceder graças. Essa atitude lúdica ancestral no Ocidente, e muito revigorada nas diversas roupagens estéticas da época moderna desde o Renascimento até o neoclassicismo, foi um ponto marcante do Brasil joanino. Foi, acima de tudo, um mecanismo fundamental na confluência das duas elites. Ambas — e toda complexa grade social que ia da escravatura ao rei — experimentaram a cada momento, em cada contato, os impactos da convivência com as alteridades. No capítulo III há mostras dessas transformações, ora mais visíveis, ora mais sutis.

Uma questão então emerge. Se se tratava de duas configurações tão distintas, por que afinal aquela que era economicamente superior não conseguiu impor-se à outra, adventícia? Como disse anteriormente, a sociedade dedicada às lides mercantis tinha no lucro um de seus horizontes. Um horizonte que se abriu na empresa colonial e medrou, talvez, em consequência da própria ausência da pessoa do rei e sua corte na colônia. Havia, sim, seus prepostos, mas estavam livres aqui das imposições da vida palaciana. Homens de corte fora da corte voltaram-se ao trabalho e à acumulação de riqueza. Por isso os homens da colônia não configuravam uma sociedade de corte: porque estavam fora dela e distantes do rei. Mas possuíam ainda o *ethos* do ser cortês. Se muitos portugueses nobres vieram para a colônia durante três séculos, a mando do rei ou por iniciativa própria, vieram imbuídos do desejo de enriquecer e voltar. E outros, plebeus, para cá se aventuravam com o fim de enriquecer e, ao retornar ao reino, nobilitar-se. É esse ideal arcaizante, essa mentalidade pré-capitalista de que falaram alguns autores citados, que explica por que os ricos do Rio de Janeiro se submeteram às adversidades da vida palaciana. Quiseram tornar-se nobres e frequentar o trono e colocaram a bolsa à disposição do rei.

Eis um elemento distintivo do processo da emancipação política no Brasil em relação às demais ex-colônias hispânicas da América. O Brasil surgiu no contexto americano a partir de um acordo de elites. Ali, às vésperas da Independência, se inaugurava a tradição "prussiana" de nossas "revoluções", que vem se reafirmando sucessivamente a cada momento de nossa história. Muitos autores já assinalaram a opção conciliatória de nossas elites, que se traduz na mudança de regimes, de formas de governo, para se perpetuarem as mesmas estruturas econômicas e sociais, com a manutenção dos privilégios e postos de mando dos mesmos segmentos na cúpula e a exclusão deliberada de toda a população sobre as decisões da vida nacional. O que se pretendeu com este trabalho foi justamente documentar o momento inaugural dessa tradição e interpretar sua lógica.

Apêndice

Relação onomástica dos subscritores

Aguiar, Teodoro Ferreira de
Airoza, Antônio José
Albuquerque, José Pires de Carvalho
Alegrete, marquês de
Almeida, Antônio de
Almeida, Antônio José da Cunha de
Almeida, Fernando José de
Almeida, João Rodrigues Pereira de
Almeida, Joaquim Pereira de
Almeida, José Maria de
Alves, Antônio Ferreira
Alves, José Luiz
Anadia, visconde de
Andrade, José Maria Rapozo de
Andrade, Manuel Ferreira de
Angeja, marquês de
Araújo, Antônio de
Araújo, João Antônio de
Arcos, conde dos
Azevedo, Domingos Gonçalves
Azevedo, João Carlos de
Azevedo, Joaquim José de
Azevedo, José Soares de
Bacellar, Manoel Pinto
Baptista, João Lopes
Barbosa, José de Oliveira
Barros, José da Costa
Barroso, Antônio José Gomes
Barruncho, Francisco de Sales
Belas, marquês de
Belmonte, conde de
Braga, Antônio José da Costa
Braga, José Antônio Marques
Cabral, Vasco Manoel de Figueiredo
Cadaval, duquesa de
Caldas, José Pereira de Souza
Caparica, conde de
Cardoso, Estanislau Vieira
Carneiro, Tomás Antônio
Carneiro, viúva e filhos
Carvalho, Manuel da Costa
Carvalho, Manuel Gonçalvez de
Castello Branco, José de
Castro, João de Almeida de Melo

Cavaleiros, conde de
Cavaleiros, condessa de
Correa, José Gomes Pupo
Costa, Antônio Xavier da
Costa, Claudio José Pereira da
Costa, João Siqueira da
Costa, José de Siqueira da
Costa, Manuel Alves da Fonseca
Coutinho, José de Souza
Coutinho, Rodrigo de Souza
Cruz, José Diaz da
Cunha, Antônio da
Cunha, Francisco José da Cunha
Dias, Luís de Sousa
Dias, viúva e filhos
Faro, Joaquim José Pereira do
Ferreira, Antônio José da Costa
Figueiredo, Josefa de
Fonseca, Francisco da Silveira Pinto da
Fragoso, José Altano
Gama, Manoel Jacinto Nogueira da
Garção, Francisco de Borja
Gonçalves, José Marcelino
Gonçalves, Tomás
Guimarães, Antônio José
Guimarães, Fernando d'Oliveira
Guimarães, Francisco José Pinheiro
Guimarães, José Pereira
Guimarães, Manuel Pinto
Guimarães, Manoel Ribeiro
Guimarães, Manuel Pinheiro
Henriques, Antônio José da Costa Barboza e
Jordão, Manuel Rodrigues
Lavradio, marquês de
Leão, Fernando Carneiro
Lencastre, Antônio Coutinho de
Lima, José Caetano de
Lima, José Joaquim de
Lobato, Luiz Antônio de Faria de Sousa
Lobato, Francisco José Rufino de Sousa
Lobato, Henrique José Maria de Sousa
Lobato, João Valentim de Faria de Sousa
Lobato, Mathias Antônio de Souza
Lopes, Elias Antônio
Lucena, Joaquim José de Matos Ferreira e
Magalhães, Joaquim José de
Magé, visconde de
Mariz, Antônio Luiz
Melo, Luís José de Carvalho e
Mendonça, Affonso Furtado de
Mendonça, Antônio Maria Furtado de
Mendonça, Luís Joaquim Duque Estrada Furtado de
Menezes, José Thomaz de
Mesquita, Francisco Pereira de
Montaury, João Baptista de Azevedo Coutinho de
Montaury, Marco Antônio de Azevedo Coutinho de
Monteiro, João Estanislau
Morgan, João
Mosqueiro, José de Oliveira Pinto Botelho
Mota, José Luís da
Napion, Carlos Antônio
Noronha, Pedro Antônio de
Oliveira, Francisco de Souza
Oliveira, Izidoro da Costa
Oliveira, Vicente Antônio de
Pereira, José da Mota
Pereira, Luís Xavier
Picanço, José Correia
Pinto, Manoel Caetano

Pinto, Manuel Guedes
Pires, Francisco Xavier
Portugal, Fernando José de
Portugal, Tomás Antônio Vilanova
Prego, Henrique
Quintela, Inácio da Costa
Rebonho, conde de
Rego, José de Araujo Costa
Reis, Joaquim Vicente dos
Rocha, Antônio Ferreira da
Rodrigues, Francisco José
Sacramento, Ana Maria do
São Salvador, baronesa de
Sarmento, Manoel José
Silva, Amaro Velho da
Silva, Francisco Manuel da
Silva, Manuel José da
Silva, Manuel Vieira da
Silva, Manuel Ferreira da
Silva, Manuel Velho da
Silva, Melitão José Alvares da
Silva, Amaro Velho da
Siqueira, Joaquim José da
Soares, João Ferreira
Soares, José Nogueira
Souto-Maior, Joaquim José Monteiro
Souto-Maior, Manoel da Cunha
Souza, João Francisco da Silva e
Souza, José Lopes de
Souza, José Maria Rapozo de Andrade
Souza, Luiz de Vasconcellos e
Souza, Manoel José de
Souza, Nuno José de
Targini, Francisco Bento Maria
Tavares, José Inácio
Telles, Pedro Vieira da Silva
Torres Novas, conde de
Vagos, marquês de
Vale, João Gomes
Vale, Manuel Gonçalves
Vasconcelos, Bernardo José da Cunha
Gusmão e
Viana, Paulo Fernandes
Vieira, José Inácio Vaz

Notas

PREFÁCIO (PP. 13-18)

1. L. P. Hartley, *The Go-Between*. Londres, Hamish Hamilton, 1953, p. 1.

2. Joaquim Nabuco citado por Carolina Nabuco, *The life of Joaquim Nabuco*, tradução Ronald Hilton. Stanford, CA, Stanford University Press, 1950, p. 141.

3. Um contemporâneo, citado por Collier, *Ideas and politics of Chilean independence, 1808-1833*, p. 13 (ver também p. 67).

4. Guadalupe Jiménez Codinach, "La insurgencia de los nombres", in *Interpretaciones sobre la independencia de México*, editado por Josefina Zoraida Vásquez. Cidade do México, Nueva Imagem, 1997, 109.

5. Nos anos 1860 os conservadores mexicanos levaram a cabo seu antigo sonho de uma monarquia mexicana ao convidar Maximiliano a tornar-se imperador com o apoio de tropas francesas, mas àquela altura até ele perdeu a aura de legitimidade.

6. Arquivo Histórico Ultramarino. Câmara ao Governador, Salvador, 8 de junho de 1807, Lisboa, Cat. 29.987; Peticionário citado em Paulo Pinheiro Chagas, *Teófilo Otoni, ministro do povo*, 2ª ed. Rio de Janeiro, São José, 1956, p. 47; Arquivo Nacional do Rio de Janeiro. Presidente da Província da Bahia ao Ministro do Império, Salvador, 19 de janeiro de 1850, SPE, IJJ 9-339-1850; Joaquim Pinto de Campos [Um pernambucano], *Os anarquistas e a civilização: ensaio político sobre a situação*. Rio de Janeiro, Laemmert, 1860, p. 83.

7. Luiz Gonçalves dos Santos (padre Perereca). *Memórias para servir à história do Brasil*, 3ª ed. Belo Horizonte, Itatiaia; São Paulo, Edusp, 1981, I, 185.

8. Luís Peixoto de Lacerda Werneck. *Ideias sobre colonização precedidas de uma sucinta exposição dos princípios que regem a população*. Rio de Janeiro, Laemmert, 1885, p. 28.

CARTA DE NAVEGAÇÃO (PP. 37-51)

1. Apoio-me aqui no *approach* filosófico ao tema da narrativa que faz Hélio Rebello Cardoso Jr. em diferentes trabalhos. Para esse autor, a tarefa narrativa é iluminada pelo trabalho concomitante de reflexão voltado à elaboração de conceitos e generalizações histórico-causais, a tarefa teórica; ambas devem convergir na narrativa histórica. Desse ponto de vista, a narrativa deve ser considerada um tema primário na teoria do conhecimento histórico, portanto, guardando um lugar de "interioridade" no trabalho do historiador. Cf. Cardoso Jr., 1996, pp. 179-88. Ver igualmente Cardoso Jr., 1992, pp. 125-47.

2. A explicação antecede e exprime-se na própria armação da intriga. As maiores contribuições à questão da narrativa histórica foram feitas por filósofos; os historiadores têm se limitado a apontar os sinais de transformações epistemológicas mais profundas, as variações metodológicas e técnicas da pesquisa histórica. Cf. Stone, 1979, pp. 3-24; Burke, 1992, pp. 327-48. Foram particularmente iluminadoras as reflexões de Paul Ricouer sobre o "eclipse da narrativa". Cf. Ricoeur, 1994, t. I. Talvez o mais importante autor a pensar a fundação fenomenológica da narrativa histórica, recusando definitivamente a equiparação da escrita histórica de textos ficcionais e literários, é David Carr. Cf. Carr, 1991.

3. Cf. Elias, 1990, v. 1; 1994, v. 2. A quem interessar um tratamento dessas categorias, ver Elias, 1980. O estudo sistemático da obra do sociólogo alemão me permite pensar historicamente a partir de suas categorias de análise, a tal ponto que me é prescindível — e seria mesmo impraticável na narrativa — ter de citá-lo textualmente a cada uso de seu instrumental teórico. Fiz uma rápida reflexão sobre as principais categorias e filiações teóricas de Elias em Malerba, 1996, pp. 73-92. Muitos estudos sobre as sociedade de corte posteriores a Elias, 1987, realizados por antropólogos, sociólogos e historiadores, têm seus fundamentos na análise do sociólogo alemão. Uma bibliografia exaustiva sobre o assunto encontra-se em Burke, 1994. Também Apostolidès, 1993.

4. Cf. Cassirer, 1994, pp. 80 ss. Uma análise filosófica brilhante sobre a relação entre política e teatro no pensamento moderno, particularmente em Rousseau,

é o livro magistral de Luiz Roberto Salinas Fortes (1997). Também Lopes, 1997a e 1997b.

5. Descarto de imediato qualquer entendimento de uma suposta "modernidade" de Brasil e Portugal na primeira metade do século XIX. Influenciada pelo romantismo, a historiografia posterior tendeu a identificar as revoluções burguesas — acompanhadas de outras no plano da ciência e tecnologia, das relações de trabalho do capitalismo industrial, do estabelecimento de uma sociedade civil liberal e politicamente democrática — como um ponto de inflexão na história da humanidade. Arno Mayer chamou a atenção para a necessidade de considerar não apenas o "grande drama da transformação progressiva, mas também a implacável tragédia da permanência histórica" e demonstrou a persistência forte de uma visão de mundo arcaica entre as elites europeias, que se estendeu até a Primeira Guerra Mundial não como um elemento frágil e decadente, mas como "a própria essência das sociedades civis e políticas situadas na Europa": "As classes governantes, em que o elemento feudal se manteve particularmente evidente, estavam de todo imbuídas de valores e atitudes nobiliárquicas. Sua concepção de mundo era consoante com uma sociedade autoritária e hierárquica em vez de liberal e democrática" (Mayer, 1987, pp.15-24). O mesmo é válido para a história do Brasil. Ainda na década de 60, num seminário sobre o conflito e a continuidade na sociedade brasileira realizado nos Estados Unidos, enquanto todos enfatizavam as questões ligadas às mudanças, às "passagens" de um período a outro, a professora Eulália L. Lobo insistia no problema da permanência como característica dominante da história brasileira (Lobo, 1970, p. 313).

6. No Brasil, Affonso Ávila (1971) desenvolveu amplamente a relação *barroco* e *jogo*, e suas formas de teatralidade. Huizinga identificou o período do teatro laico do século XVII como o de uma cultura *sub specie ludens* por excelência, em que se destacam figuras como Shakespeare, Calderón e Racine. Nesses autores "[...] era costume comparar o mundo a um palco, no qual cada homem desempenhava seu papel" (Huizinga, 1990, p. 8). O exemplo mais emblemático da representação do mundo como palco são os autos sacramentais, cujo máximo expoente seria Calderón (Calderón de la Barca, 1988). Os críticos espanhóis também estão entre os que mais exploraram as conexões entre barroco e teatralidade. Cf. Orozco Días, 1969; também Ortega y Gasset, 1958.

7. Cf. Balandier, 1982, p.14. O autor concorda com Huizinga em que a época das monarquias absolutas se caracteriza por ser uma cultura *sub specie ludens*: "O grande ator político comanda o real através do imaginário. Ele pode, aliás, manter-se em uma ou outra dessas cenas, separá-las, governar e produzir um espetáculo (dá o exemplo dos *divertissements* de Luís XIV, que era um comediante). A ópera do século XVII, segundo a expressão de P. J. Salazar em seu trabalho consa-

grado às ideologias da ópera, manifesta o mito afirmando a 'perfeição da cidade, do Estado, da natureza monárquica'. Ela é concebida como uma expressão estética perfeita, uma arte mimética da natureza física e da sociedade monárquica. [...] O imaginário clássico projeta sobre a cena, onde se desenrola o drama lírico, as representações de uma ordem, onde tudo é harmonia. Produz esta ilusão, e fazendo-o, a justifica". Entendimento análogo em Ribeiro, 1993, p. 18; Burke, 1994, p. 19.

8. Tema central para a sociologia e antropologia desde sua instituição como disciplinas acadêmicas, "migrou" ultimamente para o campo da história (Falcon, 1998). Não que trabalhos importantes sobre representações já não existissem — lembro apenas os clássicos de Marc Bloch sobre a crença no poder mágico de curar escrófulas nos reis da França e Inglaterra medievais (Bloch, 1993) e de Sérgio Buarque de Holanda sobre a formação dos motivos edênicos e seus reflexos "no descobrimento, conquista e exploração dos mundos novos" (Holanda, 1992). Particularmente desde o final dos anos 1980 e início da década seguinte, depois da tomada de consciência por — ou do desejo latente de — grande parte da historiografia da falência do modelo "científico", estrutural-analítico de explicação histórica, o que se verifica é uma guinada rumo a essa terra de ninguém chamada "cultura" — e a necessidade de os historiadores tentarem teorizar esse território, em cujo epicentro se localiza o tema das representações. Duas tentativas ilustres são as de Chartier, 1991 (a versão original é de 1989, publicada nos *Annales ESC*) e a réplica dada por Carlo Ginzburg, que observou corretamente do fascínio do tema, que corre o risco de virar mais um modismo: "Cette fascination est quelque peu surprenante, 'représentation' étant un mot vénérable, qui fait partie de notre outillage intellectuel depuis des siècles". Cf. Ginzburg, 1991, p. 1219.

9. Sobre representação teatral que resultava da economia dos gestos regulada pela etiqueta, diz Elias (1987, pp. 47, 75): "O seu ser [dos cortesãos], a manifestação do seu prestígio, a distância que os separava dos inferiores, o reconhecimento dessa distância pelos superiores, tudo isso era, para eles, um fim em si. Ora, era na etiqueta que a distância, enquanto fim em si, encontrava sua expressão mais perfeita. Era um argumento teatral da sociedade de corte onde se alinhavam hierarquicamente as situações de prestígio. Os atores desempenhavam o papel de suportes dessas situações de prestígio. [...] A etiqueta 'em ação' é portanto uma 'autorrepresentação' da corte".

10. Cf. as sugestões instigantes sobre o orientalismo e as exposições em Mitchell, 1989. Uma problematização teórica e historiográfica vertical sobre o conceito de representações encontra-se em Cardoso e Malerba, 2000.

11. Assim era na cultura japonesa, assim na *chevalerie* da Idade Média, conforme ensina Huizinga ao referir-se à concepção da língua construída como um jogo: "A ideia convencional é que as classes mais altas apenas 'brincam' ou 'jogam'

em tudo que fazem. A forma cortês equivalente a 'você chega a Tóquio' é, à letra, 'você brinca de chegar a Tóquio'. Do mesmo modo, 'soube que seu pai morreu' diz-se 'soube que seu pai brincou de morrer'. Se não me engano, esta expressão aproxima-se muito do holandês *U gelieve* (se lhe apraz) ou do alemão *Seine Magestat haben geruht* (Sua Majestade dignou-se). As pessoas de alta estirpe são imaginadas como se vivessem num mundo mais elevado, onde só o prazer ou o capricho levassem à ação". Cf. Huizinga, 1990, p. 40.

12. E reafirma no cerimonial o lugar de cada um na hierarquia social, como mostrou Jennifer Loach em brilhante estudo sobre a função do cerimonial na corte de Henrique VIII: "This whole procession was dominated by notions of hierarchy, and feudal hierarchy at that. As with the coronation, everyone had a particular place, and that place was determined by his degree". Cf. Loach, 1994, pp. 63-74.

13. Valho-me da concepção de José Antonio Maravall sobre as elites nobiliárquicas espanholas no século XVII, que se afirma o estudo de uma longa duração em seus momentos derradeiros. Também são particularmente inspiradoras as análises de Maravall sobre a transformação estrutural da nobreza estamental para elite de poder, e as implicações que derivam de suas relações com o poder centrado no rei, condutor da máquina de Estado; o abandono da função guerreira e a migração para a corte na disputa por privilégio; o aumento da resistência do grupo contra elementos externos (burguesia) e as mudanças nas formas de acesso a seus quadros, processos análogos e praticamente coetâneos à experiência portuguesa. Cf. Maravall, 1989, particularmente a segunda parte, pp. 147-250.

14. Assim define o próprio Bourdieu: "L'habitus, comme système de dispositions à la pratique, est un fondement objective de conduites regulières, donc de la régularité des conduites, et si l'on peut prévoir les pratiques (ici la sanction associée à une certaine trangression), c'est que l'habitus est ce qui fait que les agents qui en sont dotés se comporteront d'une certaine manière dans certaines circonstances". Cf. Bourdieu, 1986, pp. 40-4.

15. Segundo Weber, a necessidade de "ostentação" no ser aristocrático, do brilho externo e da pompa impressionante e a necessidade de bens sem valor de troca — sem "utilidade"— decorriam em primeiro lugar das exigências de prestígio estamental, considerado instrumento de poder para afirmação de seu domínio através da sugestão sobre as massas. Nesse sentido, o luxo não seria algo "supérfluo", mas uma das estratégias usadas pela aristocracia para elevar seu prestígio social (Weber, 1987, p. 844). A teoria do "consumo ostentatório" de Veblen que passo a criticar, cf. Veblen, 1951.

Sobre a "distinção", assinala Bourdieu: "Assim como as posições das quais são produto, os *habitus* são diferenciados; mas também são diferenciadores. Distintos, distinguidos, eles são também operadores de distinções: põem em prática princípios de diferenciação diferentes ou utilizam diferenciadamente os princípios de diferenciação comuns". Cf. Bourdieu, 1996, p. 22; também em outro texto, anterior: Bourdieu, 1989, p. 144.

16. Cf. Chartier, 1990, pp. 91-120; Malerba, 1996. Em sua construção de uma teoria do espaço social, em que se distancia definitivamente do marxismo, Bourdieu mais se aproxima de Elias: "Os agentes e grupos de agentes são assim definidos pelas suas posições relativas neste espaço (social) [...] Na medida em que as propriedades tidas em consideração para se construir este espaço são propriedades actuantes, ele pode ser descrito também como campo de forças, quer dizer, como um conjunto de relações de força objetivas impostas a todos os que entrem nesse campo e irredutíveis às intenções dos agentes individuais ou mesmo às interações directas entre os agentes". Cf. Bourdieu, 1989, p. 134. As "Sugestões para uma teoria de processos civilizadores" estão em Elias, 1994, v. 2, pp. 193-262. Muito de minhas comparações entre os dois pensadores foi esclarecido no brilhante estudo comparativo dessas matrizes realizado por Jean-Hugues Déchaux. (1993).

17. Iara Lis Carvalho Souza (1999), em seu estudo sobre a constituição do Brasil como corpo político autônomo, centrou a análise na *persona* política de dom Pedro I. Lilia Moritz Schwarcz (1998), no livro baseado em sua tese de livre-docência, em abordagem inspirada no pensamento de Elias, faz brilhante análise sobre a construção da figura pública de dom Pedro II, focando a simbologia da pessoa e dos rituais em torno do monarca nos seus quase cinquenta anos de reinado. Ambos, em alguma medida, dialogam com a presente análise, no sentido de oferecerem as três obras uma linha de análise difenciada do político para todo o período monárquico.

18. Huizinga diz que, no estudo das manifestações culturais, as formas de vida não são algo dado: "Es nuestra mano la que la modela". Cf. Huizinga, 1992, p. 23.

1. O NOVO ESTILO (PP. 59-98)

1. Cf. IHGB — Mss. *Relação das pessoas que saíram desta cidade para o Brasil, em companhia de S.A.R., no dia 29/11/1807.* lata 490, pasta 29, listagem muito mais detalhada do que a existente no ANRJ — Cod. 730. *Papéis relativos á vinda da Família Real para o Brasil.* (*Relação das pessoas que vieram e das náus que fizeram o transporte*) *1808.*

2. Cf. Norton, 1979, pp. 47-59; Ramirez, 1968, pp. 1-29. Cópia do contrato de casamento se acha no ANRJ. — CRI, cx. 2, pac. 1, doc. 30A, de 29/11/1816. Foi lavrado em Viena, em francês, com doze cláusulas prevendo todas as situações

possíveis a respeito do destino de Leopoldina nesse consórcio, com os lugares para assinatura de Frederico, Metternich e Marialva. É análogo em sua forma e conteúdo a outros contratos matrimoniais dinásticos, como o de dom João e dona Carlota, negociado na corte espanhola por dom Henrique de Meneses, marquês de Louriçal, e dom José Monino, conde de Florida Branca. Cf. Ajuda — Mss. — *Contrato de casamento do Infante D. João com a Princesa D. Carlota Joaquina.* Madri, 25/3/1785 (44-XIII-32).

3. Cf. Ajuda — Mss. *Relacion de las funciones hechas en Lisboa* (...) *en los dias 11, 12 y 13 de Abril de 1785* (54, XIII, 18, n. 163).

4. Cf. BNRJ — *Noticia das funções e festas...*, 1785. Ver também BNL — Mss., *Extracto, da mutua recepção...* (Col. Pombalina, n. 687, pp. 171-3).

5. Cf. a rica "Descripção. Succinta da Audiencia do Exmo. Sr. Fernando Telles da Silva Conde de villamaior Embaixador extraordinario...", transcrita por Eduardo Brazão (1937A, p. 64).

6. Cf. *Gazeta* (do Rio de Janeiro), 4/6/1817; Santos, 1981, t. 2, pp. 104-11. Os presentes enviados para fazer figura na corte austríaca são nababescos. Tobias Monteiro (1981, v. 1, pp. 166 ss.) calcula que as joias e veneras de ordens honoríficas orçavam-se em 5800 libras; não incluídos os 167 diamantes, no valor de 6873 libras esterlinas, as dezessete barrinhas de ouro (1100 libras esterlinas), tudo para presentear os grandes da Áustria.

Outra fonte, que parece mais escrupulosa, discrimina aquelas joias. Amparados nas informações contidas no livro *Guarda joias do Brasil*, escrito entre 28 de julho de 1808 e 16 de fevereiro de 1821, quando era guarda-joias do rei Francisco José Rufino de Sousa Lobato, visconde de Vila Nova da Rainha, Luiz de Castro Solla e Américo Barreto (1981, pp. 299-311) distinguem quarenta grandes brilhantes soltos, de um a sete quilates cada e orçados em 21:928$274 réis, com que o conde da Barca iniciou as aproximações diplomáticas para o casamento de dom Pedro e Leopoldina. Além desses, outros 137 brilhantes miúdos, pesando todos 116 quilates e valendo 6:681$600. Despendeu a coroa portuguesa, só nessas lembrancinhas, 28:609$874. Mas era apenas o começo. Depois de uma valiosíssima joia mandada em 9 de dezembro de 1816, seguiu-se uma série de presentes: uma medalha com pintura de dom Pedro cercada por dezoito brilhantes de seis a 19,5 quilates com uma coroa tendo quatro grossos brilhantes (de seis a dezesseis quilates); outros 99 brilhantes miúdos (32 quilates no total; o fio de ouro, do qual pendia a medalha, tinha mais 82 brilhantes pesando 85 quilates; o fecho tinha outros menores). Só essa joia foi avaliada em 68:512$000.

7. Cf. BNL — Mss. Col. Pombalina, n. 687, pp. 171-3. Ver também a BNL — *Relação da chegada da serenissima senhora infanta D. Carlota Joaquina a Villa-Viçosa...*, 1785; BNL — Herrera, 1787.

8. Cf. Beirão, 1944, p. 317. E as seguintes relações de festejos: BNL — *Noticia das solemnes, e magnificas funções...*, 1785; BNL — Sousa, 1785. Também Ajuda — *Relação das funçoens feitas em Lisboa...*; Ajuda — *Relacion de las funciones 2ª i 3ª dadas en Lisboa...*, 1785; *Relacion de las funciones hechas en Lisboa...*, passim.

9. Cf. ANTT — Borralheiro, 1667, p. 7. Neste mesmo relato (pp. 18 ss.) pode-se perceber a ostentação aristocrática nas funções reais. Assim descreve o aparato do conde da Torre, nas deferências do primeiro dia de festas:

Solo doze criados le assistiaan,
Tan anchas barras de oro se admiravan,
Que en luzidos reflexos,
Nadie la barra podrá echar màs lexos.
Un paje a la estribera,
Que recamado de oro,
Despues le puso en su cabeça el toro,
Que hasta un bruto en efeto,
Ao oro hace consagrar respeto...

10. Cf. (Brazão, 1936; ANTT — Coutinho, 1687; BNL — Sousa, 1949, v. 7, pp. 278-84).

11. ANTT — Coutinho, 1687, p. 25. Ver também Borges, 1986; Brazão, 1937B. Um belo livro com textos em latim e estampas de todos os efeitos que se criaram no casamento de dom Pedro II está em Ajuda — *A Pheniz de Portugal...*

12. Contam-se às dezenas, entre camareiras, damas, açafatas, retretas, mordomo, estribeiro, viadores, confessor, médicos, bibliotecário, moços, cozinheiros e porteiros, as pessoas que ocuparam os aposentos da nau *D. João VI* e da fragata *Príncipe D. Pedro.* J. G. da Costa Posser assina uma "Lista das pessoas nomeadas para o serviço da Ser.ma Snr.a Archiduqueza Leopoldina, com declaração das famílias que pertendem levar comsigo". Discriminam-se dez empregos, reservados a onze pessoas da alta nobreza, que se fariam acompanhar por mais de oitenta outras, entre parentes próximos, criados e criadas. Lista esta feita na "Secretaria de Estado, em 2 de mayo de 1817". Apud Pereira, 1946.

13. Curiosa e sintomaticamente, praticamente inexistem registros historiográficos sobre as cerimônias nupciais do príncipe herdeiro, do ponto de vista que tomo aqui. Algumas referências pontuais encontram-se em: Lima, 1945, pp. 1033 ss.; Luz Soriano, 1866, p. 75; Pereira da Silva, 1864-8. v. 7; Monteiro, 1981, v. 1, p. 183; Tarquínio de Sousa, 1988, pp. 100 ss.; Norton, 1979, pp. 47-84; Nizza da Silva, 1978, p. 187.

14. Cf. ANRJ — Cod. 263. *Livro de casamentos e batizados de membros da família Real e Imperial,* onde constam os registros de cada ofício despachado para todas as cerimônias nupciais e batizados da família real. Esse livro foi aberto com o casa-

mento do infante dom Pedro Carlos de Espanha, filho de dom Gabriel e sobrinho de dom João, com dona Maria Theresa, filha deste, até o consórcio de dom Pedro II com dona Theresa Cristina. Registra a preparação das cerimônias, seu prévio estabelecimento, como, portanto, deveriam acontecer e que medidas se tomariam nesse sentido.

15. Cf. capítulo V, seção "O círculo da casa".

16. Cf. Santos, 1981, pp. 133 ss. Azeméis são aqueles que puxam os animais; timbaleiro é o tocador de timbale — ou atabale: tambor de cavalaria; canas são as tiras de guasca das rédeas; alabarda, uma lança antiga, em cuja extremidade de ferro pontiagudo atravessava uma lâmina em forma de meia-lua; passavantes e arautos eram oficiais encarregados das proclamas pelas ruas; estribeiros ou cavalariços responsáveis pelos coches, arreios; o viador, um camarista a serviço da rainha. Algumas definições de época interessantes em Moraes & Silva, 1789. Q. v. Glossário ao fim do livro.

17. Cf. Santos, 1981, pp. 129-36. Para visualizar o itinerário do cortejo, ver o *Album cartográfico do Rio de Janeiro (séculos XVIII e XIX)*, 1971, especialmente a *Planta da cidade de São Sebastião do Rio de Janeiro*, gravada por J. J. de Souza (post. 1818).

18. ANRJ — Cod. 807, v. 1. *Narração histórica da Entrada Pública da Sereníssima Princesa Real na Corte do Rio de Janeiro no dia 6 de Novembro do ano de 1817*, pp. 231v, 232. O documento é paginado à mão, em lápis vermelho apenas nas páginas frontais e no canto superior direito, provavelmente por algum funcionário do ANRJ. Respeitarei aqui essa paginação.

19. Pestana, 1708, p. 5. Descrições minuciosas dos efeitos promovidos por ocasião das bodas de dom João V encontram-se em: *Descripçam do Arco Triunfal...*, 1708; Ferreira, 1709; Fonseca, 1709; Robrilvo, 1708. (Todas essas obras se encontram no ANTT.) João Adolfon Hansen (1995) analisou detalhadamente as memórias de uma máquina laudatória erguida a dom João V.

20. Descrevem-se então os dísticos e suas mensagens; por fim, a ação dramática que acompanha esse fogo de artifício. Cf. ANTT — *Relaçam dos artificios de fogo...*, 1708.

21. É incontável o número de poesias, labirintos e anagramas sobre dona Sofia. Os arcos triunfais e demais engenhos construídos em Lisboa perpetuaram-se nos desenhos aquarelados de João dos Reis, depositados na Biblioteca Nacional de Lisboa, e na belíssima obra guardada na Biblioteca da Ajuda — *A Pheniz de Portugal*, 1687. Sobre esses e outros anagramas e labirintos, cf. Hatherly, 1979, pp. 32-41, e 1980, pp. 20-9.

22. Também BNL — Costa, 1694, pp. 131 ss.; Sousa, 1949, pp. 279 ss.

23. Todos os dísticos encontram-se em BNL — Costa, 1694. A descrição também em Borges, 1986, pp. 32 ss.

24. Apud Brazão, 1937B, p. 14. Cf. ANTT — Ferreira, 1708; também em ANTT — Fonseca, 1709, pp. 18-9.

25. O desejo de alcançar a graça do prelo régio se constata pela inscrição, no final do manuscrito, dos signos característicos das publicações oficiais: a vinheta seca com a indicação "Na Impressão Régia", seguida do ano (1817). Não consta que esse livro tenha sido publicado. Cf. Cabral, 1831; Camargo & Morais, 1993.

26. Nas solenidades promovidas por dona Maria I em Lisboa por ocasião dos desposórios da infanta dona Mariana Vitória com dom Gabriel de Espanha, de cuja relação deve ter tido conhecimento nosso cronista, conta-se que a rainha dispensou ao embaixador espanhol sair da capital para sua entrada triunfal, como era de costume. Quanto ao cortejo, sabe-se que: "Nos avisos, que se expediraõ á Primeira nobreza, para assistir a Sua Majestade no acto da Embaixada, se declarava, que seria do seu Real agrado, que cada Fidalgo mandasse huma carruagem de quatro rodas com alguns Gentishomens, para acompanhar o Excellentissimo Embaixador, e fazer mais luzido, e pompozo o seu sequito: o qual constou de 75 Coches tirados por bem ajaezados cavallos, com maravilhosas redes, e cocares de plumas; quatro Cavalleiros Hespanhoes, quatro Criados da primeira classe, seis Pagens, dezaceis Guardaropas, setenta e dois criados de libré, vinte oito cavallos montados, e seis á maõ, este trem marchava na seguinte ordem...". Cf. BNL — *Noticia das solemnes, e magnificas funções...*, 1785, p. 3. O mesmo parece ter-se verificado na outra capital. Cf. Ajuda — *Relacion de las funciones hechas en Lisboa...*, 1785.

27. As duas últimas citações respectivamente em ANRJ — Cod. 807, v. 1, pp. 245 ss., 248v a 254.

2. O TEATRO DA FESTA (PP. 99-132)

1. Ebel utiliza-se da imagem teatral para representar o aspecto físico da cidade: "Num semicírculo anfiteatral, a cidade aparece distante, à beira-mar. Seu casario, iluminado por focos sem conta, produzia aprazível efeito. De quando em vez, subiam foguetes à retaguarda, cujas explosões, iluminando magicamente o cenário um instante, não menos rapidamente se extinguia. Festivamente, repicavam os sinos até nós — As Aves Marias — para logo se calarem...". Ebel, 1972, p. 11. Na historiografia posterior, Markus Cheke (1949, p. 80) se utiliza do mesmo recurso. A metáfora teatral foi eficazmente empregada na análise da política imperial século XIX afora. Cf. Carvalho, 1988; Graham, 1997, pp. 139-65. Não obstante a lúcida análise da festa cívica e seus efeitos lúdicos no I Reinado feita

por Iara Lis Souza (1999, pp. 235 ss.), não consigo concordar com sua afirmação de que a festa da corte à noite interrompia a rotina diurna dedicada ao trabalho. Primeiro, porque o círculo da corte, por definição, não trabalha: vive de rendas ou mercês do rei; segundo, porque a festa era o tempo contínuo da corte: o rei e seu entorno, como ensinam Elias e Huizinga, viviam "elevados" num mundo que desconhece o trabalho. Para períodos posteriores, Maria Helena Capelato explora a utilização do espetáculo no varguismo e no peronismo (Capelato, 1997, pp. 52 ss.) e Carlos Fico estuda as formas espetaculares de aparição do poder durante a ditadura militar pós-64 (Fico, 1997, pp. 53-73).

2. Sobre o papel pedagógico da festa cívica ou política nas sociedades modernas, remeto, mais uma vez, a Salinas Fortes (1997), particularmente parte III, "Do espetáculo".

3. Assim se lê na *Gazeta do Rio de Janeiro*, edição de 27 de maio de 1811, que os números começariam a vender-se a 15 de maio na casa do negociante, à rua Direita "[...] e quando estiverem quasi vendidos, se participará o lugar da extracção, e o seu começo. Os prémios serão pagos de tarde em todos os dias que andar a roda, depois do terceiro dia de extracção, e em tudo o mais se observão as formalidades com que se fazião as loterias da Santa Casa de Misericórdia de Lisboa. He escusado ponderar ao Público a segurança, e exactidão, e pontualidade de todas as transacções a isto respectivas". Para se ter uma ideia da aderência da sociedade a essa importante causa, lembre-se que o bibliotecário de dom João, Luís Joaquim dos Santos Marrocos, dizia a seu pai, no final do mesmo ano, ter concorrido nessa primeira loteria, comprando um bilhete (ao preço de 8$000) e entrando em sociedade em outro. Cf. Marrocos, 1939, p. 50. Pizarro e Araújo, em suas memórias, alude à criação do teatro. Cf. Araújo, 1945, v. 7, pp. 77 ss. Dados sobre Fernando Carneiro Leão no último capítulo.

4. Cf. Chantal, s/d., pp. 85 ss. e 266 ss. Lord Beckford compareceu nas principais salas de Lisboa, a da rua dos Condes e a da rua do Salitre, e julgou a primeira superior à segunda. Seus comentários sobre a ausência de mulheres nos palcos são finos: "Sua Majestade, que, claro está, é toda prudência e devoção, correu com as mulheres do palco e deu ordem para que os seus papéis fossem desempenhados por franganotes. Imagina o lindo efeito desta metamorfose, especialmente nos bailados, onde aparece uma corpulenta pastora, envergando trajes de virginal brancura, a barba espelhando, largos ombros (com um presumido chapeuzinho à banda e uma grinalda de rosas) e um ramalhete seguro em mão capaz de derrubar o gigante Golias...". Cf. Beckford, 1988, p. 100.

5. Cf. *Gazeta* de 11/10/1809. Na *Gazeta* de 5/7/1815 se anunciavam: "Peças Drammaticas que se achão na loja da *Gazeta*: Ephigenia; Merope; Megara; Orestes; Herminia; Electra; Os scitas; Mafona; Jezualdo; Dama Astuciosa;

Alzira; Penelope; Nova Castro; Os Macabeos; Virtude Laureada; Vesta; Sesostris; Sophonisba; Eufemia; Juramento dos Numes; Ulissea Libertada; Queda do Despotismo; Osmia; Athalaia; Vingança e Busiris; Atreo e Thiestes, com diversas poesias; Theatro e Estrangeiro; o Cid; o Avarento; o Jogador; o Pai de Familia; Alzira; Os Dois Amigos; Theatro Comico Portuguez, ou Collecção das Operas Portuguesas, que se representarão no Theatro do Bairro Alto em Lisboa".

6. Opinião mais sensata é a do condescendente inglês Alexander Caldcleugh (1825, v. 1, p. 62): "The Opera, [...] is not conducted in that way which an European audience would have demanded. No great attention to cleanliness was paid, and it cannot be denied that some of the Venuses of the Ballet were not exactly of an European tint; but, in this climate, great allowances must be made, and the first theatre in South America must not be too severely critisized. The performances were alternately Portuguese and Italian".

7. Cf. *Gazeta* de 16/6/1817. Oliveira Lima (1945, pp. 918 ss.) narra assim esse episódio: "No teatro, que já começava a ser o lugar capital das demonstrações políticas fluminenses, como acontecia em Paris durante a Revolução, agitavam-se lenços com o perfil do Rei e motes de devoção à sua pessoa e às instituições, dos quais se havia fabricado dez mil; cantava-se o hino escrito e composto para a ocasião; aclamava-se estrepitosamente o governante sagaz que tudo aliás pusera em jogo para encarecer sua popularidade, aparecendo, mostrando-se, agitando-se, fazendo gala da sua atividade, ele tão sedentário, e de sua bonomia".

8. BNRJ — Mss. Carta do Juiz Manuel da Costa Carvalho, ao Intendente-Geral da Policia, relatando as manifestações de fidelidade prestadas á S. M., no Têatro do Rio de Janeiro, em sinal de desagravo pelos acontecimentos da Revolução de Pernambuco de 1817. Rio, 15 de Junho de 1817. (I — 33, 26, 19)

9. Cf. Graham, 1990, pp. 90, 91, 218. A peça predileta do rei era *A Cenerentola*, de Rossini. A autora reproduz um desses entusiasmados discursos feitos pelo "povo". Souza, 1999, pp. 95 ss. mostra a importância do teatro como espaço da realização política, destacando o episódio da capitulação de dom João VI às cortes portuguesas.

10. Cf. Holanda, 1991, p. 32. Semelhante recurso literário, o poder vidente ou previdente de deuses mitológicos que anunciam as virtudes do herói ou antecipam seu futuro, é amplamente utilizado nas peças literárias do contexto joanino.

11. Francisco de São Carlos, 1809, 14 pp. Em *A queda do despotismo*, de Pato Muniz (1810), os interlocutores celestiais são Thémis, o Heroísmo, a Liberdade, a Agricultura e o Despotismo. Outros exemplos de divindades da mitologia greco-romana em Fernandes, 1817; Cardoso, 1818, pp. 35-52; Nascimento, 1817. Todas essas peças, e as que se seguirem quando não houver outra referência, pertencem às Obras Raras da BNJR.

12. "E já no porto da Inclita Uliffea/ Cum alvoroço nobre e cum desejo/ — Onde o licor miftura e branca area/ Co falgado Neptuno o doce Tejo —/ As naos preftes eftão; e não refrea/ Temor nenhum o juvenil defpejo,/ Porque a gente maritima e a de marte/ Eftão pera feguir-me a toda parte". Cf. Camões, 1916-8, p. 258 (IV/84). Outras referências ao herói homérico em *Os lusíadas* encontram-se em III/58/74; V/86; VIII/5; X/24.

13. Respectivamente em Fernandes, 1817, p. 3; Estrela, 1818, p. 26; Coutinho, 1810, pp. 4 e 19; Coutinho, 1813, p. 15; Leitão, 1812; Cardoso, 1818, pp. 35-52. Exemplares dessas obras encontram-se também na BNRJ.

14. Em elogio recitado no teatro quando da vitória contra os insurgentes, José Pedro Fernandes (1817, p. 3) condenava os "filhos infiéis e traidores da pátria", que não têm culpa de sua "bastarda prole". "Um horrido véo da cor, que he a cor da noite,/ Quando aos astros, que o manto lhe cravejavão,/ As trevas em montes re-escurecem; / Horrido véo, que o crime arremessa no esplendente Pavez, que a Lizia embraça..."

15. A passagem do palco à vida é traço central da sociedade de corte, como definiu Elias, 1987, p. 85: "Note-se que o teatro é um elemento integrante da vida de corte e não uma distração. Os espectadores estão instalados no próprio palco, ao fundo e dos lados. A peça que se lhes apresenta caracteriza-se pela mesma ponderação, o mesmo rigor de desenvolvimento que são próprios da vida de corte. As paixões podem ser fortes, mas as explosões passionais são pouco apreciadas. O conteúdo do drama é de somenos importância; os temas são conhecidos; o que se aprecia é a arte subtil com que os protagonistas conseguem resolver as suas dificuldades e os seus conflitos. É o espelho fiel da vida: nesta, também se dá mais importância à maneira como o cortesão — que serve de modelo a todas as classes superiores — se torna senhor do seu destino".

16. *Gazeta* de 23/8/1817. Também Santos, 1981, pp. 212 e 255.

3. O TRÁFICO DAS MANEIRAS (PP. 133-201)

1. Uma ótima reconstrução do papel e da importância da cidade do Rio de Janeiro no contexto da monarquia encontra-se em Schultz, 1998, sobretudo capítulos 2 e 5.

2. Não há censos precisos para a população do período. Louis de Freycinet estima a população fluminense em 60 mil almas em 1808; aproximadamente 130 mil dez anos depois (segundo o marquês do Lavradio); 150 mil em 1821 é a estimativa de Henderson ("[...] two-thirds of which are negroes, mulatoes, and others, exhibiting every variety of complexion"). Spix e Martius calcularam em

120 mil almas a população da cidade e 420 mil a província. Cf. Freycinet, 1827, v. 1, p. 193; Henderson, 1821, p. 72. Mawe, em 1808, arriscava em 100 mil habitantes a população do Rio (Mawe, 1812, p. 97); Denis dizia haver "no início do século" cerca de 80 mil e ao seu tempo 260 mil almas (Denis, 1844, v. 1, p. 175). Luccock, em minha opinião o mais rigoroso observador estrangeiro do Rio joanino, apresenta a cifra de 60 mil, dos quais um terço composto de brancos ou mulatos claros. (Luccock, 1975, p. 28); Ernst Ebel, que esteve no Rio em 1824, fala em 180 mil a 200 mil almas, "dos quais dois terços são negros" (Ebel, 1972, p. 187). Cf. IHGB — Mss. *Côrte e província do Rio de Janeiro. Mapa da população da...* 1821, 7 fls. (lata 77).

3. Denis, pp. 164 ss. O volume da obra de Freycinet referente a sua estada no Brasil é o número 1, e todas as remissões a essa obra a ele remetem. O conceito de natureza em Spix e Martins foi magistralmente depurado em Lisboa (1997). Todas as primeiras edições citadas encontram-se na BNRJ.

4. Brackenridge, 1820, p. 16. Ver igualmente Caldcleugh, 1825, v. 1, pp. 6 e 13, em que enfatiza, concluindo a descrição do Rio e arredores, que "... the eye in every side discovers the most majestic scenery, covered with all the luxuriance of a tropical vegetation...".

5. Lembrem-se das histórias diversas da urbanização das cidades espanholas e portuguesas na América, em ensaio clássico de Sérgio Buarque de Holanda (1984, pp. 61-84). Descrição minuciosa da arquitetura das casas, seus interiores e mobiliário em Luccock, pp. 80 ss.

6. *RIHGB* — Taunay, 1921, em que se encontram as impressões de diversos viajantes sobre a capital fluminense desde o século XVIII. O viajante a que me reporto é Victor Jacquemont, referido entre as pp. 493 e 520 do texto de Taunay.

7. Veja-se a nota na *Gazeta* de 12/11/1817, referente às solenidades do desembarque da princesa: "Os perfumes, que mencionamos agora, e as flores, que cahirão do arco precedente (o da Rua do Sabão), não forão os unicos aromas, que embalsamarão a atmosfera ao passarem SS. MM. e AA. RR. De todas as janellas, atulhadas de senhoras, lançavão estas immensas quantidades de flores, que formavão uma engraçada nuvem de varias cores, e encantando os sentidos, cobrião os reaes coches, e juncavão as ruas". Também são minuciosas as descrições do padre Perereca (Santos, 1981).

8. Mawe, p. 98. Curiosamente, não se encontra tal registro na historiografia. Veja-se, por exemplo, o comentário de Maria Beatriz N. da Silva sobre a chegada de dona Leopoldina: "A própria hierarquia social e as suas insígnias e símbolos constituíam um espetáculo para o povo, mas muitos outros elementos, visuais, sonoros, ou mesmo olfativos, contribuíam para dar o tom festivo: todo o caminho por onde passava a procissão 'estava coberto de fina e branca areia, e juncado de folhas, ervas odoríferas, e flores...' ". A citação do padre Perereca vem sem

nenhum sinal de crítica no sentido de esclarecer que todo esse "tom festivo" se criava com a espontaneidade de um decreto; ou que as flores pelo chão tentavam dissimular o mau cheiro crônico da cidade pantanosa. Vide Silva, 1978, pp. 59-60.

9. IHGB — Mss. Tomás Antonio Vilanova Portugal. *Plano para aformosear a capital, providencias uteis para a cidade.* (c. 1815) (lata 21, doc. 13). No mesmo sentido é a obra propondo o "enxugo" da cidade do Rio de Janeiro de Santana, 1815.

10. Ramos Tinhorão (1988, pp. 96-7) informa sobre o alvará de 19 de setembro de 1761, quando havia cerca de 4 mil a 5 mil escravos no reino, trabalhando sobretudo na agricultura. Exploração que se prolongou ainda um pouco na clandestinidade, fazendo reiterar-se aquele alvará em Provisão de 16 de junho de 1773.

11. ANRJ — Mss. Cod. 329. *Livro de Registro dos Ofícios e Ordens* (*da Polícia*)..., v. I, 1811-2. Em ofício de 15 de abril de 1814 repete-se a solicitação, agora o juiz do bairro de São José Diogo Pereira Ribeiro de Vasconcelos: "[...] Será muito facil descobrir entre a pobreza do seo bairro oito rapazes de 10 a 12 anos que se possão acomodar em huma fabrica a ganhar por dia, ou comer... Com esta occasião bom será que tome secretas informações da gente que tiver nestas circunstancias para eu os ir aproveitando e fazendo vassalos uteis...".

12. Como fez em estudo pioneiro Dias, 1984.

13. ANRJ — Mss. Cod. 403. *Relação de presos feitos na Polícia*, 2 v. Os casos acima foram extraídos do volume 2, referente aos anos de 1817 e 1819.

14. ANRJ — Cod. 323. *Registro da correspondência da Polícia*, v. 1, pp. 53v-54. Ofício de 15 de maio de 1809.

15. ANRJ — Mss. Cod. 329. *Registro dos officios e ordens expedidos aos ministros criminais dos bairros e mais Ministros da corte e Cameras.* Emblemático o fato de o intendente se reportar ao cargo do marido da vítima — e não a seu nome: indício do prevalecimento do "você sabe com quem está falando?", próprio de uma sociedade notoriamente caracterizada pela diferença social. Tema explorado por Da Matta, 1979.

16. Ebel, pp. 42-5. Debret deixou ilustrada a cena do mercado de pretos do Valongo, sala "[...] infectada pelos miasmas de óleo de rícino que se exalam dos poros enrugados desses esqueletos ambulantes [...]". Debret, 1989, t. 2, p. 105. Prancha 23. Sobre o tráfico transatlântico no período ver, por todos, Florentino, 1995.

17. Luccock, p. 164. A estratificação entre escravos é assunto riquíssimo e muito pouco abordado pela historiografia. Existia, por exemplo, entre os canoeiros do Recife, estudados por Luiz Geraldo S. da Silva: "[...] esse orgulho profissional dos canoeiros do Recife, bem como a própria importância de seu ofício [...] deu ensejo à formação de uma ampla estrutura hierárquica entre eles e de um espírito de corpo que expressava de maneira acentuada toda uma cultura profissional". Cf. Silva, 1996, pp. 108 ss.

18. Tinhorão, 1988, pp. 135-46, especialmente p. 141: "[...] sob a forma da encenação de uma espécie de espetáculo que traduzia teatralmente o reconhecimento da importância do reino do Congo pelo poder real português, e era representado por um auto festivo em que negros escravos reproduziam, em Lisboa, as embaixadas tribais ao Mbazi ao Congo, para a escolha de seu rei suserano. Com a diferença de que agora, em sua versão teatral, o Rei Congo recebia uma coroa de lata (em lugar do barrete real original) e das mãos de um padre (em lugar do chefe religioso africano Mani Vunda)". Também Souza, 1999, p. 230.

19. ANRJ — Cod. 323. *Registro da correspondência da Polícia*, v. 1. Edital 11/6/1809. Uma descrição das rótulas em Silva, 1993, pp. 211 ss. Também Luccock, pp. 89, 25.

20. Os inventários pertencem ao Arquivo Nacional do Rio de Janeiro e estão classificados no fundo homônimo, em ordem alfabética. Cf. capítulo IV, a seguir. São eles os de: Teodoro Ferreira de Aguiar, Fernando José de Almeida, Joaquim Pereira de Almeida, Antônio Ferreira Alves, José Luiz Alves, Antônio de Araújo, Joaquim José de Azevedo, José da Costa Barros, Manoel Gonçalves de Carvalho, João Siqueira da Costa, Rodrigo de Sousa Coutinho, José Dias da Cruz, Antônio da Cunha, Francisco José da Cunha, Luís de Sousa Dias, Antônio José da Costa Ferreira, Antônio José Guimarães, Francisco José Guimarães, Manuel Rodrigues Jordão, Elias Antônio Lopes, Francisco Pereira de Mesquita, José Luís da Mota, Manoel Caetano Pinto, Francisco Xavier Pires, Francisco José Rodrigues, Manuel José da Silva, Manuel Ferreira da Silva, João Francisco da Silva e Souza, Joaquim José da Siqueira.

21. A título exemplar, lembro Dias, 1984; Slenes, 1987; Schwartz, 1988; e mais todos os artigos contidos na *Revista Brasileira de História*, nº 8, v. 16, 1988.

22. Embora mereça ser apontado como um marco a obra coletiva organizada por Del Priore, 1996.

23. Luccock, pp. 26 ss.; Gendrin, passim; Graham, 1990, p. 196. Maria Beatriz N. da Silva tabulou, com poucas variações, hábitos de horários e etiqueta três vezes. Cf. Silva, 1978, pp. 3-20; 1993, pp. 217-25; e 1986, pp. 513-21.

24. Muitas dessas obras misturavam prescrição de regras de etiqueta com parábolas de fundo moral. Na loja da *Gazeta* mesmo se vendiam algumas, como a "moderníssima obra" *Thezouro dos meninos, resumo d'Historia Natural para uso da mocidade de ambos os sexos...*, anunciada em 9 de março de 1816. Outros títulos veiculados em diversas edições da *Gazeta* comprovam a distribuição desse tipo de obra: *Avisos de huma mãi a seu filho..; Os defeitos da má educação ou a dama infeliz; Escola dos bons costumes ou reflexões moraes e historicas sobre as maximas de hum homem de honra e probidade; Leitura para os meninos, contendo uma coleção de historietas moraes, relativas aos defeitos ordinarios ás idades tenras; Lições de um pai a huma sua filha; Lições de um pai a huma sua filha na primeira idade; Thesouro das*

meninas (dividada em três partes, moral, virtude, civilidade, traduzida do francês por Matheos José da Costa); *Thesouro dos meninos.*

25. São ilustrativas as obras de José da Silva Lisboa, como o *Ensino sobre o estabelecimento de Bancos* ou as *Observações sobre a prosperidade do Estado pelos liberais princípios da nova legislação*, em 1811, ou as *Memórias dos benefícios políticos do governo d'Elrei D. João VI*, em 1818. Para a compreensão dessa produção "científica" da época, ver Dias, 1968, pp. 105-70.

26. Denis, pp. 223-4; Luccock, p. 71; Freycinet (p. 161) atribui essa precocidade à ação do clima, que aceleraria o ciclo vital.

27. Cf. a epígrafe deste capítulo. Também Mawe, p. 105.

28. São particularmente iluminadoras as reflexões de Richard Sennett sobre a representação da imagem pública da burguesia europeia no século XIX. Cf. Sennett, 1988, pp. 89 ss.

29. Cf. Siqueira, p. 114; Pohl, p. 42. Indumentária vinda do reino, a mantilha foi objeto de curiosidade de viajantes como Murphy, que sobre a moda feminina em Portugal anotou: "Cottons, muslins, and coloured silks, they very rarely wear. A kind of black garment called *mantilha*, over a petticoat of the same colour, both of wollen cloth or silk is the usual dress, except in Lisbon, where the women wear black silk *mantos*". Cf. Murphy, 1798, p. 141. Freycinet, p. 177, também as viu em profusão no Rio de Janeiro: "Quelques Brésiliennes conservent l'ancien costume qu'elles avoient adopté, qui consiste en une sorte de manteau qui couvre la tête et dont le devant est orné de dentelles; ce qui se rapproche de la mantille espagnole, que les Portuguaises n'ont pas".

30. É importante sublinhar que a tendência ao estilo lúgubre mariano que imperava na metrópole e na colônia não fora sempre a regra. Macaquear o estilo da corte de Luís XIV foi uma das práticas de dom João V, que retirou a mulher de seu claustro doméstico para cobri-la de alfaias e pedraria e ostentá-la nos balcões da ópera. O retrocesso conservador foi próprio da Viradeira. Cf. Chantal, pp. 116-7 para a moda feminina e pp. 118-9 para a masculina em Portugal na segunda metade do século XVIII.

31. "Hum efpadim chegado quafi aos peitos,/ Que nunca o fangue víra,/ Cujo trafte affectado lhe divifo/ Tão fora do lugar, como o juízo." Cf. BNRJ — Costa, 1786, p. 4. Os inventários de alguns negociantes são emblemáticos da assintonia entre regra e prática. Cf. a descrição do inventário de Elias Antônio Lopes em Cunha, 1969, p. 62.

32. Nessas características da "alma portuguesa" Gilberto Freyre (1950; 1953) pretendeu fundar sua teoria da "luso-tropicalismo", como o estudo da forma particular de colonização levada a efeito pelos portugueses em diversas regiões equatoriais do globo, que os fez distinguir-se de todas as outras empresas colonizadoras. Não pretendo verticalizar nessa discussão, dispondo-me apenas distante dessa teoria freireana.

33. Cf. Debret, t. 2, p. 52. Beckford, p. 149. Há indicações na historiografia tradicional do período sobre essa mesma matéria: "Não é pois de admirar que (madame Junot, depois duquesa de Abrantes) se chocasse diante das maneiras gótico-mouriscas da corte e ao dar com todas as damas de companhia de dona Carlota Joaquina sentadas no chão à maneira oriental, embora não as tenha como outro visitante surpreendido ocupadas em catar piolhos umas nas outras por entre os ricos enfeites que lhes ornavam a cabeça". Cf. Cheke, 1949, p. 20.

34. Sousa, 1988, t. 1, p. 28. Brackenridge (1820, p. 23) também anotou essas desavenças inconciliáveis, que se perpetuavam com dom Pedro: "A number of scandalous stories are related respecting the bickerings, and quarelling, and parties, in the pallace; for the house is said to be divided against itself".

35. Segundo o mais importante tratado de nobreza da época, as distinções de tratamento deviam ser essas: os Moços fidalgos que servissem no Paço no exercício desse Foro mereceriam a distinção de *Senhoria*, e às mulheres se desse por escrito e de palavra o mesmo tratamento. Essa prática começou no tempo de dom João I, antes dele sendo de uso as designações de "Mercê" e "Senhoria". Dom Manuel ordenou que se o tratassem por Alteza Sereníssima, dispensando o vocativo de "Majestade", seus três sucessores também foram Altezas e só dom João IV recebeu o tratamento de Majestade. Desde então o uso de Senhoria decaiu vertiginosamente: "*Agora porém está a Senhoria em tal abatimento, e prostituição, que causa riso ver, e observar o abuso, que por toda a parte se faz desta amavel distincção...*"(BNL — Oliveira, 1806, p. 255).

36. Luccock, pp. 72 ss.: "À porta da casa tornou a estacar, na intenção de alugar algum preto para que lhe carregasse a talhadeira e outra ferramenta pequena". Esse episódio foi lembrado por Sérgio Buarque em sua formulação de nossa "herança rural". Cf. Holanda, 1984, p. 56. E também Denis, p. 227.

37. ANRJ — Cod. 327, Ofício de 19/1/1816. Cheke, 1949, p. 47. Beckford é um testemunho bastante credível da fé cega que grassava no reino e que germinou também na colônia. Lembra-se o inglês de um domingo de *Corpus Christi* em que não conseguira dormir por causa dos sinos, tambores e clarins noite afora. No dia seguinte encontrou as ruas desertas, pois todos, "[...] inclusivamente vadios, párias e mendigos cobertos de vermina, e na última fase da decrepitude, tinham abalado para o teatro da festa [...]". Beckford, 1988, p. 83.

4. O CETRO E A BOLSA (PP. 205-37)

1. Armitage fala da vinda da família real como um "efeito" da Revolução Francesa. Cf. Armitage, 1972, pp. 7-8. Veja-se mais, Lima, 1945, v. I, pp. 17-52;

Monteiro, 1981, t. I, pp. 15-32; Sousa, 1988, cap. I, pp. 27-53; Norton, 1979, pp. 1-18; Pantaleão, 1982, pp. 64-90. A historiografia romântica portuguesa exaltou os jacobinos e Napoleão contra as nobrezas europeias. Cf. Garret, s/d., pp. 46-56. Uma das melhores obras de síntese sobre o período napoleônico ainda é a de Godechot, 1969. E também Hobsbawm, 1982.

2. Por exemplo, Franco, 1808; Magna, 1816; Leitão, 1812; 1808. São notáveis nesses escritos as imagens que se pintavam de Napoleão. No *Compendio* de Joaquim Soares se encontram referências, sempre em tom de ódio aos franceses, às doutrinas e aos acontecimentos jacobinos que envolveram Portugal, resultando na vinda da corte para o Brasil: "[...] (Napoleão,) este flagello da humanidade, este hypocrita manhoso, cobrindo com pelle de mansa ovelha as entranhas do mais esfaimado e ferino lobo, concebeo logo a fanatica idéa de se fazer senhor do Mundo, e com esta proferio a execranda sentença d'extinguir a Dynastia dos Borbões. Para conseguir estes fins, não houve Lei por mais sagrada, que não transgredisse, direito por mais forte, que não calcasse, tratado por mais solemne, que não rompesse; alliança por mais firme, que não espezinhasse; crimes, e maldades, por mais atrozes, que não Commettesse". Cf. Soares, 1808, p. 11. Todas as obras acima citadas encontram-se na BNRJ.

3. Sobre a história monótona das vezes em que ocorreu aos estadistas portugueses transferir a sede do reino para o Brasil, ver BNRJ — Lisboa, 1828; da historiografia recente, Lyra, 1994, pp. 107 ss.

4. Lembra Alan Manchester que cada detalhe do governo central foi estabelecido por decreto próprio, com nome idêntico ("às vezes acrescentando-se 'do Brasil'"), com poderes, funções e métodos análogos ao protótipo português: "A mudança da Corte para o Rio de Janeiro, portanto, não foi simplesmente a transplantação de um governo; foi antes a transferência dos elementos de um Estado soberano que no novo cenário revestiam a forma de um sistema novo e no entanto antigo e familiar. Através desse processo o governo português no Brasil tornou-se um governo brasileiro". Cf. Manchester, 1970, p. 199.

5. "No dia 27, das onze horas para o meio dia, embarcou no caes de Belem o Principe, e a Familia Real em quanto o povo apinhado nos montes vizinhos do rio, e derramado pela beira delle, se entretinha socegadamente com a partida das differentes familias que se despedião, com lagrimas, dos amigos e parentes que deixavão. He incrivel a pressa e desordem, com que se effetuou o embarque. Forão filhas sem pais, mulheres sem maridos, e pessoas da alta nobreza se acharão a bordo sem fato, sem roupa, e com pouco ou nenhum dinheiro..." Cf. BNRJ — Biancardi, 1820, pp. 128 ss. Ver também o anônimo BNRJ — *Histoire de Jean VI*, 1827, pp. 44 ss.; Soriano, 1866, pp. 55 ss.; Norton, 1979, pp. 13 ss. Rocha Martins

fornece detalhes minuciosos da fuga e calcula em cerca de 13 800 o número dos fugitivos. Cf. Martins, IHGB — 1910, pp. 15 ss.

6. Soriano calcula que para cá migrou metade do capital português, junto com cerca de 15 mil pessoas. Schultz pondera com fineza a virada magistral de dom João, que foi capaz de fazer de uma situação altamente adversa, mesmo trágica, como ele pintou a da fuga, um elemento para vangloriar ainda mais o próprio triunfo. Cf. Schultz, 1998, pp. 140-204.

7. Por exemplo, na pena de BNRJ — Vaz, s/d.: "Eu canto a gloriosa,/ Retirada feliz,que triunfara/ Mais victoriosa,/ Desses indignos planos, que tramara/ O Tyranno do mundo, exterminado./ O cavallo de Troia simulado./ [...] / Alta idéa inspirada// Do Pai das Luzes foi, Principe Augusto,/ A vossa retirada.// Por ella, conservais o Sceptro justo,/ E vindes a fundar neste Hemisferio/ A' Vossa Prole, o promettido Império".

Em outra ode pindárica (BNRJ — Leitão, 1819, p. 10), reforça-se a ideia da instauração do novo império nos trópicos em função da fuga do príncipe. "JOÃO, Pacificando o Mundo inteiro/ Por hum esforço ainda mais que humano,/ E hum valor, que, lá desde o Rey primeiro,/ He só proprio do peito Lusitano;/ Deixando a Patria amada;/ Mudando de Hemisferio;/ Fundando hum novo Imperio..."

Frei Januário da Cunha Barbosa começa sua oração com uma epígrafe latina, original e tradução, tirado de *Sap. C. 14*: "A Tua Providencia, ó Pai Celeste, he que governa; porque tu és o que abriste o caminho no mar, e huma róta segurissima no meio das ondas; passando o mar forão salvos em hum vaso; hum vaso foi o asilo e a esperança do Universo, e sendo governado pela tua mão conservou ao mundo o trono, pelo qual elle havia de renascer". Cf. BNRJ — Barbosa, 1818. Também Francisco de São Carlos, 1809; Cardoso, 1818.

8. Sousa, 1988, pp. 42 ss. Tobias Monteiro, muito menos condescendente com a pessoa real do que Tarquínio, considera que, ao preferir abandonar a Europa, dom João procedeu com grande conhecimento de si: "Um forte rei teria verificado em tempo as deficiências da expedição de Junot e organizado a resistência. [...] Mas reconhecendo-se incapaz de heroísmo, preferiu a solução pacífica de encabeçar o êxodo e procurar no morno torpor dos trópicos a tranquilidade ou o ócio para que nascera". Monteiro, 1981, p. 55.

9. Lima, 1945, p. 5. Alan Manchester chegou a formular explicitamente a questão: "Terá sido a partida uma fuga precipitada ou o resultado de uma judiciosa decisão de interesse público?". Percorre alguns títulos clássicos da historiografia e dá razão àqueles que, como Ângelo Pereira e Oliveira Lima, julgaram acertadas as protelações e a decisão da fuga. Cf. Manchester, 1970, p. 184.

10. Na realidade, não sobrou opção para os moradores fluminenses, que ficaram impedidos, por uma das primeiras leis baixadas pelo príncipe, de possuir

duas casas, ordem extensiva a armazéns e lojas, determinando que elas tinham de ser entregues não só aos migrantes necessitados da mãe pátria, como também a comerciantes de toda parte. BNL — BRASIL, leis, decretos etc. 1808-31, 1836-44, v. 1, passim. Também Luccock, 1975, p. 68.

11. Cf. o denso estudo de Neves, 1997, sobre a Mesa de Consciência e Ordens e o trâmite das mercês.

12. Para um exemplo emblemático da historiografia redentora da imagem de dom João, basta tomar o volume 279 da *Revista do Instituto Histórico e Geográfico Brasileiro*, em que há um "dossiê" sobre o rei do Brasil. Marcos Carneiro de Mendonça procura apagar a imagem do príncipe gordo e sedentário, ao analisar a obra *Luz liberal e nobre arte de cavalaria*, oferecida a dom João em 1790, na qual se estampam dom José (irmão de dom João), dom João, Marialva e dom José I montando; o autor chega a falar do príncipe como predestinado. Américo Jacobina Lacombe também tenta provar que não era o soberano o idiota com coxas de frango nos bolsos. Francisco de Paula e Azevedo Pondé se mostra mais um monarquista empedernido, laureando a figura do regente, sem nada de novo acrescentar a sua biografia; Pedro Calmon não acresce nada do que já constava em seu *O rei do Brasil*. Por fim, Mário Barata atenta mais aos motivos greco-romanos da pintura de Debret. Todos na *RIHGB*: Pondé, 1968, pp. 114-35; Mendonça, 1968, pp. 65-97; Lacombe, 1968, pp. 98-113; Calmon, 1968, pp. 135-42; Barata, 1968, pp. 177-82.

13. Cf. o beija-mão pejorativamente retratado nos BNRJ — *Sketches of Portuguese life and manners...*, 1826, particularmente capítulos IX e XVII. Vide capítulo 3, supra; Prado, 1955, p. 177.

14. Os temas tratados nos três intertítulos subsequentes foram discutidos e originalmente publicados em Malerba, 1999a.

15. Nas cortes absolutistas como a portuguesa que aportou no Rio de Janeiro em 1808, o Estado era um aspecto da glória do rei, não havendo separação nítida entre suas ações no Estado e na vida pessoal. Segundo Norbert Elias (1987, p. 111), "[...] Ele era o senhor, e por isso mesmo, o 'senhor de tudo', reinava no país como dono de casa e em casa como dono do país". É pressuposto o entendimento de "corte" do Antigo Regime como imensa casa do rei. No primeiro parágrafo de seu livro clássico, Elias referenda Max Weber ao exprimir a essência da conceituação que aplico: "A 'corte' do Antigo Regime é um derivado altamente especializado de uma forma de governo patriarcal cujo germe 'se situa na autoridade de um senhor no seio de uma comunidade doméstica'" (1987, p. 19). Para Portugal, o tema é exemplarmente tratado em Xavier & Hespanha, 1993, pp. 121-54, particularmente p. 133. As fronteiras entre o "público"e o "particular" no Brasil monárquico foram sempre muito confusas. A separação entre os fundos da casa

de Bragança e os do Estado, com a criação de um erário público, na acepção da palavra, só aconteceriam sob dom Pedro I.

16. Iara Lis Souza (1999) percebeu esse atributo na construção da *persona* política de dom Pedro I. A imagem de dom Pedro II que emplacou na memória coletiva foi também a do ancião paterno. Cf. "D. Pedro II é pai dos brancos", em Schwarcz, 1998, pp. 11-24.

17. Cf., respectivamente, BNRJ — Gouvêa, 1826; Passos, 1826; Brandão, 1828.

18. Em erudito estudo sobre o assunto, Gleen Burgess reconstitui a historiografia do "divine right of Kings", cujo maior expoente é a obra de John Neville Figgis. De acordo com Burgess, "[...] he perceived the deep medieval roots of the theory, and saw how it was developed to cope with real political problems posed in the aftermath of Reformation". Burgess questiona a historiografia posterior, recente, que, na esteira de Figgis, tenta identificar o direito divino com a teoria da soberania, e daí fazer daquela uma teoria do absolutismo real. Mas pondera: "The divine right of kings and the theory of royal absolutism were not the same thing. Both had a long medieval pedigrees, but they were different pedigrees [...]. Even that supposed fountain of English constitutionalism, Bracton, could refer to the king as the 'vicar of God on earth'". Mostra em seguida como foi na Reforma que surgiram as possibilidades de confusão... Cf. Burgess, 1992, pp. 837 e 841, respectivamente.

19. Os principais autores a arquitetar a concepção divina do rei nos séculos XVII e XVIII — como Manuel Fernandes Vila Real, Francisco Manuel de Melo, Sebastião Pacheco Varela e Júlio de Melo de Castro — são discutidos em Xavier & Hespanha, 1993, pp. 121-54, particularmente pp. 135 ss. Lembra João Adolfo Hansen que a doutrina do poder do rei à época de dom João V era a do *pactum subjectionis*, que se ensinava nos Cânones em Coimbra. Nela se define a noção contrarreformista do "corpo místico" do reino como vontade coletiva que se aliena em favor da "pessoa mística" do rei, feito "cabeça" do corpo político do Estado. "No contrato, a soberania real é sagrada porque figura a vontade coletiva que se aliena nela, segundo o modelo jurídico da escravidão, recebendo em troca os privilégios que a hierarquizam em ordens e estamentos." Cf. Hansen, 1995, pp. 40-54. Sobre o "despotismo esclarecido" português do governo de dom José, ver, por todos, Falcon, 1982.

20. O *Príncipe perfeito* consiste num manual pedagógico destinado à educação do príncipe, composto pelos cem emblemas do espanhol don Juan de Solórzano Pereira, aos quais Francisco de Novaes Campos fez acompanhar de um soneto instrutivo relativo ao emblema correspondente. É análogo a inúmeros outros que existiram do gênero desde a *Ciropedia* de Xenofonte, a mais conhecida entre as antigas; o *De Regimine Principum*, de santo Tomás de Aquino; *O príncipe*, que

Maquiavel ofertou a Lorenzo de Medice e o *Breviário dos políticos*, com que o cardeal Mazzarino inculcou no Delfim, próximo Luís XIV, seus princípios de educação política. Cf. Mazarino, s/d.; Maquiavel, 1994. Ver o estudo exemplar de Maria Helena de Teves C. U. Prieto, que acompanha a edição fac-similar do *Príncipe perfeito*. Cf. Campos, 1985.

21. BNRJ — Lisboa, 1818, pp. 84, 7 e 87, respectivamente. Cairu pode ter fundamentado seu argumento em Luís da Silva Pereira Oliveira, no primeiro capítulo de *Privilégios da nobreza*, "Da origem, etimologia, definição, e antiguidade da nobreza", em que busca justificar as diferenças entre os homens, nobres e plebeus, como um dado natural, criado por Deus, que não se deve questionar mas simplesmente aceitar.

"[...] não nos he permittido perturbar esta ordem estabelecida, antes devemos conformar-nos com ella na firme certeza de que em quanto houver Mundo, sempre os homens (como nos diz o Apostolo) hão de ser superiores a outros homens: os demonios a outros demonios; e os Anjos a outros Anjos. O Author da Natureza, quando creou o mesmo Mundo não o poz a todos igual; n'humas partes situou os valles, em outras collocou os montes, já grandes, já pequenos; uns maiores, outros mais elevados, e com esta desproporção fez habitar a Terra; da mesma sorte os homens juntos em sociedade estabelecêrão Jerarquias de grandes, e de pequenos, de ricos, e de pobres, de nobres, e de plebeus: huns para mandarem, outros para obedecerem..." Cf. BNL — Oliveira, 1806, p. 3.

22. Damião de Lemos Faria e Castro, em sua *Aula de nobreza* (BNL — Castro, 1749, p. 304), ensina que é no campo de batalha que se atesta a fortuna, sendo a liberalidade a batalha em que se prova a majestade: "A força que vence, não reina nos coraçoens; a generosidade que obriga, domina nas vontades. O Principe quanto mais dá, mais recebe; porque para elle tornão os beneficios, que fez aos vassallos. Assim como o ser Real lhe facilita os meyos, o exercicio o empenha a que authorize os seus augustos brazoens. [...] Dadivas, que quebram penhas, melhor derretem peitos. Que poucos amarião a Deos, se no Ceo não desse gloria, e na terra as suavidades da graça! [...] Se os Principes não querem ver na Liberalidade o que tem de plausivel, attendão ao que encerra de util. As riquezas, que distribuem, multiplicam-se no augmento. São fecundas sementes, que espalhadas no campo da Republica, dão cento por hum".

23. Para Pierre Bourdieu, o Estado era para o rei o lugar privilegiado de exercício desse capital simbólico, entendido como "uma propriedade qualquer (de qualquer tipo de capital, físico, econômico, cultural, social), percebida pelos agentes sociais cujas categorias de percepção são tais que eles podem entendê-las (percebê-las) e reconhecê-las, atribuindo-lhes valor". O exemplo que fornece é o do capital jurídico que reveste a circulação das honrarias: "A concentração do

capital jurídico é um aspecto, ainda que central, de um processo mais amplo de concentração do capital simbólico sob suas diferentes formas, fundamento da autoridade específica do detentor do poder estatal, particularmente de seu poder misterioso, de nomear. Assim, por exemplo, o rei esforça-se para controlar o conjunto de circulação das honrarias a que os fidalgos podiam aspirar: empenha-se em tornar-se senhor das grandes benesses eclesiásticas, das ordens de cavalaria, da distribuição de cargos militares, de cargos na corte e, por último e sobretudo, dos títulos de nobreza. Assim, pouco a pouco, constitui-se uma instância central de nomeação". Cf. Bourdieu, 1996, p. 110.

24. A partir de 1551 o rei de Portugal "unificou" as ordens militares, colocando-se como grão-mestre delas todas. Isso coroa um processo que Elias chamou de "curialização da sociedade guerreira": a perda do poderio militar dos grandes senhores no final do feudalismo, paralela à consolidação do monopólio da violência legítima (via polícia e exército) por um órgão centralizado (o Estado). Isso tudo, por sua vez, acompanha um outro processo civilizacional, aquele vivido pela classe guerreira que deixou suas grandes propriedades rurais para viver próxima ao rei, em corte — o que a levou ao abandono de suas atividades originais (a guerra), para agora incluir-se numa sociedade regulada pela autocontenção, pela etiqueta. O grande teórico aqui é Elias (1987, 1994); para a compreensão do processo de Portugal, são essenciais as leituras de Olival, 1988; Serrão, 1971; Dutra, 1995a, 1995b; Monteiro, 1992; Serrão, 1980, v. 6; Gomes, 1995.

25. Almeida, 1928, t. 5, p. 74. Também Olival, 1988, pp. 20, 43, 83. Sobre a vulgarização distributiva das ordens em Portugal, ver também Serrão, 1980, v. 5, p. 343. Jorge Miguel Pedreira, estudando a banalização dos hábitos na segunda metade do século XVIII em Portugal, a que concorreram avidamente os negociantes da praça de Lisboa, lembra que os distintivos se resumiam a uma notoriedade simbólica, dado o valor irrisório das tenças: o candidato ao hábito depositava, em geral, "[...] o equivalente a cinco anos de tença para as despesas da Mesa de Consciência e Ordens com as indagações necessárias ao processo de habilitação". Cf. o brilhante ensaio sobre os comerciantes de Lisboa de Pedreira, 1992.

26. Cf. os números da *Gazeta* posteriores aos dias dos natalícios e dos nomes das pessoas reais, como 4 de novembro (dia do nome de dona Carlota), 25 de janeiro (aniversário da rainha), 24 de junho (o dia do nome de dom João), 13 de maio (natalício do rei), 4 de julho (natalício da princesa dona Isabel Maria), 29 de setembro (dia do nome de dom Miguel), 26 de outubro (aniversário desse príncipe) etc. Ver também as listas de despachos publicadas pela Secretaria de Estado dos Negócios do Reino, como: BNRJ — *RELAÇÃO das pessoas que o Principe Regente...* s/d.; *RELAÇÃO dos despachos publicados...*, 1809. Ainda *ALMANAQUE da Cidade do Rio de Janeiro para o ano de 1811*, 1969; *ALMANAQUE da Cidade do*

Rio de Janeiro para o ano de 1816, RIHGB, 1965; *ALMANAQUE da Cidade do Rio de Janeiro para o ano de 1817, RIHGB*, 1966.

27. BNRJ — Lisboa, 1818, pp. 11 ss. Pelo menos desde *Raízes do Brasil*, Sérgio Buarque expõe as contradições na aversão de Cairu ao trabalho mecânico e sua opção pela "inteligência", não obstante a propalação que empreendeu das novas ideias econômicas. Cf. Holanda, 1984, especialmente pp. 51 ss. Nesse clássico ensaio, Sérgio Buarque de Holanda demonstrava definitivamente os limites do liberalismo de Silva Lisboa.

28. Cf. Holanda, 1982, p. 32; Manchester, 1970, p. 203.

29. Manchester, 1970, p. 203. Segundo Raimundo Faoro, o número de cavaleiros, grã-cruzes e comendadores de Cristo foi de 2630; os outros são idênticos aos que apresenta Manchester. Cf. Faoro, 1987, v. 2, pp. 259-62. Sobre o estatuto da nobilitação ver BNL — Oliveira, 1806, pp. 15-119. As diferentes proveniências da nobreza constituem nove capítulos de sua obra (seguem-se-lhes as páginas): Cap. IV. Da nobreza civil proveniente das dignidades ecclesiasticas, 33; Cap. V. Da nobreza civil proveniente dos postos de milícias, 41; Cap. VI. Da nobreza civil proveniente dos empregos na Casa Real, 51; Cap. VII. Da nobreza civil proveniente dos ofícios da República, 57; Cap. VIII. Da nobreza civil proveniente das ciências, e graus acadêmicos, 67; Cap. IX. Da nobreza civil proveniente da agricultura, e sua honrosa profissão, 82; Cap. X. Da nobreza civil proveniente do Comércio, e sua util profissão, 92; Cap. XI. Da nobreza civil proveniente da navegação, 107; Cap. XII. Da nobreza civil proveniente da riqueza, 113.

30. Armitage (1972, p. 8) destaca os reveses da prodigalidade com que dom João beneficiou "[...] um enxame de aventureiros necessitados e sem princípios" que acompanhou a família real, admitidos pela coroa nos diferentes ramos da administração, fonte dos dissídios entre eles e os brasileiros natos: "Era notável a extravagância e a prodigalidade da Corte: ao mesmo tempo que a Uxaria por si só consumia seis milhões de cruzados, e as suas despesas eram pontualmente pagas, os empregados públicos estavam atrasados nove e doze meses na percepção de seus honorários".

31. Marrocos, 1939. Cairu assim justificou essa fatalidade: "Não sendo possivel ao Soberano o individual conhecimento dos meritos de todos os vassalos, em havendo Empregos para todos os aspirantes ás Honras Publicas, os rivaes tem conflictos, e pretextos de lastimar infortunio, sendo muitas vezes os mais clamorosos os que tem mais egoismo que patriotismo. [...] Mas he iniquo que se attribua á Fonte das Graças as mingoas que alguns sintão por injuria da sorte, ou por sorpreza dos afoitos, que a fortuna auxilia". BNRJ — Lisboa, 1818, p. 13.

32. BNL — Mss. — *Regimento das mercês dado por ElRey D. Pedro 2º N. Snr., e decretos em que se acrescentou*, p. 3.

33. BNL — Rodrigues, 1931 (1560?), pp. 105-6. Segundo Fernanda Olival (1988, p. 111): "Nesta ordem de ideias, a questão do acesso às Ordens passa por critérios cujo significado não é apenas social e religioso; a Coroa como administradora dos três mestrados ditou também as suas exigências, muito ao sabor dos seus problemas políticos e até financeiros".

34. São agudíssimas as observações de A. H. de Oliveira Marques sobre os membros dessa nobreza de trato do século XVI, que se utilizavam das concessões régias para ir às Índias, onde praticavam comércio clandestino, enriqueciam e voltavam para o reino denegrindo quem se dedicava de fato às atividades mercantis: "Assim, a um concede que possa fazer uma viagem à China e a outro outra qualquer coisa, de forma que o dito fidalgo, para tirar da mercancia o galardão das armas, compra a mercadoria num lugar e vende-a noutro onde enriqueça. Depois, despido do manto mercantil, volta a Portugal fidalgo, criticando aqueles mercadores que, talvez mais rectamente do que ele, praticaram o comércio". Cf. Marques, 1984, pp. 135-6. A historiografia portuguesa registra a figura do cavaleiro-mercador para períodos anteriores, como já nos séculos XIII e XIV, como em Serrão, 1971, v. 3, p. 153: "São numerosos os nobres que realizam operações tipicamente mercantis no tráfego com a costa da África e nas cidades de Lisboa e Porto".

35. Serrão, 1971, p. 157: "Com efeito, no último quartel do século XVIII assiste-se também ao melhoramento da especialização da classe burguesa nas atividades mercantis e industriais, pelo que a nobreza também se afasta muito destas funções. O comércio em si próprio é declarado 'profissão nobre, necessária e proveitosa' (1770) e seu exercício em companhias 'não derrogava a nobreza hereditária, antes, era mais própria para se adquirir de novo (1757), podendo o comerciante instituir morgados (1770)'". Sobre as transformações políticas executadas por Pombal sob dom José I, ver Serrão, 1980, v. VI, pp. 293-358. Os trabalhos de Nuno Gonçalo Monteiro encontram-se entre os poucos sobre o assunto. No entanto, acredito que a noção de "diluição" seja muito exagerada uma vez que, se os quadros da nobreza se ampliaram efetivamente, por outro lado, permaneceram com maiores privilégios as casas mais antigas, conforme afirma o mesmo autor: "[...] embora as famílias antigas retivessem as dignidades mais apetecidas e, a parte do leão das doações régias, a nobreza titulada cortesã constituía um grupo relativamente aberto, que se renovava rapidamente, pelo menos desde os períodos pombalino e, sobretudo, mariano, a partir dos quais se criaram quase a metade das casas existentes...". Cf. Monteiro, 1987, pp. 15-48, particularmente 30 e 31; também Monteiro, 1992, pp. 263-83; e seus ensaios contidos em Hespanha, 1993.

36. O quadro de ruína da aristocracia na virada do século XIX foi percebido por Serrão, 1980, v. VI, p. 120. E minuciosamente estudado por Monteiro, 1992,

pp. 263-83. Jorge Miguel Pedreira (1992, pp. 435-40) alude a um verdadeiro comércio dos hábitos. Cabe o registro das significativas mudanças nas ordens militares sob dona Maria I, que proibiu a distinção entre cristãos velhos e novos por meio de um decreto (26/5/1773). A partir de então, não era mais necessário provar pureza de sangue, embora a antiguidade da linhagem era ainda obrigatória. As habilitações para as ordens militares (São Bento e Santiago) constam no Registro Geral das Mercês (ANTT) apenas a partir da última década do século XVIII. Candidatos a cavaleiro encaminhavam-se à Ordem de Cristo. Cf. Dutra, 1995A, pp. 287-304; Dutra, 1995B, pp. 117-25; Dutra, 1994, p. 66; Donovan, 1995, pp. 238-49.

37. Desnecessário lembrar que o comércio português nessa altura se configurava em intrincadas redes familiares dominadas por judeus e cristãos-novos. Cf. o clássico estudo de Saraiva, 1969, pp. 185 ss. Também Azevedo, 1922, p. 335.

38. Lima, 1922, p. 26; Manchester (1967, pp. 21-47) reitera essa ideia, acrescendo que o reconhecimento formal dessa aristocracia se dava pela própria estrutura administrativa da colônia, devido aos procedimentos censitários por meio dos quais se elegiam os "homens bons". Em outro trabalho define explicitamente o que entendia ser a aristocracia nativa: "[...] já existia na colônia uma aristocracia de poder econômico e privilégio social. Compunha-se dos senhores de engenhos, criadores de gado e fazendeiros produtores de víveres e mercadorias, os quais, agrupados em clãs impenetráveis, controlavam as áreas situadas em torno das principais cidades litorâneas". Manchester, 1970, pp. 177-217, especialmente p. 202.

39. Cf. Prado Jr., 1986, p. 43: "Na segunda fase do período colonial alterara-se o equilíbrio de forças políticas, econômicas e sociais da colônia. Isso devido, em grande parte, à falência do Reino, que tem em suas possessões africanas e asiáticas um fardo, fazendo assim com que recrudescesse a política exploratória em relação à colônia brasileira. Num outro plano, sobressaíam-se os elementos da 'burguesia comercial', de origem reinol, que se impunha à aristocracia fundiária nacional, mas que aos poucos começou a ressentir-se do tratamento crescentemente opressivo por parte do Reino". Ideia desenvolvida também em seu *Formação do Brasil contemporâneo* (1983, pp. 279, 294, 296). Aqui Caio Prado Jr. reitera a versão clássica de uma aristocracia rural "brasileira" em luta contra o comerciante opressor reinol, admitindo o ingrediente "nacional" que motivaria a disputa. Interpretação análoga, nesse sentido, é a de Lima, 1922, p. 85. Cabe registrar a existência de análises que afirmam haver "duas aristocracias" brasileiras, assinaladas na crônica de Mr. Requin, que passou pelo Brasil com Louis de Freycinet (1827, v. 1, p. 235). Alan Manchester (1967, pp. 34, 35) opôs pela formação e pela geografia uma aristocracia agrária nordestina, simpática a Lisboa, e outra pau-

lista, resistente ao poder real. Segundo Raimundo Faoro (1987, v. 1, pp. 256 ss.), o conflito de interesses maior seria, porém, entre o da produção nacional contra o comércio metropolitano.

40. Gorenstein, 1993, pp. 126-255, especialmente pp. 131 ss. A pesquisa de Gorenstein inspirou-se em Dias, 1972, pp. 160-84.

41. Cf. Fragoso & Florentino, 1993, pp. 71 ss. Também Florentino, 1995, pp. 122 ss.; Fragoso, 1992, pp. 251-304, particularmente p. 290.

42. Luccock, p. 376. Lembra Raimundo Faoro: "A outra consequência (além da abertura dos portos), esta caracterizada com o desembarque no Rio de Janeiro, a 8 de março de 1808, teria profunda projeção interna: as capitanias, dispersas e desarticuladas, gravitariam em torno de um centro de poder, que anularia a fuga geográfica das distâncias". Cf. Faoro, p. 249.

43. Cf. Varnhagen, 1917, p. 31. Também Prado Jr., 1986; Manchester, 1970, p. 199; Fausto, 1996, pp. 120 ss.

44. Cf. Russel-Wood, 1981; Dias, 1972; Gorenstein (1993, p. 201) tomou como estudo de caso a família do comerciante Brás Carneiro Leão para destacar que as intensas trocas, de todas as espécies, entre a coroa e a família, foram decisivas para sua permanência no Brasil quando da partida do rei. Como os Carneiro Leão, outros negociantes de grosso trato do Rio de Janeiro, no decorrer do período joanino, consolidaram seus interesses mercantis e financeiros no Centro-Sul. O argumento é lógico e se presta ao caso de muitos que vieram com dom João, mas não retornaram com ele. Os Carneiro Leão, porém, não tinham por que "voltar", uma vez que não vieram em 1808 nem tinham seus interesses sediados em Lisboa — e sim no Rio de Janeiro, onde Brás começou a fazer seu apelido havia meio século. Cf. Holanda, 1996, pp. 228-39.

45. Entre eles Antônio Gomes Barroso e irmão, João Francisco Pinheiro Guimarães, Elias Antônio Lopes, Francisco Xavier Pires, Amaro e Manuel Velho da Silva, além do próprio Brás Carneiro Leão... Florentino, 1995, pp. 194 ss. Também Fragoso & Florentino, 1993, p. 88.

5. O NOVO NOBRE (PP. 238-300)

1. Para tanto, utilizei-me à farta dos fundos Graças honoríficas e Ordens honoríficas, Sesmarias e Inventários testamentos, que se encontram no Arquivo Nacional do Rio de Janeiro. O levantamento completou-se com a investigação de fundos semelhantes — sobretudo o Registro Geral das Mercês, nos Arquivos Nacionais — Torre do Tombo, em Lisboa, que me permitiram cotejar, particularmente para os cortesãos migrados, o que lhes rendeu o ato de fidelidade ao rei

que foi a travessia atlântica. A fonte de inspiração dessa metodologia encontrei em Stone, s/d.; sua depuração metodológica em Stone, 1971. Utilizou-se dessa metodologia Burke, 1990. No Brasil, ver a meticulosa pesquisa sobre as elites econômicas do Rio de Janeiro efetuadas por Fragoso, 1992. Merece destaque de emprego bem-sucedido do método prosopográfico em Portugal o estudo sobre os negociantes de grosso trato portugueses do final do século XVIII constante em Pedreira, 1992.

2. As transformações urbanas da capital fluminense foram minuciosamente detalhadas por Noronha Santos em suas anotações à introdução das *Memórias*, do padre Perereca (Santos, 1981, v. 1, pp. 66-194). No mapa de J. J. de Sousa é possível localizar todos esses logradouros. Cf. capítulo 1, supra.

3. Cf. ANRJ — CRI, cx. 1, pac. 2, doc. 8A. *Relação dos criados do Paço a quem se devem Ordenados e Mercês que recebiam em Lisboa por differentes Folhas.* (1808?); ANRJ — CRI, cx. 2, pac. 2, doc. 35, de 17/1/1817: Ofício do visconde de Vila Nova da Rainha ao conde da Barca.

4. Montante referente aos meses de janeiro a abril.

5. As receitas e despesas são discriminadas mês a mês. Cf. BNRJ — Mss. *Documentos do erário Régio*, respectivamente (I-35,32,19) e (I-33,29-6), docs. n. 13 e n. 17. Em Taunay, 1911, pp. 25 ss., encontram-se discriminados os valores das pensões dos artistas franceses contratados pelo conde da Barca a pedido de dom João. O maior deles, do chefe da comitiva Lebreton, era de 1:600$000, ou 10 mil francos por ano, fora todas as comidas. J. F. de Almeida Prado, a seu modo totalmente engajado nas causas reais, acusa o desperdício que grassava nas reais ucharias e, sobretudo, do "real bolsinho": "[...] porquanto, até 1819, despendia D. João com pensões fixas a protegidos (a mor parte dos cortesãos) 164 contos de réis, uma das maiores despesa das folhas de pagamentos". Infelizmente não menciona suas fontes. Cf. Prado, 1955, pp. 180 ss.

6. Cf. ANRJ — CRI, cx. 2, pac. 1, doc. 112. Na cx. 3, pac. 2, doc. 171, de 4/2/1820, retorna esse assunto. O marquês de Valada sugere mudanças nos contratos de arrematação das caças e ovos, em alta e escassos no mercado devido aos atravessadores. Nessa ocasião os preços estipulados no contrato-proposta estão diferentes dos de meses antes: Galinha de coser (575 r); de família (375 r); frangos (195); pombos (155 r); perus (1415 r); ovos dz (175); mas a proposta vencedora da arrematação do contrato do galinheiro, a de José Peixoto, ficou um pouco acima da proposta da Casa.

7. Para se ter uma noção desse valor basta cotejá-lo com outros itens, que se encontram avaliados em alguns dos inventários consultados: A morada de casas de sobrado do tesoureiro Joaquim José de Azevedo à rua da Candelária foi estimada em 2:200$000 (dois contos e 200 mil-réis); também seus foram avaliados

em 1821 cinco escravos por 819$000, portanto cerca de 163 mil-réis per capita; mais que os 112 mil-réis per capita com que foram avaliados os 112 escravos do capitão João Siqueira da Costa em 1811. O aumento na média pode significar uma inflação bastante sensível nessa década. Essa hipótese de uma tendência inflacionária poderia explicar o porquê de os catorze escravos de Francisco José da Cunha valerem, em 1824, 3:850$000, à razão de 275$000 cada um, assim como suas moradas de casas nas ruas do Lavradio e da Alfândega custarem seis contos de réis cada uma, ainda que se considerem as diferenças inerentes dos próprios, devido a fatores como constituição física e localização. Essa hipótese se confirma pelas pesquisas de Manolo Florentino e João Luís Fragoso. O primeiro comparou os preços de escravos africanos nos mercados de Luanda e do Rio de Janeiro entre 1808 e 1820, em réis. Verificou que os preços per capita variaram, respectivamente em Luanda e no Rio, da seguinte maneira: 70$000 e 119$000 (1810); 69$000 e 104$000 (1812); 70$000 e 109$000 (1815); 75$000 e 132$000 (1817); 75$000 e 152$000 (1820). Cf. Florentino, 1995, p. 166 (tabela 10). Outras comparações sobre preços da terra, imóveis e empresas em Fragoso, 1992, pp. 276 ss.

8. As três últimas citações respectivamente em: ANRJ — CRI, cx. 1, pac. 9, doc. 185; cx. 3, pac. 2, doc. 178; cx. 1, pac. 2, doc. 9; cx. 1, pac. 3, doc. 30A.

9. ANTT — Casa real, lv. 2986. Assim se dispõe o guarda-roupa no inventário subscrito por José Caetano Frigo:

Roupa fina	Roupa groça
196 Tolhas primeiras	96 toalhas grandes
90 ditas segundas	530 ditas mais pequenas
553 ditas terceiras	4300 guardanapos
400 ditas de maos	1800 pannos em q. Entrão os da groária
2600 guardanapos	
116 toalhas de algodão	
350 guardanapos d.[os]	

Segue mais todo o estanho, e trem de copa, com seus 180 pratos grandes covas, 180 pratos grandes chatos e os 26 baús para roupas...

10. A listagem consiste no apêndice 26 da obra de Manolo Florentino (1995). Não compreende comerciantes de grosso trato que não atuavam no comércio de almas. Na carta de profissão do hábito da Ordem de Cristo do sargento-mor Tomás Gonçalves, por exemplo, relata-se que ele fez serviço efetivo na Guerra do Rio Grande e Santa Catarina, e que "[...] como hum dos principaes negociantes da praça do Rio de Janeiro tinha feito entrar avultadas somas no Real Erario por Direitos e por ley dos emprestimos [...]". Motivos suficientes para receber o hábito com tença efetiva de 12$000 réis. Cf. ANTT — RGM, dona Maria I, lv. 30, fl. 158v.

11. Cf. ANRJ — Inventário de Manuel Caetano Pinto; ANTT — HOC — Letra M, maço 28, número 19; ANRJ — Ordens honoríficas. Tanto os inventários do ANRJ como os registros de mercês são organizados em ordem alfabética e não paginados, o que permite aliviar o texto de dezenas de referências redundantes.

12. "Bons costumes, e muito dinhciro/ Fazem qualquer de Vilão Cavalleiro." Com esse adágio, Luís da Silva Pereira Oliveira, em seus *Privilégios da nobreza*, explica o costume recente, que ele aplaude, da nobilitação como consequência da fortuna. Justifica-se por meio de exemplos:

"Adagio verificado á letra a favor de oitenta pessoas da ilha de Candia, a quem a Republica de Veneza concedeo Nobreza em paga das grandes sommas pecuniarias, que ellas fornecêrão para as despesas da Guerra de Chypre com o Turco. *O que em certo modo tambem succedeo em Portugal, no ano de 1800, conferindo-se o Foro de Fidalgo a quem concorresse com vinte e cinco mil cruzados para as urgencias do Estado; e o Habito de Christo a quem entrasse com cinco mil cruzados no Real Erario, para com este subisidio acudir ás despesas da Guerra em que estavamos com a Républica Franceza.* Todavia, para que a riqueza nobilite, deve ser *consideravel, e antiga...*"

Quanto significava esse "considerável" não se encontrava prescrito nas pandectas. A antiguidade, todavia, haveria de ser confirmada. Cf. Oliveira, 1806, particularmente capítulo XII, "Da nobreza civil proveniente da riqueza", pp. 113-9.

13. Cf. ANRJ — Inventário de Antônio José da Costa Ferreira e Ordens honoríficas; cf. Carta patente de 7/3/1800; ANTT — RGM, dona Maria I, lv. 31, fl. 31.

14. Dom Rodrigo recebeu moradia em espécie do foro de fidalgo cavaleiro: "[...] 4.286 rs de moradia por mes, que he do concelho no qual entram os 3.500 rs, que ja tinha de fidalgo escudeiro, nam se lhe abatendo o alqueire e meio de cevada, que vencia com o d.º foro por dia...". Cf. ANTT — RGM, dona Maria I, lv. 28, fl. 221 v.; comenda de S. Miguel de Vila Boa e de Santa Maria de Verim, ambas da Ordem de Cristo; o senhorio de Paiaba e sua administração, tença de 12$000 rs a título de hábito. Cf. ANTT — RGM, dom João VI, dom Maria I, vários livros. Cf. ANRJ — Ordens honoríficas. Dados biográficos em Coutinho, 1908. Também Luccock, 1975, p. 67.

15. Para compreender esse período riquíssimo da história de Portugal veja-se, por todos, Falcon, 1982, especialmente capítulo V, "O ideário do pombalismo", pp. 213-368.

16. A aclamação de dom João IV após as guerras de restauração do reino foi celebrada no Rio de Janeiro com a mesma euforia dos reinóis. Cf. IHGB — *Da Acclamação que se fez na Capitania do Rio de Janeiro, Estado do Brasil, etc...*, 1843, pp. 343-51. Os artefatos instrutivos foram vistos no Rio muito antes da vinda da corte, como nas comemorações pelos esponsórios dos infantes dom João e dona

Carlota Joaquina de Espanha. Cf. IHGB — Mss. *Relação dos magníficos carros que se fizeram, de arquitetura, perspectivas e fogos* [...], 1786.

17. Informações sobre os trâmites políticos desse fato em Aguiar, 1960. Cf. BNRJ — Sousa, 1818.

18. Capitão de auxiliares do Estado do Brasil (1774); tenente de infantaria (1802) e coronel do 1º regimento de milícias da cidade do Rio de Janeiro (1806). Recebeu também mercê do hábito da Ordem de Cristo (1771) e o foro de fidalgo cavaleiro (1802). Cf. ANTT — RGM, dom João VI, lvs. 24, 26, 2 e 8. Riva Gorenstein elegeu a família de Brás Leão como estudo de caso para investigar o *modus vivendi* dos negociantes do Rio de Janeiro por dois justos motivos: primeiro por se tratar de fato da família de negociantes mais vasta e de maior influência no berço do império; segundo, pelo impedimento lógico e concreto de trabalhar sozinho com um número maior de casos, o que seria muito importante ser feito num trabalho coordenado, em equipe, para entender melhor as redes de interação e interdependência constituídas nesse período. Cf. Gorenstein, 1993, pp. 189-208.

19. Fernando Carneiro Leão foi ainda feito cavaleiro fidalgo da casa real logo em 1808, hábito da Ordem de Cristo em 1810, comenda da ordem de Nossa Senhora da Conceição em 1818 e a dignidade da ordem do Cruzeiro em 1822. Dentre as graças mais "práticas" com que lhe assistiu Sua Majestade, foi-lhe permitido o uso e transações mercantis da firma Carneiro, viúva e filhos (1808). Os postos militares com que foi agraciado foram o de coronel agregado ao 1º regimento de cavalaria de milícias da corte (1815) e coronel comandante do mesmo regimento (1818). Cf. ANRJ — Ordens honoríficas; IHGB — Baependi, 1880, pp. 365-84. Um estudo de caráter genealógico iluminaria muito a história das elites brasileiras no século XIX.

20. Riva Gorenstein apoiou-se nas anotações do conde de Baependi. Infelizmente muita informação sobre o negociante se perdeu com o extravio de seu inventário do Arquivo Nacional do Rio de Janeiro. O perfil de Brás Leão é idêntico ao de centenas de outros comerciantes do reino, de que Jorge Miguel Pedreira (1992, pp. 407-40) traçou os padrões de recrutamento, suas origens socioprofissionais e geográficas, em estudo de caráter prosopográfico.

21. Consultem-se, por exemplo, no ANTT, as justificações de nobreza de José de Oliveira Barbosa, tenente-coronel de artilharia e natural da cidade do Rio de Janeiro (1802, maço 38, n. 21); Manoel Jacinto Nogueira da Gama, natural de São João del Rei (1798, maço 34, n. 25); Manoel Ribeiro Guimarães, "natural da cidade da Bahia" e comerciante dessa praça (1812, maço 45, n. 8); Manuel Rodrigues Jordão, natural da cidade de São Paulo (1807, maço 43, n. 30). A citação anterior em ANTT — Justificações de Nobreza. Brás Carneiro Leão (1802), maço 38, n. 5.

22. Cf. ANTT — RGM, dona Maria I, lv. 25, fl. 1v, lv. 30, fl. 154; dom João VI, lv. 4(1), fl. 32, lv. 3(1), fl. 116; IHGB — Viana, 1892, pp. 373-80. Mais notas a sua biografia podem ser encontradas em IHGB — Pinheiro, 1876, pp. 65-76. Cf. Prado, 1955, p. 132. As relações clientelísticas que vigeram durante toda a monarquia e até depois foram magistralmente estudadas por Graham, 1997.

23. Cf. Gorenstein, 1993, pp. 160 ss.; ANTT — RGM, Registro de certidões, lv. 1, fl. 375; ANRJ — Sesmarias, Resende. Caixa 126, n. 5, Sertão do Paraíba, col. 152, lv. 2, fl. 78v; aumentou suas terras com a aquisição de outra sesmaria originalmente consignada a Antônio Pinto de Miranda em São João Marcos, que pediu medição e demarcação em 1821. Cf. ANRJ — Sesmarias, cx. 144 (4), n. 20. Fragoso (1993, p. 268) explora as interações entre a Coroa e os grandes capitalistas no rentoso ramo da arrecadação de impostos, em que atuaram nomes como João Rodrigues Pereira e Elias Antônio Lopes. Essa prática ancestral das monarquias absolutas trazida para as colônias, como explica Fragoso, "[...] consistia em contratos estabelecidos entre a Coroa e particulares, onde a primeira transferia para os segundos a prerrogativa de cobrar impostos. Além do lucro representado pelo excedente sobre o imposto estabelecido pela Coroa e cobrado pelo arrematante, quando se tratava de negociante tal privilégio servia ainda para reforçar sua posição monopolista no mercado".

24. Antes de sua chegada ao Brasil, contam-se as seguintes mercês acumuladas no reino: ANTT — Carta 5/5/1800: Lugar de Corregedor da Comarca de Vila Viçosa (dona Maria I, lv. 30, fl. 296); Alvará 8/4/1807: Fidalgo Cavaleiro (dom João VI, lv. 9(1), fl. 387); Carta de título 4/?/1807: Conselheiro (dom João VI, lv. 9(1), fl. 86v); Carta 10/3/1807: Lugar Ordinário de desembargador do Paço (dom João VI, lv. 9(1), fl. 83v); Alvará 16/12/1805: Graduado desembargador dos Agravos da Casa da Suplicação (dom João VI, lv. 7 (1), fl. 309v); Carta de Profissão 2/6/1804: hábito (dom João VI, lv. 4(1), fl. 341); Carta de padrão: 12$000 rs de tença a título de hábito (da Ordem de Cristo) (dom João VI, lv. 5(1), fl.175), Carta 28/7/1801: desembargador da Casa da Suplicação (dom João VI, lv. 1, fl. 105v). Cf. ANTT — RGM, vários livros. Cf. ANRJ — Ordens honoríficas. Sobre o ministro informa Varnhagen que nascera em 1775, tornando-se conhecido por trabalhos publicados pela Academia Real de Ciências sobre a jurisprudência dos morgados. Era corregedor em Vila Viçosa quando conheceu o príncipe regente, que o levou para a corte e em seguida o nomeou desembargador da relação do Porto com exercício na de Lisboa, e logo desembargador do Paço. Sendo o único dessa função que migrara, foi feito chanceler-mor do Brasil até a morte de Barca (1817), quando passou a ocupar a pasta do reino. Cf. Varnhagen, 1917, p. 34.

25. Cf. ANTT — HOC — Letra F, maço 26, número 9. O ofício, dispensado ao guarda-roupa do príncipe por alvará de 14/12/1804, é o de provedor da alfân-

dega do tabaco. Tobias Monteiro refere-se a testemunhos de criados do paço que teriam presenciado a "incontinência dos desejos" do príncipe em Mafra, onde "[...] Francisco Rufino de Sousa Lobato, cuja devoção ao Príncipe não conhecia limites, por causa daquelas condescendências, que talvez apenas reputasse uma forma de serviço manual, foi elevado a visconde, foi tenente-general sem entrar em combate e governador de Santa Cruz". Cf. Monteiro, 1981, v. 1, p. 97.

26. ANRJ — Ordens honoríficas; ANTT — RGM, dona Maria I, lvs. 18 e 22, e dom João VI, lv. 2f2.

27. Cf. ANRJ — Ordens honoríficas; BNRJ — Sousa, 1818, p. 8; ANTT — RGM, dona Maria I, lv. 29, fl. 150, e lv. 14, fl. 193v, respectivamente.

28. Cf. ANRJ — Inventário de Antônio José da Costa Ferreira; ANRJ — Graças honoríficas, 28/1/1817; ANRJ — CRI, cx. 3, pac. 3, doc. 259, respectivamente.

29. Cf. ANTT — Justificações de nobreza, letra M, maço 28, n. 26, 1807; ANRJ — Graças e ordens honoríficas.

30. São incontáveis e lotam as caixas do fundo CRI do Arquivo Nacional do Rio de Janeiro semelhantes pedidos e concessões. Para confirmar quanto plausível era fundar-se um pedido de graça no argumento de ter o suplicante contribuído com os cofres do Estado, indicativo mais que suficiente da relação simbiótica entre a Coroa e os homens de grosso trato, basta percorrer as centenas cartas de padrão de tença do códice 37 do Arquivo Nacional do Rio de Janeiro. Segue uma de 1809, apenas a título exemplar: "Dom João por Graça de Deos Principe Regente de Portugal e dos Algarves d'Aquem e D'Alem Mar em Africa, Senhor da Guiné e da Conquista Navegação Commercio da Ethiopia Arabia Percia e da India &.a E do Mestrado Cavalaria e Ordem de Nosso Senhor Jesus Christo. Faço saber aos que esta Minha Carta de Padrão virem, que Tendo consideração ao que Me representou Manoel Alvares da Silva Bastos Tenente Coronel do Primeiro Regimento de Infantaria de Milicias da Cidade do Maranhão *ter concorrido para as urgencias do Estado com os seos Cabedaes, e dado gratuitamente vinte e nove peças de Calibre para a Fortificação daquelle Porto em Tempo de Guerra: Houve por bem Fazer-lhe Mercê do Habito da Ordem de Christo com doze mil reis de Tença effectiva*, de que se lhe passaria Padrão, e só se assentarião nos Almoxarifados do Reino onde coubessem sem prejuizo de terceiro, e não houvesse prohibição com o vencimento na forma das Reaes Ordens para os lograr a titulo do referido Habito que lhe Tenho Mandado Lançar [...] *Para Vossa Alteza Real ver.* Por portaria da Secretaria de Estado dos Negocios do Brasil de vinte e hum de Março de mil oitocentos e nove. Despacho do Conselho da Fazenda de dezanove de Junho do mesmo anno. Dom Diogo de Souza + Luiz Beltrão de Gouvea de Almeida = Joaquim José de Souza Lobato a fez escrever = Luiz Francisco Maia a fez = Desta tres mil e seiscentos reis" (JM) Cf. ANRJ — Cod. 37, v. 1, p. 4v.

31. Parece que os antagonismos e as querelas pelo poder dentro da corte não se limitavam à disputa entre "portugueses" e "brasileiros", como durante muito tempo se sustentou na historiografia. Portugueses eram todos e tinham grandes diferenças entre si, como se verão algumas manifestações em seguida. E "brasileiro" não era um conceito unívoco à época; basta pensar no movimento pernambucano de 1817. Para o exemplo mais clássico e fecundo daquelas posturas, ver Prado Jr., 1986; também Dias, 1972.

32. ANRJ — CRI, cx. 2, pac. 3, doc. 137, 2/1/1818. Outro interessante processo envolvendo os prédios pertencentes à Santa Casa encontra-se na BNRJ, Mss., II-34, 27, 34.

33. Azevedo, 1821, 37 pp. Alan Manchester julgava que esse texto não fora publicado. Manchester, 1970, pp. 177-217, nota 24.

34. Cf. arrolam-se nas listagens do ANTT — RGM, Provisão 13/4/1825: ofício de meirinho do geral da vila de Fundão (dom João VI, lv. 20, fl. 33v); provisão: 13/4/1815: ofício de partidor dos órfãos da vila do Fundão (dom João VI, lv. 20, fl. 33v); carta: 11/4/1804: ofício de almoxarife da casa das obras e paços reais (dom João VI, lv. 5, fl. 95v); carta de Profissão: 11/1/1802: hábito de Cristo (dom João VI, lv. 2, fl. 346); carta de padrão: 21/2/1794: tença de 12$000 rs num dos almoxarifados do reino a título do hábito da Ordem de São Tiago da Espada (dona Maria I, lv. 27, fl. 193v); carta 7/1/1800: capitão de cavalarias do regimento de milícias da capitania de MG (dona Maria I, lv. 29, fl. 270v); carta 12/8/1796; cavalaria do terço de auxiliares da capitania do Maranhão (dona Maria I, lv. 28, fl. 129v); alvará 2/8/1793: cavaleiro fidalgo na Ordem de São Tiago (dona Maria I, lv. 17, fl. 373); alvará 1/12/1784: reposteiro da Câmara (dona Maria I, lv. 17, fl. 373).

35. Cf. ANRJ — CRI, cx. 1, pac. 8, doc. 180; ANRJ — Ordens honoríficas.

Glossário*

Açafata: mulher do serviço das rainhas que tem o ofício de ajudar a vestir e despir; a guarda dos vestidos.

Arauto: oficial responsável pelas proclamações solenes; emissário; mensageiro.

Archeiro: guarda do paço; alabardeiro que leva os archotes para iluminar o caminho.

Arrátel: antiga unidade inglesa de peso, equivalente a 453 gramas ou dezesseis onças.

Azeméis: moços do serviço da casa real que assistem ao rei em suas saídas públicas ao lado das carruagens.

Cana: ver "maça".

Cavalariço: estribeiro, que governa as cavalariças (ou cavaleriças, ou cavalhariças).

Cavaleiro: que tem a ordem da Cavalaria, a qual antigamente era dada por qualquer cavaleiro, a quem se distinguia em feitos d'armas notáveis, e os reis mesmos faziam cavaleiros antes de o serem, e o eram armados, ou recebiam a Ordem de outros cavaleiros. Hoje (1785) os reis são grão-mestres das Ordens, e dão licença para armar cavaleiros, e fazem essa mercê por serviços

* Extraído de Silva, Antonio de Morais e. *Diccionário da lingua portugueza, composto pelo padre d. Rafael Bluteau, reformado e accrescentado por...* Lisboa, Officina de S. T. Ferreira, 1789, 2 v., e Holanda, Aurélio. *Novo dicionário Aurélio da língua portuguesa.* 2ª ed. Rio de Janeiro, Nova Fronteira, 1986.

políticos. *Cavaleiro fidalgo, ou de linhagem*, o que venha de pais cavaleiros, e nobres, opostos aos que não tinham essas qualidades.

Coberto: qualquer espaço aberto, alpendre, telheiro.

Coiteiro (ou couteiro): guardador dos coutos ou coutadas, terra reservada para pasto onde a caça é proibida.

Cota: armadura de couros retorcidos ou malhas de ferro que cobria o corpo; ou espécie de sobrepoliz com abertura para a cabeça.

Gentil-homem: homem bem-apessoado, formoso; homem nobre. [...] Criado nobre de reis, ou embaixadores; *v. g.*, *gentilhomem da Camara. Andar gentilhomem em alguma ação, ou lance*, haver-se com valor, com nobreza.

Jarda: unidade de comprimento do sistema inglês equivalente a 91,4 centímetros.

Maça: clava; arma de ferro com uma extremidade esférica provida de pontas aguçadas.

Mantearia: despensa da casa real, que a abastece de trastes (panos, trem de cozinha etc.).

Mestre: [...] *mestre-sala*, trinchante da mesa real...

Mordomo: o que rege e administra os bens de uma casa sujeito ao senhor dela, e de ordinário os há nas casas nobres. [...] *Mordomo-mor*, ofício da casa real, o que tem à sua conta a despesa da casa do rei, recebe os criados e moradores da casa nos foros dos moços da Câmara etc. Manda por seus alvarás pagar as moradias etc. *v.* O seu regimento.

Palmo: medida antiga equivalente a oito polegadas ou 22 centímetros.

Passavante: espécie de arauto da casa real.

Picaria: arte de equitação ou o lugar onde se a desempenha; picadeiro.

Ucharia: despensa, especialmente para as carnes, nas casas reais ou casas abastadas.

Fontes

BIBLIOTECA DA AJUDA

*Manuscritos**

Catálogo das Cazas, de que se compoem a Nobreza de Portugal no 1º de Janeiro de 1733. Primeira Parte. [49-I-47]

Contrato de casamento do Infante D. João com a Princesa D. Carlota Joaquina. Madri, 5/3/1785. [44-XIII-32, n. 93]

Diário do Marquês de Loulé na Corte do Rio de Janeiro. [54, x, 13, n. 118]

FREITAS, José Antonio de. *Oração em acção de graças por motivos da feliz salvação de S.A.R. o Principe Regente Nosso Senhor chegado a Salvamento a este Paiz Capital do Rio com os factos mais notaveis acontecidos no Norte pela Sua Auzencia e no Brasil pela Sua Respeitavel Presença offerecida ao Amor da Nação por...* [49, III, 39, n. 19]

MARROCOS, Luís Joaquim dos Santos. *Índice Geral dos Manuscriptos da Bibliotheca da Coroa disposto alfabeticamente. 1813.* [49-IX-44]

Pheniz de Portugal (A) Prodigioza em seus nomes MARIA SOFIA ISABEL Raynha Serenissima & Sra Nossa. Em cuja Augustissima Entrada, Por Artes Liberaes,

* Seguem as respectivas cotas.

em curiosos Anagrammas, Se mostra felizmente renovada a Idade de Ouro do Anno de 1687. [52-viii-37]

Relação das funçõens feitas em Lisboa pela occazião do Matrimonio da Serenissima Sr.ª Infanta de Portugal D. Marianna Victória com o Infante de Espeanha D. Gabriel, celebradas nos dias: 11, 12, 13 de Abril, e a 15 e 18 de Junho de 1785, na qual se dá conta da Entrada Publica, e mais cerimonial da Embaixada Extraordinaria, que fez o Embaixador de Espanha, Conde de Fernan Nunes. [4-xiii-18, n. 161]

Relacion de las funciones 2.ª i 3.ª dadas en Lisboa en 15 i 18 de Junio de 1785 por el Ex.mo Conde de Fernan-Nuñez Embajador Extraord.º de S.M.C. en celebridad de los reciprocos Matrimonios de los R.s Infantes de Espanha i Portugal, i especialemente por la llegada a este Reino de La Serenissima Infanta de España D.ª Carlota Joaquina. (1785) [54, xiii, 18, n. 168]

Relacion de las funciones hechas en Lisboa con motivo del casam.to del Seren.mo Señor Infante Dn Gabriel con la Seren.ma S.ra Infanta D.ª Mariana Vitoria de Portugal, celebradas en los dias 11, 12 y 13 de Abril de 1789. (1785) [54, xiii, 18, n. 163]

SAMPAIO, Fr. Francisco de S. Theresa de Jesus. *Congratulação offerecida ao P.R.N.S no dia dos Despozorios da Serenissima Senhora Princeza da Beira com o Serenissimo Senhor Infante D. Pedro Carlos de Bourbon.* [49, iii, 39, n. 5]

Sobre o uso de carnes na quaresma. [54-xiii-4, n. 39]

Sobre o uso de carnes na quaresma II. [54-xiii-4, n. 64]

Impresso

SIQUEIRA, D. João de N. Sra. da Porta. *Escola de Política, ou tractado da Civilidade Portugueza.* Lisboa, Lacerdina, 1814. 175 pp. [34, ii, 17]

BIBLIOTECA NACIONAL DE LISBOA

BARROS, Miguel Antônio de Barros. *Ulisseia libertada.* Lisboa, João Evangelista Garcez, 1808. [L. 47258 p.]

BEIRÃO, Caetano. *D. Maria I e sua época (1777-1792).* 2ª ed. Lisboa, Emp. Nac. de Publicidade, 1944 [HG 17345 v.]

BLUTEAU, P. Rafael. *Dicionario da lingua portugueza.* Lisboa, Simão Tadeu Ferreira, 1789. 12 v.

CASTRO, Damião de Lemos Faria e. *Politica moral, e civil, aula da nobreza luzitana...* Lisboa, 1749. [SA 50099-550104 v.]

CASTRO, José de. Casamento de D. Pedro I e D. Pedro II, imperadores do Brasil. *VII Congresso Luso — Brasileiro de História.* Tomo 3, II Seção, 2ª Parte, 1940, pp. 149-62. [RES 1935 v.]

Conselhos que dá hum brasileiro veterano a todos os seus patricios que chegarem a esta corte. Em que lhes mostra as cousas que se hão de livrar, para tudo acertarem e viverem com honra. Advertencias saudáveis contra o genero feminino, que he o que mais arruina, como primeira causa de nossos trabalhos todos, &c. Lisboa, Francisco dos Santos, 1778. [HG 11462 v.]

COSTA, Antônio Rodrigues da. *Embaixada do Excellentissimo Senhor Conde de Villar Maior Conduçam da Rainha N. Senhora e Applausos com que foram celebradas Augustas vodas de Suas Majestades.* Lisboa, 1694.

COSTA, José Daniel Rodrigues da. *Verdades do mundo na vida da corte e do campo.* Lisboa, Francisco Luís Ameno, 1786. [HG 11467 v.]

COSTA, José Daniel Rodrigues da. *Ópios que dão os homens. E as senhoras na cidade de Lisboa huns aos outros, tirados da esperiencia do Author.* Lisboa, Simão Tadeu Ferreira, 1786, 22 pp. [11468/27 v.]

Dicionário aristocrático contendo os alvarás dos foros de fidalgos da Casa Real que se achão registados nos livros das mercês hoje pertencentes ao Archivo da Torre do Tombo. Lisboa, Imprensa Nacional, 1840. [HG 11354, p. 1. v.]

FONSECA, J. Nobre da. *Do casamento do Rei-Lavrador com a virtuosa Princesa Isabel de Aragão: esboço histórico crítico.* Coimbra, 1943. [HG 17205/10 v.]

FREIRE, Francisco Jozé. *Secretario portuguez ou methodo de escrever cartas...* Lisboa, Rollandiana, 1797. [BNL — L. 24235 p.]

HERRERA, Bernardino. *Memórias históricas de los desposorios, viages, entregas y respectivas funciones de las reales bodas de las serenissimas infantas de España y de Portugal la Señora D. Carlota Joaquina y la Señora D. Mariana Vitoria en el año de 1785.* Madri, Antonio de Sancha, 1787.

MERÊA, Paulo. *O poder real e as cortes.* Coimbra, 1923. [HG 14908 /16 v.]

MORAIS, Melo. *História da trasladação da corte de Portugal para o Brasil em 1807-1808.* Rio de Janeiro, E. Dupont, 1872. [HG 3435 v; 34236 v.]

MOREIRA, Francisco Roque de Carvalho. *Braganceida. Poema em XII cabtos.* Lisboa, Viuva Neves e Filhos, 1815. [L. 3454 p. t. 1]

OLIVEIRA, Luís da Silva Pereira. *Privilégios da Nobreza e Fidalguia de Portugal, offerecidos ao Excellentissimo Senhor Marquez de Abrantes, d. Pedro de Lancastre Silveira Castelo-Branco Vasconcellos Valente Barreto de Menezes Sá e Almeida, pelo seu athor* [...] Lisboa, João Rodrigues Neves, 1806. [HG 7785 v.]

PAIVA, Sebastião Fonseca e. *Relaçam da feliz chegada da Serenissima Senhora D. Maria Sofia Izabel, Rainha de Portugal, à cidade e corte de Lisboa em 11 de Agosto de 1667.* Lisboa, Domingos Carneiro, 1687. 12 pp. [L. 36657 /1p.]

PALHA, Francisco. *O casamento do Infante D. Duarte com D. Isabel de Bragança* Lisboa, Imprensa Nacional, 1881. [HG 5409 p.]

PIMENTEL, Alberto A. de Almeida. *A última corte do absolutismo em Portugal.* Lisboa, Ferin, 1823. [HG 9844 v.; 7444 v]

RODRIGUES, Antonio. *Tratado geral de nobreza. Principal Rei de Armas "Portugal" de D. Manoel I.* Porto, Biblioteca Pública Municipal, 1931. [HG 13.837]

SILVA, Tomás Antonio dos Santos e. *Braziliada ou Portugal imune e salvo.* Lisboa, Impressão Régia, 1815. [L. 25891 p.]

SORIANO, Simão José da Luz. *História de El rei d. João VI primeiro rei constituicional de Portugal e do Brazil em que se referem os principais actos e ocorrencias do seu governo bem como algumas particularidades de sua vida privada.* Lisboa, Universal, 1866. [HG 11425 v; HG 23434 p.]

SOUSA, Antonio Caetano de. *História genealógica da Casa Real Portugesa.* [1740]. Coimbra, Atlântida, 1949. [usual]

SOUSA, José de Oliveira e. *No casamento de D. João V.*[1708] Gênova, Istituto Sordomuti, 1902. [L. 35741 v.]

VIANA, Antonio Ferreira. *A emancipação do Brasil.* Lisboa, Typographia do Anuário Comercial, 1922. [HG 29308 p.]

Microfilmes

AGUILAR, Manuel Busquets de. *O Real colégio dos Nobres (1761-1837).* Lisboa, M. B. Aguilar, 1935. [F. 6102]

Arte da vida regra da ganancia. Espelho de verdades, e mappa universal de toda a malícia; fio forte; e seguro para poder caminhar no labyrintho da Corte. Catalunha, Francisco Guevarz, s/d. (séc. XVIII). [F. 5746]

Boas vindas Reaes, e extremos do amor Portuguez, no dia felissimo, em que suas magesftades chegárað á Corte com os do Serenissimos Senhores Infantes ha poucos defpozados. Por Elv. Transtag. Lisboa, Domingos Gonçalves, 1785. [F. 3125]

Concelho proveitoso, e relação curiosa, a qual trata da criação, e Educação, que todo o Pay de Familias deve dar a seus filhos. Lisboa, Ignacio Nogueira Xisto, 1774. [F. 3668]

Documentos importantissimos de hum pay a hum filho, para bem viver, e bem acabar. Lisboa, s/e., 1778. [F. 3668]

Notícia das solemnes, e magnificas funções com que fe celebrou na fempre Augufta cidade de Lisboa o Defposorio da Sereniffima Senhora Infanta Dona Marianna Victoria com o Serenissimo Senhor D. Gabriel Infante d'Hespanha, nos dias 11, 12 e 13 de Abril de 1785, expofta fielmente para gofto do reftpeitavel Publico, com a demonftraçað de tað pompoza feftividade. Lisboa, Domingos Gonçalves, 1785. [F. 3125]

Nova relação da malícia da Corte, estratagemas de ciganos e crítica universal. Madri, Thomás Lopes de Haro, 1752. [F. 5746]

Outavas ás faustissimas passagens da Serenissima Senhora D. Marianna Victoria infanta de Portugal para Hespanha. E da Serenissima Senhora Dona Carlota Joaquina infanta de Espanha para Portugal. Lisboa, Domingos Gonçalves, 1785. [F. 3125]

Regimentos das mercês dado por ElRey D. Pedro 2º N. Snr., e decretos em que se acrescentou. [F. 4867 — microfilme]

Relaçam dos artigicios do Fogo, que se fazem no terreyro do Paço, em obsequio dos felicissimos despozorios dos Serenissimos D. João V e de D. Marianna de Austria Reis de Portugal. Lisboa, Manoel & Joseph Lopes Ferreyra, 1708. [F. 6272]

Relação das festas que se fizeram em Pernambuco pela Feliz Acclamaçam do muito alto e, e Poderoso Rey de Portugal D. Joseph I. Nosso Senhor do anno de 1751 para o de 1752. s.n.t.. [L. 3329 — A miscelânea]

Relação da chegada da serenissima senhora infanta D. Carlota Joaquina a Villa-Viçosa e das circumftancias que precedêrão e fe feguirão. Lisboa, Régia Oficina Tipográfica, 1785. [F. 3125]

Relação das formalidades da despedida da serenissima senhora infanta D. Marianna Victoria: das particularidades da sua jornada desde Villa-Viçosa até Aranjuez: e da Sua chegada e Recebimento na Corte d'Hespanha. Lisboa, Regia Officina Typographica, 1785. [F. 3125]

SIQUEIRA, Joaquim Manoel de. *Carta de Maximas, e conselhos, que mandou hum pay a seu filho peralta, nesta corte, para a perfeicção da vida civil, e Christaã, dada ao publico por...* Lisboa, Ignacio Nogueira Xisto, 1771. [F. 3668]

SOUSA, Francisco Borges de. *As régias núpcias do serenissimo Sr. D. João com...* Lisboa, Francisco B. de Sousa, 1785. [F. 6870]

Traças de ganhar dinheiro, e regras de cortezia, e de guizar varias iguarias em ambriam. Em que se relata algumas qualidades pertencentes a varios mantimentos. Catalunha, Francisco Guevarz, s/d. (séc. XVIII). [F. 5746]

Manuscritos

Extracto, da mutua recepção, que fizerã as duas Cortes, com reciproco cortejo, SS. Magg.es Catholicas, e SS. AA. RR. — Col. Pombalina, n. 687, pp. 171-3.

ARQUIVOS NACIONAIS — TORRE DO TOMBO

— Arquivo dos Feitos Findos

(Processos de Justificação de Nobreza)

— Justificações de Nobreza

— Registro Geral de Mercês

— Dom João VI — Livros 1, 2, 3, 4, 5, 6, 7, 9, 10, 11, 12, 13, 14, 15, 16 (microfilme), 17, 18, 19, 20, 21.

— Dona Maria I — Livros 30, 29, 28, 27, 26 (microfilme), 25, 24, 23, 22, 21, 20, 19, 18, 17, 16 (microfilme), 15.

— Fundo CASA REAL

— Lv. 2986

Inventário da Prata e Roupa e mais trem pertencente, a Mantearia, De Sua Majestade, que veio do Rio de Janeiro, em Que veio emcumbido, O Sr. Francisco José de Brito, Fiel da Mantiaria e fez a entrega a José Caetano Frigo, Fiel do Mantieiro da Casa Real q. Ordem do Illmo *Sr. José Lorenço de Andrade, em 19 de Outubro, de 1821. Nesta Mantiaria da Ajuda: a saber.*

Reservados

ABREU, Cristóvão Soares d'. *Oração em prezença das Majestades d'el Rey D. Affonso VI e da Rainha D. Maria Francisca Isabel de Saboya, quando entrarão nesta cidade de Lisboa em 29 d'Agosto deste anno de 1666.* Lisboa, Iosef Leite, 1666. [SP 3445 — C.F.]

ALMEIDA, João Coelho de. *Práctica que fez o Dr.... na entrada, que Sua Majestade, O Sr. Rey D. Pedro II e a Senhora Rainha Maria Sofia Isabel, fiserão á Sé em 30 de Agosto de 1687.* Lisboa, Miguel Menescal, 1687. [SP 3445 — C.F.]

BORRALHERO, Manoel (frei). *Poetica discripciona de los festivos Applausos, com que la Nobleza, y Pueblo Lisbonense celebró el felice casamiento de los monarchas D. Alfonso VI y la Soberana Princesa D. Maria Francisca Isabel de Saboya, Reyes felicissimos de Portugal.* Lisboa, António Craesbeeck de Mello, 1667. [SP 3445 — C.F.]

CARDAMA, Lourenço. *Relação da Grandioza embaixada, que em nome das majestades, dos Senhores Reys de Portugal, deu nesta corte de Madrid as Majestades dos Senhores Reys Catholicos o Excellentissimo Senhor D. Rodrigo Annes de Sa Almeyda e Menezes, Marquez de Abrantes, em dia de natal, 25 de dezembro de 1727.* Madri, Miguel de Rézola, 1728. 16 pp. [SP 3445 — C.F.]

COUTINHO, Pascoal Ribeiro. *Jornada de La Reyna de Portugal hasta llegar a la Corte de Lisboa y fiestas que en viage se lé hicieron. Entrada del Embaixador Conde de Vilar-Maior, Manuel Teles da Silva, en la Corte de Heidelbergh. Fiestas que se celebraron en Lisboa, desde 11 de Agosto, hasta 25 de Octobre. Grandezas que El Rey Don Pedro el Segundo hizo en su desposorio Augusto con la Reyna Maria Sofia Isabel Babiera.* Madri, Imprensa Real, 1687. [SP 3445 — C.F.]

Descripçam do Arco Triunfal que a Naçan inleza mandou levantar na occasião em que as Majestades dos serenissimos Reys de Portugal D. Joam V & D. Marianna de Austria forão à Cathedral de Lisboa. Lisboa, Valentim da Costa Deslandes, 1708. 8 pp. [SP 3445 — C.F.]

En los desposorios del Serenissimo Rey de Portugal D. Juan V con la Serenissima Reyna D. Marianna De Austria. Epitalamio por I.O.S.E.D.E. Lisboa, António Pedroso Galram, 1708. 6 pp. [SP 3445 — C.F.]

FERREIRA, Francisco Leitão. *Idea poetica, epithalamica, panegyrica, que servio no Arco Triunfal, que a Nação Italiana mandou levantar na occasião em que as Majestades dos Serenissimos Reys de Portugal D. Joam V & Marianna de Austria foram á Cathedral de Lisboa, no dia de Sabbado de 22 de Dezembro de 1708.* Lisboa, Valentim da Costa Deslandes, 1709. 49 pp. [SP 3445 — C.F.]

FONSECA, Gaspar Leitam da. *Serpentaquila numerosa nas augustissimas vodas dos my Altos, & Poderosos Reys, & Senhores nossos Dom Joam V & Marianna de Austria...* Lisboa, Valentim da Costa, 1709. 36 pp. [SP 3445 — C.F.]

FREYRE, Félix da Silva. *Narraçam Poetica em que se descreve o Aparato do Real Estado com que as majestades dos Serenissimos Reys de Portugal D. Joam V e D, Marianna de Austria entraram na myto nobre, & sempre leal Villa de Santarem.* Lisboa, Bernardo da Costa, 1713. 31 pp. [SP 3445 — C.F.]

GRAÇA, Manuel Coelho da. *Breve notícia das entradas que por mar, e terra fizerão nesta Corte Suas Majestades com os Serenissimos Principe do Brasil, e Altezas, que Deos Guarde, em 12 de Fevereyro de 1729.* Lisboa, Bernardo da Costa, 1729. 11 pp. [SP 3447 — C.F.]

PESTANA, Cipriano de Pinna. *Entrada da Sereníssima Rainha de Portugal D. Marianna de Austria que fez pela barra de Lisboa, conduzida da Armada Ingleza em o felicissimo dia 26 de outubro do Ano de 1708...* Lisboa, Antônio Pedro Galram, 1708. [SP 3446 — C.F.]

QUEVEDO, Juan de. *Descripcion de la solemnidad conque en esta Corte se celebró la noticia de las felicies bodas de la Magestad de Don Pedro Segundo, con la muy alta, y Soberana Señora Doña Maria Sofia Isabel, Augustissimos Reyes de Portugal.* Madri, Juan de Quevedo, 1687. [SP 3445 — C.F.]

Relaçam dos artificios de fogo que se fazem no terreiro do Paço em obsequio dos felicissimos desposorios dos Serenissimos Senhores D. João V e Mariana D'Austria. Lisboa, Manoel e Joseph Ferreira, 1708. [SP 3445 — C.F.]

ROBRILVO, Jacinto Pacheco. *Arco Triumfal. Idea, e allegoria sobre a Fabula de Hyppomenes e Athalanta; cuia ficçam ha de servir para o Arco, que os ourives do Ouro celebram em Applauso dos felicissimos Desposorios das Augustas majestades de Portugal.* Lisboa, Domingos Carneiro, 1708. [SP 3445 — C.F.]

BIBLIOTECA NACIONAL DO RIO DE JANEIRO

Seção de Manuscritos

— I — 33, 29, 6 — 17
— I — 33, 26, 19
— II — 34, 24, 7-B n. 4
— II — 34, 25, 24
— II — 34, 25, 30
— II — 34, 27, 34
— II — 35, 4, 1 n. 2

Seção de Obras Raras

ABOIM, Joaquim da Nobrega Cão d'. *Elogio historico do serenissimo Sr. Infante D. Pedro Carlos de Bourbon e Bragança... composto e dedicado ao principe N. S. o Sr. dom João Principe Regente de Portugal e das conquistas.* Rio de Janeiro, Imprensa Régia, 1813. 27 pp. [37,6,1]

_______. *Oração panegirica em ação de graças a Deos Omnipotente pelas felicissimas melhoras do serenissimo principe N. S. o Sr. d. João no pontifical, que fez celebrar na Capela do quartel do Regimento de cavalaria de Alcantara o seu Chefe o illmo. exmo. Marques de Marialva dom Diogo. Feita e dedicada ao mesmo serenissimo principe N. S. por...* Lisboa, Fellipe Silva e Azevedo, 1789. 14 pp. [40,10,1]

Álbum cartográfico do Rio de Janeiro (séculos XVIII e XIX). Organização e texto por Lygia da Fonseca Fernandes da Cunha. Rio de Janeiro, Biblioteca Nacional, 1971.

AZEVEDO, Joaquim José de, visconde do Rio Seco. *Exposição analytica, e justificativa da Conducta, e vida publica do Visconde do Rio Seco, desde o Dia 25 de Novembro de 1807, em que Sua Majestade Fidelissima o Incumbio dos*

Arranjamentos necessarios da sua retirada para o Rio de Janeiro, até o Dia 15 de Septembro de 1821, em cujo anno demittira todos os lugares e empregos de responsabilidade de Fazenda. Com permissão de S. A. R. O Principe Regente do Brazil, concedida por decreto de 27 de Agosto do presente anno, publicada por elle mesmo. Rio de Janeiro, Imprensa Nacional, 1821. 37 pp. [37, 17, 1]

BANDEIRA, Manuel Antonio Leitão. *Sonetos do doutor Manoel Antonio Leitam Bandeira dirigidos ao seu amigo e reverendo o Sr. José Constantino Gomes de Castro, coego da Cathedral de S. L. do Maranhão.* Rio de Janeiro, Regia Officina Typographica, 1820. [89,3,4]

BARBOSA, Francisco Vilela, marquês de Paraná. *A Primavera. Cantata.* Lisboa, Academia de Ciências de Lisboa, 1821. 15 pp. [39,23,2, n. 1]

______. *Discurso recitado no Paço de Queluz perante Elrey o Sr. D. João VI, em 9 de julho de 1821, por occasião de seu feliz regresso ao Reino de Portugal pelo Vice--Secretário da Academia Real de Sciencias de Lisboa.* Lisboa, Typographia da mesma Academia, 1821. 22 pp. [39,23,2, n. 3]

BARBOSA, Januário da Cunha. *Oração de acção de graças que celebrando-se na Real Capella do Rio de Janeiro, no dia 7 de março de 1818, decimo aniversario da chegada de S.M. a esta cidade, compoz, recitou-se, e offerece, com permissão d'Elrey N.S., a José Carvalho Ribeiro, em signal de gratidão e amizade J.C.B.* Rio de Janeiro, Imprensa Régia, 24 pp. [37,18,15]

BIANCARDI, José Theodoro. *Cartas americanas, publicadas por...* Lisboa, Alcobia, 1820. 66 pp.

BOCAGE, Manuel Maria Barbosa du. "Congratulação ao Príncipe da Pátria". In: *Tributo de gratidão, que a Patria consagra a Sua Alteza Real, o Principe Regente Nosso Senhor, por mãos do intendente Geral da Policia da Corte, e reino de Lisboa.* Lisboa, Typographia Chalcographica do Arco do Cego, 1801, pp. 17-21. [41,1,7]

______. *Aos annos faustissimos do Serenissimo Principe Regente de Portugal. Elogio composto por..., e dedicado por Simão Thaddeo Fereira.* Lisboa, Officina Regia Typographica, 1802. 4 pp. [39,24,12]

BRACKENRIDGE, H. M. *Voyage to Buenos Ayres performed in the years 1817 and 1818, by order of the American government, by...* Londres, Richard Phillips & Co., 1820. 116 pp. [92, 2, 4]

BRANDÃO, Mateus da Assumpção. *Elogio necrologico do muito alto e muito poderoso Imperador e Rei o Senhor D. João VI, recitado em sessão publica da Academia Real de Sciencias de Lisboa, aos 10 de setembro de 1826.* Lisboa, Typographia da mesma Academia, 1828. 39 pp. [36,4,5]

BRASIL, leis, decretos, etc. 1808-31. *Legislação brazileira, ou Colleção chronologica das leis, decretos, resoluções de Conselho, provisões etc. etc. do Império do Brasil, desde o anno de 1808 até 1831 inclusive... colligidas pelo Cons. José Paulo Figueira Nabuco de Araujo.* Rio de Janeiro, J. Villeneuve, 1836-44. 7 v. [C,2,15-21]

BRUM, J. Z. de Menezes. Do Conde da Barca, de seus escriptos e livraria. *Anais da Biblioteca Nacional.* Rio de Janeiro, v. 2, pp. 5-33, 359-403, 1877. [105,1, 3]

CABRAL, Bernardo José de Oliveira. *Descripção da celebre iluminação feita no lago do Paço-novo, por huma sociedade de patriotas, a que se ajunta um preludio sobre as circunstancias, que lhe derão motivo... composta pelo...* Lisboa, Impressão Régia, 1808. 16 pp. [36,12,32]

CALDCLEUGH, Alexander. *Travels in South America, during the years 1819-20--21. Countaining an account of the present state of Brazil, Buenos Ayres, and Chile...* Londres, Jon Murray, 1825. 2 v. [106, 1, 19-20]

CAMINHA, Antonio Lourenço. *Elogio que o amor, a felicidade, e a gratidão consagrão ao mui alto, e poderoso Sr. Dom João, Principe Regente.* Lisboa, Officina Patriarchal de João Procopio Correa da Silva, 1799. 19 pp. [40,11,6]

CARDOSO, Estanislau Vieira. *Canto épico á acclamação faustissima do muito alto, e muito poderoso Sr. D. João VI, o liberalissimo Rei do Reino Unido de Portugal, e do Brasil, e Algarves, composto e offerecido por...* In: SOUSA, Bernardo A. F. de. *Relação dos festejos, que a feliz acclamação....* Rio de Janeiro, Typographia Real, 1818, pp. 35-52. [37,13,10 — ou 12]

CARNEIRO, Heleodoro Jacinto d'Araujo. *Cartas dirigidas a S. M. El Rey d. João VI, desde 1817. Acerca do Estado de Portugal e Brazil e outros mais documentos escritos.* Londres, Cox e Bayles, 1821. 80 pp. [36,1,9]

CASTILHO, Antonio Feliciano de. *A faustissima exaltação de sua majestade fidelissima o Sr. D. João VI ao Throno. Poema dedicado ao mesmo Sr. por seu author...* Lisboa, Impressão Régia, 1818. 82 pp. [28,4,8]

CASTRO, José Constantino Gomes de. *Historia resumida das perseguições de J. C. G. de C. por elle escripta e comprovada com documentos legais.* Lisboa, Impressão Régia, 1823. 34 pp. [contém *Breve discurso gratulatorio... na acclamação do Sr. Rei d. João VI, a 6 de abril de 1817*]. — [36,20,10]

COSTA, José Daniel Rodrigues da. *Portugal convalescido pelo prazer que presentemente disfruta na desejada, e feliz vinda do seu amabilissimo monarcha o Sr. D. João VI. E de sua augusta familia.* Lisboa, Typographia Lacerdina, 1821. 15 pp. [36,1,11]

______. *A verdade exposta a S. M. F., o Sr. D. João VI. Epistola por...* Rio de Janeiro, Typographia Real, 1821. 20 pp. [37,24,21]

COSTA, Vicente José Ferreira Cardoso da. *Elogio a S. M. o Sr. D. João VI, pelo Dr. V. J. F. da Costa, feito em 1811 por motivo da ommissão da palavra inconfidencia, no decreto dirigido á meza do Dezembargo do Paço, na data de 22 de outubro de 1810.* Lisboa, Typographia Rollandiana, 1823. 58 pp. [104,3,24]

COUTINHO, Faustino José da Madre de Deus de Sousa. *Epistola a Sua Alteza real o Sr. D. João, Principe do Brasil, e regente de Portugal... por... em setembro de 1808.* Lisboa, Imprensa Régia, 1808. 11 pp. [36,19,15]

COUTINHO, D. Gastão Fausto da Câmara. *O triunfo da América. Drama. Para se recitar no Real Theatro do Rio de Janeiro. Composto e offerecido a S.A.R. o P.R.N.S., por...* Rio de Janeiro, Impressão Régia, 1810. [37,3,19]

______. *O juramento dos numes. Drama. Para se representar na noite de Abertura do Real Theatro de São João em applausos ao augusto nome de S. A. R. o P. R. N. S.* Rio de Janeiro, Imprensa Régia, 1813. 32 pp. [37,6,3]

______. *Parabens ao Principe Regente Nosso Senhor e a Patria, pelos presagios felices da Restauração de Portugal. Dedicados aos Serenissimo Sr. Infante Almirante General pelo Author d. G. F. da C. Coutinho, 1º Tenente da Real Armada.* Rio de Janeiro, Imprensa Régia, 1808. 12 pp. [37,1,7a // 37,3,17]

COUTINHO, José Joaquim da Cunha. *Copia da carta que a Sua Majestade o Sr. Rey d. João sendo principe regente de Portugal escreveo ao bispo d'Élvas em 1816.* Londres, W. Flint, 1817. 136 pp. [96,231]

DENIS, Fernand. *Brasil.* Trad. Lisboa, L. C. da Cunha, 1844. 2 v. [76,4,23]

Descripção da forma porque as Côrtes Geraes e extraordinarias da Nação Portuguesa, tem determindo receber a el Rey D. João VI, na sua chegada á foz do Tejo com sua Real Familia. Reimp. Rio de Janeiro, Typographia Regia, 1821. 8 pp. [37,19,5]

DRUMMOND, Inacio José Corrêa. *Sonetos. Em applauzo ao feliz sucesso da completa regeneração da nação portuguesa, executado na Praça do Rocio da Côrte e cidade do Rio de Janeiro no memorável dia 26 de fevereiro de 1821.* Rio de Janeiro, Imprensa Régia, 1821. 11 pp. [37,24,23]

Elogios ao principe N. S. Ode por ABM. Lisboa, José Aquino Bulhões, 1793. 7 pp. [40, 19, 11]

ESTRELA, João Antonio Neves. *O hymeneo; drama aos principes reaes o Senhor D. Pedro de Alcantara, e a Senhora D. Leopoldina Carolina Josefa: ode saphica á acclamação de Sua Majestade D. João VI... tudo offerecido... pela mão do... conselheiro Joaquim da Costa e Silva, por...* Lisboa, Impressão Régia, 1818. 31 pp. [40,20,10]

______. *Ode saphica que ao serenissimo Sr. D. João principe do Brasil, compos, e offerece o seu mais humilde escravo...* Lisboa, Officina de A. G., 1789. 7 pp. [40,16,14]

Etiqueta que se ha-de guardar pelos senhores convidados para o Baile da noite de 24 do corrente /Agosto de 1821/. Rio de Janeiro, Imprensa Régia, 1821. 1 p. [78,5,8, nº 14]

FERNANDES, José Pedro. *Elogios em applauso da Faustissima victotia* (sic) *das armas portuguezas contra os rebeldes em Pernambuco, e do precioso nome do muito alto, e poderozo Sr. D. João VI rei do Reino Unido de Portugal, Brasil e Algarves, compostos e offerecidos ao mesmo augustissimo Senhor por...* Rio de Janeiro, Imprensa Régia,1817. 14 pp. [37,12,16a]

FRANCO, Francisco Soares. *Reflexões sobre a conducta do Principe Regente de Portugal, revistas e corrigidas por...* Coimbra, Real Imprensa da Universidade, 1808. 10 pp. [36,12,28 // 36,20,11]

FREYCINET, Louis de. *Voyage au tour du monde. Interpris par ordre du Roi* [...] *Executé sur les corvettes de S. M. L'Oranie et la Physicienne, pendant les années 1817, 1818, 1819 et 1820.* Paris, Chez Pillet Aîné Imprimeur-Libraire, 1827. 8 v. [109, 3, 1]

GRAHAM, Maria. Esboço biográfico de D. Pedro I, com uma notícia do Brasil e do Rio de Janeiro; correspondência entre Maria Graham e a Imperatriz Leopoldina e cartas anexas. *Anais da BNRJ,* Rio de Janeiro, v. LX, 1940.

HENDERSON, James. *A history of Brazil, comprising its geography, commerce, colonization, aboriginal inhabitants, &c.* Londres, Longman, Hurst, Rees, Orme and Brown, 1821. [109, 4, 1]

Histo de Jean VI roi de Portugal depuis sa naissance jusqu'a sa mort, en 1826; avec des particularités sur sa vie prince et sur les principales circonstances de son régne. Paris, Pontihieu et Compagnie, 1827. 130 pp. [78,2,31]

Idilio Pastoral, sentimental, queixas maviosas e saudades ternas dos pastores do Tejo na ausencia dos seus amabilissimos maiores. Lisboa, Impressão Régia, 1808. [36,22,16]

IPANEMA, Marcelo de. *Livro das Leis de Imprensa de D. João.* Rio de Janeiro, Gráfica Editora Moura, 1949. 30 pp. [P4a,1,6]

KEITH, George Mouat. *A voyage to South America in his Magesty's brig Protector, by.* Londres, J. B. G. Vogel, 1819. 119 pp. [51, 3, 11]

LEITÃO, Antônio José Osório de Pina. *Ode pindarica offerecida á Magestade D'el--rey n. s. D. João VI, na occasião do faustissimo parto da princesa real...* Rio de Janeiro, Impressão Régia, 1819.

LEITÃO, Paulinio Joaquim. *Á esquadra Portuguesa que transportou aos Estados do Brazil os Soberanos de Portugal, elogia offerecido a Sua Alterza Real o Principe Regente nosso senhor, por...* Rio de Janeiro, Impressão Régia, 1812.

LIMA, José Joaquim Lopes de. *Dicionário carcundatico ou explicações das phrases dos carcundas.* Rio de Janeiro, Imprensa Nacional, 1821. 12 pp. [37,17,7]

LIMA, Manuel de Oliveira. *Dom João VI no Brazil, 1808-1821...* Rio de Janeiro, Jornal do Comércio, 1908. 2 v. [84,4,23-24]

LISBOA, José da Silva. *História dos principais sucessos políticos do Império do Brasil.* Rio de Janeiro, Tipografia Imperial, 1828.

______. *Memória dos beneficios politicos do Governo de ELREI Nosso Senhor, D. João VI, por...* Rio de Janeiro, Impressão Régia, 1818. [84,1,18]

LOPES, Joaquim José Pedro. *Ode á sahida da Real familia portuguesa para o Brazil. No dia, eternamente memoravel, de 29 de novembro de 1807.* Porto, s/e., 1808. 6 pp. [36,22,16, n. 2]

______. *A acclamação de S. M. F. o Sr. D. João VI. Ode.* Rio de Janeiro, Impressão Régia, 1817. 7 pp. [37,12,15]

MACEDO, Ignácio José de, sac. *Sermão em memória do faustissimo dia em que S. A. R. entrou na Barra da Bahia. Recitado... na festa pontifical que fez o Excelentissimo e Reverendissimo Sr. Arcebispo eleito. Offerecido... ao mesmo Excmo. e Rmo. Senhor por...* Salvador, Typographia de Manuel Antonio da Silva Serva, 1815. 15 pp. [39,1,17]

______. *Oração gratulatoria e politica improvisada no Collegio da Bahia no anniversario que fez o Senado da Camara á felis chegada de S. A. R. em Janeiro de 1811. Por...* Salvador, Manuel Antonio da Silva Serva, 1811. 14 pp. [39,2,3a]

MACEDO, José Agostinho de, sac. *Oração funebre que nas exequias do muito alto e poderoso Imperador e Rei, o Sr. D. João Sexto, celebradas na basilica do Coração de Jesus, no dia 10 de abril de 1826.* Lisboa, Bulhões, 1826. 38 pp. [36.5.19]

Manifesto dos baianos residentes na corte, agradecendo ao rei D. João a resolução tomada em permanecer no Brasil. Rio de Janeiro, Imprensa Régia, 1822. 1 p. [99d,17,79]

MARROCOS, Luís Joaquim dos Santos. *Cartas.* Rio de Janeiro, *Separata do volume LVI dos "Anais da Biblioteca Nacional"*, 1939.

MAWE, John. *Travels in the interior of Brazil, particularly in the gold and diamond district of that country, by authority of the Prince of Portugal...* Londres, Longman, Hurst, Rees, Orme, and Brown, 1812. 371 pp. [77, 4, 14]

MENEZES, Nicolau Francisco de Castro e. *A pura voz da verdade respeitosamente dirigida... /a/ S. M. F. o Sr. D. João VI.* Rio de Janeiro, Typographia Real, 1821. 16 pp. [37,24,25]

MURPHY, James Cavanah. *A general view of the state of Portugal; containing a topographical discription thereof...* Londres, T. Cadeell, J. and W. Davies, 1798. [22, 6, 18]

NASCIMENTO, Francisco do, sac. *Odes dedicadas huma á S. M. Dom João VI... e outra á Sua augusta esposa a Rainha Dona Carlota. Por...* Paris, Officina de A. Bobée, 1817. 6 pp. [99,12, 1]

Noticia das funções, e festas com que em Madrid se celebrou o despozorio da Serenissima Sra. Infanta D. Carlota Joaquina... com o Serenissimo Senhor Infante de Portugal D. João filho dos Reis Fidelissimos. Lisboa, Officina de Domingos Gonçalves, 1785. 23 pp. [35,17,6]

Para huma gratificação a toda a honrada e valerosissima tropa da Primeira Linha da Guarnição do Rio de Janeiro... Rio de Janeiro, Tipografia Régia, 1821. 15 pp. [78, 5, 8, n. 20].

PASSOS, José Rodrigo. *Inscripção sepulcral, e varios disticos que por occasião das exequias na cidade do Porto, pelo Sr. D. João VI Imperador e Rei a Todos os portugueses... offerece em latim, e portugues...* Porto, Imprensa do Gandra, 1826. 15 pp. [36,14.16]

PORTUGAL, Marcos Antonio da Fonseca. *Augurio di felicita, o sia Il trionfo d'amore serenata por musica da eserguirsi nel real palazzo del Rio di Gianero, por celebrare l'agustissimo esposalizio del serenissimo signore D. Pietro d'Alcantara... com la serenissima signora D. Carolina Giuseppa Leopoldina...* Rio de Janeiro, Imprensa Régia, 1817. 40 pp. [37,12,16]

PRESAS, José. *Memorias secretas de la princesa del Brasil, actual Reina Viuda de Portugal, la Señora Carlota Joaquina de Borbon: escritas por su antiguo secretario...* Bordéus, Lawalle Jóven, 1830. 294 pp. [93,123]

PURIFICAÇÃO, João Baptista da, sac. *Discurso pela fausta acclamação d'Elrey N. S., que no palsivel dia de 13 de maio recitou em a matriz do Recife...* Lisboa, Impressão Régia, 1818. 32 pp. [36,23,18]

Relação das festas que se fizerão no Rio de Janeiro, quando o principe Regente N. S. e toda sua família chegarão pela primeira vez áquella capital. Ajuntando-se algumas particularidades igualmente curiosas, e que dizem respeito ao mesmo objeto. Lisboa, Impressão Régia, 1810. 15 pp. [36,0,21]

Relação das pessoas que o Principe Regente N. S. houve por bem despachar no faustissimo dia de seu anniversario, para os lugares de letras. Lisboa, Officina de Antonio Rodrigues Galhardo, s/d. [89.5.8 nº 31]

Relação das solemnidades praticadas como sentimento publico da muito nobre cidade do Porto, na ocasião da lamentada morte do muito alto, e muito poderozo Senhor D. João VI, Imperador do Brasil e Rei de Portugal e Algarves, que Santa Gloria haja. Porto, Imprensa Nacional, 1826. 24 pp. [36,4,10]

Relação dos despachos publicados na corte no faustissimo dia dos annos do principe regente N. S. em 13 de maio de 1809 pela secretaria d'Estado dos Negocios do Brasil. Rio de Janeiro, Imprensa Régia, 1809. 9 pp. [37,2,1]

SALDANHA, Joaquim Antonio Fernandes, sac. *Oração de acção de graças que pelos muitos felizes motivos da faustissima acclamação e exaltação do Brasil pelo augusto soberano do Reino Unido de Portugal e Algarves o Sr. D. João VI, recitou na Cathedral da Cidade de São Paulo no dia 8 de Abril de 1817, 2º do triduo o vigário J. A. F. S.* Rio de Janeiro, Typographia Real, 1818. 29 pp. [37,13,5]

SAMPAIO, Antonio Marques de, sac. *Oração de acção de graças pela felis chegada de sua alteza real e sua augusta familia a esta corte do Brazil, recitado na Real Capella do Rio de Janeiro, na manhã de 7 de março de 1812...* Rio de Janeiro, Imprensa Régia, 1813. 27 pp. [microfilme]

SANTA GERTRUDES MAGNA, Francisco de Paula de. *Sermão em memoria do faustissimo dia em que Sua Alteza Real dezembarcou nesta cidade da Bahia, recitado no antigo Collegio dos Jezuitas na festa que cellebrou o illstre senado... por...* Rio de Janeiro, Impressão Régia, 1816. 18 pp. [37, 11, 13]

______. *Collecão de poesias selectas de F. P. S. G. M. dividida em duas partes.* Rio de Janeiro, Typographia Nacional, 1825. 50 pp. [38.3.9]

SANTANA, José Joaquim de. *Memória sobre o enxugo da cidade do Rio de Janeiro, feita e apresentada a S.A.R. o P.R.N.S. em 4 de março de 1811...* Rio de Janeiro, Tipografia Régia, 1815.

SANTOS, José Pedro dos. *Ode a ventura lusitana, na desejada sucessão dos nossos augustos principes o Sr. D. João, e a Sra. D. Carlota Joaquina, que lhe offerece o beneficiado...* Lisboa, Officina de Fellipe José de França e Liz, 1793. 7 pp. [38,19,9]

SÃO CARLOS, Francisco de, sac. *Oração de acção de graças, recitada no dia 7 de março de 1809 na capella Real, dia do anniversario da felis chegada de Sua Alteza Real a esta cidade...* Rio de Janeiro, Imprensa Régia, 1809. 14 pp. [37,2,18]

Sketches of Portuguese life, manners, costume, and character... by A. P. D. G. Londres, B. Whittaker, 1826. 364 pp. [76, 5, 29]

SEIXAS, Romualdo Antonio de, Marquês de Santa Cruz, sac. *Sermão de acção de graças que no dia 13 de maio celebrou o Senado da Camara desta Capital do Para pela feliz acclamação do muito alto, e poderoso Sr. D. João VI... recitado, e offerecido a S. M...* Rio de Janeiro, Impressa Regia, 1818. 22 pp. [microfilme]

SIERRA Y MARISCAL, Francisco de [1823]. *Idéas geraes sobre a Revolução do Brazil e suas consequencias, por.* Rio de Janeiro, *Anais da Biblioteca Nacional*, v. 43-4, pp. 48-81, 1931.

SILVA, Antonio de Morais e. *Diccionário da lingua portugueza, composto pelo padre d. Rafael Bluteau, reformado e accrescentado por...* Lisboa, Officina de S. T. Ferreira, 1789. 2 v. [10,2,11-12]

SILVA, João Manuel Pereira da. *História da fundação do Império brasileiro.* Rio de Janeiro, B. L. Garnier, 1864-8. 7 v. [78, 1, 4-10]

SOARES, Joaquim, sac. *Compendio historico dos acontecimento mais celebres motivados pela revolução de França, e principalmente desde a entrada dos franceses em Portugal até a 2ª restauração desta, gloriosa acclamação do Principe Regente o Serenissimo Sr. D. João VI. Offerecido ao... Sr. Antonio S. José Casto.* Coimbra, Imprensa da Universidade, 1808. 48 pp. [39,24,4]

SOUSA, Bernardo A. F. de. *Relação dos festejos, que a feliz acclamação do muito alto, muito poderoso, e fidelissimo Sr. D. João VI, Rei do Reino Unido de Portugal, Brasil e Algarves. Na noite do indelevel, e faustissimo dia 6 de fevereiro, e nas duas subsequentes com tanta cordialidade, como respeito notarão os habitantes do Rio de Janeiro; seguida das poesias dedicadas ao mesmo venerando objecto, collegidas por... e dada ao prelo, e gratuitamente distribuida pela mesma Intendencia, a fim de perpetuar a memoria do plausivel sucesso, de que mais se glorião os fastos portugueses.* Rio de Janeiro, Typographia Real, 1818A. 52 pp. [37,13,10-12]

______. *Elogio drammatico em applauso dos faustissimos annos da Serenissima Princeza Real a Senhora D. Carolina Joseja Leopoldina.* Rio de Janeiro, Impressão Régia, 1818B.

______. *A fidelidade do Brazil; elogio dramatico aos faustissimos annos de S. M. F. o Sr. D. João VI, rei constitucional do Reino Unido de Portugal, Brazil e Algarves. Recitado no Theatro Nacional de São João na Corte do Rio de Janeiro em 13 de maio de 1822 e offerecido aos briosos cidadãos fluminenses, por seu author.* Rio de Janeiro, Imprensa Nacional, 1822. 16 pp. [37,23,9]

SOUSA, Luis Antonio da Silva e, sac. *A discordia ajustada; elogio drammatico para manifestação do real busto do Sr. D. João VI, nas festas que por motivo de sua exaltação se fazem na villa boa de Goyás, em outubro de 1818, governando esta capitania o illustrissimo e excellentissimo Fernando Delgado Freire de Castilho, por...* Rio de Janeiro, Impressão Régia, 1819. 14 pp. [37,14,9]

SOUTO-MAIOR, J. D. F. *Oração em Graças a Deos, pela suspirada acclamação e exaltação ao Throno D'Elrei N. S. o Sr. D. João VI, em a Igreja Matriz de São Pedro do Rio Grande do Sul.* Rio de Janeiro, Impressão Régia, 1818. 26 pp. [37,13,15]

SOUTO-MAIOR, João Dias Talaia. *A Sua Alteza Real o serenissimo principe nosso Senhor no felicissimo dia de seus annos, lhe consagrão os devidos elogios o capitão João Dias Talaia e seu filho...* Lisboa, Felipe da Silva e Azevedo, 1789. 16 pp. [40,13,21]

SOYÉ, Luis Rafael. *O templo do destino; predição de Myrtillo ao felicissimo dia do Natalicio do serenissimo Sr. D. João principe do Brasil, em 13 de maio de 1791, offerece...* Lisboa, Régia Oficina Tipográfica, 1791. 21 pp. [21,1,30 n.3]

SOYÉ, Luis Rafael. *Os lavradores, drama campestre para musica: offerecido ao serenissimo Sr. D. João principe do Brazil no seu felicissimo dia natalicio por...* Lisboa, Nunesiana, 1792. 32 pp. [21,1,30 n.1]

TOLLENARE, L. F. De. *Notas dominicaes tomadas durante uma residencia em Portugal e no Brasil nos annos de 1816, 1817 e 1818.* Trad. Alfredo de Carvalho. Recife, Jornal do Comércio, 1905. 261 pp.

VALE, João Antonio do, sac. *Elogio ao Serenissimo Senhor d. João Principe do Brazil, no dia de seus felizes annos dedicado por...* Lisboa, Nunesiana, s/d. 7 pp. [41,1,10]

VASCONCELOS, Antonio Luis de Brito Aragão e. Memórias sobre o estabelecimento do Império do Brasil ou novo Império Lusitano, Parte Primeira, dedicado ao Ill. E Exc. Sr, D. Marcos de Noronha e Brito, Conde dos Arcos, &c., pelo bel. *Anais da Biblioteca Nacional,* Rio de Janeiro, v. 43-4, pp. 1-48, 1921. [43-4:31]

VAZ, Antonio José. *A Deos omnipotente, optimo maximo, em acção de graças pelos faustissimos annos de sua alteza Real, o principe regente N. S. em o plazivel dia 13 de maio de 1810, de seu augusto natalicio. Cantico.* Rio de Janeiro, Impressão Régia, 1810. 12 pp. [37,3,10]

_______. *As offerendas pastoris. Idyllio. A sua alteza real o principe regente N. S. em o faustissimo dia 7 de Março de 1810, anniversario de sua plausivel e feliz entrada neste porto do Rio de Janeiro.* Rio de Janeiro, Impressão Régia, s/d. 14 pp. [37,3,15]

Periódico

Gazeta do Rio de Janeiro. 1808 a 1821 (microfilme)

INSTITUTO HISTÓRICO E GEOGRÁFICO BRASILEIRO

Almanaque da Cidade do Rio de Janeiro para 1811. Rio de Janeiro, *RIHGB,* v. 282, pp. 97-236, jan./mar., 1969.

Almanaque da Cidade do Rio de Janeiro para o ano de 1816. Rio de Janeiro, *RIHGB,* v. 268, pp. 179-330, 1965.

Almanaque da Cidade do Rio de Janeiro para o ano de 1817. Rio de Janeiro, *RIHGB,* v. 270, pp. 24-370, 1966.

Almanaque da Cidade do Rio de Janeiro para os annos de 1816, 1817, 24, 26, 27. Rio de Janeiro, Imprensa Régia. [Microfilme Arm 1, pasta 2; escan. 18, pasta 343/367]

BAEPENDI, senador conde de. Apontamentos biográficos da família Braz Carneiro Leão. *RIHGB*, Rio de Janeiro, v. 43, pp. 365-84, 1880.

BARATA, Mário. Bicentenário de Debret. Rio de Janeiro, *RIHGB*, v. 279, pp. 177-82, 1968.

BEZERRRA, Alcides. A vida doméstica da Imperatriz Leopoldina. Rio de Janeiro, *RIHGB*, v. 175, pp. 71-106, 1940.

BRANCO, Pandiá H. de T. Castelo. A corte portuguesa no Brasil. Rio de Janeiro, *RIHGB*, I.C.H.B. (1º Congresso de História Nacional), v. 1, pp. 417-36, 1914.

CALMON, Pedro. D. João VI — a vida e o governo. Rio de Janeiro, *RIHGB*, v. 279, pp. 135-42, 1968.

Côrte e província do Rio de Janeiro. Mapa da população da... 1821, 7 fls. [lata 77]

CUNHA, Rui Vieira da. A vida no Rio de Janeiro através de testamentos: 1815-1822. Rio de Janeiro, *RIHGB*, v. 282, pp. 46-64, jan.-mar., 1969.

Da Acclamação que se fez na Capitania do Rio de Janeiro, Estado do Brasil, e nas mais do Sul, ao Senhor Rei D. João IV, por verdadeiro Rei e Senhor do Seu Reino de Portugal, com a felicissima restituicão que d'elle se fez a Sua majestade, que Deus Guarde, etc. Rio de Janeiro, *RIHGB*, v. 5, n. 19, pp. 343-51, 1843.

Dissertação sobre as inanidades da fidalguia. Anônimo. s/l, s/d. [lata 07, doc. 25]

Entradas e saídas dos cofres do Real Erário do Rio de Janeiro nos anos de 1812, 1816, 1817, 1818. [lata 59, docs. 1 a 4]

Entradas e saídas dos cofres do Real Erário do Rio de Janeiro nos annos de 1819, 1820, 1821. [lata 60, docs. 1 a 3]

FLORENCE, Hercules. Viagem de Langsdorff. Rio de Janeiro, *RIHGB*, v. 38, pp. 355-469, 1875.

GENDRIN, Victor Athanase. *Récti historique, exact et sincère, par mer et par terre, de quatre voyages faits au Brésil, au Chili, dans les Cordilières des Andes, à Mendoza, dans le désert, et à Buenos Aires...* Paris, M. Gendrin, 1856. (Tradução do *Jornal do Comércio*, não paginada, 1930.) [lata 483, pasta]

GUIMARÃES, Alberto Carlos de Araújo. Ação cultural e política no governo de D. João VI. Rio de Janeiro, *RIHGB*, Anais do 3º Congresso de História Nacional, v. 3, pp. 257-92, 1938.

Instrucções dadas por S. M. o Rei D. José I para a educação de seu Augusto neto o Príncipe D. José. Ajuda, 7/12/1768. [lata 61, doc. 4]

LACOMBE, Américo Jacobina. Os cronista da época de D. João VI. Rio de Janeiro, *RIHGB*, v. 279, pp. 98-113, 1968.

MENDONÇA, Carneiro de. D. João VI e o Tratado de Viena de 1815. Rio de Janeiro, *RIHGB*, v. 279, pp. 65-98, 1968.

NUNES, Antônio Duarte. Almanaque histórico da cidade de São Sebastião do Rio de Janeiro. Rio de Janeiro, *RIHGB*, v. 21, 1858.

Ofício do Conde de Rezende sobre a falta de dois desembargadores aos festejos, na sala do Docel, do aniversário de S. M. a Rainha D. Maria I. Rio de Janeiro, 21/12/1792. [lata 8, doc. 28]

PINHEIRO, J. C. Fernandes. Paulo Fernandes Viana e a polícia de seu tempo. Rio de Janeiro, *RIHGB*, v. 53, p. 65-76, 1876.

PONDÉ, Francisco de Paula e Azevedo. D. João VI e a emancipação intelectual do Brasil. Rio de Janeiro, *RIHGB*, v. 279, pp. 114-35, 1968.

PORTUGAL, Tomás Antonio Vilanova. *Plano para aformosear a capital, providencias uteis para a cidade. Sesmarias.* s/t. [lata 21, doc. 13]

Relação das pessoas que sairam desta cidade para o Brasil, em companhia de S.A.R., no dia 29/11/1807. [lata 490, pasta 29]

Relação dos despachos publicados na corte no faustissimo dia dos annos de S.A.R.... desde a feliz chegada de S.A.R. aos Estados do Brasil até o dito dia. Rio de Janeiro, Imprensa Régia, 13/5/1808. 27 pp. [lata 60, doc. 42]

Relação dos magníficos carros que se fizeram, de arquitetura, perspectivas e fogos, por ordem do ilustríssimo e Excelentíssimo Sernhor D. Luíz de Vasconcellos e Souza, Capitão General de Mar e Terra, e Vice Rei dos Estados Do Brazil. Nas festividades dos desposórios dos infantes de Portugal. Nesta capital do Rio de Janeiro, em 2 de fevereiro de 1786... Rio de Janeiro, 2/2/1786.

SILVA, José Bonifácio de Andrada e. *Notas sobre a fidalguia.* s/l, s/d. [lata 191, doc. 47]

SOARES, Antônio Francisco. *Relação dos magníficos carros, que se fizerão de architetura, perspectiva, e fogos, os quaes se executarão nas festividades dos despozórios dos serenissimos infantes de Portugal na cidade do Rio de Janeiro em 2 de fevereiro de 1785 (com dezenhos). Por... ajudante agregado.* Nossa Senhora da Lapara. Em 2/2/1786. [lata 51, doc. 20]

TAUNAY, Afonso de E. Rio de Janeiro de antanho. Rio de Janeiro, *RIHGB*, v. 144, pp. 493-520, 1921.

______. A missão artística de 1816. Rio de Janeiro, *RIHGB*, v. 74, 1ª parte, pp. 5-202, 1911.

VARNHAGEN, Francisco Adolfo de. *História da Independência do Brasil até o reconhecimento pela antiga metrópole, comprehendendo, separadamente, a dos sucessos ocorridos em algumas províncias até essa data.* Rio de Janeiro, Imprensa Nacional, 1917 (*RIHGB*, v. 133).

VIANA, Paulo Fernandes. Abreviada demonstração dos trabalhos da polícia em todo o tempo em que servio o desembargador Paulo Fernandes Viana. Rio de Janeiro, *RIHGB*, v. 85, pp. 373-80, 1892.

ARQUIVO NACIONAL DO RIO DE JANEIRO

Códices

Cod. 37. *Conselho da Fazenda. Registro de Cartas de Padrões de tenças.* [2 v.]

Cod. 263. *Livro de casamentos e batizados de membros da família Real e Imperial* (*1810-45*).

Cod. 323. *Registro da correspondência da Polícia.* (volumes 1 a 5 — 1809/1820)

Cod. 327. *Registro de Ofícios da Polícia ao comandante da real e depois Imperial Guarda da Polícia.*

Cod. 329. *Registro dos officios e ordens* [da Polícia] *expedidos aos ministros criminais dos bairros e mais Ministros da corte e Cameras.* (volume 1 — 1811-2; volume 2 — 1812-5; volume 4 — 1817-8)

Cod. 402. *Devassa da Polícia sobre vários delitos* (1809-17).

Cod. 403. *Relação de presos feitos na Polícia*

Cod. 569. *Papeis relativos a Aclamação, sagração e coroação de d. Maria I, d. João VI e d. Pedro I.*

Cod. 730. *Papéis relativos á vinda da Família Real para o Brasil.* (*Relação das pessoas que vieram e das náus que fizeram o transporte*). *1808.*

Cod. 789. *Inventário de Elias Antônio Lopes.*

Cod. 807. *Narração histórica da Entrada Pública da Sereníssima Princesa Real na Corte do Rio de Janeiro no dia 6 de Novembro do ano de 1817.* [v. 1, pp. 231--59]

Fundo Casa Real e Imperial: Caixas 1 e 2

Ordens honoríficas. *

Graças honoríficas

Sesmarias

Inventários

* Ordens e graças honoríficas, sesmarias e inventário têm entradas em ordem alfabética.

Bibliografia

A muito leal e heroica cidade de São Sebastião do Rio de Janeiro. Organização de Raymundo Castro Maia, Cândido Guinle de P. Machado e Fernando M. Portela. Rio de Janeiro, Banco Boa Vista, 1965.

AGUIAR, Pinto de. *A abertura dos portos do Brasil. Cairu e os ingleses.* Salvador, Progresso, 1960. 180 pp.

ALMEIDA, Fortunato de. *História de Portugal.* Coimbra, Fortunato de Almeida, 1928. 10 v.

ALENCASTRO, Luís Felipe de. (org.). *Império: a corte e a modernidade.* São Paulo, Companhia das Letras, 1997. 523 pp. (*História da vida privada no Brasil,* v. 2)

AMEAL, João, pseud. *D. João VI e o Brasil.* Lisboa, Academia das Ciências, 1965.

APOSTOLIDÈS, Jean-Marie. *O rei-máquina; espetáculo e política no tempo de Luís XIV.* Trad. Claudio Cesar Santoro. Rio de Janeiro, José Olympio; Brasília, Ed. UnB, 1993. 145 pp.

ARAÚJO, José de Souza Azevedo Pizarro e. Mons. *Memórias históricas do Rio de Janeiro.* Rio de Janeiro, Imprensa Nacional, 1945. 10 v.

ARMITAGE, João. *História do Brasil. Desde a chegada da família de Bragança, em 1808, até a abdicação de D. Pedro I, em 1831, compilada à vista dos documentos públicos e outras fontes originais formando uma continuação da História do Brasil, de Southey.* São Paulo, Martins, 1972. 310 pp.

ÁVILA, Affonso. *O lúdico e as projeções do mundo barroco.* São Paulo, Perspectiva, 1971. 2 v.

AYA, Rod. Norbert Elias and "The civilizing Process". *Theory and Society.* Amsterdam, 5, 2, pp. 219-28, mar. 1978.

AZEVEDO, Fernando de. *A cultura brasileira. Introdução ao estudo da cultura no Brasil.* 3ª ed. São Paulo, Melhoramentos, 1958. 3 t.

AZEVEDO, João Lúcio de. *O marquês de Pombal e sua época.* 2ª ed. Porto, Renascença Portuguesa, 1922. 360 pp.

BALANDIER, Georges. *O poder em cena.* Trad. Luiz Tupy Caldas de Moura. Brasília, UnB, 1982.

BECKFORD. *Diário de William Beckford em Portugal.* Trad. João Gaspar Simões. 3ª ed. Lisboa, Biblioteca Nacional, 1988. 233 pp.

BEIGUELMAN, Paula. *Formação política do Brasil.* 2ª ed. São Paulo, Pioneira, 1976. 269 pp.

BIBLIOTECA DA AJUDA. *Índice dos documentos relativos à América do Sul existentes na Biblioteca da Ajuda.* Prefácio de Pedro Moniz Aragão. Rio de Janeiro, Arquivo Nacional, 1968.

BIBLIOTECA DA AJUDA. *Índice do "Inventário dos Mss da Biblioteca da Ajuda referentes à América do Sul.* Por Carlos A. Ferreira. Lisboa, 1976. 192 pp. (Datil.)

BLEICHER, Josef. Struggling with Kultur. *Theory, culture and society.* Glasgow, 7, 1, pp. 97-106, 1990.

BLOCH, Marc. *Os reis taumaturgos.* Trad. Júlia Mainardi. São Paulo, Companhia das Letras, 1993. 433 pp.

BORGES, Nelson Correia. *A arte nas festas do casamento de D. Pedro II.* Porto, Paisagem, 1986. 123 pp.

BOSCHI, Caio C. *Roteiro-sumário de arquivos portugueses de interesse para o pesquisador da História do Brasil.* Lisboa, Edições Universitárias Lusófonas, 1995. 95 pp.

BOURDIEU, Pierre. Habitus, code et codification. *Actes de la Recherche en Sciences Sociales.* Paris, 64, pp. 40-4, set. 1986.

______. *O poder simbólico.* Trad. Fernando Tomáz. Lisboa, Difel, 1989. 311 pp.

______. *Razões práticas: sobre a teoria da ação.* Trad. Mariza Corrêa. Campinas, Papirus, 1996.

BRAZÃO, Eduardo. *O casamento de João V.* Lisboa, Baroeth, 1937A.

______. *O casamento de D. Pedro II, com a Princesa de Nuremberg.* Coimbra, Coimbra Ed., 1936.

______. *A recepção de uma rainha.* Lisboa, Câmara Municipal de Lisboa, 1937B.

BURKE, Peter. A história dos acontecimentos e o renascimento da narrativa. In: *A escrita da história; novas perspectivas.* Trad. Magda Lopes. São Paulo, Editora da Unesp, 1992, pp. 327-48.

BURKE, Peter. *A fabricação do rei. A construção da imagem pública de Luís XIV.* Trad. Maria Luiza X. de A. Borges. Rio de Janeiro, Jorge Zahar, 1994. 254 pp.

______. *Veneza e Amsterdã: um estudo das elites do século XVII.* Trad. Rosaura Eichenberg. São Paulo, Brasiliense, 1990.

BURGESS, Gleen. The divine right of kings reconsidered. *The English Historical Review.* Londres, nº 425, pp. 837-61, out. 1992.

CABRAL, Alfredo do Vale. *Annaes da imprensa nacional do Rio de Janeiro de 1808 a 1822.* Rio de Janeiro, Tipografia Nacional, 1831.

CABRAL, Manuel Villaverde. *O desenvolvimento do capitalismo em Portugal no século XIX.* 3ª ed. Lisboa, A regra do jogo, 1981. 361 pp.

CALDERÓN DE LA BARCA. *O grande teatro do mundo.* Trad. Maria de Lourdes Martini. Rio de Janeiro, Francisco Alves, 1988. 66 pp.

CALMON, Pedro. *O rei do Brasil; vida de D. João VI.* 2ª ed. São Paulo, Companhia Editora Nacional, 1943. 324 pp.

CALÓGERAS, J. Pandiá. *Formação histórica do Brasil.* 8ª ed. São Paulo, Companhia Editora Nacional, 1980. 396 pp.

CAMARGO, Ana Maria de Almeida & MORAIS, Rubens Borba de. *Bibliografia da Impressão Régia.* São Paulo, Kosmos/Edusp, 1993. 2v.

CAMÕES, Luís de. *Os lusíadas.* 2ª ed. Porto, Companhia Portuguesa Editora, 1916-8. 2 t.

CAMPOS, Francisco A. de Novaes. *Príncipe perfeito; emblemas de D. João de Solórzano.* Edição fac-similar do manuscrito da Biblioteca Nacional do Rio de Janeiro oferecido ao príncipe dom João em 1790. Lisboa, Instituto de Cultura e Língua Portuguesa, 1985.

CAPELATO, Maria Helena Rolim. *Propaganda política no varguismo e no peronismo.* São Paulo, USP, 1997 (tese de livre-docência).

CARRÈRE, J. B. F. *Panorama de Lisboa no ano de 1796.* Trad. Castelo Branco Chaves. Lisboa, Biblioteca Nacional, 1989. 198 pp.

CARDOSO, Ciro Flamarion. Crítica de duas questões relativas ao antirrealismo epistemológico contemporâneo. *Diálogos; Revista do Departamento de História da Universidade Estadual de Maringá.* Maringá, v. 2, n. 2, pp. 47-64, 1998.

______. Epistemologia pós-moderna, texto e conhecimento, a visão de um historiador. *Diálogos; Revista do Departamento de História da Universidade Estadual de Maringá.* Maringá, v. 3, n. 3, p. 129, 1999.

CARDOSO JR., Hélio R. *Paul Veyne e o problema da relação entre filosofia e história.* Campinas, mimeo, 1992. 288 pp. (dissertação de mestrado).

______. Narrativas e totalidades como problemas na historiografia — um estudo e dois casos. In: MALERBA, Jurandir. *A velha história: teoria, método e historiografia.* Campinas, Papirus, 1996, pp. 179-88.

CARDOSO JR., Hélio R. A narrativa histórica como questão filosófica. *R H Revista de História*, Campinas, v. 2, nº 3, pp. 125-47, 1991.

CARR, David. *Time, narrative, and history*. Bloomington/Indianapolis, Indiana University Press, 1991.

CARVALHO, José Murilo de. *A construção da ordem: a elite política imperial*. Brasília, Universidade de Brasília, 1981. 202 pp.

______. *Teatro de sombras: a política imperial*. São Paulo, Vértice; Rio de Janeiro, Iuperj, 1988. 196 pp.

CARVALHO, Rômulo de. *História da fundação do Colégio Real dos Nobres de Lisboa*. Coimbra, Atlântida, 1959.

CASSIRER, Ernst. *A filosofia do Iluminismo*. Trad. Álvaro Cabral. 2ª ed. Campinas, Papirus, 1994.

Catálogo da exposição de modelos de brazão e cartas de nobreza e fidalguia. Colônia, Reino Unido e Império. Juiz de Fora, Universidade Federal de Juiz de Fora, 1965. 35 pp.

CHANTAL, Suzanne. *A vida cotidiana em Portugal ao tempo do terramoto*. Trad. Álvaro Simões. Lisboa, Livros do Brasil, s/d. 300 pp.

CHARTIER, R. O mundo como representação. *Estudos Avançados*, São Paulo, n. 11, v. 5, pp. 173-91, 1991.

______. Formação social e *habitus*, uma leitura de Norbert Elias. In: *A história cultural entre práticas e representações*. Trad. Maria Manuela Galhardo. Lisboa, Difel, 1990.

CHAUNU, Pierre. *A civilização da Europa das Luzes*. Trad. Manuel João Gomes. Lisboa, Stampa, 1985. 2 v.

CHEKE, Marcus. *Carlota Joaquina (a rainha intrigante)*. Trad. Gulnara Lobato de Morais Pereira. Rio de Janeiro, José Olympio, 1949. 272 pp.

COSTA, Emília Viotti da. *Da monarquia à República; momentos decisivos*. 5ª ed. São Paulo, Brasiliense, s/d. 361 pp.

COUTINHO, Agostinho de Souza. *O conde de Linhares D. Rodrigo de Souza Coutinho*. Lisboa, Bayard, 1908.

COUTINHO, J. J. da Cunha de Azeredo. *Obras econômicas (1794-1804)*. São Paulo, Companhia Editora Nacional, 1966. 318 pp.

CUNHA, Rui Vieira da. *Figuras e fatos da nobreza brasileira*. Rio de Janeiro, Arquivo Nacional, 1975. 220 pp.

DAMATTA, Roberto. *Carnavais, malandros e heróis. Para uma sociologia do dilema brasileiro*. Rio de Janeiro, Zahar, 1979.

DEBRET, J. B. *Viagem pitoresca e histórica ao Brasil*. Belo Horizonte, Itatiaia; São Paulo, Edusp, 1982. 3 v.

DÉCHAUX, Jean-Hugues. N. Elias et P. Bourdieu, analyse conceptuelle comparée. *Archives Européenes de Sociology*. Cambridge, 34, pp. 365-85, 2, 1993.

DEL PRIORE, Mary (org.). *História das mulheres no Brasil*. São Paulo, Contexto, 1996.

DIAS, Maria Odila Leite da Silva. *Cotidiano e poder em São Paulo no século XIX*. São Paulo, Brasiliense, 1984.

______. Aspectos da Ilustração no Brasil. *RIHGB*. Rio de Janeiro, v. 278, pp. 105-70, 1968.

______. A interiorização da metrópole. In: MOTA, Carlos Guilherme. *1822: dimensões*. São Paulo, Perspectiva, 1972, pp. 160-84.

DONOVAN, Bill M. Rio de Janeiro and Portugal's Trans-Oceanic Empire, 1700--1750. In: DUTRA, Francis & SANTOS, João Camilo dos (eds.). *The Portugueses and the Pacific*. Santa Barbara, UCSB, 1995.

DOURADO, Mecenas. *Hipólito da Costa e o Correio Brasiliense*. Rio de Janeiro, Biblioteca do Exército, 1957. 2 t.

DUTRA, Francis. The Order of Santiago and the Estado da India, 1498-1750. In: DUTRA, Francis & SANTOS, João Camilo dos (eds.). *The Portugueses and the Pacific*. Santa Barbara, UCSB, 1995A.

______. The Restoration of 1640, the *Ausentes em Castela*, and the Portuguese Military Orders, Santiago, a Case Study. In: SANTOS, João Camilo dos & WILLIAMS, Frederick G. (eds.). *O amor das letras e das gentes. In Honor of Maria de Lourdes Belchior Pontes*. Santa Barbara, UCSB, 1995B.

______. Evolution of the Portuguese Order of Santiago, 1492-1600, *Mediterranean Studies*, v. 4, p. 66, 1994.

DUNNING, Eric. Comments on Elias's "Scenes from life of a knight". *Theory, culture and society*. Leicester, 4, 2, 2-3, pp. 366-71, 1987.

EBEL, Ernst. *O Rio de Janeiro e seus arredores em 1824*. Trad. Joaquim de S. Leão Fº São Paulo, Companhia Editora Nacional, 1972. 199 pp.

EDMUNDO, Luís. *O Rio de Janeiro no tempo dos vice-reis*. Rio de Janeiro, Imprensa Nacional/IHGB, 1932, 544 pp.

ELIAS, Norbert. *A sociedade de corte*. Trad. Ana Maria Alves. Lisboa, Stampa, 1987. 240 pp.

______. *Introdução à sociologia*. Trad. Maria Luísa R. Fonseca. Lisboa, Edições 70, 1980.

______. *A sociedade dos indivíduos*. Trad. Mário Matos. Lisboa, Dom Quixote, 1993. 205 pp.

______. *O processo civilizador; formação do Estado e civilização*. Trad. Rui Jungmann. Rio de Janeiro, Jorge Zahar, 1994. v. 2.

______. *O processo civilizador; uma história dos costumes*. Trad. Rui Jungmann. Rio de Janeiro, Jorge Zahar, 1990. v. 1.

FALCON, Francisco José Calazans. *História e representação*. Rio de Janeiro, 1998 (mimeo).

FAORO, Raimundo. *Os donos do poder; formação do patronato político brasileiro*. 7ª ed. Porto Alegre, Globo, 1987. 2 v.

FAUSTO, Boris. *História do Brasil*. 4ª ed. São Paulo, Edusp, 1996. 650 pp.

FELGUEIRAS GAYO, Manuel José da Costa. *Nobiliário de famílias de Portugal*. Braga, Carvalho de Basto, 1990. 12 v.

FERREIRA, Carlos Alberto. *Inventário dos manuscritos da Biblioteca da Ajuda referentes à América do Sul*. Coimbra, Faculdade de Letras/IEB, 1946. 682 pp.

FERREIRA, Silvestre Pinheiro. *Ideias políticas*. Rio de Janeiro, PUC, 1976. 176 pp.

FICO, Carlos. *Reinventando o otimismo; ditadura, propaganda e imaginário social no Brasil*. Rio de Janeiro, Editora Fundação Getúlio Vargas, 1997. 188 pp.

FLORENTINO, Manolo Garcia. *Em costas negras: uma história do tráfico atlântico de escravos entre a África e o Rio de Janeiro (séculos XVIII e XIX)*. Rio de Janeiro, Arquivo Nacional, 1995.

FORTES, Luiz Roberto Salinas. *Paradoxo do espetáculo; política e poética em Rousseau*. São Paulo, Discurso Editorial, 1997.

FRAGOSO, João Luís & FLORENTINO, Manolo. *O arcaísmo como projeto: mercado atlântico, sociedade agrária e elite mercantil no Rio de Janeiro, c.1790-c.1840*. Rio de Janeiro, Diadorim, 1993.

FRAGOSO, João Luís R. *Homens de grossa aventura: acumulação e hierarquia na praça mercantil do Rio de Janeiro (1790-1830)*. Rio de Janeiro, Arquivo Nacional, 1992.

FRANÇA, Antônio d'Oliveira Pinto da (org.). *Cartas baianas, 1821-1824*. São Paulo, Companhia Editora Nacional, 1980. 184 pp.

FREYRE, Gilberto. *Aventura e rotina*. Rio de Janeiro, José Olympio, 1950.

______. *Um brasileiro em terras portuguesas*. Rio de Janeiro, José Olympio, 1953. 438 pp.

GARGANI, Aldo. *O texto do tempo*. Trad. Abílio Queirós. Lisboa, Edições 70, 1995.

GARRETT, Almeida. *Portugal na balança da Europa*. Lisboa, Horizonte, s/d. 221 pp.

GEERTZ, Clifford. *A interpretação das culturas*. (s/trad.). Rio de Janeiro, Guanabara, 1990.

______. *Negara; O Estado teatro no século XIX*. Trad. Miguel Vale de Almeida. Lisboa, Difel; Rio de Janeiro, Bertrand Brasil, 1991. 369 pp.

GINZBURG, Carlo. Représentation: le mot, l'idée, la chose. *Annales ESC*. Paris, 46, 6, 1219 a 1234, 1991.

GODECHOT, Jacques. *Europa y América en la época napoleónica (1800-1815)*. Trad. Jesús Lopes Pacheco. Barcelona, Labor, 1969. 331 pp.

GOFFMAN, Erving. *A representação do eu na vida cotidiana*. Trad. Maria Célia Santos Raposo. Petrópolis, Vozes, 1975.

GOLDMANN, Lucien. *Dialética e cultura*. Trad. L. F. Cardoso e Carlos N. Coutinho. 2ª ed. Rio de Janeiro, Paz e Terra, 1979. 197 pp.

GOMES, Rita Costa. *A corte dos reis de Portugal no final da Idade Média*. Lisboa, Difel, 1995.

GORENSTEIN, Riva. *Comércio e política: o enraizamento de interesses mercantis portugueses no Rio de Janeiro (1808-1830)*. In: MARTINHO, Lenira Menezes & GORENSTEIN, Riva. *Negociantes e caixeiros na sociedade da Independência*. Rio de Janeiro, Secretaria Municipal de Cultura, Turismo e Esportes, 1993 (Biblioteca Carioca), pp. 126-255.

GRAHAM, Maria. *Diário de uma viagem ao Brasil*. Trad. Américo J. Lacombe. Belo Horizonte, Itatiaia; São Paulo, Edusp, 1990. 423 pp.

______. Esboço biográfico de D. Pedro I, com uma notícia do Brasil e do Rio de Janeiro; correspondência entre Maria Graham e a Imperatriz Leopoldina e cartas anexas. *Anais da BNRJ*. Rio de Janeiro. v. LX, 1940.

GRAHAM, Richard. *Clientelismo e política no Brasil do século XIX*. Trad. Celina Brandt. Rio de Janeiro, Editora da UFRJ, 1997. 542 pp.

HABERMAS, Jurgen. *Mudança estrutural na esfera pública*. Rio de Janeiro, Tempo Brasileiro, 1984.

HANSEN, João Adolfo. Teatro da memória: monumento barroco e retórica. *Revista do IFAC*. Ouro Preto, 2, pp. 40-54, dez. 1995.

HARKER, Richard & MAY, Stephen. Code and *Habitus*: comparing the accounts of Bernstein and Bourdieu. *British Journal of Sociology of Education*. Londres, 14, 2, pp. 169-78, 1993.

HATHERLY, Ana. Para uma arqueologia da poesia experimental. Anagramas Portugueses do século XVII. *Colóquio Artes*. Lisboa, nº 40, pp. 32-41, 1979.

______. Labirintos portugueses dos séculos XVII e XVIII. *Colóquio Artes*. Lisboa, nº 45, pp. 20-9, 1979.

HESPANHA, António M. A representação da sociedade e do poder. In: ______. (coord.). *O Antigo Regime*. Lisboa, Stampa, 1993. (v. 4 da *História de Portugal*, dir. José Mattoso). 471 pp.

______. *As vésperas do Leviathan*. Coimbra, Almedina, 1994. 2v.

______. (coord.). *O Antigo Regime*. Lisboa, Stampa, 1993. (v. 4 da *História de Portugal*, dir. José Mattoso). 471 pp.

HOBSBAWM, Eric. J. *A era das revoluções (1789-1848)*. Trad. Maria T. L. Teixeira e Marcos Penchel. 5ª ed. Rio de Janeiro, Paz e Terra, 1982. 366 pp.

HOLANDA, Sérgio Buarque de. *Capítulos de literatura colonial*. São Paulo, Brasiliense, 1991. 465 pp.

HOLANDA, Sérgio Buarque de. *Do Império à República.* 3ª ed. São Paulo, Difel, 1983. (*HGCB*, t. 2, v. 5.)

______. O barão de Iguape. In: *Livro dos prefácios.* São Paulo, Companhia das Letras, 1996.

______. Prefácio. In: SILVA, Maria Beatriz Nizza da. *Cultura e sociedade no Rio de Janeiro (1808-1821).* 2ª ed. São Paulo, Companhia Editora Nacional, 1978, pp. IX-XX.

______. *Raízes do Brasil.* 17ª ed. Rio de Janeiro, José Olympio, 1984. 158 pp.

______. *Visão do paraíso.* 5ª ed. São Paulo, Brasiliense, 1992. 365 pp.

______. (org.). *História geral da civilização brasileira.* São Paulo, Difel, 1982. t. 2, v. 1. (*O processo de emancipação*).

HUIZINGA, Joahn. *Homo ludens: o jogo como elemento da cultura.* Trad. João Paulo Monteiro. 2ª ed. São Paulo, Perspectiva, 1990. 243 pp.

______. Problemas de historia de la cultura. In: *El concepto de la historia.* Trad. Wenceslao Roces. México, Fondo de Cultura Económica, 1992. pp. 7-84.

INGLIS, Fred. Good and bad habitus, Bourdieu, Habermas and the condition of England. *Sociological Review.* Bristol, 27, 2, pp. 353-69, 1979.

KAISER, Gloria & WAGNER, Robert. *Thomas Ender, Brasilien-Expedition 1817.* Graz, Akademische Druck- u. Verlagsanstalt, 1994. 103 pp.

LEITHOLD, Von & RANGO, Von. *O Rio de Janeiro visto por dois prussianos.* São Paulo, Companhia Editora Nacional, 1966. 166 pp.

LENHARO, Alcir. *As tropas da moderação; o abastecimento da corte na formação política do Brasil (1808-1842).* São Paulo, Símbolo, 1979. 148 pp.

LIMA, Antônio Carlos de Souza & VIANNA, Adriana de Resende Barreto. História, antropologia e relações de poder — algumas considerações em torno de saberes e fazeres sobre o social. In: MALERBA, Jurandir. *A velha história,* pp. 127-52.

LIMA, Manuel de Oliveira. *D. João VI no Brasil (1808-1821).* 2ª ed. Rio de Janeiro, José Olympio, 1945. 3 v.

______. *O movimento da Independência (1821-1822).* São Paulo, Melhoramentos, 1922. 376 pp.

LINHARES. Maria Yedda (org.). *História geral do Brasil.* Rio de Janeiro, Campus, 1990. 303 pp.

LIPNER, Elias. *O tempo dos judeus segundo as ordenações do reino.* São Paulo, Nobel, 1982. 248 pp.

LISBOA, Karen Macknow. *A nova Atlântida de Spix e Martins: natureza e civilização na Viagem pelo Brasil (1817-1820).* São Paulo, Hucitec/Fapesp, 1997. 222 pp.

LOACH, Jennifer. The function of ceremonial in the Reign of Henry VIII. *Past and Present.* Oxford, 142, pp. 43-68, Feb. 1994.

LOPES, Marcos Antônio. *O político na modernidade: moral e virtude nos espelhos de príncipes da Idade Clássica.* São Paulo, Loyola. 167 pp.

______. *A política dos modernos, história das ideias e imaginário político na Idade Clássica e no Século das Luzes.* Cascavel, Editora Universitária da Unioeste/ Edunioeste. 168 pp.

LOBO, Eulália Maria Lahmeyer. Conflito e continuidade na história brasileira. In: KEITH, Henry H. & EDWARDS, S. F. (orgs.). *Conflito e continuidade na sociedade brasileira.* Trad. José L. de Melo. Rio de Janeiro, Civilização Brasileira, 1970, pp. 313-44.

LUCCOCK, John. *Notas sobre o Rio de Janeiro e partes meridionais do Brasil.* Trad. Milton de S. Rodrigues. Belo Horizonte, Itatiaia; São Paulo, Edusp, 1975. 435 pp.

LYRA, Maria de Lourdes Viana. *A utopia do poderoso Império. Portugal e Brasil: bastidores da política (1798-1822).* Rio de Janeiro, Sette Letras, 1994. 256 pp.

MALERBA, Jurandir. *Os brancos da lei; liberalismo, escravidão e mentalidade patriarcal no império do Brasil.* Maringá, Editora da Universidade Estadual de Maringá, 1994. 177 pp.

______. A casa do rei: reflexões em torno do caráter patriarcal do Estado imperial brasileiro. *Cadernos de Metodologia e Técnica de Pesquisa.* Maringá, suplemento nº 1 (História), pp. 115-26, 1995.

______. Sobre Norbert Elias. In: ______. (org.). *A velha história; teoria método e historiografia.* Campinas, Papirus, 1996. pp. 73-92.

______. (org.). *A velha história; teoria, método e historiografia.* Campinas, Papirus, 1996. 208 pp.

______. Algumas histórias da vida privada de determinadas classes sociais em certas regiões do Brasil. Resenha a ALENCASTRO, Luiz Felipe de (org.). *Império: a corte e a modernidade nacional.* São Paulo, Companhia das Letras, 1997. 523 pp. *Tempo*, Rio de Janeiro, nº 6, pp. 215-26, 1998.

______. Instituições da monarquia portuguesa decisivas na fundação do império do Brasil. *Luso-Brazilian Review.* Madison, nº 36, v. 1, pp. 1-16, 1999A.

______. Entre la sociología y la historia. Pensar la sociología figurativa en el contexto de la América portuguesa. *Revista Mexicana de Sociología.* México, ano LXI, n. 2, pp. 77-105, abr./jun. 1999B.

MANCHESTER, Alan. A formação da aristocracia brasileira. In: *Estudos Americanos de História do Brasil.* Rio de Janeiro, Ministério das Relações Exteriores/ Imprensa Nacional, 1967, pp. 21-47.

______. A transferência da corte portuguesa para o Rio de Janeiro. In: HENRY, H. Keith & EDWARDS, S. F. *Conflito e continuidade na sociedade brasileira.*

Trad. José Lourenço de Melo. Rio de Janeiro, Civilização Brasileira, 1970, pp. 177-217.

MAQUIAVEL, Nicolau. *O príncipe*. Trad. Antonio D'Elia. São Paulo, Cultrix, 1994. 165 pp.

MARAVALL, José Antonio. *Poder, honor y élites en el siglo XVII*. 3ª ed. Madri, Siglo XXI, 1989.

MARQUES, A. H. de Oliveira. Uma descrição de Portugal. *Nova História*. Lisboa, v. 1, pp. 125-43, 1984.

MARROCOS, Luís Joaquim dos Santos. *Cartas de Luiz Joaquim dos Santos Marrocos*. Rio de Janeiro, *Separata do volume LVI dos Anais da Biblioteca Nacional*, 1939.

MARTINS, Rocha. *A corte de Junot em Portugal*. Lisboa, Gomes de Carvalho, 1910.

______. *História da inteligência brasileira, v. 1 (1500-1794)*. São Paulo, Cultrix/Edusp, 1976. 585 pp.

MARTINS, Wilson. *História da inteligência brasileira, v. 2 (1794-1855)*. São Paulo, Cultrix/Edusp, 1977-8. 546 pp.

MATTOS, Ilmar R. de. *O tempo saquarem*. São Paulo, Hucitec, 1987. 300 pp.

MATTOSO, José. *A nobreza medieval portuguesa; a família e o poder*. 2ª ed. Lisboa, Stampa, 1987. 424 pp.

MAXIMILIANO, Príncipe de Wied-Newied. *Viagem ao Brasil*. Trad. Edgar S. de Mendonça. Belo Horizonte, Itatiaia; São Paulo, Edusp, 1989. 530 pp.

MAXWELL, Kenneth. *A devassa da devassa; a Inconfidência Mineira: Brasil-Portugal (1750-1808)*. Trad. João Maia. 2ª ed. Rio de Janeiro, Paz e Terra, 1978. 317 pp.

MAYER, Arno. *A força da tradição. A persistência do Antigo Regime (1814-1914)*. Trad. Denise Bottmann. São Paulo, Companhia das Letras, 1987. 351 pp.

MAZARINO, Giulio Raimondo, cardeal. *Breviário dos políticos*. Trad. Roberto A. L. Costa. 2ª ed. Brasília, Alhambra, s/d. 86 pp.

MENDONÇA, M. Carneiro de. *D. João VI e o império do Brasil; a independência e a Missão Rio Maior*. Rio de Janeiro, Xerox do Brasil, 1984. 537 pp.

MERCADANTE, Paulo. *A consciência conservadora no Brasil*. 2ª ed. Rio de Janeiro, Civilização Brasileira, 1972. 235 pp.

MITCHELL, Timothy. The world as exhibition. *Comparative studies in society and history*. Cambridge, 31, 2, pp. 217-36, abr. 1989.

MONTEIRO, Nuno Gonçalo. Notas sobre a nobreza, fidalguia e titulares nos finais do Antigo Regime. *Ler história*. Lisboa, nº 10, pp. 15-48, 1987.

______. O endividamento aristocrático (1750-1832), alguns aspectos. *Análise Social*. Lisboa, v. 27 (116-117), pp. 263-83, 1992.

MONTEIRO, Tobias. *História do império. A elaboração da independência*. Belo Horizonte, Itatiaia, 1981. 2 v.

MORAES, Alexandre de M. *História da trasladação da corte de Portugal para o Brasil em 1807-1808*. Rio de Janeiro, E. Dupont, 1872. 465 pp.

MOTA, Carlos Guilherme. *Ideia de Revolução no Brasil (1789-1801). Estudo das formas de pensamento*. Petrópolis, Vozes, 1979. 145 pp.

NEVES, Guilherme P. das. *E receberá mercê*. Rio de Janeiro, Arquivo Nacional, 1997.

NIESTROJ, Brigitte H. E. Norbert Elias, a milestone in historical psycho-sociology. The making of social person. *Journal of Historical Sociology*. Berlim, 2, 2, pp. 136-60, 1989.

NORTON, Luís. *A corte de Portugal no Brasil*. 2ª ed. São Paulo, Companhia Editora Nacional, 1979. 338 pp.

NOVAIS, Fernando Antônio. *Portugal e Brasil na crise do antigo sistema colonial (1777-1808)*. 2ª ed. São Paulo, Hucitec, 1983. 420 pp.

OLIVAL, Maria Fernanda de. *Para uma análise sociológica das ordens militares no Portugal do Antigo Regime. (1581-1621)*. Lisboa, Faculdade de Letras de Lisboa, 1988 (dissertação de mestrado).

OROZCO DÍAS, Emílio. *El teatro y la teatralidade del barroco; ensayo de introducción al tema*. Barcelona, Planeta, 1969. 425 pp.

ORTEGA Y GASSET, José. *Idea del teatro*. Madri, Ocidente, 1958. 102 pp.

PALLARES-BURKE, Maria Lúcia. A spectator in the tropics, a case studie in the production and reproduction of culture. *Comparative Studies in Society and History*. Cambridge, 36, 4, pp. 676-701, oct. 1994.

PANTALEÃO, Olga. A presença inglesa. In: HOLANDA, Sérgio Buarque de (org.). *História geral da civilização brasileira*. São Paulo, Difel, 1982. t. 2, v. 1.

PEDREIRA, Jorge Miguel. Os negociantes de Lisboa na segunda metade do século XVIII: padrões de recrutamento e percursos sociais. *Análise Social*. Lisboa, v. 27 (116-117), pp. 407-40, 1992.

PEREIRA, Ângelo. *Os filhos d'El-Rei D. João VI*. Lisboa, Empresa Nacional de Publicidade, 1946.

______. *D. João VI príncipe e rei*. Lisboa, 1948. 3 volumes.

PINTO, Orlando da Rocha. *Cronologia da construção do Brasil*. Lisboa, Horizonte, 1987. 215 pp.

POHL, Johann Emanuel. *Viagem no interior do Brasil*. Trad. Milton Amado e Eugênio Amado. Belo Horizonte, Itatiaia; São Paulo, Edusp, 1976. 417 pp.

POPPER, Karl. *A lógica das ciências sociais*. Trad. Estevão R. Martins. Rio de Janeiro, Tempo Brasileiro, 1978.

PRADO JR., Caio. *Evolução política do Brasil. Colônia e império*. 15ª ed. São Paulo, Brasiliense, 1986. 102 pp.

______. *Formação do Brasil contemporâneo*. 18ª ed. São Paulo, Brasiliense, 1983. 390 pp.

PRADO, J. F. de Almeida. *D. João VI e o início da classe dirigente no Brasil. Depoimento de um pintor austríaco no Rio de Janeiro.* São Paulo, Companhia Editora Nacional, 1968. 326 pp.

______. *O artista Debret e o Brasil.* São Paulo, Companhia Editora Nacional, 1989. 169 pp.

______. *Tomás Ender: pintor austríaco na corte de D. João VI no Rio de Janeiro. Um episódio da formação da classe dirigente brasileira (1817-1818).* São Paulo, Companhia Editora Nacional, 1955. 383 pp.

PROENÇA, Maria Cândida. *A Independência do Brasil. Relações externas brasileiras (1808-1825).* Lisboa, Horizonte, 1987. 135 pp.

RAMIREZ, Ezequiel Stanley. *As relações entre a Áustria e o Brasil. 1815-1889.* Trad. A. J. Lacombe. São Paulo, Companhia Editora Nacional, 1968. 260 pp.

Revista Brasileira de História. São Paulo, ANPUH/Marco Zero, nº 8, v. 16, 1988.

RIBEIRO, Renato Janine. *A última razão dos reis; ensaios sobre filosofia e política.* São Paulo, Companhia das Letras, 1993. 183 pp.

RICOEUR, Paul. *Tempo e narrativa.* Trad. Constança Marcondes Cesar. Campinas, Papirus, 1994. T. I.

ROBINSON, R. J. The civilizing process: some remarks on Elias's social history. *Sociology.* Manchester, 21, 1, pp. 1-17, 1987.

RUGENDAS, Johann Moritz. *Viagem pitoresca através do Brasil.* Trad. Sérgio Milliet. São Paulo, Edusp, 1989.

RÜSEN, Jörn. Some Theoretical Approaches to Intercultural Comparative Historiography. *History and Theory,* v. 35, nº 4, pp. 5-22, 1996.

RUSSEL-WOOD, A. J. R. *Fidalgos e filantropos. A Santa Casa de Misericórdia da Bahia, 1550-1755.* Brasília, UnB, 1981.

SAINT-HILAIRE, Auguste de. *Segunda viagem do Rio de Janeiro a Minas Gerais e São Paulo (1822).* Trad. Vivaldi Moreira. Belo Horizonte, Itatiaia; São Paulo, Edusp, 1974. 125 pp.

______. *Viagem à província de Goiás.* Trad. Regina Junqueira. Belo Horizonte, Itatiaia; São Paulo, Edusp, 1975, 158 pp.

______. *Viagem pelo distrito dos diamantes e litoral do Brasil.* Trad. Leonam de A. Penna. Belo Horizonte, Itatiaia; São Paulo, Edusp, 1975. 233 pp.

SANTOS, Afonso Carlos M. dos. *No rascunho da nação; inconfidência no Rio de Janeiro.* Rio de Janeiro, Secretaria Municipal de Cultural, 1992. 172 pp.

SANTOS, Luís Gonçalves dos. *Memórias para servir à história do Brasil.* Belo Horizonte, Itatiaia; São Paulo, Edusp, 1981. 2 t.

SARAIVA, Antônio José. *Inquisição e cristãos-novos.* 3ª ed. Porto, Inova, 1969. 230 pp.

SCHWARCZ, Lilia Moritz. *As barbas do Imperador. D. Pedro II, um monarca nos trópicos.* São Paulo, Companhia das Letras, 1998.

SCHWARTZ, Stuart B. *Segredos internos. Engenhos e escravos na sociedade colonial (1550-1835)*. São Paulo, Companhia das Letras/CNPq, 1988.

SCHULTZ, Kirsten. *"Tropical Versailles": the transfer of the Portuguese Court to Rio de Janeiro, Monarchy and Empire.* Universidade de Nova York, 1998 (tese de doutorado).

SENNETT, Richard. *O declínio do homem público; as tiranias da intimidade.* Trad. Lygia A. Watanabe. São Paulo, Companhia das Letras, 1988. 447 pp.

SERRÃO, Joaquim Veríssimo. *História de Portugal.* Lisboa, Verbo, 1980. v. 5.

SERRÃO, Joel et al. *Testemunhos sobre a emigração portuguesa (antologia)*. Lisboa, Horizonte, 1976. 243 pp.

SERRÃO, Joel (dir.). *Dicionário de História de Portugal.* Lisboa, Iniciativas Editoriais, 1971. 10 v.

SICA, Alan. Sociogenesis versus psycogenesis: the unique sociology of Norbert Elias. *Mid American Review of Sociology.* Kansas, 9, 1, pp. 49-78, 1984.

SILBERT, Albert. *Do Portugal do Antigo Regime ao Portugal oitocentista.* Trad. J. R. C. de Oliveira. 2ª ed. Lisboa, Horizonte, 1977. 281 pp.

SILVA, Luiz Geraldo S. Canoeiros do Recife: história, cultura, imaginário (1777--1850). In: MALERBA, Jurandir (org.). *A velha história: teoria, método e historiografia.* Campinas, Papirus, 1996, pp. 93-126.

SILVA, Maria B. N. da. *Cultura e sociedade no Rio de Janeiro (1808-1821)*. 2ª ed. São Paulo, Companhia Editora Nacional, 1978. 246 pp.

______. *Vida privada e cotidiano no Brasil na época de D. Maria I e D. João VI.* Lisboa, Stampa, 1993. 359 pp.

SILVA, Maria B. N. da. (coord.) *O império luso-brasileiro (1790-1822)*. Lisboa, Stampa, 1986. 613 pp.

SLENES, Robert W. Escravidão e família: padrões de casamento e estabilidade familiar numa comunidade escrava (Campinas, século XIX). *Estudos Econômicos.* São Paulo, IPE-USP, v. 17, nº 2, 1987.

SOLLA, Luiz de Castro & BARRETO, Américo. Bodas da família real no Brasil. *Boletim da Sociedade de Geografia de Lisboa.* Lisboa, série 99ª, nºs 7-9 e 10-2, pp. 299-311, jul.-dez. 1981.

SOUSA, João Silva de. *A casa senhorial do Infante D. Henrique.* Lisboa, Horizonte, 1991. 559 pp.

SOUSA, Otávio Tarquínio de. *A vida de D. Pedro I.* Belo Horizonte, Itatiaia; São Paulo, Edusp, 1988. 3 v.

SOUSA, Teresa Andrade e. Guia das Colecções de manuscriptos da Divisão de Reservados. *Revista da Biblioteca Nacional.* Lisboa, 2ª série, 3, 1, pp. 95-129, jan./abr., 1988.

SOUZA, Antonio Candido de Mello e. *Formação da literatura brasileira.* 3ª ed. São Paulo, Martins, 1969. 2 v.

SOUZA, Iara Lis Carvalho. *Pátria coroada. O Brasil como corpo político autônomo (1780-1831)*. São Paulo, Editora da Unesp, 1999.

STONE, Lawrence. The revival of narrative; reflections on a new old History. *Past & Present*, n. 85, pp. 3 a 24, 1979.

______. *La crises de la aristocracia 1558-1641.* Trad. Manoel Rodrígues Alonso. Madri, Alianza Editorial, s/d.

______. Prosopography. *Daedalus.* London, Winter, 1971.

TAUNAY, A. de E. *Ensaios de história paulistana.* São Paulo, Imprensa Oficial do Estado, 1941. 227 pp.

TINHORÃO, José Ramos. *Os negros em Portugal; uma presença silenciosa.* Lisboa, Caminho, 1988. 460 pp.

VEBLEN, Thorstein. *Teoria de la classe ociosa.* Trad. Vicente Herrero. 2ª ed. México, Fondo de Cultura Económica, 1951. 307 pp.

WACQUANT, Loic J. D. Goffman's Habitus. Concerning *Les momments et leurs hommes. Cahiers Internationaux de Sociology*, 35, pp. 365-370, 1988.

WEBER, Max. *Economia y sociedad.* Trad. José Medina Echeverría et al. 2ª ed. México, Fondo de Cultura Económica, 1987. 1230 pp.

XAVIER, Ângelo Barreto & HESPANHA, Antônio Manuel. A representação da sociedade e do poder. In: HESPANHA, A. M. (coord.). *O Antigo Regime.* Lisboa, Stampa, 1993, pp. 121-54.

Agradecimentos

São incontáveis as pessoas e instituições que, de algum modo, viabilizaram esta obra, originalmente uma tese de doutorado defendida no Programa de Pós-graduação em História Social da USP, sob orientação do professor Elias T. Saliba. Destaco os lugares onde, em momentos vários do trabalho, pude apresentá-lo e colher críticas e sugestões, às quais me cumpre agradecer publicamente: Universidade Estadual de Maringá (PR), Unesp (Assis-SP), Universidade Federal do Rio de Janeiro, Universidade Federal Fluminense, Universidade Estadual de Campinas. Também os arquivos e bibliotecas em que pesquisei, sempre "adotado" por funcionários interessados e zelosos: Instituto Histórico e Geográfico Brasileiro (na pessoa de meu amigo Pedro Tórtima), Biblioteca Nacional do Rio de Janeiro, Arquivo Nacional do Rio de Janeiro, Arquivos Nacionais — Torre do Tombo, Biblioteca Nacional de Lisboa e Biblioteca da Ajuda.

Vão já uns oito anos de parceria com a Capes, que financiou parcialmente mais esta pesquisa minha.

Muitos, de alguma maneira e em diferentes momentos, ajudaram a mim ou a minha pesquisa — ou aos dois. Não poderia deixar de lembrar de: Joaci Pereira Furtado, Jacob Gorender, André Porto Ancona Lopez, Plínio Freire Gomes, Maria Lígia Coelho Prado, Vera Lúcia do Amaral Ferlini, Claudia Pastor, Carlos Gabriel Guimarães, Ciro Flamarion Cardoso, João Luís Ribeiro Fragoso, Edval de Souza Barros, Luiz Geraldo S. da Silva, Geni Emília de Souza, Márcia Morais Tavares, Maurício Monteiro, Ronald Polito, Ronaldo Pereira, Carla Carvalho de Almeida, Laura de Mello e Souza, Paulo Sérgio Pinheiro. Em Portugal, Joana

Esteves da Cunha Leal, Jorge Couto, Eugênio Francisco dos Santos e Caio César Boschi.

Minha família eu homenageio na pessoa de minha querida irmã Claudia, que teve o azar de estar por perto nos momentos decisivos da redação.

Maria Claudia Boïtger, pesquisadora de fino trato, auxiliou-me com inigualável competência no Arquivo Nacional do Rio de Janeiro.

Com a sensibilidade e a erudição que lhes são próprias, Maria Odila Leite da Silva Dias, Antônio Carlos de Souza Lima, José Murilo de Carvalho, Ilmar Rohlloff de Mattos, Ronald Polito e Carlos Fico leram e comentaram as primeiras versões integrais da tese; Lilia M. Schwarcz e Plínio Freire Gomes, as últimas do livro.

Todos têm alguma participação no produto final. Mas que se lhes creditem os méritos, se os houver; as falhas, como de praxe, são de minha inteira responsabilidade.

Créditos das imagens

PÁGINAS 54-5:

"Entrada na baía do Rio de Janeiro". Johan Moritz Rugendas. In: *Malerische Reise in Brasilien.* Stuttgart: Daco Verlag Bläse, 1986. Fac-símile de: Paris, Engelmann & Cie, 1835.

CADERNO DE FOTOS:

1. "O bando". Jean-Baptiste Debret. In: *Voyage pittoresque et historique au Brésil*, edição de Firmin Didot et frères, Paris, 1834/1839. The New York Public Library Digital Collections.

2. "Planta da cidade de S. Sebastião do Rio de Janeiro". Mapa atribuído a Paulo dos Santos Ferreira.

3. "Desembarque da princesa dona Leopoldina". Franz Josef Frühbeck. In: Joaquim Manuel de Macedo, *Um passeio pela cidade do Rio de Janeiro.* Rio de Janeiro, Typ. Imparcial de J. M. Nunes Garcia, 1862 (I tomo); Typ. de Cândido Augusto de Melo, 1863 (II tomo). ÖNB/Viena, KAR0501497.

4. "Desembarque da princesa dona Leopoldina". Jean-Baptiste Debret. In: *Voyage pittoresque et historique au Brésil*, edição de Firmin Didot et frères, Paris, 1834/1839. The New York Public Library Digital Collections.

5-7. Arcos comemorativos. Acervo da Biblioteca Nacional de Lisboa.

8. "Passagem de SS. MM. e AA. RR. por debaixo do arco na rua Direita em frente à rua do Ouvidor". Thomas-Marie Hippolyte Taunay. Acervo Fundação Biblioteca Nacional — Brasil.

9. "Teatro São João em 1817". Thomas-Marie Hippolyte Taunay. In:

Joaquim Manuel de Macedo, *Um passeio pela cidade do Rio de Janeiro*. Rio de Janeiro, Typ. Imparcial de J. M. Nunes Garcia, 1862 (I tomo); Typ. de Cândido Augusto de Melo, 1863 (II tomo).

10. "Teatro de São João". Lerouce et Bernard, a partir de desenho de Jacques Arago. In: Joaquim Manuel de Macedo, *Um passeio pela cidade do Rio de Janeiro*. Rio de Janeiro, Typ. Imparcial de J. M. Nunes Garcia, 1862 (I tomo); Typ. de Cândido Augusto de Melo, 1863 (II tomo).

11. "Bailado histórico". Jean-Baptiste Debret. In: *Voyage pittoresque et historique au Brésil*, edição de Firmine Didot et frères, Paris, 1834/1839. The New York Public Library Digital Collections.

12. "Palácio real da Boa Vista em São Cristóvão próximo ao Rio de Janeiro. Em destaque, carruagem com o príncipe Pedro e a princesa Leopoldina". Thomas Ender. Gabinete de Gravuras da Academia de Artes Viena. Acervo da Fundação Biblioteca Nacional — Brasil.

13. "Chafariz". Jacob Janson. In: Joaquim Manuel de Macedo, *Um passeio pela cidade do Rio de Janeiro*. Rio de Janeiro, Typ. Imparcial de J. M. Nunes Garcia, 1862 (I tomo); Typ. de Cândido Augusto de Melo, 1863 (II tomo).

14. "Vista diante da Igreja de São Bento". Johan Moritz Rugendas. In: *Malerische Reise in Brasilien*. Stuttgart: Daco Verlag Bläse, 1986. Fac-símile de: Paris, Engelmann & Cie, 1835.

15. "Coleta de esmolas para a igreja do Rosário". Jean-Baptiste Debret. In: *Voyage pittoresque et historique au Brésil*, edição de Firmine Didot et frères, Paris, 1834/1839. The New York Public Library Digital Collections.

16. "Rótulas cariocas". Thomas Ender. (Prancha XLI).

17. "Primeiras ocupações da manhã". Jean-Baptiste Debret. In: *Voyage pittoresque et historique au Brésil*, edição de Firmine Didot et frères, Paris, 1834/1839. The New York Public Library Digital Collections.

18. "Uma senhora brasileira em seu lar". Jean-Baptiste Debret. In: *Voyage pittoresque et historique au Brésil*, edição de Firmine Didot et frères, Paris, 1834/1839. The New York Public Library Digital Collections.

19. "Passatempo dos ricos depois do jantar". Jean-Baptiste Debret. In: *Voyage pittoresque et historique au Brésil*, edição de Firmine Didot et frères, Paris, 1834/1839. The New York Public Library Digital Collections.

20. "Um funcionário a passeio com sua família". Jean-Baptiste Debret. In: *Voyage pittoresque et historique au Brésil*, edição de Firmine Didot et frères, Paris, 1834/1839. The New York Public Library Digital Collections.

21. "O beija-mão". A.P.D.G. In: *Sketches of Portuguese Life*. Acervo da Fundação Biblioteca Nacional — Brasil.

22. "Dom João VI". Jean-Baptiste Debret. In: *Voyage pittoresque et his-*

torique au Brésil, edição de Firmin Didot et frères, Paris, 1834/1839. The New York Public Library Digital Collections.

23. "Emblema I". Juan Solórzano Pereira. In: *Francisco Antonio de Novaes Campos, Príncipe perfeito*: emblemas de D. João de Solórzano. Lisboa [Portugal]: Instituto de Cultura e Língua Portuguesa, 1985. Acervo da Fundação Biblioteca Nacional — Brasil.

24. "Vista exterior da galeria da aclamação do rei D. João VI (no Rio de Janeiro)". Jean-Baptiste Debret. In: Voyage pittoresque et historique au Brésil, edição de Firmin Didot et frères, Paris, 1834/1839. The New York Public Library Digital Collections.

25. "Recepção em uma casa brasileira". A.P.D.G. In: *Sketches of Portuguese Life*. Acervo da Fundação Biblioteca Nacional — Brasil.

Índice remissivo

1ª EDIÇÃO [2000] 1 reimpressão
2ª EDIÇÃO [2018]

ESTA OBRA FOI COMPOSTA PELA SPRESS EM MINION E IMPRESSA
PELA UMLIVRO EM PROCESSO DE IMPRESSÃO SOB DEMANDA
SOBRE PAPEL PÓLEN SOFT DA SUZANO PAPEL E CELULOSE
PARA A EDITORA SCHWARCZ A PARTIR DE ABRIL DE 2019

FSC
www.fsc.org
MISTO
Papel produzido
a partir de
fontes responsáveis
FSC® C128038

A marca FSC® é a garantia de que a madeira utilizada na fabricação do papel deste livro provém de florestas que foram gerenciadas de maneira ambientalmente correta, socialmente justa e economicamente viável, além de outras fontes de origem controlada.